INTRODUCTION TO SOCIAL WELFARE

사회복지개론

이문국 · 이선우 · 이인재 · 남기철 · 정원오
김용득 · 윤정혜 · 신덕상 · 손병돈 · 송인규

光文閣
www.kwangmoonkag.co.kr

머리말

사회복지는 현대 사회에서 사회 통합을 위한 대표적 제도이다. 국민들의 구체적 삶의 질에 대한 관심을 반영하는 점에서 사회복지제도를 평가할 때 통상적으로 제도의 대상, 제공하는 급여 수준, 서비스 제공 전달 체계 외에 사회복지 재정이 중요한 지표가 된다. 갈수록 심화되고 있는 세계적 차원의 경제위기, 후세대의 부담을 날로 가중시키는 저출산 고령 사회 시대에 지속 가능한 사회복지 모델을 찾는 것은 정부의 중요한 과제로 등장하고 있다. 2012년 사회보장기본법의 전면 개정은 변화된 사회경제적 상황을 반영한 사회복지제도의 전면적 개편의 시도라 생각한다. 개정 사회보장기본법에서는 사회복지서비스를 사회서비스로 대체하여 복지, 보건의료, 교육, 고용, 주거, 문화, 환경 분야에서 새로운 복지 수요인 돌봄, 정보의 제공, 역량 개발, 사회 참여 지원을 사회서비스에 포함시키고 있다. 저출산·고령화 등 인구 구조의 변화, 핵가족화 등 가족 구조의 변화, 여성의 경제 활동 참여 증가로 사회서비스에 대한 수요가 증가한 반면, 가족, 특히 여성에 주로 의존하던 비공식 돌봄은 한계에 도달하여 돌봄의 공공화 내지 사회화는 불가피한 현실이 되었다. 사회경제 전반의 경쟁 가속에 따른 양극화의 심화·확산으로 취약 계층 증가, 그 결과로 사회서비스 수요는 가속화된 반면, 사회서비스가 가장 필요한 저소득 계층, 아동·노인·장애인 등 취약 계층은 시장에서의 서비스 구매력은 부족한 현실이다. 따라서 구매력 보전 등 공공의 지원을 통해 취약 계층의 삶의 질 향상, 경제활동 참여 촉진 및 빈곤층 전락 예방이 정책적 과제로 등장하고 있다.

사회복지제도는 시대 상황에 따라 변화하고 있으며, 다양한 특성을 지닌다는 것을 이해해야 한다. 국가의 공적책임은 복지 대상과 욕구 수준에 따라 달라질 수밖에 없다. 따라서 보편적 복지와 선별적 복지는 서로 배타적 선택 대상으로 볼 수는 없다. 현재 수준에서 보자면 소득 보장, 의료 보장, 초중등 교육 보장 등 전 국민의 기본적 복지에 해당하는 부분은 보편적 복지에 해당한다면, 새로운 사회적 위기에 따라 새롭게 등장하는 사회서비스는 욕구 수준과 경제 수준에 비추어 선택적으로 보장되어야 한다. 어느 서비스를 보편적 복지로 국가가 보장할 것인가는 그 사회의 정치적, 사회적 합의에 달려 있다. 다만, 지속 가능한 복지가 되기 위해서는 성장과 선순환하는 복지 시스템을 고민해야 한다. 제도적 혁신이 없는 사회복지제도는 지속 가능하지 않다. 예를 들어 자본주의 성장기의 완전 고용을 전제로 도입된 사회보험제도는 실업이 상수가 된 사회에서는 혁신적 변화가 없이는 그 지속 가능성을 보장할 수 없게 되었다. 유럽 국가들이 변화하는 경제사회적 상황을 반영하여 사회복지제도를 어떻게 개혁하고 있는지에 대한 많은 관심이 필요한 시점이다.

사회복지개혁이 절실하다는 시대 상황에 대한 문제의식을 공유하면서 사회복지 전공 연구진을 중심으로 사회복지학의 기본 토대가 되는 사회복지개론 출판을 기획하게 되었다. 무엇보다 흔쾌히 동참해준 모든 필자들과 1장 원고 초고 자료를 준비해준 한신대학교 박사과정 박혜경 선생에게 고마움의 마음을 전한다. 더욱이나 인세를 모두 사회복지사업에 기부하는 아름다운 동행에 더욱 감사한다. 마지막으로 사회복지개론 출판을 맡아주신 광문각 박정태 회장님과 관계 직원분들에게 감사드린다.

2015. 01 저자들을 대표하여 이인재

목 차

1부
사회복지 총론

INTRODUCTION
TO
SOCIAL
WELFARE

s·o·c·i·a·l w·e·l·f·a·r·e

1 사회복지 개념과 의의

1. 사회복지의 필요

사회복지는 왜 필요할까? 이 질문은 인간과 사회의 이해를 기반으로 그 답을 찾을 수 있을 것이다. 사회복지는 인간의 기본적인 욕구를 인정하고 특정 사회에서 발생하는 사회적 욕구나 사회적 문제를 제도적으로 해결 또는 경감시켜 안정되고 통합된 사회를 이루는데 필수적인 제도적 역할을 수행한다.

1) 인간의 욕구 이해

(1) 인간 욕구

인간의 욕구란 무엇일까? 누구나 태어날 때 갖고 있으며, 인간 행동의 동기가 되는 인간의 욕구에 대해 현외성 외(2011)는 인간의 생존과 자립을 위해 반드시 충족되어야 하는 본질적인 현상이라고 하며, 사회복지 용어사전에서 욕구는 "안녕, 충족을 위한 물리적, 심리적, 경제적, 사회적인 필요"(서강훈, 2013)로 정의하고 있다. 또한, 최일섭·최준보(2014)는 욕구가 "인간의 생존, 자율, 생활의 계획 및 사회적 행위자의 의무를 다하기 위해 필요한 것"이라고 하였다. 이러한 정의들을 통해 인간의 욕구는 삶의 유지와 안녕을 위해 반드시 필요한 어떤 것으로 볼 수 있다.

그렇다면 욕구가 충족되지 않을 때 무슨 일이 일어날까? 욕구가 충분히 채워지지 않았을 때는 문제(problem)가 발생하게 되고, 이 문제는 인간으로 하여금 불만과 공격, 퇴행, 억압, 합리화, 회피 등의 부정적 행동을 표출하게 한다. 이는 개인의 문제로만 국한되지 않으며, 사회적 원인에 의해 욕구가 지속적으로 충족되지 않을 시 사회 문제로까지 확대된다. 따라서 인간 욕구의 이해는 인간 행동 이해의 근간이 되어, 사회적으로 발생할 수 있는 문제를 예방, 해결하는데 영향을 주기 때문에 인간 욕구의 규정은 사회복지 분야에서 매우 중요하게 다뤄진다.

인본주의 심리학자 매슬로우(A. Maslow)는 개인행동을 결정짓는 유발 요인이 되는 인간의 욕구를 5단계로 분류하여 다음과 같이 체계적으로 제시하고 있다([그림 1-1]참조).

첫째, 생리적 욕구(Physiological Needs): 욕구의 제일 하위 단계로, 생존 그 자체를 유지하기 위해 반드시 필요한 것을 바라기 때문에 욕구 중 가장 강력하고, 인간 행동을 이해하는 바탕이 된다. 의식주 욕구, 성적 욕구 등을 포함한다.

둘째, 안전의 욕구(Safety Needs): 생리적 욕구 충족 시 갖게 되는 욕구로, 신체적·정신적 불안과 위험, 박탈 등의 공포로부터 안전과 보호를 보장받고 싶어 한다. 그렇기 때문에 인간은 사회에서 발생하는 현상들이 어느 정도 확실하고 규칙적이며, 예측 가능하기를 추구한다.

셋째, 소속감 및 사랑의 욕구(Belongingness and Love Needs): 생리적 욕구와 안전의 욕구가 충족되고 난 후 갖게 되는 욕구로서 가족, 친구, 직장 동료들과의 포용과 사랑을 주고받는 친밀한 관계 형성을 통해 만족된다. 인간이 사회적 존재임을 확인하는 단계이며, 소속감 및 사랑의 욕구가 충족되지 못할 때 무가치함과 공허감, 외로움 등의 상태에 놓일 수 있다.

넷째, 존중의 욕구(Esteem Needs): 소속 및 사랑의 욕구 충족 시 나타나게 되는 욕구이며, 타인을 통해 그리고 자신을 통해 갖게 되는 자기존중이다. 타인을 통해 갖게 되는 외적 자기존중의 욕구는 인정과 명성, 평판, 지위 등을 통해 만족되며, 자기 스스로를 인정하는 내적 자기존중의 기반이 된다. 내적 자기존중은 자아존중감, 독립성, 자율성을 통해 욕구 충족을 이룬다. 만약 존중의 욕구가 충족되지 않는다면, 인간은 열등감과 무력감 등의 감정을 가질 수 있다.

다섯째, 자아실현의 욕구(Self-Actualization Needs): 욕구의 제일 상위 단계이며, 지금까지의 모든 욕구를 충족했을 때 나타난다. 자신이 이루고 싶은 것을 달성하기 위한 욕구로서, 자신의 재능과 잠재성을 발휘하기 위해 노력하며 지속적으로 자신이 원하는 것을 탐색, 실현하고자 한다.

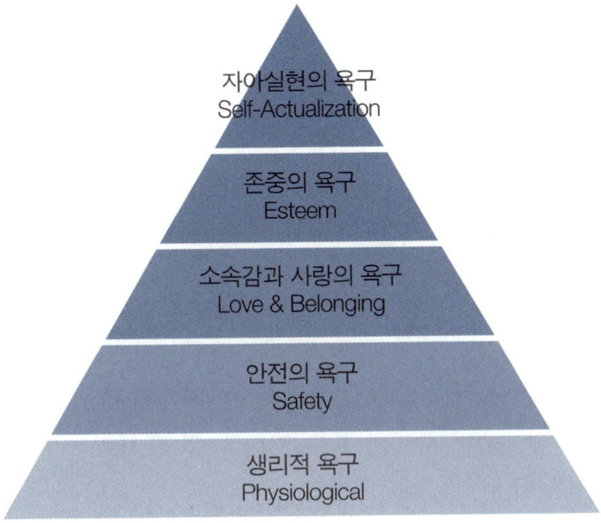

[그림 1-1] 매슬로우(A. Maslow)의 욕구 5단계

매슬로우는 욕구의 계층적인 서열화를 주장함으로써 하위 단계의 욕구가 충족되지 않으면 상위 단계로의 동기가 부여되지 않아, 상위 단계의 욕구를 성취하기 위한 행동이 발현되지 않는다고 했다. 그러나 실제 인간의 욕구는 매우 복합적이고 다양하기 때문에 매슬로우가 제시한 5가지 단계로 분명하게 나눠져서 순차적으로 발현되기보다는 중첩적으로 나타나거나, 욕구 단계의 순서와 상관없이 일어나기도 한다.

(2) 기본 욕구

인간이 욕구를 가지고 있다고 해서 모두 사회복지의 대상이 되는 것은 아니다. 그 중에서도 먼저 기본 욕구가 기반이 되어야 한다.

기본 욕구란 사회복지학 사전에서 "개체로서의 개인의 생명, 생존 유지에 필요불가결한 욕구, 배고픔, 갈증, 배설, 성, 휴식 등의 생리적 욕구와 안전, 애정, 소속, 승인, 성취 등의 사회적 욕구"(이철수, 2013)를 의미한다. 이에 사회복지에서 다루는 기본 욕구는 인간 모두에게 공통적으로 해당되고, 인간성을 지탱해 가는데 있어서 필수적이며, 이를 해결하기 위한 사회적 개입의 정도는 최소한의 생활을 유지할 수 있는 일정 수준의 상태에서 정해지는 특성을 가진다(김상균, 1987) 기본 욕구는 정해진 것이 아니라 사회나 국가의 시대적 상황 또는 정치·경제 환경, 복지 수준 등에 의해 끊임없이 변하며, 다양한 욕구 중에서도 제일 밑바탕에 놓였기 때문에 사회복지를 통해 해결되어야 하는 속성을 가진다.

(3) 사회적 욕구

인간의 욕구를 바탕으로 하는 사회적 욕구는 개인이 인식하는 욕구가 개인적 차원에서 해결되지 않고 집합적 차원, 즉 사회적 차원에서 해결되는 것이다. 사회적 욕구는 대개 개인적 차원에서 발생하기보다는 사회적 차원에서 발생하기 때문에 특정 사회의 특징이나 현대 사회의 구조적 특성, 시대적 상황 등을 반영한다.

브래드쇼(Bradshaw)는 사회적 욕구가 다음 네 가지의 각기 다른 욕구 인식 방법을 통해 받아들여진다고 하였다(Bradshaw, 1972).

첫째, 규범적 욕구(normative need): 전문가, 관리자, 사회과학자가 어떤 상황에서 욕구를 규정하는 것이다. 바람직한 수준과 실제 수준 간에는 차이가 있는데, 이때 실제 수준이 바람직한 수준에 미치지 못하면 욕구가 있는 것으로 간주한다. 욕구 수준은 절대적이지 않으며, 다른 전문가가 규정한 욕구와 충돌의 가능성이 있다. 욕구 충족을 위한 자원의 양 또는 유용한 기술이 문제를 해결할 수 있는지 아닌지에 대한 판단은 전문가의 가치 방향에 따라 달라질 수 있다. 규범적 욕구 기준은 사회의 변화하는 가치에 따라 달라진다.

둘째, 감지된 욕구(felt need): 욕구는 욕망과 동일시된다. 서비스에 대한 욕구를 가늠할 때 어떤 욕구를 느끼는지 물어서 파악한다. 그러나 실제 욕구를 측정하는 척도로는 부적절하다.

셋째, 표현된 욕구(expressed need): 행동으로 변한 감지된 욕구이다. 표현된 욕구 또는 요구(demand)라고 한다. 표현된 욕구는 서비스를 요구하는 사람들의 욕구로 정의되기 때문에 욕구를 느끼지 않는다면 서비스를 요구하지 않는 것으로 여긴다.

넷째, 비교 욕구(comparative need): 사회복지서비스를 받은 사람들의 특성 연구를 통해 발견하는 욕구이다. 서비스를 받는 개인과 유사한 특성을 지닌 서비스를 받지 않은 개인에게서 나타나는 욕구를 가늠하는데 사용한다(사람 X는 그가 A-N 특성을 가지고 있기 때문에 서비스를 받는다. 사람 Z는 또한 A-N 특성을 가지고 있지만 서비스를 받고 있지 않다. 그러므로 Z는 욕구를 가지고 있어서 사회복지서비스가 필요하다고 간주된다).

이상과 같은 사회적 욕구가 사회복지 대상으로 편입되기 위해서는 다음과 같은 사회적 조건이 수반되어야 할 것이다(김영모, 2001).

첫째, 사회적 자원과 재화가 욕구의 내용과 일치해야 한다.

둘째, 사회의 지배 가치 및 이데올로기에 제한을 받기 때문에 우선 원칙이 적용되는데 그것이 바로 기본적 욕구이다.

셋째, 욕구가 실현될 수 있는 수준이 고려되는 것을 원칙으로 한다. 이에 사회민주주의 국가에서는 최적의 욕구이며, 자유주의 국가에서는 최저의 욕구가 된다.

넷째, 기회 균등 및 배분의 정의에 기반해서 실현되어야 한다.

그리고 사회적 욕구는 그 해결을 위해 다음과 같이 다뤄져야 할 것이다.

첫째, 해당 사회로부터 공식적이고 제도적인 절차를 거쳐 해결되어야 한다. 사회적 욕구는 한 사회의 구조적 특성 등을 반영하기 때문에 욕구 발생의 관련 원인을 찾아 밝히기란 쉽지 않을뿐더러, 산업화된 사회로 갈수록 사회적 욕구는 확대되기 때문에 사회의 제도적 책임이 필연적일 수밖에 없다는 것을 의미한다.

둘째, 대부분 비시장성, 비영리성의 특징을 내포하기 때문에 이윤 달성을 주목적으로 해서는 안 될 것이다. 이는 사회적 욕구 해결이 일정 부분 국가의 소득보장정책과 같은 재분배를 통해 이뤄지고, 공공부문과 비영리 민간부문을 통해 수행되기 때문이다. 그러나 최근 사회적 욕구를 해결하기 위한 서비스 제공에서 영리 민간부문의 진출이 이뤄지고 있어 서비스 제공의 시장화가 일부 이행되는 추세에 있다.

2) 사회 위험과 사회 문제

인간은 환경과의 끊이지 않는 상호작용을 통해 생활의 기쁨과 충만한 만족을 추구하는데 삶의 목적을 두지만, 전 생애에 거쳐 다양한 위험과 문제에 처하게 되고, 외부 환경과의 상호작용을 원만히 이루지 못해 불만족 상태에 놓이게 되며, 문제 해결에 부족한 자원 때문에 생활의 결핍 상태에 처한다(조홍식 외, 2010). 즉, 산업화 이후 사회는 개인 차원에서 인간다운 삶을 영위하지 못하게 하는 각종 위험과 문제가 산재해 있어서, 사회복지를 통해 발생되는 사회 위험과 사회 문제를 예방, 해결하고자 하는 것이다.

사회 위험이란 사회적 구조와 환경 등에 의해 발생하는 위험으로(현외성 외, 2011), 현재 누리는 인간다운 생활을 급격하게 하락시키고 삶의 질을 떨어트리게 된다. 모든 사람에게 발생할 보편성을 가졌기 때문에 사회적 차원에서 사회 위험을 공동으로 대응하여 조치를 취하고자 하지만, 사회마다 인정하는 사회 위험 요소가 달라 모든 위험이 사회적 위험은 될 수 없다(조흥식 외, 2010). 사회 위험은 대게 질병, 장애, 재해, 실업, 노령, 출산 등을 말한다.

문제(問題)라는 것은 난감하고 해결하기 어려운 현상이 지속적으로 일어나는 것이다. 가치적이고 윤리적인 속성을 포함하고 있어서 원인이 되는 어떤 것을 불의적, 부정적으로 인식했을 때 당면하게 되며 해결이 필요하다. 사회 문제란, 개인의 욕구가 사회적, 제도적 원인에 의해 불충족되고, 문제를 야기했을 때 발생한다. 다수의 개인을 넘어 가족, 지역, 사회에까지 지속적인 부정적 영향을 미친다. 사회의 가치, 윤리에 부적절하다고 판명되면 다수의 개인과 사회에 끼칠 부정적 영향을 방지하기 위하여 개선을 위한 사회적 행동이나 개입 등을 동반하게 된다. 따라서 사회 문제는 사회적 원인이 되는 어떤 현상이 지속적으로 사회적 가치에서 벗어나 다수의 개인과 사회에 부정적인 영향을 끼친다고 판명되면 사회복지를 통해 해결하고자 한다. 부정적인 영향의 현상에 대해 김영모(2001)는 반사회적 행동과 사회 불평등, 사회 해체로 나타난다고 하였고, 여기서 반사회적 행동이란 일탈로서 비행, 범죄, 자살, 알코올 또는 마약 중독을 말하고, 사회 불평등은 빈곤, 실업, 배제, 지역 격차, 계층 갈등을, 사회 해체는 가족 해체, 지역사회 해체 등을 의미한다.

테일러구비(Talyor Gooby)는 구(舊)사회 위험과 신(新)사회 위험으로 나눠서 사회적 위험을 제시하고 있다. 구(舊)사회 위험이란, 산업화 사회에서 발생하는 위험으로 남성 중심의 소득 상실과 질병, 실업, 재해, 노령과 같은 요소가 사회 위험이 된다. 그러나 후기 산업사회, 즉 지식 기반 사회가 도래하면서 구(舊)사회 위험과는 다른 사회 위험을 발생시켰는데 이를 신(新)사회 위험이라고 명명하고 있다. 신(新)사회 위험은 교육과 고용의 연결이 강화됨에 따라 상대적으로 교육과 기술 수준이 낮은 노동자들의 일자리 축소로 인한 사회적 배제 현상, 남성의 고용불안과 저임금에 따른 가정 내

돌봄의 역할을 맡았던 여성의 고용시장 대거 진입, 저출산 고령화로 인한 사회적 비용 증가, 복지서비스 민영화에 따른 위험을 포함한다(P. Talyor- Gooby, 2004).

신사회 위기는 가족과 공동체에서 비공식적으로 담당하였던 일상생활 활동들이 붕괴되면서 발생하고 있다. 저출산 고령 사회의 급진전과 여성들의 경제활동 확대 그리고 서비스산업을 중심으로 하는 지식 기반 사회 경제 체제로의 이행 등과 같은 거시적인 현상들이 맞물리면서 사회적으로 새로운 구조적 위기가 진행되고 있다. 이에 따라 소득 및 건강보장을 중심으로 하는 전통적인 사회복지 정책 이외 보육과 노인 돌봄 등과 같이 일상생활 분야에서 보편적 사회서비스를 공급하는 새로운 정책 대응이 강조되고 있다. 우리나라에서도 2000년대 접어들면서 본격적으로 진행되고 있는 신사회 위기는 여전히 현재 진행형이며 위기에 대한 대응 수준은 충분하지 않다.

2. 사회복지 개념

동서양을 막론하고 현대 국가는 사회 제도로서 사회복지를 보편적으로 추구한다. 하지만 사회복지에 대한 개념은 각 국가가 처한 시대적 상황, 정치·경제와 사회·문화 환경, 복지 수준이 다르기 때문에 정치가, 기업가, 복지 전문가, 수급자와 같은 이해 관계자들은 사회복지 개념을 다양하게 받아들인다. 또한, 학자들에 따라서도 사회복지를 다양하게 받아들이기 때문에 그 개념은 여러 가지로 정의된다.

1) 사회복지 개념

사회복지 개념을 이해하는데 앞서, 개념은 어떤 대상의 특성을 칭하거나 규정할 때 사용되는 것으로 현상의 지각을 통해 갖는 생각 또는 관념을 의미한다. 이러한 개념에 상응하는 언어적 표현이 용어인데, 용어의 의미를 언명하는 것이 정의(定義)라고 하겠다(강신택, 1995).

어의적으로 사회복지(社會福祉)는 사회와 복지의 합성어이다. 영어의 society가 한자어로 번역된 사회는 서로 간의 영향을 주고받는 개인들의 집합체를 의미한다. 복지는 영어의 well과 fare가 더해진 합성어로 '만족스럽게', '더할 나위 없이', '충분히'와

'살아 나가다', '하다'의 상태를 표현하는 단어가 더해져 '만족스럽게 살아가다' 등의 의미를 뜻한다. 따라서 어의적 의미의 사회복지(社會福祉)는 서로 영향을 주고받는 개인 집합체가 더할 나위 없이 만족스럽게 살아가는 것을 말하며, 이는 인간 생활의 총체적인 범위 안에서 물질적, 정신적 만족의 상태를 포함한다고 말할 수 있다.

클레인(P. Klein)은 "사회복지는 스스로의 노력으로는 도저히 물질적 자원이나 건강 유지가 곤란하거나 불가능한 개인 또는 가족들에게 일정한 서비스를 실시·제공하는 일이다."라고 정의하였고(P. Klein, 1968: 장인협, 1986 재인용), 프리드랜더와 앱트(W. Friedlander & R. Apte)는 "사회복지는 사람들의 안녕과 사회 질서의 기능을 위해 기본적인 것으로 인정되는 사회적 욕구를 충족시키고자 급부(provisions)를 강화하거나 보장하는 법률, 프로그램, 급여(benefits) 및 서비스 체계이다."라고 규정하였다(W. Friedlander & R. Apte, 1980). 바커(R. L. Barker)는 "사회복지란 사회 유지에 있어서 기본적인 사회적, 경제적, 교육적, 건강의 욕구를 사람들에게 충족시키고, 지역사회와 전체 사회의 집단적인 복지 상태를 유지하기 위한 국가적 프로그램, 급여, 서비스 체계"라고 하였다(Barker, 1987: 김태성 외, 2010 재인용).

김영모(2001)는 "사회복지란 인간의 사회적 욕구에 대한 서비스로, 사회적 욕구는 의·식·주와 같은 민생 문제, 즉 소득, 보건, 교육, 주택과 같은 기본적 욕구가 결핍된 사람들 도와주는 것이다."라고 하였다.

이상과 같이 사회복지의 정의는 학자마다 다양하지만, 사회복지의 개념이 인간의 사회적 욕구나 사회 문제를 사회 제도와 서비스 등을 통해 해결하여 생활의 안녕과 사회 질서를 증진하고자 하는데 중점이 있다는 것을 알 수 있다.

2) 사회복지의 기능적 관점

사회복지는 한 국가의 시대적 상황 또는 정치·경제와 사회·문화 환경, 복지 수준 등에 따라서 끊임없이 변화하고 있다. 오늘날 사회복지의 이해를 돕는데 가장 보편적으로 인용되고 있는 사회복지의 관점은 윌렌스키와 르보(Wilensky and Lebeaux)가 1965년 《산업사회와 사회복지(Industrial Society and Social Welfare)》 저서에서 소개하고 있는 잔여적, 제도적 사회복지 모델이다. 이들은 사회복지의 필연성을 산업화에 따른 사회 문제에서 찾았다. 그렇기 때문에 산업화 이전의 농경사회로부터 산업사회로의 변화가 가족의 해체, 범죄, 질병, 실업, 빈곤 등의 문제를 야기했고, 이 문제들을 해결하기 위해 여러 사회보험과 사회서비스가 생기고 발전할 수밖에 없다는 것을 기술한다.

(1) 잔여적(residual) 복지 모델

시장경제 원칙을 바탕으로 하는 잔여적 복지 모델은 부(富)의 확대가 빈곤 등의 사회 문제를 줄이기 때문에 사회복지는 감소하는 소수의 욕구 집단-사회적 취약계층-에 맞춰 희소자원을 효율적으로 사용하게 된다(Robert Pinker, 1971). 이에 사회복지는 개인의 복지적 삶에 공급 주체가 되는 가족이나 시장경제가 가족의 해체, 질병, 노령, 불경기 등의 이유로 제 기능을 원만히 수행하지 못할 경우 발생하는 문제를 보안·해소하기 위해 필요하다(Willensky & Lebeaux, 1965). 이러한 잔여적 복지 모델의 관점은 가족이나 시장경제와 같은 기존 사회 제도들이 인간의 욕구를 충분히 제공할 수 있다는 가정을 전제하기 때문에 기존 사회 제도들이 기능을 회복해서 사회복지의 관여를 중단하도록 하는 것을 기대한다. 빈곤과 같은 문제 발생의 책임이 개인에게 있다는 입장이기 때문에 국가의 책임을 최소화한다. 사후적 조치가 강하며, 응급조치적이고 일시적, 선택적, 제한적, 보충적 기능을 하며 단기간에 복지 제공을 종결하고자 한다. 급여 할당은 개인의 자산조사를 통해 여부를 결정하는 선별주의 형태를 취하여 개별적으로 접근한다. 급여를 받는 개인은 스티그마(stigma)가 부여되는 환경에 놓일 수 있고 부정 수급과 같은 문제를 초래할 수 있다. 대표적인 실례로 빈곤층 대상의 공공부조제도가 있다.

(2) 제도적(institutional) 복지 모델

제도적 복지 모델은 현대 사회가 산업화에 의해 가족을 해체시켰고, 아동 양육과 노인 부양의 가족 기능을 약화시켰다고 보며, 이 약화된 기능을 돕기 위해 사회는 별도의 제도를 통해 가족과 사회가 제 기능을 하도록 지원하는 것을 제시한다(김태성 외, 2010). 사회복지를 사회 제도로 보는 관점이기 때문에, 사회는 욕구를 가진 개인을 도와야 할 의무가 있고 개인은 복지 급여와 서비스를 받을 권리가 있다(Titmuss, 1974 윤선오·김우호, 2014 재인용). 즉, 평등 구현을 바탕으로 하는 제도적 복지 모델의 관점은 사회적 욕구와 사회 문제가 복잡한 사회 구조적 특징으로 발생하기 때문에, 문제 해결의 책임이 국가에 있다는 것을 전제한다. 이에 사회복지는 문제가 발생하기 전의 예방적 특성을 띠며, 의료, 주거, 소득, 교육 등 다양한 분야에서 전체 국민을 대상으로 한 보편주의 접근을 취한다. 복지가 필요하지 않은 개인에게 서비스가 제공될 수 있기 때문에 급여의 비효율성 초래라는 단점이 있다. 대표적 실례로 다수 국민을 대상으로 하는 사회보험제도가 있다.

[표 1-1] 잔여적 복지 모델과 제도적 복지 모델의 비교

구분	잔여적 복지 모델	제도적 복지 모델
욕구(문제) 발생 원인	개인	사회적 구조
급여 할당(대상)	선별주의(사회적 취약 계층)	보편주의(국민의 대다수)
국가 책임	최소화	확대
기본 가치	시장경제, 개인주의	평등 구현
장점	희소 자원의 낭비가 감소하고 혜택을 필요로 하는 대상자에게만 집중하여 비용을 절감	사회적 욕구 및 문제의 예방 효과, 사회적 스티그마(stigma) 없음
단점	대상자에게 스티그마(stigma) 부여, 부정 수급 문제 발생	불필요한 대상자에게도 급여를 제공함으로써 비용의 낭비 초래
사례	공공부조	사회보험

3) 사회복지의 기준

한 국가의 시대적 상황 또는 정치·경제와 사회·문화 환경, 복지 수준 등에 따라 변화하는 사회복지 개념의 다양성을 두고 어떤 것이 사회복지 개념의 준거가 된다고 하는 것은 불명확한 일이다. 이에 윌렌스키와 르보(Willensky & Lebeaux)는 산업화된 사회에서 사회복지를 개념화하는데 근거가 되는 기준을 다음과 같이 다섯 가지로 제시한다(Willensky & Lebeaux, 1965).

첫째, 사회복지는 공식 조직이어야 한다. 따라서 가족, 친구, 이웃에 의한 도움은 사회복지에 적합한 기준이 될 수 없다. 제도적 기반을 바탕으로 설립된 사회복지 관련 조직들의 풀타임 활동이 사회복지의 기준이 된다.

둘째, 사회적 후원과 책임에 기반을 둬야 한다. 즉, 사회적 원조는 사회복지 활동의 목적과 방법이 사회적으로 인정되고, 공식적 책임을 수반해야 한다. 국가 기반의 후원 조직, 공인된 민간 사회복지 조직을 통해 사회복지는 이행된다.

셋째, 사회복지 진행 과정이나 서비스의 목표가 영리 추구를 배제하여야 한다.

넷째, 인간의 욕구에 대해 통합적 관점을 가져야 한다.

다섯째, 인간의 소비 욕구에 대한 직접적인 관심을 두어야 한다. 즉, 배고플 때 식사를 제공하고 병이 들었을 때 치료를 받게 하는 직접적 욕구를 충족시키는 것이다.

최근 사회는 민간 영리 조직의 활동이 사회복지 분야에서 확대되다 보니 사회복지 목표가 영리 추구를 배제해야 한다는 윌렌스키와 르보(Willensky & Lebeaux)의 기준이 절대적 기준으로 정립되기는 어렵지만 사회복지에서는 보편적으로 제시되는 사회복지 기준이 되고 있다.

4) 사회복지의 개념 변화

로마니신(Romanyshyn)은 한 국가의 시대적 상황, 정치·경제와 사회·문화 환경, 복지 수준 등에 따라서 끊임없이 변화하는 사회복지 개념이 전기 산업사회로부터 후기 산업사회로 이행되는 과정에서 어떻게 변화되어 왔는지를 다음과 같이 구체적으로 설명하고 있다(Romanyshyn, 1971 : 김태성 외, 2010 재인용).

첫째, 잔여적 개념에서 제도적 개념으로 변하였다.

둘째, 자선에서 시민의 권리로 변하였다. 전기 산업사회는 중산층의 자선관이 사회복지에 반영되어 있었지만, 후기 산업사회가 되면서 노동자들이 시민 계급으로 성장함에 따라 복지에 대한 권리를 시민권으로 확보하게 되었다.

셋째, 특수성에서 보편성으로 변하였다. 과거 사회적 취약 계층(빈민)을 대상으로 제한적 서비스를 제공했다면, 현대 사회는 누구나 실업, 노령, 장애, 부양자의 사망, 의료 등의 사회적 위험에 노출되었기 때문에 사회복지 대상은 보편적인 대다수의 사람이 되었다.

넷째, 사회 생산성의 발전을 통해 생명 유지에 가까웠던 생활의 최저 수준 보장에서 인간다운 삶을 살 수 있는 적정 수준의 보장으로 변하였다.

다섯째, 개인의 변화에서 사회 개혁으로 변화하였다. 사회복지 초기 관점은 개인의 도덕적 결함에서 욕구 발생과 문제의 원인을 찾았지만, 현대 사회는 구조적인 사회 제도의 결함에서 사회복지 문제의 발생 원인을 찾고 있다.

여섯째, 자발적 자선에서 공공의 책임으로 변하였다. 산업사회 이전의 사회복지는 자발적 자선활동에 달려 있었다. 그러나 산업화의 발전에 따라 발생한 대규모의 사회 문제는 국가의 복지 기능 확대를 불가피하게 했고, 이에 사회복지에 대한 정부의 개입은 확장되었다.

일곱째, 빈민에 대한 복지로부터 복지사회 구현으로 목표가 변하였다. 기존의 사회복지는 빈민 구체를 주요 과제로 두었지만, 현대의 사회복지는 사회 제도를 통해 전체 구성원들의 발전을 도모한다.

3. 사회복지의 목적과 발달 동기

1) 사회복지의 목적

사회복지의 목적은 한 국가의 지배 가치를 통해 좌우되기 때문에 대한민국 헌법에서 내포하는 인간상을 통해 그 추구하는 바를 살필 수 있다. 모든 국민이 인간다운 생활을 할 권리 보장을 명시하고 있는 헌법에서 함축하고 있는 인간상은 불가침의 기본적 권리를 갖고 있어서 그 고유 가치가 훼손당해서는 안 되고, 자주성과 사회성을 바탕으로 소속된 사회 안에서 균형을 이루는 것을 의미한다. 이에 사회복지의 목적은 다음과 같다.

(1) 인간 존엄성의 보장

사회복지의 제일 목적은 인간 존엄성의 구현을 보장하는 것이다. 인간이면 누구나 성별, 연령, 인종, 교육 수준, 사회적 신분, 빈부, 장애 유무, 종교 등의 차이에 관계없이 균등한 기회, 기본적인 생활을 보장받아야 한다. 이에 신체적, 정신적, 문화적 특징과 정치·경제·사회 권력 등에서 사회적 소수자로 인식되는 모든 이들이 차별받는 것을 거부한다. 우리나라 헌법 제34조는 인간 존엄성의 구현을 위해 아래와 같이 명시하고 있다.

> ① 모든 국민은 인간다운 생활을 할 권리를 가진다.
> ② 국가는 사회보장·사회복지의 증진에 노력할 의무를 진다.
> ③ 국가는 여자의 복지와 권익의 향상을 위하여 노력하여야 한다.
> ④ 국가는 노인과 청소년의 복지 향상을 위한 정책을 실시할 의무를 진다.
> ⑤ 신체장애자 및 질병·노령 기타의 사유로 생활 능력이 없는 국민은 법률이 정하는 바에 의하여 국가의 보호를 받는다.
> ⑥ 국가는 재해를 예방하고 그 위험으로부터 국민을 보호하기 위하여 노력하여야 한다.

(2) 개인의 성장·발달

사회복지 목적은 개인의 성장·발달을 지원하는 것이다. 사회복지가 개인의 성장과 발달을 목적으로 한다는 것은, 국가가 개인의 잠재성을 개발하고 극대화하는 것에 관심을 둔다는 것으로, 헌법(제10호 전부 개정 1987. 10. 29.) 전문의 "……정치·경제·사회·문화의 모든 영역에 있어서 각인의 기회를 균등히 하고, 능력을 최고도로 발휘하게 하며……" 내용이 이를 함축하는 것이라 하겠다. 즉, 사회복지의 전체 과정은 개인의 성장과 발달을 지원하고, 다양한 상황에서 개인의 잠재성이 발휘되도록 하여 인간다운 삶을 영위하도록 하는 것이다.

(3) 자립생활의 유지

사회복지의 목적은 개인의 자립생활을 유지하는 것이다. 자립생활(自立生活)이란 스스로 서서 삶을 경영하는 것으로써, 자기선택권과 자기결정권을 바탕으로 한다. 이동이 어려운 노인이나 장애인에게 보조기구를 지원하여 지역사회의 접근성을 높일 수 있게 하는 것처럼, 어떤 문제를 가진 개인이 자신의 문제를 파악, 해결하도록 지원해주는 것이며, 국가의 공공부조나 사회보험을 통해 개인의 생활이 경제적 차원에서 자립하도록 하는 것이다. 하지만 자립생활 유지는 국가가 개개인에게 관련 급여나 서비스만을 제공한다고 해서 다 해결되는 것은 아니며 편의시설 구축과 같은 사회 제반 시설의 변화도 동반해야지만 온전한 목적을 이룰 수 있다. 이에 자립생활의 유지는 사회복지의 목적이기도 하지만 인간 존엄성의 보장을 위한 수단이 되기도 하며, 최근 복지 패러다임의 한 축으로도 논의되고 있다.

(4) 사회 통합

사회복지의 목적은 개인의 사회적 욕구나 문제가 해결되고 삶의 형편이 좋아져, 사회적 배제(social exclusion)에 놓이지 않고•사회와 조화로운 생활을 하도록 하여 사회 통합을 이루는 것이다. 사회를 구성하는 개인이나 집단은 외부와 상호작용하는 유기체이기 때문에 이들에게 심각한 문제 발생 시 다른 개인이나 집단, 조직에게 부정적 영향을 끼쳐 사회의 안정과 유지를 어렵게 하고 사회 혼란을 야기할 수 있다. 따라서 사회복지는 개인의 사회 적응력과 친화력을 높일 뿐 아니라 사회의 안녕과 존속에도 긍정적인 영향을 미쳐 사회 통합에 기여한다.

2) 사회복지의 발달 동기

사회복지는 그 국가의 지배 가치뿐만 아니라 정치적, 경제적, 사회적 구조 등의 복합적 동기를 바탕으로 발달해 왔다. 이에 마카로프(Macarov)는 사회복지의 동기를 상호부조, 종교적, 정치적, 경제적, 이념적 동기로 분류하였고(D. Macarov, 1995), 김태성 외(2010)는 종교적, 상부상조, 정치·경제적, 전문 직업적 동기로 나눠서 논의하고 있다. 본 장에서는 김태성 외(2010)가 분류한 것을 바탕으로 사회복지 동기를 제시하고 있다.

(1) 상호부조

사회복지의 가장 일반적 동기로서 상호부조가 있다. 상호부조는 개인이나 집단이 어려운 환경에 놓였을 때, 서로 도움을 주고받는 호혜적 동기와 연대의식을 바탕으로 한다. 공통의 정체성을 갖는 집합체, 즉 같은 문제를 가진 가족이나 이웃, 지역사회 관계 사이에서 일어나며, 물질적 자원, 정서적 지지를 넘어 노동력이나 정보와 같은 다양한 자원까지 서로 나누며 도울 수 있다. 역사적으로 볼 때, 서양에서는 중세 길드에서부터 공제조합, 노동조합, 우애조합, 협동조합이, 우리나라에서는 오가통, 두레, 계, 향약, 사창 등이 상호부조를 실천해 왔다.

(2) 종교적 동기

인간의 타고난 종교성은 사회복지의 동기가 된다. 종교적 동기는 산업화 이전의 시대부터 사회복지의 주된 동기로 자리 잡고 있었을 뿐 아니라 지금까지도 사회복지 실천 현장에서 상당 부분 영향을 미치고 있다. 종교적 동기가 사회운동으로 실현된 대표적인 예로는 오늘날 지역사회 조직 발전에 근간을 이룬 자선 조직화 운동과 인보관 운동이 있다. 1903년 우리나라에 설립되었던 기독교청년회(YMCA)는 종교적 동기를 바탕으로 세워진 대표적 기관이다.

(3) 정치적 동기

사회복지 발달에는 정치적 동기가 상당 부분 바탕을 이룬다. 정치권력의 획득과 유지, 사회 불안의 회피, 정치 부산물, 이익 집단의 정치적 활동 등이 정치적 동기가 되어 사회복지에 영향을 미치고 있다(D. Macarov, 1995). 구체적으로 그 내용을 살펴보면 첫째, 국민들의 지지가 기반이 될 수밖에 없는 민주주의 국가에서 정치 활동의 정당성 확보를 위해 현재보다 나은 국민 생활의 자유, 행복을 보장하는 노력은 당연하기 때문에 사회복지는 정치 권력 획득과 유지의 동기가 된다. 예로는, 1882년 독일의 비스마르크의 사회보험 입법이나 1996년 미국의 노령연금 유지가 있다.

둘째, 사회 질서와 안정의 유지를 위해 사회 불안 요소를 막는 것은 사회복지의 동기가 된다. 이러한 동기의 사회복지는 사회 통제적 성격이 크다. 대표적인 예로, 영국 사회복지제도의 근간을 이룬 17세기 엘리자베스 구빈법이 있으며, 우리나라는 1997년 IMF 구제금융에 따른 사회 불안, 계층 간 분열 등을 안정시키고자 한 사회복지제도 정비 및 확충을 들 수 있다.

셋째, 기존의 사회복지나 다른 정책 제도는 새로운 사회복지 형성을 필요로 하거나 점진적으로 사회복지제도를 강화하고자 하는 작용을 하게 된다. 이때 이러한 정치 과정 자체, 즉 정치 부산물이 사회복지의 발달 동기를 일으킨다. 이 외에도 국가 정책은 정치에서 우위에 놓인 이익 집단의 영향력에 따라 달라지기 때문에 이익 집단의 사회복지정책과 관련한 정치적 활동이 사회복지의 동기일 수 있다.

(4) 경제적 동기

사회복지와 경제성장에 관한 조지와 윌딩(George&Wilding)의 연구에서는 사회복지를 통한 인적자본의 질적 수준을 높이는 것이 경제성장에 '+(플러스)' 효과를 주는 요인이 된다고 밝히고 있다(George&Wilding, 1984: 윤선오·김우호, 2014 재인용). 즉, 경제적 동기는 사회복지 동기를 유발한다. 또한, 국가가 사회의 문제를 해결하는데 드는 비용을 절감시키거나 비용의 효과성을 높이고자 할 때, 사회 문제의 파장이 낳는 부정적 결과를 감소시키고자 할 때 경제적 동기는 사회복지의 동기가 된다. 그 외에도 경제적 부산물로서 사회복지에 긍정적 영향을 미칠 수 있는 상황이 사회복지의 동기가 될 수 있다.

(5) 전문 직업적 동기

각 분야 내 전문직의 형성은 사회에서의 상승된 사회적 지위를 획득하게 하고 직업의 독자적 영역을 확보하게 한다. 특히 20세기 초 사회복지 전문직으로 사회복지사 직업이 승인을 받은 것은 더 이상 사회복지 원조 행위가 순수 이타적 동기에 의한 것이 아니고 일정 부분 자기 이익을 추구하는 직업적 동기에 의한 것이라 해석할 수 있다. 따라서 사회복지사의 전문 직업적 동기는 타인의 사회적 욕구와 사회문제를 헤아려 이를 해결하기 위한 복지가 사회적으로 필요하다고 인정되기 때문에 발생하며, 동시에 전문가로서 자신의 사회복지 전문 영역을 확장하고 활동하기 위해 사회복지를 넓히고자 하는 동기로도 발생한다(김태성 외, 2010).

4. 사회복지 관련 개념

1) 사회보장

사회보장은 개인이나 가족이 질병, 실업, 노령, 산업재해, 소득원의 사망과 같은 이유로 기본적인 생활을 보장받지 못하는 곤란에 처했을 때 국가로부터 제공받는 사회보험이나 공공부조를 말한다. 따라서 사회 내 나타나는 위험으로부터 인간의 생활을 보장하기 위한 것이며, 그 보장되는 범위는 국가마다 다르게 구분하고 있다. 사회보장의 개념은 경제적 보장, 정치적 프로그램, 사회 정책적 프로그램, 사회 정책적 제도로 발전하면서 다양한 사회 문제에 대처하는 사회 제도로 발전해 왔다(이인재 외, 2010). 이러한 특성을 반영한 국제노동기구(ILO)의 정의에 의하면, 사회보장이란 "사람들이 살면서 직면하는 여러 가지 위험들(질병, 노령, 실업, 장애, 사망, 출산, 빈곤 등)로 인하여 소득이 일시적으로 중단되거나, 장기적으로 소멸되거나, 지출이 크게 증가하여 사람들이 이전의 생활을 못할 때, 이전의 생활을 할 수 있도록 하는 모든 국가 프로그램들"로 정의한다(ILO, 1996: 김태성 2010 재인용). 우리나라 사회보장기본법 제3조(정의)에서는 "사회보장이란 출산, 양육, 실업, 노령, 장애, 질병, 빈곤 및 사망 등의 사회적 위험으로부터 모든 국민을 보호하고 국민 삶의 질을 향상시키는데 필요한 소득 · 서비스를 보장하는 사회보험, 공공부조, 사회서비스를 말한다."라고 되어 있다. 이에 국내 사회보험제도로는 국민연금, 건강보험, 고용보험, 산업재해보상보험, 노인장기요양보험 등이 해당되며, 사회보장은 다수의 국민을 대상으로 사회복지를 제공한다.

2) 사회복지서비스

사회복지서비스는 개별적, 대인적 서비스를 의미하며, 사회적 취약 계층을 대상으로 서비스를 제공하는 것을 일컫는다. 2012년 전면 개정되기 전 사회보장기본법 제3조(정의)에 따라 사회보장의 한 부분을 차지했었던 사회복지서비스는 사회복지사업법 제2조(정의)에서 "국가·지방자치단체 및 민간부문의 도움을 필요로 하는 모든 국민에게 상담, 재활, 직업 소개 및 지도, 사회복지시설의 이용 등을 제공하여 정상적인 사회생활이 가능하도록 제도적으로 지원하는 것을 말한다."라고 명시하고 있다.

이와 같은 사회복지서비스는 다음과 같은 몇 가지 특성을 갖는다(성민선 외, 2005 : 조홍식 외, 2010 재인용).

첫째, 개인별 차이가 있는 서비스의 욕구로 인해 서비스는 개별적으로 제공되며, 개별적인 개인, 가족, 집단의 문제에 대응한다. 개인의 회복과 증진을 목적으로 하며, 욕구에 따라 유연하게 제공된다.

둘째, 서비스를 필요로 하는 개인과 사회복지사들 간 직접적인 대면 접촉을 통해 제공되는 무형의 서비스이다.

셋째, 사회복지사 활동의 주된 영역이 된다.

넷째, 신체적, 정신적 재활 및 기능 향상과 같은 비경제적 보장에 중점을 두고 있다.

다섯째, 혼합된 재원을 가진다. 사회복지서비스를 위한 지출이 국가의 일반 조세 재원과 민간 재원의 혼합으로 충당되고 있다.

3) 사회서비스

사회서비스는 대인 서비스로서, 개인의 사회적 역할에 중점을 두어 사회적으로 충족되는 욕구에 관심을 가질 뿐 아니라 상호 관계 속에서 사람에 대하여 사람에 의해 수행되며, 사회적 맥락 내 가치와 규범을 준수하는 것이다(Bahle, 2003: 윤영진 외, 2011 재인용). 사회서비스는 영국 연방의 사회 정책 차원에서 주로 사용되어 왔으며, 사회부조, 사회보험, 아동복지, 교정(correction), 정신위생, 공중보건, 교육, 노동보호, 주택 제공, 여가 등을 포괄하는 광범위한 개념으로 인적자원 보존과 보호, 개선을 목적으로 하는 조직화된 활동이다(윤영진 외, 2011). 우리나라의 경우 2012년 전면 개정된 사회보장기본법 제3조(정의)에 의하면 "사회서비스란 국가·지방자치단체 및 민간부문의 도움이 필요한 모든 국민에게 복지, 보건의료, 교육, 고용, 주거, 문화, 환경 등의 분야에서 인간다운 생활을 보장하고 상담, 재활, 돌봄, 정보의 제공, 관련 시설의 이용, 역량 개발, 사회 참여 지원 등을 통하여 국민의 삶의 질이 향상되도록 지원하는 제도를 말한다."라고 폭넓게 정의하고 있다.

그러나 지금까지 사회서비스 정책은 대부분 사회복지서비스의 이론 틀 속에서 전개되고 있다. 따라서 현재 국내 연구에서 '사회서비스'는 '사회복지서비스'와 동일하게 인식·접근되고 상징으로서만 변화가 있는 소극적인 접근 경향이 있다. 첫째, 관련 논의의 전형적인 특성은 저소득 취약 계층을 중심으로 한 잔여적 복지서비스 지원, 기초자치단체(시·군·구) 중심으로 하는 '전달'체계, 중앙정부 중심의 표준화된 복지서비스 공급, 사회안전망 프로그램의 국가 최저 수준 관리, 시설과 비영리 공급자 중심의 정책관리 등이다. 둘째, 영유아, 아동, 청소년, 성인, 노인, 다문화 등과 같이 각 부문별로 개별적으로 하위 취약 계층을 위한 사례 관리 중심의 사회복지서비스의 개발과 관리에 대한 논의 및 정책이 집중되어 있다. 이와 같은 접근들은 서구의 근대 복지국가 재정 팽창기의 '구'사회 정책에 대한 것으로 시기적으로 현대 사회에서 요구되는 정책 기조와는 양립하기 힘든 특성이 있다. 특히 사회서비스 전달과 관련해서 보면, 기초자치단체인 시·군·구 중심의 사회복지 전달 체계가 구축·운용되고 있다. 하지만 보육료 지원과 같이 보편적 사회서비스가 급속히 확대되면서 저소득 취약 계층에 대한 사회복지서비스에 특화되어 있는 시·군·구 중심의 현행 전달 체계가 효과적으로 작동하지 못하고 있다. 이에 보육예산 등 복지예산을 둘러싸고 중앙·지방 간 복지 갈등이 발생하고 있다.

4) 사회사업

사회사업은 미국의 'social work'를 번역하여 사용하는 개념으로서, 개인, 가족, 이웃의 사회적 기능 향상을 도모하기 위해 사회복지사의 전문 기술과 지식을 활용하는 실천 활동이다. 프리드랜더와 압테(Friedlander & Apte)는 "사회사업이란 개인적·사회적 욕구 달성과 자립생활 획득을 위해 개인, 집단, 지역사회를 돕는 인간관계에 관한 과학적 지식과 기술에 근거를 둔 전문 서비스이다."(W. Friedlander & R. Apte, 1980)라고 정의하고 있다. 즉, 사회사업은 특정 문제를 지닌 개인, 집단 등의 사회적 기능을 증진시키는데 목적을 두고 있기에, 대상 접근이 선별적이고 개별적이며, 전문 기술과 지식을 바탕으로 한 사후적, 치료적, 소극적 특성을 가진다(조홍식 외, 2010).

5) 자선사업

자선사업(charity)은 어려운 환경에 처한 개인이나 집단에게 금전적, 물질적 도움을 제공하는 활동으로 종교적, 도덕적 동기에 의한 제도권 밖의 실천으로서 비공식적이고 비전문적 특성을 가진다. 따라서 사회복지 영역과는 구별된다.

5. 사회복지의 의의

1) 국민의 복지권 확립

사회복지는 개인의 복지권을 확립시키는 기제가 되고 있다. 오늘날의 사회복지는 전기 산업사회의 자선이 아니라 인권, 시민권, 복지권으로 인식된다. 즉, 인간의 기본적 권리이며, 보건의료, 교육, 고용, 주거, 문화, 환경 등의 영역 내 기본 욕구를 정부가 보장하는 국민의 기본권이다. 복지권을 사회권과 같은 것으로 간주한 마샬(T. H. Marshall)은 "사회권(복지권)이란 사회의 지배적인 기준에 의해 시민화된 생활을 누리고 사회적 상속에 있어서 충분히 분담할 수 있는 권리에 대한 소량의 경제적 복지와 보장에 대한 권리다."라고 하였다(Marshall, 1963: 김영모, 2010 재인용). 따라서 사회복지는 인간이면 누구나 기본적인 생활을 보장받도록 하는 복지권 확립 강화의 역할을 담당할 것이다.

2) 양극화 문제의 완화

사회복지는 양극화로 발생하는 다양한 문제를 완화하는 역할을 할 것이다. 경제협력개발기구(OECD)에서 발표하는 2012~13년 국가별 소득 및 빈곤율을 살폈을 때, 우리나라 최상위 10분위와 최하위 10분위의 계층 간 소득 격차는 10.1배, 상대적 소득 빈곤율은 14.6%로 OECD 국가 평균 9.6배, 11.2%보다 약간씩 높은 위치를 차지하고 있었다. 이러한 계층 간 소득 격차는 사회 구조적 문제로서 시장경제의 비정규직 노동자 양산을 통해 초래되었고 교육, 사회, 문화생활 등 전반에 거쳐 양극화 현상을 심화시키고 있다. 게다가 저출산·고령화 사회로의 진입 및 가족 해체와 같은 인구 사회학적 변화도 사회의 양극화 심화를 초래하는 요인이 되고 있다. 즉, 우리 사회에 회자되고 있는 '금수저', 'n포 세대', '이태백' 등의 신조어가 양극화 심화에 따른 부의 집중과 사회적 빈곤, 불평등, 상대적 박탈감 등을 여실히 표현하고 있는 것이다. 이와 같은 상황의 지속은 사회질서 유지를 곤란하게 하며 급기야 사회 해체로까지 확대되는 가능성을 낳는다. 따라서 양극화의 원인으로 개인이나 집단의 복지, 의료, 교육, 고용, 주거, 문화 등의 영역에서 나타날 수 있는 사회적 욕구와 사회 문제 해결을 위해 제도적 차원에서의 적극적인 사회복지 작동이 필연적인 것이다.

3) 경제성장에 기여

사회복지는 국가의 안정을 촉진하여 경제성장에 기여할 것이다. 구체적으로 살펴보면, 첫째 사회복지를 통해 사회적 갈등과 정치적 불안을 종식시켜 시장경제의 투자를 촉진시킨다. 둘째 사회복지를 통한 소득 재분배는 가계소득의 불평등을 감소시켜서 중산층과 저소득층의 구매력을 높이고 내수를 활성화하여 경제성장에 기여하게 된다. 셋째 노동력을 재생산하여 인적자본 형성에 기여함으로써 경제성장 동력의 바탕이 되는 효과를 낸다. 넷째, 임금 상승의 요인이 되는 주거·사회복지서비스·환경·보건·교육 등에 대한 개인적 부담을 최소화하여 생산비용을 절감시켜 국제 경쟁력을 높인다. 마지막으로, 출산율을 높이고 여성의 경제 활동 참가를 활성화를 촉진시켜 경제성장에 기여할 것이다(조홍식 외, 2015).

참고문헌

강신택, 《사회과학연구의 논리》, 박영사, 1995

김상균, 《현대 사회와 사회 정책》, 서울대학교출판부, 1987

김영모, 《사회복지학》, 고헌출판부, 2001

김태성·홍선미·조성은, 《사회복지개론》, 청목출판사, 2010

서강훈, 《사회복지 용어사전》, 이담Books, 2013

성민선·김종해·오혜경·권구영·이상균·김영란·박정호·엄미선·백은령·류명화·윤선오·김우호, 《사회복지개론》, 양서원, 2014

윤영진·양기용·이인재·이재원·강상경·김용득·김은정·김진·김혜란·박혜자·서재호·이봉주·이상균·장혜경·정광호, 《사회서비스 정책론》, 나눔의 집, 2011

이인재·류진석·권문일·김진구, 《사회보장론 개정3판》, 나남, 2013

이철수, 《사회복지학사전》, 혜민북스, 2013

장인협, 《사회복지학개론》, 서울대학교 출판부, 1986

조흥식·권기창·이태수·박경수·이용표·엄규숙·박기훈, 《사회복지학개론》, 창지사, 2010

조흥식·김상균·최일섭·최성재·김혜란·이봉주·구인회·홍백의·강상경·안상훈, 《사회복지개론》, 나남, 2015.

최일섭·최준보, 《사회복지개론》, 공동체, 2014

현외성·최무열·정재욱·정인영·김현주·김원배·강환세·최금주·마은경·김용환·박선애·하정미·이은정, 《사회복지학의 이해》, 양서원, 2011

Bahle. T., The changing institutionalization of social services in England and Wales, France and Germany: is the welfare state on the retreat? Journal of European Social Policy, 13(1), 2013

Bradshaw, J. R., The taxonomy of social need, in McLachlan, G.(ed), Problems and Progress in Medical Care, Oxford University Press: Oxford, 1972

David Macarov., Social Welfare: Structure and Practice. Sage Publications, 1995

George, V. & Wilding, P., The Impact of Social Policy. London: RKP, 1984

Harold L. Wilensky and Charles N. Lebeaux., Industrial society and social welfare : The impact of industrialization on the supply and organization of social welfare services in the United States, N.Y.: The Free Press, 1965

ILO., The Cost of Social Security, Geneva, 1996

Maslow, A. H., Motivation and Personality, New York: Harper & Row, 1954

P. Talyor-Gooby., New Social Risks and New Welfare in Europe, Press: Oxford University Press, 2004

Philip Klein., From Philanthropy to Social Welfare, Jossey-Bass, Sanfransisco, 1968

Robert L, Barker., The Social Work Dictionary, 1987

Robert Pinker., Social Theory & Social Policy, London: Morrison and Gibb, 1971. 김형석·박순우 역, 사회이론과 사회 정책. 인간과복지, 2010

Romanyshin, J. M., Social Welfare: Charity to Justice, N.Y: Random House, 1971

T. H. Marshall., Sociology at the Crossroads, Heinemann, London, 1980, 1963

Walter A. Friedlander & Robert Z. Apte., Introduction to social welfare, Englewood Cliffs, N.J. : Prentice-Hall, Inc, 1980

Titmuss, R. M., Social Policy: An Introduction. London: Allen &Unwin, 1974

http://www.oecd.org/els/soc/income-distribution-database.htm

s·o·c·i·a·l w·e·l·f·a·r·e

2 사회복지 윤리와 가치

1. 사회복지와 가치

사회복지는 사회과학 중에서 특히 가치(value)의 부분이 중요하게 부각되는 분야이다. 흔히 과학은 가치와 분리되는 것으로 인식되기 쉬우나 사회과학은 가치 판단으로부터 자유롭지 않다. 그중에서도 사회복지는 인간의 복지를 증진하기 위한 성격을 가지고 있어서 복지정책이나 사회복지사의 실천에서 가치의 문제는 깊게 관련되고 있다. 예를 들어 대표적인 복지정책인 연금제도에서 연금 수급자가 근로를 하던 기간에 매월 불입한 기여금이 많은 경우에 더 많은 수급액이 돌아가도록 하는 것에 비중을 둘 것인지, 아니면 연금 수급자의 최저생활보장에 더 비중을 둘 것인지에 따라 연금제도의 실제 모습은 크게 달라지게 된다. 전자가 형평성의 가치에 초점을 두었다면 후자는 결과의 평등이라는 가치에 초점을 둔 것이라 할 수 있다.

가치와 윤리는 그 성격을 다르게 인식하곤 한다. 가치는 통상 좋거나 바람직하다고 여겨지는 것에 대한 부분이다. 이에 비해 윤리는 무엇이 옳고 그른지에 대한 판단 기준으로 여겨진다. 사실 관계에 대한 객관적 인식이라기보다는 선호 혹은 판단을 위한 주관성의 부분이 가미되어 있는 부분이 크다. 그러나 가치의 판단 혹은 윤리의 판단은 개인적으로만 이루어지는 것이 아니라 일정한 기반과 근거를 가지고 이루어지는 것이 적절하다. 이는 통상 철학과 관련되는 부분이기도 하다. 때문에 사회복지에서는 사회복지라는 전문 분야에서 공통적인 가치 판단의 기준을 통해 일관성을 증진하고

자 하는 노력이 꾸준히 경주되어 왔다.

사회복지에서 중요하게 여기는 가치 규범으로는 인권, 자유, 평등, 사회 연대성, 정의 등을 들 수 있다. 물론 이는 현대 사회 대부분의 전문 분야에서 강조하는 가치의 덕목이기도 하다. 하지만 각 가치 규범 내에서 강조가 되는 부분이나, 상대적인 초점에서는 사회복지 분야의 특징이 나타나기도 한다. 인권, 자유, 평등은 흔히 민주주의 국가의 3대 요소로 보기도 한다. 사회복지가 어느 정도 정착된 나라를 흔히 복지국가라 하는데, 복지국가의 가장 큰 전제는 민주주의가 정착되어있다는 점이다. 민주주의가 발달하지 않은 복지국가는 없다. 사회 연대성은 다른 분야보다는 특히 사회복지에서 강조되는 가치 개념이다. 정의는 인권이나 자유, 평등과 같은 다른 가치 규범들의 구현이 어떻게 구현되는 것이 적절하다고 보는지에 대한 사회적 합의이다. 특히 최근에 그 중요성이 많이 논의되는 가치 규범이라 할 수 있다.

1) 인권

인권(Human Rights)은 인간의 존엄성을 나타내는 것이다. 인권의 대칭적 개념을 보통 특권이라 여긴다. 이는 특권이 일부 계층의 권리와 존엄성만이 보장되는 것이라는 점에 비추어볼 때, 인권의 핵심은 사람으로 태어난 누구나가 가지고 있으며 절대 훼손되어서는 안 되는 고유한 존엄성에 대한 보장이라 하겠다.

사회복지는 욕구(needs)에 기반을 둔다. 사회복지는 시장 구매력인 수요(demands)에 기반한 것이 아니라 사람이 어느 정도의 수준을 누리고 살아야 한다는 사회적 합의인 욕구에 기반하고 있기에, 빈부나 지위에 관계없이 사회 구성원 모두의 인권을 최대한 보장하고자 하는 내재적 가치를 지니고 있다. 사회복지는 정책의 내용이건 사회복지사의 실천 행위이건 인간의 기본권을 적극적으로 옹호하는 것을 최우선의 가치로 삼고 있다. 사람이라면 모두가 존엄하며 이 존엄성은 불가침의 것이다. 이는 너무나 당연하게 여겨지고 있지만 사실 역사적으로 사람이기 때문에 불가침의 권리가 인정되었던 것은 최근에야 정착된 것이다. 노예제나 봉건제에서는 계급에 따라 생사여탈이나 생존의 조건 자체를 침해하고 또 침해받았던 사회 구조이었다. 또 계급이 없어진 근대 자본주의 경제 체제에서도 초기에는 저임금 노동자나 빈곤층은 사회 구조적으로 억압당하기도 했다. 여성의 투표권도 역사적으로는 최근에야 인정되었다. 우리나라에서도 심한 가부장적 인습으로 인해 여성의 인권은 다른 나라들보다 더 많이 제약받아왔다.

인간이기 때문에 누구나 가지는 존엄성의 존중은 당연해 보이지만 실제에서는 매우 복잡한 문제이기도 하다. 성적 소수자에 대한 사회적 편견, 낙태의 문제에서 여성의 인권과 태아의 인권 중 어느 쪽이 우선할 것인가의 논란, 지적 장애인에 대한 불임 시술의 문제는 최근까지도 우리나라의 사회복지에서 이슈가 되기도 했다. 사회복지에서는 사람이라면 누구나 누려야 하는 삶의 질을 규정하고 이를 모두에게 보장하는 방향을 강조하는 것이 일반적이다.

2) 자유

자유(Liberty, Freedom)는 민주 사회에서 가장 기본이 되는 가치 개념이기도 하다. 자유란 누구나 자신의 뜻에 따라 행동할 수 있는 것을 말한다. 그러나 자유는 개인에게 무제한적으로 허용될 수 없다. 서로 간의 자유나 권리가 충돌할 수 있기 때문이다. 그 때문에 자유는 다른 사람의 자유를 전제하면서 질서 있는 책임을 기초로 하기 마련이다. 현대 국가에서는 이 질서 있는 책임은 보통 법률로 규정되거나 구성원 다수의 의지에 기초한 정치적 활동으로 형성된다.

흔히 자유에는 소극적 측면과 적극적 측면이 있는 것으로 이야기되곤 한다. 소극적 자유는 다른 사람이나 외부로부터 속박당하지 않고 자신의 뜻대로 할 수 있는 부분을 말한다. 이와 대조적으로 적극적 자유는 자신의 삶에 영향을 미칠 수 있는 요소들에 대해 자신의 의사를 전달하고 영향을 미치고자 하는 것이다.

현대 국가의 대부분이 기반을 두고 있는 자본주의 경제 체제는 그 자체로서는 시장경제, 그리고 소극적 자유의 부분에서 출발하곤 한다. 자신의 신체, 재산권, 각종 선택과 활동의 측면에서 스스로 선택하고 선택의 결과가 가져오는 긍정적이건 부정적이건 그 결과는 개인의 책임으로 돌리는 방식이다. 시장경제가 각 개인의 자유로운 선택과 책임, 계약에 따라 운영되는 것으로 보기 때문에 국가의 개입은 극소화하는 것을 적절하다고 보는 것이다.

하지만 사회복지 분야에서는 적극적 자유에 대해 더 중요하게 보는 관점을 가지고 있다. 소극적 자유만을 강조할 경우, 개인 간 혹은 집단 간의 자유가 충돌할 가능성도 높고 소위 '승자독식'의 결과가 초래될 수 있다. 또한, 불리한 여건에 있는 개인들의 선택 기회는 최선의 결과를 가져오는 것 자체를 불가능하게 할 수 있다. 따라서 불리한 여건에 있는 사람은 개인의 자유로운 선택과 책임이라는 (소극적)자유의 덕목이 구현되는 것이 어려워진다. 사회복지에서는 사회나 국가의 여러 영역에서 (불이익집단을 포함한)구성원 모두가 최대한의 기회와 좋은 선택을 보장받을 수 있도록 하기 위해서는 참여를 증진하는 제도나 사회적 기제를 의식적으로 강화하여야 한다고 본다. 예를 들어, 지체장애인의 입장에서는 사회 곳곳의 기회가 있는 장소에 가서 활동하기 위해서는 이동권이 보장되어야 자유로운 선택이 가능해진다. 그런데 이는 당연히 국가가 이동권 확보를 위한 인프라 구성을 위해 정책적으로 노력해야 한다. '자유로운 시장경제'에 맡겨두어서는 지체장애인의 (소극적)자유가 보장될 수 없다. 하지만 소극적 자유와 시장경제의 자율성을 강조하는 입장에서는 정부의 활동이 늘어날수록 자유가 침해된다고 본다. 이렇게 적극적 자유를 강조하는 입장은 소극적 자유를 강조하는 측과는 구체적인 사안에서 마찰을 빚을 수도 있다.

3) 평등

평등(Equality)은 사회 구성원이 동등한 처우를 받는 것을 의미한다. 대립적 개념이라 할 수 있는 불평등이 사람에 따라 부, 기회, 생활 조건이나 삶의 질이 차이가 나는 것을 의미한다는 점에 비추어 불평등보다는 평등이 바람직한 상황이라 할 수 있다. 하지만 모든 사회 구성원에 대해 완벽하고 기계적인 동등 처우가 구현되기는 어렵다. 또한 기계적인 동등 처우가 적절한가에 대한 논란도 크다. 그 때문에 평등에 대해서도 여러 가지 수준에서 논의될 수 있다.

먼저 기회의 평등이 있다. 이는 자본주의 경제 체제와 민주주의 정치 체제를 가지고 있는 대부분의 국가들이 사회적 합의가 이루어져 관철되고 있는 평등의 수준이다. 기회의 평등은 사회 구성원 모두가 바라는 성취를 위해 노력하고 경쟁할 수 있는 기회를 가진다는 의미이다. 즉, 성이나 인종, 신분과 같이 태어나면서 가지는 귀속적 지위에 따라 차별받는 것이 아니라 누구든 기회를 가질 수 있게끔 한다는 것이다. 현대 사회에서는 공무원이 되기 위해 국민 모두가 시험을 볼 수 있는 기회를 가지지만, 과거의 사회에서는 특정한 신분의 사람들만이 기회를 가졌다. 이런 측면에서 현대 국가가 기회의 평등을 가졌다고 보는 것이다. 기회의 평등은 평등의 가치 중에서는 소극적인 수준에 해당하는 것이라 할 수 있다.

다음으로 조건의 평등이 있다. 조건의 평등은 단지 기회만이 동등하게 주어지는 것이 아니라 활동과 경쟁의 여건이 비슷해야 실질적인 평등이 이루어질 수 있다는 것이다. 시험을 볼 수 있는 기회가 똑같이 있다고 해도 시험의 준비를 위해 비싼 비용이 들어간다면 빈곤층은 불리할 수밖에 없고, 결국은 불평등한 결과가 나타날 것이다. 우리나라에서도 사실상 대도시의 학원 밀집가에 거주하는 학생과 촌락 지역에서 정보통신망도 취약한 지역에 거주하는 학생은 입시에서 동일한 조건이라 할 수 없다. 그 때문에 조건의 평등에서는 단지 법적으로 기회만 동일하게 부여된다는 것으로는 불충분하고 성취와 경쟁을 위한 조건 자체를 공평하게 만들기 위한 조치가 있어야만 평등이 관철될 수 있다고 본다.

결과의 평등은 가장 적극적인 수준의 평등이라 할 수 있다. 이는 기회나 조건 등 과정보다도 결과적인 자원 배분에서 평등이 이루어져야 한다고 보는 것이다. 물론 이 결과의 평등이 기계적으로 획일적 처우를 한다는 것만을 의미하지는 않는다. 기여나 활동에 따라 합리적 근거가 있는 다소의 차이를 인정하기도 한다. 하지만 기본적으로는 궁극적인 소득이나 자원의 배분에서 결과적인 평등성이 높아지도록 하는 것을 지향한다. 그 때문에 가장 적극적이라 할 수 있다. 하지만 보수적인 관점에서는 시장경제의 자유경쟁 논리에 위배되고 도덕적 해이를 유발할 수 있다는 점에서 비판하기도 한다.[1)]

사회복지는 다른 전문 분야에 비해 평등에 대해서 적극적이다. 사회복지는 중요하게 생각하는 초점이 평등 자체라기보다는 주로 '보장'의 부분이다. 하지만 통상 이러한 보장은 국가의 적극적 정책을 통해서 부유층보다는 빈곤층에 대한 보장 및 지원 정책으로 구현되므로 평등의 증진에 대해 적극적인 입장을 가지고 있다. 세부 분야별로 그리고 사람마다 입장은 다양하지만 대체로 사회복지에서는 조건의 평등 이상의 관점을 강조하는 것이 보통이다.

---

1) 이와 관련하여 형평(Equity)이라는 용어가 평등(Equality)과는 조금 다른 의미에서 사용되기도 한다. 형평은 통상 기여에 비추어 합당한 정도의 보상을 강조한다. 이 경우에는 국가에 의해 보호를 받는 사람의 생활 수준은 국가로부터 지원을 받지 못하는 사람의 생활 수준보다 낮아야 한다는 열등 처우의 원칙(less eligibility)을 강조하기도 한다.

4) 사회연대성

사회연대성(Solidarity)은 다른 전문 분야에서는 그 강조가 두드러지지 않지만 특히 사회복지 분야에서 강조되는 가치 규범이라 할 수 있다. 연대성은 자신이 소속한 집단의 구성원들과 공유하는 소속감이나 정체성, 연계 의식을 의미한다. 인간의 본성을 사회적 존재로 묘사하곤 한다. 개인이 아니라 집단 속에서 의존하고 협력하면서 살아가기 때문이다. 그러나 자본주의 경제 체제에서는 각자가 경쟁하며 다른 사람보다 유리한 결과를 낳으려고 하는 생활 방식이 전면화되기 때문에 공동체적 연대성은 약화되기 쉽다. 사회복지에서는 경쟁보다는 사회 구성원 간의 연대에 의해 모든 구성원의 최소한의 생활 수준과 생존권 보장, 평등의 증진 등을 도모한다.

사회복지에서는 사회적 위험에 대비하기 위한 사회보험이 중요한 수단으로 활용되곤 한다. 국민연금, 건강보험 등이 대표적인 예이다. 이러한 복지제도의 운영에서도 사회 구성원 전체로 위험을 분산시키면서 위험에 맞닥뜨리는 구성원을 보호한다. 일반적인 영리적 보험에서는 위험을 대비하려는 사람들이 각자 위험성을 판단하여 가입하고 자신의 기여에 상응하는 보장 수준을 받으려고 한다. 하지만 사회보험에서는 대개 법률을 통해 가입을 강제화하면서 사회 구성원 다수가 자신의 능력에 따라 기여하고 보장이 필요한 위험 시에 보호를 받는다. 자신의 위험성을 각자가 판단하는 것이 아니라 사회 구성원 모두의 위험을 사회 구성원 모두가 보장하려는 방식이다. 이처럼 사회복지에서는 사회 구성원의 이해관계에 따른 분화보다는 공동체로서 사회 구성원 전체의 연대성을 강조하는 것이 일반적 방향이라 할 수 있다.

5) 정의

최근 우리 사회에서 '정의'와 관련된 강의와 책자가 유행했던 것처럼 어떤 판단이 정의로운가라는 점은 가치 판단에서 핵심적인 쟁점이 될 수 있다. 사회복지에서도 역시 정의로운 판단에 대한 논란이 중요한 의미를 가지곤 한다. 이와 관련하여 대표적인 논의는 Rawls의 『정의론』(A Theory of Justice: 1971)이 가장 많이 알려져 있다.

Rawls는 사회제도에 관한 최고의 덕을 공정(公正)이라 보고 불공정한 법과 제도는 그것이 아무리 효율적이고 잘 정리되었다 할지라도 개정되거나 폐기되어야 한다고 정의로운 사회의 중요성을 강조하였다. 그는 정의와 관련하여 유명한 두 가지 기본 원칙을 제시한 바 있다. 그는 기본적으로 자유주의자이기 때문에 제1 원칙은 자유의 배분에 관한 것이다. 제1 원칙은 '모든 사람에게 기본적인 자유를 완벽하게 누릴 수 있도록 해야 한다'이다. 기본적인 자유는 모든 사람이 최대한으로 누릴 수 있도록 해야 한다는 것이다. 그런데 그의 원칙에서 더 많이 인용되고 있는 것은 제2 원칙으로 사회적·경제적 가치 배분에 관한 것이다. 제2 원칙은 '가장 빈곤한 사람들의 사회복지에 대해 우선적으로 배려해야 한다'는 것이다. 즉, 사회적·경제적 불평등 문제는 가장 불리한 처지에 있는 사람들에게 우선적으로 최대의 이익을 가져올 수 있도록 하는 것이 정의롭다는 것이다. 그는 '원초적 상황에서의 판단'이 정의로움의 시금석이 된다고 보았다. 즉, 사회경제적으로 배분을 어떻게 할 것인가의 논란에서 사람들의 판단은 현재 자신이 가지고 있는 지위와 부의 정도에 따라 자신에게 유리하다고 생각되는 것을 택하게 될 것이므로 정의로운 판단의 합의가 나타나기 어렵다. 따라서 '원초적 상황' 즉, 사회 구성원들이 자신이 사회적으로 어떤 위치에 있게 될지 모르는 상태에서 가장 좋다고 생각하는 배분 방식이 적절한 것이라 보았다. 이에 따를 경우 최소 손실의 원칙 즉, 누구든 극단적으로 어려운 생활의 위험성은 피하고자 하는 합의의 도출이 가능해질 것이라 보았다. 가장 취약한 사람의 위험을 덜어줄 수 있는 '복지의 확대' 방식이 가장 정의로운 사회적 원칙이라 간주된다는 것이다. Rawls는 이 두 가지 정의의 원칙에 부합될 때 비로소 그 사회는 공정한 사회라 할 수 있으며, 또 정의의 원칙에 따라 추구하고 실현하는 정부의 행정 목표가 곧 공익이라는 것이다. 사회복지 분야에서 취약집단의 생활보장을 가장 우선적으로 고려하는 경향에 비추어 Rawls의 정의론은 이를 정의로운 정책 판단과 연결하는 논리를 제공하고 있다.

이 밖에도 사회복지에서는 다양한 가치 항목들이 부각되곤 한다. 복지의 대상자를 빈곤층으로 국한하는 것이 좋으냐 아니면 소득과 무관하게 전체 구성원으로 하는 것이 좋으냐의 논란과 관련된 선별주의(Selectivism)와 보편주의(Universalism)의 논란, 개인주의(Individualism)와 집합주의(Collectivism), 장애인복지나 소수자의 문제에서 부각되곤 하는 사회적 통합(Integration)과 정상화(Normalism), 자기 결정과 참여 등이 대표적인 것이다. 사회복지에서 가치는 거시적인 측면에서는 국가의 복지정책이나 복지국가의 특성과 관련되는 이념과 이데올로기에서 부각되고, 미시적인 측면에서는 사회복지사의 사회복지실천에서 어떠한 윤리적 속성이 중요한가의 부분에서 부각되곤 한다.

2. 사회복지정책과 이데올로기

앞에서 살펴본 인권 존중, 평등의 고양, 적극적 자유의 실현, 사회 연대성의 고양 등 사회복지의 가치는 대개 사회복지정책이 추구하는 목표가 되곤 한다. 하지만 구체적인 복지정책의 모습이 다양한 것처럼 강조되는 가치 요소들도 세부적으로는 차이가 나타난다. 빈곤층에 대한 소득보장정책들도 다양한 가치 지향성을 반영한다. 예를 들어 부(-)적 소득세로 알려진 EITC와 무기여의 보편적 수당은 전혀 다른 가치를 반영하고 있다. EITC가 효율성과 근로에 대한 보상, 도덕적 해이에 초점을 둔다면, 수당(Demogrants)은 보편성과 평등이라는 가치 요소에 더 초점을 둔다.

사회복지정책은 대개 국가나 지방자치단체 등 큰 규모의 조직에 의해 많은 사람이 직접 적용을 받는 것이므로 그 안에 포함된 가치 판단의 요소는 정책 결정자의 주관성에 의해 좌우되기보다는 정당 등 정치 집단이나 국가의 일정한 가치 지향성에 따라 일관성을 가지는 경우가 많다. 가치적 입장이 집합적으로 일정한 틀과 체계를 형성하고 있는 경우 이를 이데올로기(Ideology)라 부르곤 한다. 이데올로기는 “사회 집단의 사상, 행동, 생활 방법을 근본적으로 제약하고 있는 관념이나 신조의 체계, 역사적 · 사회적 입장을 반영한 사상과 의식의 체계”를 말한다. 이데올로기도 다양하게 표현되곤 한다. 좌파와 우파, 혹은 보수주의와 진보주의 등의 구분과 같다.

사회복지정책과 관련해서 정책에 영향을 미치는 이데올로기를 구분하는 방법 역시 다양하게 나타날 수 있다. Wilensky와 Lebeaux의 잔여적 모형과 제도적 모형, Titmuss의 보충적 모형, 산업적 성취 모형, 제도적 모형의 3분법, Esping-Andersen의 탈상품화에 따른 자유주의, 조합주의, 사회민주주의 복지국가 유형론 등이 모두 이데올로기를 기준으로 복지정책과 복지국가를 구분하는 것이다.

가장 고전적인 것으로 George와 Wilding의 논의를 들 수 있다. 이들은 사회복지정책의 이념 모형으로 반집합주의, 소극적 집합주의, 페이비언 사회주의, 마르크스주의의 4분법을 제기하였다(George & Wilding, 1976: 남기민, 2010에서 재인용).[2)]

반집합주의는 우파 혹은 신우파의 이데올로기를 반영하고 있다. 기본적으로 시장경

---

2) George와 Wilding은 이후의 저작에서는 기존의 4분법에 더하여 성인지적 페미니즘과 생태적 녹색주의를 포함한 6분법을 제시한 바 있다. 여기에서는 편의에 따라 고전적인 4분법을 소개한다.

제에 따른 생산과 분배 체계에 최일선의 가치를 부여하며 이에 관여하는 것은 좋지 않다는 기본적인 입장을 가지고 있다. 국가의 개입은 최소화하는 것이 좋다고 보아 시장경제에 대한 국가 개입의 대표적 양상은 자산조사에 기반을 둔 선별적 공공부조 정도이다. 일반적으로 사회복지에 대해 매우 소극적이거나 혹은 거부하는 입장을 견지하고 있다. 이들은 국가가 복지정책이나 제도를 확대하는 것을 비판하고 상부상조의 기능은 가족이나 공동체 수준에서 이루어져야 한다고 보았다. 실제 복지정책에서도 최저생활수준 미만에 있는 일부 계층에 대해 제한적으로만 국가 지원이 이루어져야 한다고 본다. 복지 수급에 대해서는 일정한 낙인(stigma)이 부여되는 것이 당연하고 이를 통해 도덕적 해이를 막아야 효율성과 경제성장의 가치를 해치지 않는다고 본다. 이와 같은 입장을 자유주의라고 부르는 것이 일반적이다.

소극적 집합주의는 반집합주의에 비해서는 국가의 개입을 용인하는 편이다. 소위 제한적인 수정자본주의적 입장이라 할 수 있다. 자본주의 기본 질서나 요소는 타당하므로 이에 큰 수정을 가져와서는 곤란하지만 자본주의에 대해 개입하지 않을 경우 나타나는 심각한 불평등이 사회나 체제의 안정을 해칠 것을 우려한다. 영국 복지국가 형성기의 Beveridge 보고서에서 5대 사회악으로 결핍, 무지, 불결, 질병, 나태를 규정하고 이를 해소하기 위한 국가 정책의 필요성을 주장한 바 있다. 이때도 국민 최저한의 보장, 소극적 수준에서의 평등 고취라는 방식으로 현대의 관점에서 볼 때는 제한적인 국가 개입 수준을 설정하고 있다. 소극적 집합주의 입장에서는 자본주의 경제 체제의 건강성을 지키기 위해 사회복지 분야에서 제한적인 수준이지만 사회 문제 해결을 위한 국가 정책을 펼쳐야 하는 것을 주장한다. 반집합주의와의 차별점은 상대적이지만, 연금이나 건강보장 체계와 같은 전 국민에게 해당하는 복지정책의 필요성을 인정한다는 점에서 사회복지정책에 대해 더 우호적이라 할 수 있다. 중도우파적 입장으로 이야기하곤 한다.

페이비언 사회주의는 사회복지에 대해 가장 적극적인 이데올로기 모형이라 할 수 있다. 적극적 집합주의라 부르기도 하고, 사회민주주의 이념에 기반해 있다. 소위 북유럽의 복지국가들이 나타내고 있는 복지 이데올로기에 해당한다. 사회복지는 비용 혹은 낭비적 요소로 취급되지 않는다. 이보다는 평등, 자유, 우애라는 사회민주주의의 세 가지 기본 가치를 가장 적극적으로 구현하는 핵심 수단으로 복지국가, 사회복지를 조망한다. 사회복지정책을 적극적으로 전개하여 불평등을 해소하고 사회 구성원의 삶의 질을 증진시킴으로써 중장기적으로 경제의 건강성과 성장도 담보할 수 있다고 본다. 사회복지는 국가의 가장 중요한 정책 영역이고 임무로 설정된다. 자유에 대해서도 소극적 자유보다는 적극적 자유를 강조하며 평등에 대해서도 매우 적극적 입장을 나타낸다. 사회적 연대에 기반한 보편주의적 복지정책을 강조한다. 이들에게 자본주의 경제 체제는 경제 운영의 기본적 틀이기는 하지만, 그 자체로 절대 선(善)으로 여겨질 수 없으며 사회 구성원 삶의 질 향상을 위해 시장은 적극적으로 수정과 개입이 필요한 대상이라고 본다. 중도좌파적 입장으로 이야기할 수 있다.

마지막으로 마르크스주의는 공산주의 혹은 사회주의 이념을 전형적으로 수용하고 있는 입장이다. 이 경우 좌파의 입장이지만 사회복지정책에 대해서는 우호적이지 않다. 이들은 자본주의 경제 체제와 계급 구조의 모순(노동자와 자본가)에 의해 빈곤과 불평등의 문제는 기본적으로 해결될 수 없다고 본다. 이들의 입장에서는 기본적 모순의 해결은 계급 구조를 타파하는 사회주의 혁명을 통해서 이루어진다고 본다. 그 때문에 자본주의 경제 체제를 받아들이고 있는 사회복지정책이나 복지국가의 논리는 일시적 미봉책이며 궁극적인 해결책인 혁명을 오히려 방해하는 요소가 될 수 있다는 입장이다. 마르크스주의는 극좌파의 입장이라 할 수 있다. 실제 사회복지와 관련하여 마르크스주의 복지국가를 구현하는 경우는 없다고 할 수 있다.

[표2-1] 사회복지정책의 이념 모형과 특징

구분	반집합주의	소극적 집합주의	페이비언 사회주의	마르크스주의
속성	극우파	중도우파	중도좌파	극좌파
이념	고전적 자본주의	수정 자본주의	사회민주주의	고전적 사회주의
강조하는 가치	소극적 자유, 성장	적극적 자유, 최저선 보장	적극적 자유, 적극적 평등, 연대성과 삶의 질	계급투쟁과 사회혁명을 통한 불평등 해소
사회복지에 대한 선호도의 정도	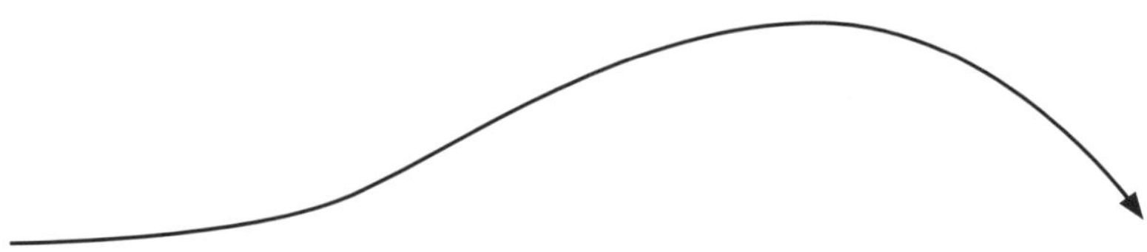			

이데올로기적 성격은 반집합주의, 소극적 집합주의, 페이비언 사회주의, 마르크스주의로 갈수록 우파적 입장에서 좌파적 입장으로 진행하는 것이라 볼 수 있다. 일견 좌파적 입장의 경우에 사회복지에 대해 우호적이라 생각할 수 있으나 좌파든 우파든 극단적 이데올로기에서는 사회복지에 대해 호의적이지 않다. 반집합주의나 마르크스주의와 같은 경우 사회복지정책은 큰 의미를 가지지 못하는 것, 혹은 부정적인 것으로 본다. 극우파나 극좌파보다는 중도파의 이데올로기가 사회복지에 대해 적극적으로 받아들인다. 특히 가장 적극적인 경우는 중도좌파적 입장인 페이비언 사회주의라 할 수 있다.[3)]

우리나라의 복지정책에 대한 이데올로기는 다른 나라에 비해 상당히 보수적이고 우파적인 성향이 지배적인 것으로 볼 수 있다. 국제적으로 대략적인 특성은 미국의 경우 상대적으로 우파적 복지 이념, 북구 유럽의 경우에는 중도좌파적 복지 이념이 부각되어 있다고 할 수 있다. 이는 복지국가의 역사적 전개 과정을 통해 형성된 산물이라 하겠다.

3. 사회복지실천과 윤리

1) 전문직의 가치와 윤리적 딜레마

사회복지에서 가치의 문제는 미시적인 측면에서 사회복지사의 사회복지실천 행위에서도 중요한 의미를 가진다. 사회복지실천은 대상자인 클라이언트의 욕구 충족과 생활에서의 변화를 도모하는 것이다. 이 과정에서 클라이언트가 원하는 대로만 따라가는 것은 아니기 때문에 변화의 방향에 대해 어떤 것이 바람직한가를 사회복지사가 판단해야 하는 문제가 나타난다. 예를 들어, 강한 가부장적 성향을 지닌 한 남성이 아내와 자녀들이 자신의 지시와 통제에 잘 따르기를 원하고 아내는 자녀가 부모와 친밀해지고 학교 공부에 몰두하기를 원할 때, 그리고 자녀는 부모의 간섭이 줄어들기를 원

---

3) 우리나라의 경우 서구 국가 일반에 비해 사회 전반적으로 우파적 이데올로기 입장이 지배적이다. 좌파와 우파라는 말은 원래 사회의 기존 질서에 대해 얼마나 받아들이느냐 혹은 변화를 도모하느냐에 대한 상대적 표현이다. 따라서 우리나라에서 중도좌파적 입장은 다른 서구 국가의 중도우파적 관점과 유사한 경우가 많다. 따라서 우리나라의 상황에서는 우파적 지향보다는 좌파적 지향이 복지정책에 대해 더 적극적인 것이라 할 수 있다.

한다고 할 때, 사회복지사가 어떤 방향으로 개입할 것인가에서는 클라이언트가 표현한 욕구대로 따라갈 수만은 없게 된다. 혹은 발달장애인 청소년의 부모나 보호자가 발달장애 청소년에게 불임 시술을 시키고자 할 때, 사회복지사는 무조건 지지할 수는 없다. 사회복지사는 변화를 위한 실천 기술 못지 않게 어떠한 가치 판단을 해야 하는지에 대해 준비가 되어 있어야 한다.

사회복지사의 가치 판단과 관련하여 정치적 입장 혹은 이데올로기의 문제는 가끔 어려움을 초래하기도 한다. 정치적 입장이나 이데올로기에 집착하는 것은 전문성을 해칠 수 있으니 정치적 중립성을 지녀야 한다고 볼 수도 있지만, 사회복지사는 클라이언트나 사회경제적으로 취약한 집단의 이익을 대변해 주어야 하는 '옹호(Advocacy)'라는 전문적 의무를 지니고 있기도 하다. Sheafor와 Horejsi는 정치적 입장이나 이데올로기의 문제와 관련하여 전문직으로서 사회복지사는 몇 가지 지침을 따르는 것이 적절하다고 보았다(남기철 외 역, 2010). 첫째, 비록 이데올로기적 입장은 아니더라도 자신의 원칙은 고수할 수 있어야 한다. 둘째, 당원은 아니더라도 정치에는 관심을 가져야 한다. 셋째, 의견에 동의할 수 없는 사람들을 존중할 수 있어야 한다. 넷째, 조종이나 이용당하지 않고 적극적으로 활동에 참여한다. 다섯째, 사람들을 분열시키는 것보다 결합시키는 것, 사람들이 반대하는 것보다 지지하는 것에 초점을 맞춘다.

이데올로기의 문제가 아니더라도 실천 가치나 윤리의 측면에서 사회복지사에게 요구되는 사항들도 있다. 클라이언트의 자기 결정에 대한 존중은 사회복지실천에서 매우 강조되는 가치이다. 다른 전문직에 비해 특히 사회복지에서 강조되는 가치로는 비심판적 태도의 지향, 강점에 기반하는 것 등이 있다. 비밀 보장 역시 중요하게 여겨진다.

전문직의 3대 구성 요소를 고유한 가치 체계, 지식 체계, 기술 체계로 이야기한다. 전문직으로서 사회복지가 나름대로의 지식이나 기술만이 아니라 고유의 일관된 가치 체계를 지녀야 함을 의미한다. 미국의 사회복지사협회인 NASW에서는 윤리강령(Code of Ethics)을 통해 전문적 사회복지를 특징짓는 여섯 가지의 핵심적 가치 영역으로 서비스, 사회 정의, 존엄성과 개인, 인간관계의 중요성, 통합성, 능력을 들고 있다. 이와 같은 가치들은 내용적으로 특별히 낯선 것은 아니다. 대부분의 휴먼서비스 전문직은 이와 유사한 가치들을 공유하고 있다. 그러나 핵심 가치로 더 강조되는 것은 무엇인가라는 상대성, 핵심적 가치들의 조합이라는 측면에서는 사회복지 전문직은 다른 서비스 영역과 구별되고 있다.

사회복지실천에서 윤리적 갈등 혹은 윤리적 딜레마를 경험하게 되는 경우가 있다. 이는 하나의 상황에 대해 윤리적으로 옳은지 아닌지를 판단하기 어려운 경우일 수도 있고 혹은 특정한 활동에 서로 다른 윤리적 지침이 충돌하는 경우일 수도 있다. 전자는 예를 들어 낙태의 결정과 같은 경우가 해당할 수 있다. 후자는 시설이나 병원 입원을 거부하는 알코올 중독 노숙인이 건강상 위기에 있는 것으로 보일 때 거리상담을 맡은 사회복지사가 자기 결정과 보호를 위한 전문적 판단 사이에서 어떻게 해야 하는가와 같은 경우가 해당할 것이다. 두 가지의 양상이 세부적으로는 다를 수 있지만, 윤리적 딜레마 상황으로서 가지는 갈등이라는 점은 본질적으로 마찬가지이다. 대개는 서로 다른 가치 체계나 윤리적 기준 중 어느 것이 우선할 것인가에 대한 판단이 불명확한 경우에 부각된다.

2) 윤리적 결정 지침

윤리적 딜레마 상황에서 사회복지사는 개인적인 직관적 판단보다는 일관성을 가진 전문적 판단에 근거해야 한다. 그리고 이 판단의 지침은 전문직 내부에서 공유되어야 하고 일관성을 지녀야 한다. 이는 간단한 문제는 아니다.

Reamer는 윤리적 결정 지침을 다음과 같이 여섯 가지를 제안한 바 있다(Reamer, 1999: 김상균 외, 2002에서 재인용). 이 지침은 서로 다른 가치들의 충돌 상황이 윤리적 갈등에서 어려움의 본질이라 보고, 그러한 상황에서 어떠한 가치 규범이 우선하는가를 통해 체계적인 판단을 돕고자 하는 것이다.

첫째, 인간 행위의 필수적 전제조건에 대한 기본적인 위해(생명, 건강, 음식, 주거 등)를 막는 규칙은 거짓말을 하거나 비밀정보를 누설하거나 오락, 교육, 재산과 같은 부가재를 위협하는 것과 같은 위해를 막는 규칙에 우선한다. 이 지침은 가치와 관련된 규칙들의 우선성을 결정할 때, 인권과 기본적 생존권의 부분에 우선적인 중요성을 부여해야 한다는 의미이다.

둘째, 개인의 기본적 복지권(인간 행위의 필수적인 조건 포함)은 타인의 자기 결정권에 우선한다. 자기 결정권은 특히 사회복지에서 중요하게 여겨지는 고유한 가치 규범이다. 하지만 누군가의 자기 결정권은 다른 사람의 기본적인 생존권을 침해하지 않는 전제조건하에서만 의미를 가진다는 것이다.

셋째, 개인의 자기 결정권은 그 자신의 기본적 복지권에 우선한다. 이는 한 개인의 자기 결정권과 자기 자신의 복지권이 충돌 상황을 나타낼 때는 자기 결정권을 우선한다는 것이다. 앞선 두 번째의 지침과 비교해볼 때, 자기 결정은 타인에 대한 복지권을 침해할 수는 없지만 자신에 대한 복지권에는 우선한다는 것이다. 다만, 이 경우 클라이언트의 자기 결정을 위해서 충분하고 이해할 수 있는 상태의 정보가 주어지고 외부의 압력 없이 스스로 적절하게 판단할 수 있는 상황이 조성되어 있어야 한다는 조건이 붙는다.

넷째, 자발적이고 자유롭게 동의한 법률, 규칙, 규정을 준수해야 하는 의무는 이들 법률, 규칙, 규정과 갈등을 일으키는 방식으로 행동하는 개인의 권리에 통상적으로 우선한다. 동의되고 인지된 규칙을 준수하는 것은 이를 위반해서 개인의 이득을 추구하는 것보다 더 중요하게 여겨져야 한다는 의미이다.

다섯째, 개인의 기본적 복지권은 그와 갈등을 일으키는 법률, 규칙, 규정 및 자원 단체들의 협정에 우선한다. 규칙이라고 해도 기본적인 복지권을 침해하는 경우 무조건적으로 따라야 하는 것이 아니라는 점이다. 즉, 현실의 규칙을 지키는 것이 클라이언트의 생존권을 침해할 수 있는 심각한 위험을 초래한다면 사회복지사는 규칙 준수에만 집착할 것이 아니라 일차적으로 클라이언트의 생존권을 보장하기 위한 방안부터 강구해야 한다는 것이다.

여섯째, 기아와 같은 기본적 위해를 예방하고 주택, 교육, 공공부조와 같은 공공재를 증진시킬 의무는 개인의 완전한 재산관리권에 우선한다. 자본주의 경제 체제에서 개인의 재산권 행사는 고유한 자유권에 해당할 수 있다. 하지만 개인의 재산권은 공익을 침해하거나 다른 사람들의 기본적 복지권을 침해하지는 않는다는 책임성 속에서만 자유롭게 발휘하는 것이 가능하다는 것이다.

3) 윤리적 결정의 과정

사회복지사가 실제로 맞닥뜨리는 윤리적 딜레마 상황은 하나의 지침을 적용하는 것만으로 간단히 해결할 수 없는 복잡한 상황일 경우가 많다. 예를 들어 지역사회 내에 발달장애인을 위한 보호 작업장이나 사회복귀시설이 없어서 이를 설치하고자 할 때, 해당 위치의 주택 가격 하락을 우려하여 시설 설치에 반대하여 공사를 진행하지 못하도록 막는 주민이 있다고 할 때, 이 자체만으로는 재산권 행사보다 공익이 우선한다고 판단할 수 있다. 하지만 인근의 시설 설치가 그 주민이 이전에 맺었던 부동산 계약의 파기로 인해 파산이나 빈곤(기본적 복지권의 위험 상황)을 곧장 초래하게 된다면 이는 완전한 재산권 행사의 문제가 아니라 또 다른 기본적 복지권의 문제와 연결될 수도 있다.

공공부조에 따라 생계급여를 수급받고 있는 고령의 클라이언트가 지역사회 내에서 파지를 모아 팔아서 약간의 부수입을 얻고 있을 때, 이를 관공서에 밝힐 경우 생계급여액이 줄어들거나 지원을 받지 못하게 될까 봐 두려워서 숨기고 있다는 사실을 사회복지사가 인지하였다. 이 경우 규칙을 어겨 이득을 보는 권리보다는 법률이나 규칙을 준수하는 것에 우선을 두는 지침을 감안한다면 사회복지사가 함께 숨겨서는 곤란하다. 더구나 부정 수급은 복지 예산의 제약으로 다른 빈곤층의 생존권을 간접적으로 위협할 수도 있다. 하지만 만약 해당 공공부조 제도가 빈곤층의 생존권을 위협할 수 있을 만큼의 부적절하고 엄격한 제약 조건을 가지고 있다고 판단할 때는 상황은 간단하지 않다. 또한, 비밀보장의 원칙을 어겨도 되는 상황에 해당하는가의 판단도 신중하게 해야 한다. 사회복지실천 실제에서 윤리적 딜레마 상황은 매우 복잡한 고려를 해야 하는 것이다. 따라서 이러한 상황에서는 지침에 못지않게 어떠한 과정을 통해 윤리적 판단을 할 것인가가 중요하게 부각된다.

김상균 등(2002)은 사회복지사가 윤리적 딜레마 상황에서 어떤 과정을 거쳐 가장 좋은 판단을 내릴 것인가에 대해 Reamer, Lowenberg와 Dolgoff, Congress, Mattison 등의 윤리적 결정 모델을 종합하여 6가지의 절차를 포함한 윤리적 결정 모델을 제시하였다.

① 윤리적 쟁점과 관련 체계를 확인한다.

당면한 딜레마 상황이 복잡하지만 윤리적으로 갈등을 유발하고 있는 쟁점은 무엇에 해당하는지를 명확하게 정리해야 한다. 그리고 이 윤리적 쟁점이 누구에게 혹은 어떤 조직에 관련되거나 영향을 미치고 있는지를 확인해야 한다.

② 가능한 행동 방침들과 관계자 및 잠재적 결과에 대한 가설을 설정한다.

이 윤리적 딜레마 상황에서 사회복지사가 취할 수 있는 행동이나 결정이 무엇이 있는지, 그리고 이 선택들은 어떤 결과로 이어질 수 있는지에 대해 예측하여야 한다. 잠재적 선택별로 나타날 수 있는 결과를 가설로 정리해 보아야 한다.

③ 행동 방침들의 정당성을 면밀히 검토한다(법률과 규칙, 윤리강령, 윤리적 결정 지침과 원칙, 사회복지실천 이론과 원칙, 개인적 가치 등을 고려한다).

윤리적 딜레마를 해결하기 위해 참조할 수 있는 지침들의 내용을 검토해야 한다. 여기에는 앞서 살펴보았던 Reamer의 윤리적 결정 지침과 같은 것들이 포함된다. 또한, 딜레마 상황에 관련되는 법률, 사회복지사 윤리강령, 사회복지실천 이론이나 기술에서의 관련 사항들을 검토하여야 한다. 이 검토가 면밀히 이루어지기 전에 급하게 즉흥적인 행동 노선을 선택해서는 곤란하다.

④ 동료 또는 관련 전문가에게 자문을 구한다.

대개의 윤리적 딜레마 상황은 과거의 사회복지실천 과정에서 비슷한 경험이 누군가, 혹은 어떤 조직에게는 축적되어 있다. 동료나 상사(수퍼바이저), 혹은 관련 전문가에게 자문을 구함으로써 유용한 선행 경험이나 정보를 얻을 수 있다. 자문 과정을 통해 판단 과정에 필요한 추가적 고려사항이 확인되는 경우도 많다. 딜레마 상황으로 인식되는 경우에는 혼자의 개인적 판단에 의존하는 것은 좋지 않다.

⑤ 결정을 하고 결정 과정을 문서화한다.

윤리적 딜레마 상황은 아무런 결정이나 선택 없이 계속 유보될 수 있는 것이 아니다. 그리고 정보의 수집이나 판단을 위한 진전이 없는 상황에서 시간을 끄는 것은 문제 해결에 도움이 되지 않는다. 그 때문에 절차 이행을 위해 신중하고 충분한 조치가 이루어졌다고 여겨지면 반드시 결정을 수행해야만 한다. 이때, 윤리적 딜레마 해결을 위해 이루어진 결정 과정은 서면으로 정리되고 가급적 공식적 문서로 남겨야 한다. 이 서면화된 결정 과정과 내용은 현재의 딜레마 상황에서 더 좋은 결정의 가능성도 높일 뿐만 아니라 미래의 윤리적 딜레마를 다루는 데에도 도움이 된다. 이 문서화 과정은 윤리적 딜레마를 다루는 데 매우 중요한 본질적 원칙으로 여겨지고 있다.

⑥ 실행결과를 평가하고 부수적인 문제를 확인하여 문서화한다.

윤리적 딜레마를 다루기 위해 이루어진 결정에 따라 조치를 실행하였으면 긍정적이건 부정적이건 그 결정의 결과를 평가하여야 한다. 그리고 많은 경우 윤리적 딜레마를 다루는 상황에서는 최선이라 판단했던 조치를 실행했음에도 불구하고 예상하지 못했던 부작용이 나타나기도 한다. 이 부작용을 포함하여 윤리적 딜레마를 다루기 위한 조치의 실행 결과를 윤리적 결정 과정의 문서화 내용에 포함시켜야 한다.

4. 사회복지사 윤리강령

실천가로서 사회복지사는 자신이 기반해야 할 윤리 기준을 지녀야 한다. 이는 개인의 주관적 가치로만 이루어질 수는 없기 때문에 전문 직업적 측면에서 윤리강령이 설정되어 있다. 우리나라의 경우 한국사회복지사협회에서 사회복지사 윤리강령을 고시하고 있다. 우리나라의 윤리강령은 1973년 처음 제정된 이래 3차에 걸쳐 개정이 이루어진 바 있다. 우리나라 사회복지사 윤리강령은 전문과 윤리 기준으로 구성되어 있다. 윤리 기준은 다시 사회복지사의 기본적 윤리 기준, 클라이언트에 대한 윤리 기준, 동료에 대한 윤리 기준, 사회에 대한 윤리 기준, 기관에 대한 윤리 기준, 사회복지윤리위원회의 구성과 운영에 대한 여섯 개의 장으로 구성되어 있다.

사회복지사 윤리강령

〈전문〉

사회복지사는 인본주의·평등주의 사상에 기초하여, 모든 인간의 존엄성과 가치를 존중하고 천부의 자유권과 생존권의 보장 활동에 헌신한다. 특히 사회적·경제적 약자들의 편에 서서 사회 정의와 평등·자유와 민주주의 가치를 실현하는데 앞장선다. 또한, 도움을 필요로 하는 사람들의 사회적 지위와 기능을 향상시키기 위해 저들과 함께 일하며, 사회제도 개선과 관련된 제반 활동에 주도적으로 참여한다. 사회복지사는 개인의 주체성과 자기 결정권을 보장하는 데 최선을 다하고, 어떠한 여건에서도 개인이 부당하게 희생되는 일이 없도록 한다. 이러한 사명을 실천하기 위하여 전문적 지식과 기술을 개발하고, 사회적 가치를 실현하는 전문가로서의 능력과 품위를 유지하기 위해 노력한다. 이에 우리는 클라이언트·동료·기관 그리고 지역사회 및 전체 사회와 관련된 사회복지사의 행위와 활동을 판단·평가하며 인도하는 윤리 기준을 다음과 같이 선언하고 이를 준수할 것을 다짐한다.

〈윤리 기준〉

Ⅰ. 사회복지사의 기본적 윤리 기준

1. 전문가로서의 자세

1) 사회복지사는 전문가로서의 품위와 자질을 유지하고, 자신이 맡고 있는 업무에 대해 책임을 진다.

2) 사회복지사는 클라이언트의 종교·인종·성·연령·국적·결혼 상태·성 취향·경제적 지위·정치적 신념·정신, 신체적 장애·기타 개인적 선호, 특징, 조건, 지위를 이유로 차별 대우를 하지 않는다.

3) 사회복지사는 전문가로서 성실하고 공정하게 업무를 수행하며, 이 과정에서 어떠한 부당한 압력에도 타협하지 않는다.

4) 사회복지사는 사회정의 실현과 클라이언트의 복지 증진에 헌신하며, 이를 위한 환경 조성을 국가와 사회에 요구해야 한다.

5) 사회복지사는 전문적 가치와 판단에 따라 업무를 수행함에 있어, 기관 내외로부터 부당한 간섭이나 압력을 받지 않는다.

6) 사회복지사는 자신의 이익을 위해 사회복지 전문직의 가치와 권위를 훼손해서는 안 된다.

7) 사회복지사는 한국사회복지사협회 등 전문가 단체 활동에 적극 참여하여, 사회정의 실현과 사회복지사의 권익 옹호를 위해 노력해야 한다.

2. 전문성 개발을 위한 노력

1) 사회복지사는 클라이언트에게 최상의 서비스를 제공하기 위해 지식과 기술을 개발하는데 최선을 다하며 이를 활용하고 전파할 책임이 있다.

2) 클라이언트를 대상으로 연구하는 사회복지사는 저들의 권리를 보장하기 위해 자발적이고 고지된 동의를 얻어야 한다.

3) 연구과정에서 얻은 정보는 비밀보장의 원칙에서 다루어져야 하고, 이 과정에서 클라이언트는 신체적, 정신적 불편이나 위험·위해 등으로부터 보호되어야 한다.

4) 사회복지사는 전문성을 개발하기 위해 노력하되, 이를 이유로 서비스의 제공을 소홀히 해서는 안 된다.

5) 사회복지사는 한국사회복지사협회 등이 실시하는 제반 교육에 적극 참여하여야 한다.

3. 경제적 이득에 대한 태도

1) 사회복지사는 클라이언트의 지불 능력에 상관없이 서비스를 제공해야 하며, 이를 이유로 차별 대우를 해서는 안 된다.

2) 사회복지사는 필요한 경우에 제공된 서비스에 대해 공정하고 합리적으로 이용료를 책정해야 한다.

3) 사회복지사는 업무와 관련하여 정당하지 않은 방법으로 경제적 이득을 취하여서는 안 된다.

II. 사회복지사의 클라이언트에 대한 윤리 기준

1. 클라이언트와의 관계

1) 사회복지사는 클라이언트의 권익 옹호를 최우선의 가치로 삼고 행동한다.

2) 사회복지사는 클라이언트에 대하여 인간으로서의 존엄성을 존중해야 하며, 전문적 기술과 능력 을 최대한 발휘한다.

3) 사회복지사는 클라이언트가 자기 결정권을 최대한 행사할 수 있도록 도와야 하며, 저들의 이익을 최대한 대변해야 한다.

4) 사회복지사는 클라이언트의 사생활을 존중하고 보호하며, 직무 수행 과정에서 얻은 정보에 대해 철저하게 비밀을 유지해야 한다.

5) 사회복지사는 클라이언트가 받는 서비스의 범위와 내용에 대해 정확하고 충분한 정보를 제공함으로써 알권리를 인정하고 존중해야 한다.

6) 사회복지사는 문서·사진·컴퓨터 파일 등의 형태로 된 클라이언트의 정보에 대해 비밀보장의 한계·정보를 얻어야 하는 목적 및 활용에 대해 구체적으로 알려야 하며, 정보 공개 시에는 동의를 얻어야 한다.

7) 사회복지사는 개인적 이익을 위해 클라이언트와의 전문적 관계를 이용하여서는 안 된다.

8) 사회복지사는 어떠한 상황에서도 클라이언트와 부적절한 성적 관계를 가져서는 안 된다.

9) 사회복지사는 사회복지 증진을 위한 환경 조성에 클라이언트를 동반자로 인정하고 함께 일해야 한다.

2. 동료의 클라이언트와의 관계

1) 사회복지사는 적법하고도 적절한 논의 없이 동료 혹은, 다른 기관의 클라이언트와 전문적 관계를 맺어서는 안 된다.

2) 사회복지사는 긴급한 사정으로 인해 동료의 클라이언트를 맡게 된 경우, 자신의 의뢰인처럼 관심을 갖고 서비스를 제공한다.

Ⅲ. 사회복지사의 동료에 대한 윤리 기준

1. 동료

1) 사회복지사는 존중과 신뢰로서 동료를 대하며, 전문가로서의 지위와 인격을 훼손하는 언행을 하지 않는다.

2) 사회복지사는 사회복지 전문직의 이익과 권익을 증진시키기 위해 동료와 협력해야 한다.

3) 사회복지사는 동료의 윤리적이고 전문적인 행위를 촉진시켜야 하며, 이에 반하는 경우에는 제반 법률 규정이나 윤리 기준에 따라 대처해야 한다.

4) 사회복지사가 전문적인 판단과 실천이 미흡하여 문제를 야기시켰을 때에는 적절한 조치를 취하여 클라이언트의 이익을 보호해야 한다.

5) 사회복지사는 전문직 내 다른 구성원이 행한 비윤리적 행위에 대해 제반 법률 규정이나 윤리 기준에 따라 조치를 취해야 한다.

6) 사회복지사는 동료 및 타 전문직 동료의 직무 가치와 내용을 인정·이해하며, 상호 간에 민주적인 직무 관계를 이루도록 노력해야 한다.

2. 수퍼바이저

1) 수퍼바이저는 개인적인 이익의 추구를 위해 자신의 지위를 이용해서는 안 된다.
2) 수퍼바이저는 전문적 기준에 의해 공정하게 책임을 수행하며, 사회복지사·수련생 및 실습생에 대한 평가는 저들과 공유해야 한다.
3) 사회복지사는 수퍼바이저의 전문적 지도와 조언을 존중해야 하며, 수퍼바이저는 사회복지사의 전문적 업무 수행을 도와야 한다.
4) 수퍼바이저는 사회복지사·수련생 및 실습생에 대해 인격적·성적으로 수치심을 주는 행위를 해서는 안 된다.

Ⅳ. 사회복지사의 사회에 대한 윤리 기준

1) 사회복지사는 인권 존중과 인간 평등을 위해 헌신해야 하며, 사회적 약자를 옹호하고 대변하는 일을 주도해야 한다.
2) 사회복지사는 필요한 사회서비스를 개발하기 위한 사회 정책의 수립·발전·입법·집행에 적극적으로 참여하고 지원해야 한다.
3) 사회복지사는 사회 환경을 개선하고 사회 정의를 증진시키기 위한 사회 정책의 수립·발전·입법·집행을 요구하고 옹호해야 한다.
4) 사회복지사는 자신이 일하는 지역사회의 문제를 이해하고, 그것을 해결하는 일에 적극적으로 참여해야 한다.

Ⅴ. 사회복지사의 기관에 대한 윤리 기준

1) 사회복지사는 기관의 정책과 사업 목표의 달성, 서비스의 효율성과 효과성의 증진을 위해 노력함으로써 클라이언트에게 이익이 되도록 해야 한다.
2) 사회복지사는 기관의 부당한 정책이나 요구에 대하여 전문직의 가치와 지식을 근거로 이에 대응하고 즉시 사회복지윤리위원회에 보고해야 한다.
3) 사회복지사는 소속 기관 활동에 적극 참여함으로써 기관의 성장 발전을 위해 노

력해야 한다

VI. 사회복지윤리위원회의 구성과 운영

1) 한국사회복지사협회는 사회복지윤리위원회를 구성하여, 사회복지 윤리 실천의 질적인 향상을 도모하여야 한다.
2) 사회복지윤리위원회는 윤리강령을 위배하거나 침해하는 행위를 접수받아, 공식적인 절차를 통해 대처하여야 한다.
3) 사회복지사는 한국사회복지사협회의 윤리적 권고와 결정을 존중하여야 한다.

사회복지사 윤리강령의 내용은 사회복지사로서 사회복지 분야에서 활동하게 될 경우 공유해야 할 윤리적 지침이 제시된 것이다. 이 내용 중 대부분은 누구나 동의할 수 있는 일반화된 윤리적 지침에 해당할 것이다. 하지만 사람에 따라서는 낯선 내용이 포함되어 있다고 느낄 수도 있다. 윤리강령의 내용 중 다른 기관이나 사회복지사의 클라이언트에게 (단순한 호의였다고 해도)전문적 원조를 제공하는 것은 부적절하다는 것, (모두에게 객관적이고 중립적 입장으로 대하는 것이 아니라)사회적 약자를 대변하고 옹호하는 것, 수퍼바이저는 실습이나 수련에서의 평가 결과를 대상자와 공유해야 한다는 것 등은 일반 상식적 수준에서는 예측하기 어려운 윤리적 지침일 수 있다. 윤리강령의 내용 역시 절대적이거나 고정된 것은 아니고 시대나 사회적 변화에 따라 바뀌는 것이다. 하지만 윤리강령의 내용에 동의하는가의 여부는 사회복지사로서 일할 수 있는 기본적 전제조건이 되므로 사회복지를 공부하는 사람이라면 반드시 숙지해야 한다.

참고문헌

김상균 · 오정수 · 유채영, 《사회복지 윤리와 철학》, 나남, 2002
남기민, 《사회복지정책론》, 학지사, 2010
남기철 · 정선욱 · 조성희 역, 《사회복지실천 기법과 지침》, 나남, 2010

s · o · c · i · a · l w · e · l · f · a · r · e

3 복지국가론

우리 사회에서도 복지국가란 용어는 크게 낯설지 않다. 많은 정치인이 우리나라가 지향해야 할 비전으로 복지국가를 이야기하기도 하고, 신문이나 TV 등 언론매체들도 복지국가라는 표현을 자주 사용한다.

그럼에도 불구하고 막상 복지국가가 어떤 나라인가라는 질문을 받으면, 대답하기는 쉽지 않을 것이다. 산업화된 모든 국가를 복지국가라고 말하는 사람들이 있는가(Baldwin, 1996) 하면, 어떤 사람들은 서구 선진 자본주의 국가를 복지국가(Gough, 1979: 김연명, 이승욱, 1990)로 지칭하기도 한다. 이렇게 복지국가에 대한 생각은 사람들마다 다르고, 구체적으로 복지국가가 어떤 특징을 갖고 있는지, 그리고 현재는 어떤 모습을 보이는지에 대해 보통 사람들은 잘 알지 못한다.

이 장은 복지국가에 대한 기초적인 이해를 돕고자 한다. 복지국가가 무엇이며, 복지국가는 어떻게 형성되어 변화 발전하였으며, 위기 이후 복지국가는 어떻게 재편되었는지 등을 복지국가의 역사를 고찰함으로써 이해하고자 한다. 모든 복지국가의 모습이 다 같지는 않다. 스웨덴과 같이 상대적으로 사회복지가 크게 발전된 복지국가가 있는가 하면, 미국과 같이 국가의 복지 수준이 상대적으로 떨어지는 복지국가들도 있다. 이렇게 복지국가의 다양한 모습들을 몇 가지로 유형화하여 살펴봄으로써 복지국가의 다양성 그리고 복지국가 간 차이 등을 살펴볼 것이다. 끝으로 현재 복지국가를 둘러싼 환경을 살펴봄으로써 복지국가의 미래를 전망해 보고자 한다.

1. 복지국가의 정의

복지국가가 무엇인가에 대한 합의된 정의는 존재하지 않는다. 다만, 지금까지 복지국가에 관한 논의들을 보면, 다음과 같은 세 가지 차원으로 복지국가가 정의되어 사용되고 있다(손병돈, 1998).

1) 사회복지가 발전된 국가

복지국가를 사회복지가 발전된 국가라고 정의하는 대표적인 사람은 윌렌스키(Wilensky)이다. 그는 복지국가를 자선이 아닌 정치적 권리로 모든 국민에게 최소한의 수입, 영양, 건강, 주택 그리고 교육을 보장하는 국가라고 정의하고 있다(Wilensky, 1975). 그의 복지국가 정의에서 핵심은 국가가 모든 국민에게 권리로서 최소 생활보장까지 복지를 제공해야 한다는 것이다. 요컨대 윌렌스키의 복지국가 정의는 국가가 제공하는 복지 수준이 일정 수준 이상인 국가를 의미한다. 그는 1966년 당시 GNP에서 사회보장비가 차지하는 수준을 가지고 복지국가를 선진 복지국가(the welfare-state leaders), 중진 지출국(middle-rank spenders), 후진 복지국가(the welfare-state laggards)로 구분하였다(Wilensky, 1975). 즉 GNP에서 사회보장비가 차지하는 비율이 15%가 넘으면 선진 복지국가로 정의하고, 여기에는 서독·네덜란드·프랑스·스웨덴 등이 속하며, 중진 복지국가는 GNP에서 사회보장비가 차지하는 비율이 10-15%인 국가를 말하는데, 이에는 영국·핀란드·소련·캐나다 등이 포함되며, 후진 복지국가는 그 비율이 10% 미만인 국가로서 스위스·미국·일본 등의 국가가 포함된다. 이러한 복지국가 정의는 단순히 국가의 복지 지출 수준만을 기준으로 하여 복지국가 여부를 판단하고, 사회 체제와는 무관하게 복지국가를 정의한다. 사회주의 국가든, 자본주의 국가든 국가가 제공하는 복지 수준만 높다면 복지국가라 할 수 있다. 일반적으로 언론이나 보통 사람들이 복지국가라는 표현을 할 때는 이렇게 사회복지가 발전된 국가라는 의미로 복지국가라는 용어를 사용하는 경우가 많다.

2) 케인지언이즘(Keynesianism)에 기반한 자본주의의 발전 모델

복지국가에 대한 또 다른 정의는 복지국가를 케인즈 경제 이론에 입각한 자본주의의 발전 모델로 규정하는 것이다. 많은 학자가 이러한 관점에서 복지국가를 설명하고 있다. 대표적인 학자로 브릭스(Briggs), 제솝(Jessop), 미쉬라(Mishra) 등을 들 수 있다.

앞에서 살펴본 복지국가에 대한 정의인 사회복지가 발전된 국가라는 관점은 복지국가는 사회 체제와 무관하게 정의될 수 있는데 반해, 이 관점에서 복지국가는 명백히 자본주의라는 사회 체제 내에 존재하는 하나의 국가 형태인 것이다.

제솝(Jessop)은 복지국가를 포디즘(Fordism)하의 이상적인 국가 즉, 케인지언 복지국가(Keynesian Welfare State)를 의미하며, 케인지언 복지국가의 주요한 기능이 민족국가 내에서 유효 수요의 관리를 통해 완전 고용을 보장하고, 경제성장의 성과물을 전 국민들이 공유하게 하는 것이라고 규정하고 있다(Jessop, 1994). 또한, 브릭스는 자본주의 사회에서 시장을 수정하기 위하여 국가 권력을 가지고, 모든 국민에게 복지를 제공하는 국가라는 의미로 복지국가를 바라보고 있다(Briggs, 1961).

케인지언이즘은 자유방임자본주의 시대에 경험했던 공황 같은 시장 실패를 수정하기 위하여 국가가 시장에 항상 개입하여, 유효 수요를 관리함으로써 자본주의의 안정적인 발전을 꾀하는 경제 이론이다. 유효 수요를 관리하는 주요한 정책 수단 중에 하나가 사회복지이다. 그러므로 복지국가를 케인지언이즘에 기반한 자본주의의 발전 모델이라고 보는 관점은 복지국가를 자본주의, 특히 자유방임주의의 한계가 노출된 후 시장에 대한 국가 개입이 제도적으로 구조적으로 이루어지는 수정자본주의 시대에 조응하는 국가 형태 중 하나인 것이다. 그러한 국가는 국민의 복지에 대해 많은 책임을 수행한다는 점에서 사회복지가 발달되었다. 사실상 1930년 세계 대공황 이후 서구 선진 자본주의 국가들은 케인지언이즘을 기초하여 시장에 대한 국가 개입이 항상적으로 이루어졌고, 국민들의 기본적인 삶을 사회복지제도를 통해 보장하여 왔다. 그런 점에서 1930년대 이후 서구 선진 자본주의 국가들을 일반적으로 복지국가로 지칭한다고 해도 크게 잘못된 것은 아니라 할 수 있다.

3) 이상 사회로서의 복지국가

이는 복지국가를 하나의 이상 국가 내지 이상 사회로 바라보는 것이다. 이러한 대표적인 사람이 롭슨(Robson)이다. 그는 사회, 경제적 상황, 노동 조건, 환경, 오락시설 그리고 예술의 개발 등 국민생활 전반에서 바람직한 상태를 복지라고 규정하고 있는데, 복지국가를 이러한 이상적인 복지 실현에 전념하는 국가로 규정하고 있다(Robson, 1976: 손병돈, 1998). 이렇게 롭슨은 복지국가를 하나의 이상 국가로 바라보고 있는데, 이러한 이상 국가의 건설은 국가의 정책적, 제도적 노력뿐만 아니라 우애, 공공의식 등 국민들의 연대의식이 충만할 때 가능하다고 지적한다.

이와 같이 복지국가에 대한 세 가지 정의 내지 관점을 살펴보았는데, 세 번째 이상 국가로서 복지국가를 바라보는 관점은 보편적이지는 않다. 많은 연구자이나 언론에서 복지국가를 지칭하는 경우는 사회복지가 발달된 국가 또는 수정자본주의 체제라는 틀 내에서 사회복지가 발달된 국가인 케인지언이즘에 기반한 자본주의의 한 발달 모델이라는 의미로 사용하고 있다.

2. 복지국가의 역사

복지국가를 보다 잘 이해하기 위해서는 복지국가를 역사적으로 살펴볼 필요가 있다. 그런 점에서 복지국가의 역사를 살펴보고자 한다. 전체 사회복지의 역사 속에서 복지국가가 갖는 위상을 이해하기 위하여 복지국가가 형성되기 이전 시대의 사회복지 역사를 간략히 살펴본 후, 복지국의 역사를 살펴본다.

1) 복지국가 이전의 사회복지

인류의 역사를 복지의 관점에서 살펴본다면, 초기 사회복지의 역사는 민간에 의한 복지 활동이 중심을 이루고, 국가에 의한 복지 활동은 예외적으로, 부분적으로 이루어졌다. 인류 역사의 초기인 원시 사회 및 고대 사회에서 복지 활동은 주로 가족이나 친족, 이웃 등 비공식 집단들에 의해 이루어졌다.

유럽의 역사에서 국가가 사회복지 활동을 제도적인 형태로 시작한 것은 14세기에 들어서부터이다. 중세 봉건제가 붕괴되며 자본주의의 초기 형태가 맹아적으로 형성되기 시작하던 중상주의 시대에 빈민들에 대한 통제를 목적으로 하는 빈민법(the Poor Law)이 만들어지며, 국가에 의한 사회복지가 시작되었다. 이 시기는 봉건제가 붕괴되고, 자본제가 형성되기 시작하는 과도기 시대이므로 사회가 혼란스러웠다. 특히 농지에서 쫓겨난 빈민들인 많은 유랑민들이 이리저리 떠돌아다님에 따라 사회가 불안정하고, 혼란스러웠는데, 이러한 빈민들을 구제를 통해 통제할 목적으로 빈민법들이 제정되었다. 빈민법은 빈민들을 수용하여, 최소한의 구제를 제공함으로써 이들이 사회혼란을 야기하지 않도록 통제하는 것이 목적이었다(감정기, 최원규, 진재문, 2002).

이 시기 대표적인 영국의 빈민법인 1601년 엘리자베스 빈민법(Elizabethan Poor Law)은 일할 수 있는 빈민들에 대해서는 강제 노역시설인 작업장(workhouse)에 수용하여 강제 노역을 시키고, 최소한의 음식을 제공하여 구제하였고, 일할 수 없는 노인, 장애인과 같은 사람들에겐 구빈원(almshouse)이라는 구제시설에 수용하여 최소한의 구제를 제공하였다. 이러한 빈민법은 14세기에서 18세기에 이르는 동안 여러 형태로 다양하게 만들어졌다(감정기, 최원규, 진재문, 2002).

19세기 들어 자본주의가 지배적인 사회 체제로 자리 잡음에 따라 빈민법에 의한 빈민구제도 그에 맞게 변화하였다. 자본주의는 자조의 정신이 지배적인 가치이므로, 자본주의가 확립된 이후 국가는 빈민법을 통해 일할 수 없는 사람들을 중심으로 최소한의 복지 제공으로 한정하려 하였다. 대신에 민간 차원의 자선기관들에 의한 복지 활동이 활발하게 전개되었다. 자본주의가 확립됨에 따라 신흥 자본가들이 대거 등장하였고, 이들의 기부 활동이 활발하였으며, 그에 따라 민간 차원의 많은 자선기관이 만들어졌다. 이러한 자선기관들에 의한 민간 복지 활동이 활발하게 전개되었다.

기본적으로 이 시기까지 사회복지는 스스로의 힘으로 살아갈 수 없는 사람들을 대상으로 한시적으로 제공되었다. 빈곤 등 사회복지의 문제는 개인적인 문제이며, 따라서 개인이나 가족의 책임으로 간주되었다. 국가의 역할은 치안 유지, 국방 등의 역할에만 한정되고, 경제 활동은 시장의 자유에 맡겨졌다. 소위 '보이지 않는 손'으로 일컬어지는 시장에 대한 절대적인 믿음을 가지고 시장의 효율성을 맹신하던 시대이다. 그렇기 때문에 이 시기까지 사회복지는 시장에서 도태된 사람들을 대상으로 매우 한정된 역할이 그쳤다.

2) 복지국가의 형성 및 발전

복지국가의 시작을 언제부터라고 볼지는 논란이 될 수 있다. 앞의 복지국가 정의에서 살펴보았듯이 가장 보편적인 복지국가의 정의가 시장자본주의의 불안정성에 대한 대응으로 케인지언이즘에 기반한 자본주의의 발전 모델이라는 점에 근거한다면, 복지국가의 시작은 자본주의의 불안정성과 그에 대한 국가 복지의 제도화라는 점에서 찾을 수 있다.

(1) 세계 대공황과 복지국가의 형성

초기 자본주의는 시장에 모든 것을 맡기는 자유방임 자본주의였다. 그 결과 주기적으로 크고, 작은 불황이나 공황이 발생하여, 자본주의가 불안정한 사회 체제라는 점을 드러냈다. 특히 독일은 후발 자본주의 국가로서 관료 주도에 의한 압축적인 자본주의화 과정을 겪고 있어서, 자본주의의 불안정성이 더 크게 나타났고, 산업화 과정의 여러 가지 사회 문제들도 함께 발생하였다. 그에 따라 독일 자본주의의 불안정성은 더욱 증폭되어 나타났다. 더욱이 그 당시 유럽 대륙에서 사회주의자들에 의한 사회주의 운동이 활발하게 전개되고 있었다. 이러한 배경하에서 세계에서 처음으로 1880년대에 독일에서 사회보험이 도입되었다. 사회보험의 도입은 기존 빈민법과 완전히 상이한 차원에서 국가가 사회복지에 개입함을 의미한다. 빈민법은 스스로 살아가지 못하는 사람들에 대해 구제의 차원에서 일시적으로 개입한 것이라 한다면, 사회보험은 자본주의 사회에서 누구나 겪을 수 있는 사회적 위험들인 실업, 질병, 노령, 산재 등에 대한 제도적 대응으로서 국가의 사회복지에 대한 개입이 항시적으로 제도적으로 이루어진다는 것을 의미한다. 이렇게 독일에서 1880년대에 사회보험이 처음으로 도입되었는데, 이는 시장자본주의의 불안정성에 대해 국가가 처음으로 사회복지의 제도화를 통해 개입하였다는 것을 의미한다. 그런 점에서 이를 복지국가의 시작으로 보기도 한다(김태성, 성경륭, 2001).

그렇지만 이때까지 시장자본주의의 불안정성이 자본주의의 체제를 위협할 만큼 전면화된 것은 아니었으며, 그리하여 시장에 대한 국가 개입이 모든 자본주의 국가에서 제도적으로, 항시적으로 이루어지지도 않았다.

시장자본주의의 불안정성을 전 지구적 차원에서 드러낸 것은 1920년대 말 세계 대공황이다. 1차 세계대전으로 엄청난 호황을 누렸던 자본주의 시장경제는 1920년대 말 세계대공황으로 붕괴 직전까지 갈 정도로 심각한 불안정성을 노출하였다. 세계 대공황의 여파는 세계 무역을 60% 정도나 감소시켰고, 미국의 실질 GNP를 1/3 정도 감소시켰으며, 1930년대 10년간 평균 실업률이 18%에 이를 정도로 엄청났다

(Rimlinger, 1991). 이러한 시장자본주의의 불안정은 미국에서만 나타난 것이 아니고 전 세계적 차원에서 나타난 것으로 자본주의를 시장에만 맡겨놓을 때, 그것이 효율적으로 작동하지 못함으로써 자본주의가 유지되지 못할 수도 있음을 보여준 것이었다. 이러한 시장의 한계에 대한 대응으로 나온 경제 이론이 케인즈의 유효 수요 이론이다. 케인즈의 유효 수요 이론은 국가가 시장에 재정정책이나 금융정책 및 사회복지정책 등을 통해 항시적으로 개입하여, 유효 수요를 관리하고 시장의 불안정성에 대응함으로써 자본주의의 안정적 발전을 꾀하는 경제 이론이다. 케인즈의 유효 수요 이론의 한 축을 구성하는 것이 사회복지제도이다. 국가가 사회적 위험에 대한 대응으로 사회복지를 제도화하면, 경제가 지나치게 호황일 때는 조세와 보험료 징수를 통해 자동적으로 소비를 줄여주고, 경제가 불황에 빠지면 사회복지제도를 통해 노인, 빈자, 실업자 등 사회복지를 필요로 하는 사람들에게 사회복지를 제공함으로써 소비를 확대하는 등 유효 수요를 관리한다.

이렇게 세계 대공황 이후 선진 자본주의 국가들은 케인즈의 유효 수요 이론을 채택함으로서 자유방임자본주의 시대는 끝나고, 국가가 시장에 항시적으로 개입하는 수정자본주의 시대가 시작되었다고 할 수 있다. 시장의 불안정성을 조절하는 국가의 정책 중 하나가 사회복지정책이다. 그런 점에서 세계 대공황 이후를 복지국가의 시작으로 볼 수 있다.

세계 대공황과 함께 1, 2차 세계대전 그리고 사회주의 국가의 등장도 복지국가의 형성에 영향을 미친 요인으로 지적된다(감정기, 최원규, 진재문, 2002). 두 번의 세계대전으로 재산의 손실, 가구주의 사망 등으로 전쟁 고아 및 미망인 등 사회복지를 필요로 하는 수많은 사람을 발생시켰으며, 또한 전쟁 과정에서 형성된 사회적 연대의식 그리고 국가의 행정 능력이 강화된 점도 2차 세계대전 이후 서구 자본주의 국가들이 사회복지를 확대하고, 그것을 제도적으로 실행하는 것을 가능하게 한 요인이라고 할 수 있다(감정기, 최원규, 진재문, 2002). 실제로 복지국가의 사회복지 관련 틀을 만드는데 가장 기여한 것으로 평가되는 베버리지 보고서는 영국이 2차 세계대전 후 전후 복구를 위한 마스터 플랜 차원으로 준비된 보고서인데, 그것의 주내용이 사회보험을 중심으로 영국 사회보장의 틀을 형성하여, 영국 사회를 재건하는 것이었다.

소련에서 1917년 볼셰비키 혁명을 통한 사회주의 국가의 형성도 복지국가 형성에 중요한 영향을 미친 요인으로 평가된다. 사회주의 국가인 소련은 국가가 모든 국민에게 기본적인 생활을 보장함으로써 자유방임적 시장에 국민들의 모든 삶을 맡기고, 사회적 위험으로부터 국민들을 보호하지 않는 자본주의 국가들과 대비되었다. 사회주의는 자본주의의 대안으로 제시되는 국가 체제라는 점에서 자본주의 국가에게 일종의 체제 위협 요인으로 작용하였다. 그런 점에서 사회주의 국가의 등장과 확산도 복지국가의 형성에 기여한 요인으로 평가된다.

이상과 같이 1930년대 세계 대공황 이후 대부분의 선진 자본주의 국가가 자유방임자본주의 국가에서 시장에 대한 국가의 개입이 제도적으로, 정책적으로 항상 이루어지는 수정자본주의 국가로 이행하였다는 점에서 그 시점이 복지국가의 시작이라고 볼 수 있다. 하지만 세계 대공황 이후 2차 세계대전이 일어나 전쟁 속에 있었다는 점에서 사회복지의 제도화와 확산은 일정 정도 한계가 있었다. 2차 세계대전이 끝난 이후 사회복지의 제도화가 본격적으로 이루어졌다는 점에서, 2차 세계대전 이후 서유럽 국가들에서 복지국가가 보편적으로 확립되었다고 보는 것이 일반적이라 할 수 있다(김상균, 1987).

(2) 복지국가의 황금기

2차 세계대전 이후인 1945년에서 1970년대 초까지의 시기를 '복지국가의 황금기(the golden age of welfare state)'라 부른다. 그것은 이 시기에 안정적 경제 발전을 토대로 하여 복지국가의 모든 측면에서의 발전이 극대화되었기 때문이다. 이 시기에 사회복지가 얼마나 비약적으로 확대되었는지는 여러 가지 측면에서 확인할 수 있다. [표 3-1]을 보면, 이 시기에 서구 선진 자본주의 국가들이 사회복지 지출이 매우 크게 증가하였음을 알 수 있다.

[표 3-1] 서구 선진 자본주의 국가의 GDP 대비 사회지출 비율(%) : 1960-1975

구분	1960년	1975년
캐나다	11.2	20.1
프랑스	14.4	26.2
독일	17.1	27.8

이탈리아	13.7	20.6
일본	7.6	13.7
영국	12.4	19.6
미국	9.9	18.7
호주	10.2	18.8
오스트리아	17.9	24.5
벨기에	17.6	34.5
덴마크	-	32.4
핀란드	15.4	23.3
그리스	8.4	10.6
아일랜드	11.7	23.1
네덜란드	16.2	37.1
뉴질랜드	13.0	16.3
노르웨이	11.7	26.2
스웨덴	15.4	26.8
스위스	8.0	19.1
평균	12.5	23.1

자료 : OECD, 1988 : Pierson, 1991 : 김태성 성경륭, 1993 : 이인재 외, 1999 : 감정기, 최원규, 진재문, 2002.

1960년도에 평균 GDP 대비 사회복지 지출은 12.5%였는데, 15년 후인 1975년에는 23.1%로 거의 두 배 증가하였다. 벨기에·네덜란드·덴마크의 경우, 1975년 사회복지 지출은 GDP의 1/3에 이를 정도로 많다.

이 시기에 사회복지가 크게 확대되었다는 것은 사회복지 지출의 규모 측면뿐만 아니라 사회복지제도의 적용 범위라는 측면에서도 확인할 수 있다. 1930년대 초까지 서유럽에서 노동인구의 절반만이 재해, 질병, 폐질, 노령보험에 적용되었고, 20%만이 실업보험에 적용되었다. 그런데 1970년대 중반에는 노동인구의 약 90% 이상이 질병, 폐질, 노령 관련 사회보험에 적용되었으며, 약 80%가 재해보험, 60%가 실업보험에 적용될 정도로 사회복지의 적용 대상이 보편화되었다(Pierson, 1991 : 감정기, 최원규, 진재문, 2002).

이렇게 서유럽 대부분의 국가들이 복지국가의 황금기 동안에 실업보험, 노령연금, 의료보장, 산업재해보험 등의 사회보험이 전 국민을 포괄할 정도로 제도적으로 성숙되었으며, 그 외의 사회복지서비스도 크게 확대되어, 1970년대 중반에 이르러는 사회복지는 국가 지출의 가장 큰 부문이 될 정도로 성장하였다.

복지국가의 황금기 동안 복지국가가 크게 성장할 수 있었던 것은 안정적인 경제성장, 완전 고용 및 정치 사회적 합의가 기반이 되었는데, 이러한 세 가지 조건은 케인지언 복지국가 유지의 핵심 축으로 간주된다.

1950~-1970년대 초 시기 동안 서구 자본주의 국가들은 엄청난 경제적 도약을 이루었다. [표 3-2]에서 보는 바와 같이 주요 OECD 국가들은 1950~1960년 시기 동안 연평균 4.4%, 1960~1973년 시기에는 연평균 5.5% 실질 GNP 성장률을 기록할 정도로 복지국가의 황금기 동안 매우 높은 경제성장을 이룩하였다. 1973~1981년 시기 경제성장율이 이 시기의 절반 내지 그 이하 수준에 불과하다는 점을 고려하면, 이 시기에 서구 복지국가들의 경제성장이 얼마나 크게 이루어졌는지 알 수 있다.

[표 3-2] 7개 주요 OECD 국가들의 연평균 GNP 성장률(%) : 1950-1981년

구분	1950~1960	1960~1973	1973~1981
캐나다	4.0	5.6	2.8
프랑스	4.5	5.6	2.6
독일(서독)	7.8	4.5	2.0
이탈리아	5.8	5.2	2.4
일본	10.9	10.4	3.6
영국	2.3	3.1	0.5
미국	3.3	4.2	2.3
평균	4.4	5.5	2.3

자료: Pierson, 1991 : 감정기, 최원규, 진재문, 2002.

안정적인 경제성장은 복지국가의 유지, 발전에 매우 중요하다. 안정적인 경제성장은 사회복지를 필요로 하는 사람들을 줄여 줌으로써 국가의 사회복지 지출 부담을 줄여 준다. 다시 말하여 안정적인 경제성장을 하면, 실업자 및 빈곤자가 적게 되어 국가의 사회복지 지출을 줄여줄 수 있다. 또한, 안정적인 경제성장은 국가가 사회복지를 할 수 있도록, 조세나 사회보험료와 같은 재원을 안정적으로 확보하게 함으로써 국가가 사회복지를 확대하는 것을 가능하게 해 준다.

복지국가의 황금기 동안에는 거의 완전 고용 상태를 유지하였다. 실업률이 높아지면 빈곤자도 증가할 수 있고 따라서 국가의 사회복지 지출을 늘리게 된다. 그뿐만 아니라 실업률이 높아지면 사회복지에 필요한 재원인 세금이나 보험료 기여금의 확보를 어렵게 하여 국가에 재정적 부담으로 작용한다. 이런 점에서 완전 고용은 복지국가의 유지에 중요하다.

복지국가의 황금기 동안 서유럽 국가들의 실업률을 보면, 대다수의 국가들이 1~2%대에 머물러 완전 고용 상태를 유지하였다(Sharpf, 1984 : Pierson, 1991 : 김태성, 성경륭, 2001).

이 시기 동안 복지국가가 안정적으로 발전할 수 있었던 또 다른 요인은 정치, 사회적 합의이다. 이 시기에 국가-자본-노동 간 합의의 정치 구조를 형성한 것도 복지국가의 유지 발전에 중요한 요소로 지적된다(김태성, 성경륭, 2001). 합의의 핵심은 다음과 같다.

첫째 국가나 노동 계급이 소유-생산-경영에 관한 자본가 계급의 특권적 지위를 인정하며, 둘째 노동 계급은 자본가 계급과의 합의하에 또한 국가의 제도적 보장 속에서 경영 참가와 단체 협약의 형태로 경영 및 분배 과정에 참여하지만 소유-생산 영역을 사회화하려 하지 않는다는 것과, 셋째 국가-자본-노동의 협력의 결과로 이루어지는 경제성장은 자본 계급에 이로울 뿐만 아니라 노동 계급에게는 완전 고용과 향상된 복지 혜택을 보장하고, 국가에게는 재정수입을 보장하므로 3자의 협력은 3자 모두에게 이롭다는 것이다.

3) 복지국가의 위기 및 변화

복지국가는 70년대 초반에 중동 전쟁을 계기로 비롯된 석유 파동과 함께 소위 '위기'를 맞게 된다. 이러한 위기의 시기를 거쳐 1970년대 후반 들어 신보수주의 세력[1]이 서구 복지국가들에서 집권하면서 서구 복지국가는 신자유주의의 방향으로 재편 내지 변화의 과정을 겪는다. 여기서는 간단하게 복지국가의 위기 및 재편 과정의 특징들을 살펴보고자 한다.

(1) 복지국가의 위기 현상

1970년대 초반 석유 파동을 계기로 하여 복지국가는 예전과 같은 계속적인 확대 성장을 하지 못하게 되고, 복지국가의 3가지 중심축이라고 할 수 있는 안정적인 경제성장, 완전 고용, 정치·사회적 합의가 붕괴되는 현상이 나타나게 된다. 이러한 복지국가 위기 현상을 보다 구체적으로 살펴보자.

먼저 서유럽 대부분의 복지국가들은 1970년대 중반들어 높은 인플레이션과 경제성장률 둔화 등 경제적 위기를 겪는다. 1960년대 OECD 국가들의 경제지표를 보면, 연 평균 물가 상승률은 3.9%, 연평균 GNP 증가율은 4.9%, 생산성 증가율은 3.9% 등 안정적인 경제성장을 하였으나, 석유 파동 이후인 1973~1981년 기간 물가 상승률은 연평균 10.9%, GNP 상승률은 2.4%, 생산성 증가율은 1.4%로 (Pierson, 1991)로 경제성장률은 크게 떨어졌고, 높은 인플레이션을 겪었다. 높은 인플레이션과 경제 침체가 동시에 일어나는 것을 스태그플레이션(stagflation)이라고 한다. 스태크플레이션은 경기 침체로 소득은 늘어나지 않는데 물가는 오르므로 시민들의 생활은 매우 힘들어진다. 이렇게 서구 복지국가들은 1970년대 초반 이후 장기간에 걸쳐 경제 침체를 겪었으며, 이러한 현상은 몇몇 국가들에 한정된 현상이 아니었다.

대체로 1970년대 초 이후로 서구 복지국가들은 1950~1960년대 경험했던 안정적인 경제성장이 끝나고, 저성장 시대로 접어든 것으로 평가된다. 이러한 안정적인 경제성장의 종말은 케인지언 복지국가의 유지에 심각한 영향을 주는 요인이었다. 저성장은 빈곤층 및 실업자를 증가시켜 복지 욕구를 증가시키면서 다른 한편으로 국가 복지의 재원인 조세 및 사회보험의 보험료 수입의 증대를 어렵게 한다는 점에

---

1) 신보수주의는 국가와 가족의 전통적 권위 회복과 사회적 규율의 강화를 강조하고, 신자유주의는 자유시장을 옹호하고, 국가의 시장에 대한 개입을 반대한다는 점에서 차이가 있다(김태성, 성경륭, 2001). 하지만 신자유주의자들은 다른 한편으로 신보수주의 가치를 수용하고 주장한다는 점에서 사실상 신자유주의자와 신보주수의자는 동일하다고 할 수 있다

서 복지국가 유지를 어렵게 하는 요인이다.

이러한 경제 위기와 함께 복지국가의 이론적 기반인 케인즈의 경제 이론도 경제 위기를 극복할 수 있는 대안이 되지 못하였다는 점도 케인지언 복지국가의 위기 요인이라 할 수 있다. 이는 경제 위기 이후 대부분의 복지국가들이 만성적인 재정 적자에 빠졌다는 점과 적자 재정을 통해 의도적으로 정부 지출을 늘렸음에도 불구하고, 경기 침체를 극복하지 못했다는 점에서 확인된다(손병돈, 1998).

완전 고용의 종말 또한 복지국가의 위기를 보여주는 주요한 현상이다. 완전 고용은 시민들의 국가 복지에 대한 욕구를 줄여 주고, 복지국가의 재원 마련에 중요하다는 점에서 복지국가를 유지하는데 핵심적인 요인이다. 그런데 복지국가들은 1970년대 초의 석유 파동을 계기로 실업률이 높은 상태를 장기간 지속됨으로써 사실상 완전 고용의 종말을 고하였다. 1973년 석유 파동 이후 서구 선진 자본주의 국가들의 대부분은 실업률이 3%를 넘어서기 시작하였고 계속 증가하여 1980년대에는 5~10% 수준 이상으로 유지되었다(OECD, 1998: 손병돈, 1998).

케인지언 복지국가 유지의 핵심적 조건 중 다른 하나는 복지국가와 관련한 정치·사회적 합의이다. 이러한 정치·사회적 합의는 1970년대 경제 위기 이후 사실상 해체되었다. 노동과 자본 간의 사회적 합의의 주요 내용은 노동은 자본에게 소유 및 경영권을 보장하고, 자본은 안정적인 경제성장의 성과물을 완전 고용과 복지의 확대를 통해 노동 계급과 공유한다는 것이다. 경제 위기와 함께 노동과 자본 간 정치·사회적 합의의 토대였던 안정적인 경제성장이 사실상 어렵게 되었으며, 완전 고용도 종말을 고하였고, 복지의 확대도 예전처럼 기대할 수 없게 되었다. 그 결과 경제위기 이전과 비교하여 경제 위기 이후 노동 쟁의가 크게 증가하였으며, 그에 따른 노동 손실도 크게 증가하였다(Lane et al., 1991).

정치·사회적 합의의 붕괴는 정당 정치의 측면에서도 확인된다(손병돈, 1998). 이에 관한 근거로는 복지국가에 반대하는 신보수주의 이념에 입각한 정치 세력들이 집권하는 경우가 서유럽 복지국가에서 크게 증가하였다는 점이다. 1979년 영국 보수당의 대처 정부(Thatcher), 1981년 미국 공화당의 레이건(Reagan) 정부, 1982년 독일 기민당의 콜(Kohl) 정부 등이 그 예이다. 그뿐만 아니라 복지국가를 가장 강하게 지지하였던 사회민주당 계열 정당들의 영향력이 1970년대 중반 이후 크게 약화되었다는 점도 서유럽 복지국가에서 정치·사회적 합의의 구조가 붕괴되고 있음을 보여주는 근거라고 할 수 있다. 1932년 이후 계속 집권해 오던 스웨덴의 사회민주당이 1976년 선거에서 집권에 실패하였으며, 1960~1974년 시기와 비교하여 1975~1989년 시기에 대부분의 서구 국가에서 사회민주주의 정당 계열의 득표율이 떨어진 것으로 나타난다(Lane et al., 1991).

또한, 복지국가에 대한 대중의 여론도 나빠졌다. 1970년대 초반 이후 서유럽 국가에서 복지국가에 대한 대중의 여론은 점점 나빠지는 경향을 보인다. 이러한 측면도 복지국가에 대한 대중적 합의가 약화되고 있음을 보여주는 한 근거라 할 수 있다(김태성, 성경륭, 2001).

이렇게 서유럽 복지국가들은 1970년대 초반 이후 복지국가가 성장, 발전하던 시기와 비교하여, 복지국가 유지의 핵심적인 조건들이 약화 내지 붕괴의 경향을 보여주고 있는데, 이러한 현상들이 복지국가의 위기를 보여주는 것이라고 할 수 있다.

(2) 위기 이후 복지국가의 변화 재편

서구 복지국가들은 1970년대 초, 중반 위기의 시기를 거쳐 1970년대 말 이후 변화 재편의 시기를 갖는다. 그러한 변화 재편의 중심은 복지국가를 반대하는 신자유주의 이념에 기반한 정치 세력에 의해 이루어졌다. 그러한 대표적인 인물이 영국의 대처 수상, 미국의 레이건 대통령, 독일의 콜 수상 등이며, 이들은 복지국가를 반대하고, 복지국의 축소와 케인즈의 유효 수요 이론과 대비되는 공급주의 경제학(supply-side economics)에 기반하여 서구 복지국가의 재편을 시도하였다.

신자유주의자들은 국가의 경제 개입이 자유시장 기제의 작동을 왜곡하고, 국가의 과도한 복지 지출이 생산성을 떨어뜨려 복지국가가 위기를 맞았다고 주장하며, 시장에 대한 국가 개입의 최소화와 국가 복지의 축소를 주장하였다(Mishra, 1990). 이러한 신자유주의자들에 복지국가의 재편은 몇몇 복지국가들에만 나타난 현상이 아니고, 대부분의 서구 복지국가에서 1980년대 이후 그러한 방향으로 복지국가의 재편이 진행되었다(Pierson, 1991 : 김태성, 성경륭, 2001). 구체적으로 복지국의 재편이 어떻게 이루어졌는지 살펴보면 다음과 같다(감정기, 최원규, 진재문, 2002).

첫째, 사회복지의 축소를 시도하였다. 신자유주의자들은 복지 지출을 축소하고,

사회복지의 자격 조건을 엄격히 함으로써 사회복지 수급자의 규모를 줄이고, 사회복지의 급여 수준을 낮추었다. 그 결과 1980년대 이후 사회복지 예산의 증가율은 이전과 비교하여 확실하게 감소하는 추이를 보였다.

둘째, 민영화와 규제 완화를 시도하였다. 사회복지에서 민영화란 사회복지와 관련한 국가활동을 축소하고, 민간의 역할을 증대시키는 것을 의미한다(손병돈, 1994). 영국의 경우를 보면, 민간 의료보험에 가입할 경우 세금 우대 조치를 제공함으로써 민간 의료보험 가입을 장려하고, 정부 운영 병원에서 세탁, 급식, 청소 등의 서비스를 민간 기업에게 위탁계약 형식으로 맡기고, 공영주택들을 개인들에게 매각하였다(박광준, 1992).

셋째, 노동시장의 유연화 정책을 시도하였다. 구체적으로 노동자에 대한 기업의 해고 및 채용에 대한 규제를 완화함으로써 기업들의 필요에 따라 고용을 유연하게 할 수 있도록 하였으며, 또한 임금에서도 고정급 형태가 아니라 성과급 형태를 도입할 수 있도록 규제를 완화하고, 고용 형태도 시간제 고용이나 부분 노동 고용 등 고용 형태와 관련한 규제도 완화하였다. 그 결과 노동에 대한 기업의 권한은 강화되고, 노동에게는 고용의 안정성이 약화되고, 노동자들의 동질성이 약화됨으로써 노동자들의 단결력을 약화시키는 결과를 가져왔다.

이렇게 복지국가를 재편한 결과는 어떠하였을까? 우선 사회복지 지출이라는 측면에서 보면, 사회복지에 관한 총지출은 축소되지 않았다. 앞에서 살펴보았듯이, 사회복지 급여를 받을 수 있는 자격을 엄격히 하고, 급여 수준을 낮추고, 정부의 지출을 축소하였다. 그런데 복지국가의 위기 이후 복지국가에서 고령화가 진전되고, 실업자가 많아지고, 빈곤자가 증가하는 등 사회복지와 관련한 욕구가 크게 증가하였다. 그리하여 정부의 사회복지 지출 축소 노력에도 불구하고, 정부의 사회복지 지출 총액은 오히려 증가하였다. 하지만 사회복지 예산의 증가율이라는 기준으로 보면, 그 이전과 비교하여 하락하였다(구인회, 손병돈, 안상훈, 2010).

둘째, 복지 다원주의 혹은 복지 혼합이라 불리는 방향으로 사회복지의 변화가 있었다(감정기, 최원규, 진재문, 2002). 복지 다원주의란 사회복지 활동의 주체가 국가뿐만 아니라 가족, 비영리 기관, 시민단체, 기업, 종교기관 등 다양한 주체가 존재하며, 한 사회의 총 복지 수준은 이러한 다양한 복지 주체들의 활동을 총합한 것이라는 관점이다. 1980년대 복지국가의 재편 시기에 복지 활동에서 상대적으로 국가의 역할보다 다양한 민간 주체들의 활동이 확대되었다. 이것은 대부분의 복지국가에서 나타난 현상이라고 할 수 있다.

셋째, 신자유주의적으로 복지국가가 재편되면서 대부분의 복지국가에서 사회적 불평등이 확대되었다. 신자유주의적 복지국가의 재편은 국가의 역할을 축소하고 시장의 역할을 확대하는 것이었다. 본래 자본주의 시장은 불평등을 야기한다. 그런데 1980년대 이후 신자유주의적 복지국가의 재편은 시장에서의 불평등을 예전보다 더욱 크게 확대시켰다. 이러한 시장의 불평등을 완화하는 국가의 역할을 축소시킴으로써 전반적으로 사회적 불평등이 확대되었다(감정기, 최원규, 진재문, 2002).

3. 복지국가의 유형화

지금까지 복지국의 형성 및 발달, 위기 그리고 변화 재편의 과정을 살펴보았다. 서구 복지국가의 역사는 대체로 이러한 변화의 과정을 공통적으로 경험하였다. 그렇다 하여 모든 복지국가가 동일한 경험과 발전의 과정을 경험한 것은 아니다. 복지국가라 일컬어지는 국가들 간에도 어떤 국가는 사회복지의 발달 정도가 더욱 높고, 어떤 국가는 사회복지의 발달 정도가 떨어진다. 이러한 복지국가 간 발달의 차이에 대한 이해는 국가 간 비교의 방법을 사용하면 보다 쉽다. 그리하여 여기서는 복지국가들 간 차이를 몇 가지 유형으로 구분한 복지국가의 유형화를 통해 살펴보고자 한다.

복지국가에 대한 유형화 작업은 여러 학자들에 의해서 이루어졌는데, 그중에서 비교적 최근에 이루어졌으며, 세계적으로 널리 인정되고, 인용되는 복지국가 유형화가 에스핑-앤더슨(Esping-Anderson)의 연구(Esping-Anderson, 1991)이다. 그는 복지국가를 탈상품화(de-commodificaton)[2)]의 정도를 중심으로 자유주의적 복지국가(liberal welfare state), 보수주의적 혹은 조합주의적 복지국가(conservative or corporatist welfare state), 사민주의적 복지국가(social democratic welfare state)로 유

2) 탈상품화란 사람들이 자신의 삶을 시장에 의존하지 않고 살아갈 수 있는 정도를 말한다. 국가가 복지를 많이 제공하면 할수록 국민들은 자신들의 삶을 시장에 의존하지 않고도 살아 갈 수 있는 정도가 커질 것이다. 그러한 사회는 탈상품화 정도가 높은 사회라 할 수 있다.

형화하였다. 다음에서는 에스핑-앤더슨이 분류한 세 가지 복지국가 유형을 중심으로 복지국가 간 차이를 살펴보겠다.

1) 자유주의적 복지국가

자유주의적 복지국가에는 미국·영국·캐나다·호주·뉴질랜드 등의 국가가 포함된다. 이 유형은 개인 책임과 자조를 중요한 가치로 여기며, 사회복지에서 시장 메커니즘을 강조한다. 국가 복지의 대상은 시장이나 가족이 제 기능을 수행하지 못하는 개인이나 가족들이며, 따라서 자산 조사에 기반한 공공부조를 중심으로 사회복지제도가 설계되었다.

전반적으로 가족과 민간에 대한 복지의 의존도가 높으며, 국가의 복지에 대한 개입은 최소한으로 한정되어야 한다는 입장이다. 그리하여 사회복지정책은 시장과 경제정책에 종속적이며, 시장을 훼손하지 않는 범위까지만 국가의 복지 활동을 한정하려 하였다(김태성, 성경륭, 2001).

그 결과 소수의 복지 수급자들에 대한 제한된 평등, 다수에 대한 시장 기준의 분화된 복지, 이 두 집단 사이의 계급 정치적 이중 구조가 어우러져 사회 계층적 질서를 형성하였다(감정기, 최원규, 진재문, 2002). 기본적으로 이 유형의 복지국가는 시장에 의존적이므로 탈상품화의 정도가 낮고, 따라서 국가의 재분배 기능도 약하며, 사회적 불평등 수준은 세 가지 복지국가 유형 중 가장 높다.

2) 보수적 혹은 조합주의적 복지국가

이 유형에 속하는 대표적인 국가들은 독일·프랑스·오스트리아·이탈리아 등 유럽 대륙 국가들이다. 이들 국가에서는 사회복지 제공은 사회적으로 존재하는 계급, 계층, 지위의 차이를 유지하는 것과 밀접하게 관련되어 있다. 그러므로 사회복지 급여는 사회적 지위의 차이를 반영하도록 시장에서의 임금 차이와 밀접한 관계를 맺고 있다.

이 유형의 국가들에서 사회복지를 제공하는 주체는 주로 국가였으며, 민간 보험이나 기업 복지의 역할은 상대적으로 덜 중시되었다. 또한, 전통적으로 교회의 역할이 컸으며, 전통적으로 가족의 기능을 유지하는 데 중점을 둔다는 점에서 보수적이라는 평가를 받는다. 이 유형에서 사회복지의 주요한 제도 형태는 사회보험이다. 사회보험은 시장에서 임금 차이를 반영하도록 제도가 설계되어 있어, 급여를 받을 때도 시장에서의 임금 차이와 마찬가지로 계층이 유지된다. 다시 말하여 시장에서 임금을 많이 받았던 사람들은 사회보험의 급여를 받을 때도 상대적으로 많은 급여를 받고, 시장에서 적은 임금을 받았던 사람들은 사회보험의 급여도 상대적으로 적게 받는 등 사회복지의 급여를 받을 때도 시장에서의 계층 차이가 유지된다. 또한, 사회보험은 시장에서의 소득 활동을 기반으로 함으로 소득 활동을 하지 않는 주부들은 급여 대상에서 배제된다. 이들 국가들에서는 가족에 대한 사회복지서비스도 가족 내에서 주부들의 역할을 고무하는 방향으로 제공됨으로써 전통적인 가족 기능을 강조한다(감정기, 최원규, 진재문, 2002).

따라서 이 유형의 복지국가들은 탈상품화의 정도가 자유주의적 복지국가 보다는 높지만, 사회민주적 복지국가보다는 낮으며, 그 결과 사회적 불평등 수준도 사회민주적 복지국가보다는 높다.

3) 사회민주적 복지국가

이 유형의 복지국가에는 스웨덴·노르웨이·핀란드·덴마크 등 북유럽 국가들이 포함된다. 이 유형에 속하는 국가들은 사회복지의 적용 대상과 대응하는 사회적 위험의 범위에서 보편주의를 추구하고, 급여 수준도 중산층의 생활 수준까지 상향시켰다.

이들 국가들에서는 사회의 모든 계층이 하나의 보편적이고 포괄적인 복지 체계에 통합된다. 다시 말하여 시장의 복지 기능을 최소화하고, 대신 국가가 모든 국민에게 중산층의 생활 수준까지 복지를 제공함으로써 모든 국민의 보편적인 결속을 도모한다. 사회의 모든 구성원은 사회복지의 급여를 받고, 국가에 의존하며, 또한 모두 세금을 납부해야 할 의무를 가진다(김태성, 성경륭, 2001).

사회민주적 복지국가들은 복지의 대상자들에 대한 가족이나 시장의 보호나 보장 능력이 소진될 때까지 기다리기보다는 적극적으로 개입하고, 민간부문의 보호 비용을 사회화시킴으로써 가족에 대한 의존을 강화시키기보다는 개인들의 독립 능력을 강화하고자 하였다(감정기, 최원규, 진재문, 2002). 그리하여 아동, 노인, 장애인 등 보호를 필요로 하는 사람들에 대한 보호의 책임을 국가가 가지는 등 돌봄 노동을 사회화시킴으로써 여성의 노동시장 참여를 극대화하였다.

이들 국가들은 경제 정책과 사회복지 정책이 통합되어 있으며, 적극적 노동시장 정책과 완전 고용을 강조하였다. 그럼으로써 실업의 예방을 통한 사회복지의 욕구를 완화하고 다른 한편으로 사회복지를 위한 재원 확보를 용이하게 하였다. 이렇게 사회 민주적 복지국가들은 탈상품화의 정도가 중산층의 생활 수준까지 높으며, 그 결과 세 복지국가 유형 중 사회적 불평등 수준은 가장 낮다.

4. 복지국가에 대한 전망

앞으로 복지국가가 어떤 모습을 보일지는 예단하기 어렵다. 여전히 복지국가를 둘러싼 환경은 변화하고 있으므로, 복지국가가 앞으로 어떠할지를 전망하는 것은 쉽지 않은 일이다.

복지국가 위기 이후 복지국가의 변화 과정을 통해서 기존 복지국가를 유지, 발전시켜 왔던 요인들이 약화되고 있다는 점을 고려하면 복지국가의 후퇴 내지 해체를 전망할 수도 있다. 복지국가의 성장 및 발전은 국가, 노동, 자본 간 힘의 균형이 큰 역할을 하였다. 그런데 1970년대 복지국가의 위기 이후의 과정은 이러한 세 주체 간 힘의 균형이 점차적으로 깨져 나가고 있음을 보여준다. 노동 계급은 1950~60년대처럼 동질적이지 않으며, 사무직 노동자, 육체 노동자 그리고 정규직 노동자, 비정규직 노동자 등 여러 갈래로 분화되고 이질화되고 있다. 그 결과 노동 계급의 조직화 및 단결력은 예전과 같지 못하다. 반면 세계화와 신자유주의적 흐름을 통해 자본은 노동 및 국가와의 관계에서 훨씬 강한 힘을 가질 수 있는 환경이 조성되고 있으며, 그 결과 자본의 힘은 더욱 강화되고 있다. 그에 따라 국가는 자본과의 관계에서 예전만큼 강력한 힘을 갖지 못하고, 자본에 대한 통제력이 점차 약화되고 있다. 이렇게 복지국가의 팽창 시기에 유지되었던 국가, 노동, 자본 간 힘의 균형이 자본 우위로 재편되어 나가고 있다. 또한, 세계화라는 흐름도 복지국가의 형성 및 유지 발전의 토대였던 일국 자본주의가 붕괴되고 세계 자본주의 체제로 나아가고 있다는 점도 기존 복지국가의 틀이 유지될 것이라는 전망을 어둡게 한다.

하지만 복지국가와 관련한 다른 측면들을 보면, 복지국가가 유지되거나 또는 최소한 더 이상 후퇴하지 않을 것이라는 전망을 가질 수도 있다. 신자유주의적 자본주의의 재편 과정은 한편으로 자본주의의 모순과 시장의 불안정성을 더욱 증폭시키고 있다. 1980년대 이후 신자유주의적 자본주의의 재편을 통해 어느 나라에서나 불평등은 더욱 확대되고, 양극화는 더욱 심화되고 있다. 그에 따라 계층 갈등 내지 계급 갈등의 가능성도 더욱 크게 잠재되어 나타나고 있다. 실제로 2011년 9월 미국 뉴욕에서 시작된 '월가를 점령하라(Occupy Wall Street)'라는 시위가 세계 각국에서 호응을 받으며 오랫동안 확산되었던 점은 이러한 문제가 현재 잠복되어 있음을 보여준다. 또한, 2008년 세계 금융 위기는 신자유주의적 자본주의적 재편 과정이 시장의 불안정성을 더욱 심화시키고 있음을 다시 한번 보유준 것으로 결코 시장이 효율적으로 작동하지 않는다는 것을 보여준다. 이러한 측면들은 자본주의 체제의 유지, 안정화를 위해 국가의 개입, 특히 모든 국민에 대한 최소한의 보장이 필요하다는 점을 확인시켜 주는 것이라 할 수 있다. 그런 점에서 보면, 아직도 복지국가 체제가 유지될 필요성이 있음을 보여주는 것이라 할 수 있다.

이와 같이 앞으로 복지국가가 어떤 모습으로 변화 내재 재편의 과정을 겪을지는 예상하기는 어렵다. 복지국가의 해체를 가속화하는 요인이 강하게 작용할지 아니면, 복지국가 유지의 필요성을 강화하는 요인들이 더 강하게 작용할지 그리고 복지국가의 해체를 주장하는 세력과 복지국가의 유지를 주장하는 세력 간 균형 추가 어떤 방향으로 기우냐에 따라 복지국가의 미래도 결정될 것으로 보인다.

참고문헌

감정기, 최원규, 진재문, 《사회복지의 역사》, 나남, 2002
구인회, 손병돈, 안상훈, 《사회복지정책론》, 나남, 2010
김상균, 《현대사회와 사회정책》, 서울대학교 출판부, 1987
김태성, 성경륭, 《복지국가론》, 나남, 1993
김태성, 성경륭, 《복지국가론》, 나남, 2판 2쇄, 2001
박광준, 《사회복지서비스의 탈사회화》, 1992. 현외성 외, 《복지국가의 위기와 신보수주의적 재편》, 대학출판사. 87~113.
손병돈, 《사회복지민영화 논의에 대한 복지이념모형의 적용: 조지와 윌딩의 모형을 중심으로》, 서울대학교 석사학위논문, 1994
손병돈, 《복지국가의 위기현상 분석: 복지국가에 대한 접근차원별로》, 사회복지연구 12호, 25~57, 1998
이인재, 류진석, 권문일, 김진구, 《사회보장론》, 나남, 1999
Baldwin, P., Can We Define a European Welfare State Model? In Greve, B.(ed.), Comparative Welfare Systems: Scandinavian Model in a Period of Change, Macmillan Press LTD, 29-44, 1996
Briggs. A., The Welfare State in Historical Perspective. European Journal of Sociololgy 2, 221~258, 1961
Esping-Anderson, G., The Three Worlds of Welfare Capitalism, Princeton: Princeton University Press, 1991
Gough. I., The Political Economy of the Welfare State, Macmillan Press, 1979. 김연명, 이승욱 역, 복지국가의 정치경제학, 한울, 1990
Jessop. B., The Transition to Post-Fordism and Schumpeterian Workfare State. In R. Burrows and B. Loader(ed.). Towards a Post-Fordist Welfare State? Routledge. 13~37, 1994
Lane, Jan-Erik, McKay, David H. and Newton, Kenneth, Political Data Handbook. OECD Countries, Oxford, UK, Oxford University Press, 1991
Mishra, R., The Welfare State in Capitalist Society, Harvester and Wheatscheaf, 1990
OECD, The Cost of Social Security 1981-1983, Paris: OECD, 1988
OECD, Labour Forces Statistics: 1966-1996, Paris: OECD, 1988
Pierson, C., Beyond the Welfare State? The New Political Economy of Welfare. Cambridge, UK : Polity Press, 1991
Rimlinger, G.V., 한국사회복지학연구회 역, 《사회복지의 사상과 역사》, 한울아카데미, 1991
Robson, W., Welfare State and Welfare Society, London : George and Unwin, 1976
Scharpf, F. W., Economic and Institutional Constraints of Full Employment Strategies : Sweden, Austria and West Germany, 1973~1982, In J.H. Goldthorpe(ed.), Order and Conflict in Contemporary Capitalism, Oxford: Oxford University, 1984
Wilensky, H., The Welfare State and Equality : Structural and Ideological Roots of Public Expenditures, Berkeley : University of California Press, 1975

2부
사회복지 실천 방법

INTRODUCTION
TO
SOCIAL
WELFARE

s · o · c · i · a · l   w · e · l · f · a · r · e

4 사회복지실천 및 실천 기술

1. 사회복지실천의 의미

사회복지실천(Social Work Practice)은 인간의 사회적 기능 수행을 원조하는 사회복지사의 전문적 개입 활동이다. 미국사회복지사협회(NASW)에서는 사회복지실천을 "개인 또는 집단, 지역사회가 자신들의 사회 기능을 위한 능력을 향상하거나 회복하도록 원조하고, 이들이 자신의 목표에 알맞은 사회 조건을 조성하도록 원조하는 전문 활동"이라고 정의하고 있다.

사회복지실천을 수행하는 주체는 전문가인 사회복지사이다. 주체인 사회복지사는 가치, 지식, 기술이라는 세 가지 측면에서 고유한 사회복지의 전문성을 갖춘 인력이다. 그 때문에 대개의 나라에서는 사회복지사에게 자격을 부여하고 있으며, 고등교육기관의 교육 과정을 마련하고 있다. 우리나라의 경우도 대학에서 필요한 교과목의 이수, 국가가 법으로 주관하는 자격증 시험 등을 사회복지사 자격의 기준으로 삼고 있다.

사회복지의 대상은 개인 또는 가족이나 소집단이 될 수 있는데, 실제에서는 개인인 경우가 가장 많다. 사회복지실천의 객체인 대상을 보통 클라이언트(client)라 한다. 클라이언트는 사회복지실천 과정을 통해 사회적 기능의 회복이나 향상 등 이득을 보는 사람이다. 하지만 클라이언트가 항상 사회복지사 실천의 직접 대상은 아니다. 클라이언트 체계(client system)와 표적 체계(target system)는 달라지기도 한다. 아동의 사회적 관계와 권익을 증진하기 위해 해당 아동만이 아니라 아동에게 어려움을 주는 부모나 친구에게 개입을 수행할 수도 있다. 학대나 따돌림 등의 경우로 아동이 피해를 보고 있는 경우가 그러할 것이다. 이 경우 클라이언트 체계인 아동은 개입의 직접 표적이 될 수도 있지만, 표적 체계가 부모 혹은 학교의 친구들이 될 수도 있다. 이 경우 클라이언트 체계와 표적 체계는 서로 달라지기도 한다.

주체와 객체 간의 상호작용인 사회복지실천 활동은 전문성을 기초로 하여 대개는 대면적 접촉을 통해 이루어진다. 사회복지사와 클라이언트는 계획된 변화 과정(planned change process)에 함께 참여한다. 이러한 변화 과정은 사회복지사가 주도하게 되는 경우가 많다. 하지만 변화할 것인지의 여부나 사회복지사가 제공하는 자원을 활용할 것인지의 최종 결정은 클라이언트가 한다. 사회복지사는 대상자인 클라이언트의 기본적 주체성을 인정한 상태에서 변화 과정에 다양한 전문적 수단을 활용하게 된다.

사회복지실천은 인간과 환경의 공유 영역에 대한 개입이다. 즉, 인간의 심리 내적 측면에 상대적으로 초점을 두는 일반 심리적 상담과는 차이가 있다. 반대로 환경 영역에만 초점을 두어 물적 자원이나 서비스를 제공하는 행정적 조치들과도 차이가 있다. 동주민센터에 근무하는 사회복지사는 다른 행정직 공무원처럼 민원 서류만을 처리하는 것이 아니라 복지서비스 제도에 규정된 수급 자격을 가지고 있는지에 대한 판단, 서비스의 전달과 점검, 그리고 그 과정에서 클라이언트인 주민이 가질 수 있는 정서적, 사회적 문제를 탐색하고 필요한 서비스 욕구를 확인하여 적절한 자원이나 서비스를 연계, 제공한다. 동시에 클라이언트의 진전 상황이나 욕구 해결 정도에 대해 점검 평가하는 일을 한다.

사회복지정책이나 법, 제도 등 사회복지의 다른 영역이나 분야와 비교할 때, 사회복지실천은 개입의 단위라는 측면에서 미시적(micro)인 특성을 가지고 있다. 그 때문에 사회복지실천에 대해 미시적 실천이라는 용어를 사용하기도 한다.[1] 사회복지실천의 개입 단위는 개인, 가족, 소집단 등이다. 많은 경우 개인을 단위로 한 개입 방법과 기술에 초점이 두어져 있다. 사회복지실천에서는 클라이언트를 위해 사회 조건을 개선

---

1) 사회복지 분야의 실천을 거시(macro)적 실천, 중시(messo)적 실천, 미시(micro)적 실천으로 구별하여 제시하기도 한다. 이때 통상적으로 거시적 실천은 제도나 정책을 통한 개입, 중시적 실천은 지역사회 조직을 통한 개입, 미시적 실천은 개인이나 가족 혹은 소집단에 대한 개입을 의미한다.

하려고 법적 정책적 활동 등을 진행하기도 하지만 기본적으로는 대면 접촉을 통한 원조 활동이라는 부분을 핵심 요체로 한다.

2. 사회복지실천의 원칙과 관점

사회복지실천은 전문성에 기반한 원조 활동이므로 개입 과정에서 사회복지사는 개인적인 주관성에 기초한 판단이 아니라 전문직의 원칙에 따라 기본적인 개입 과정을 진행하여야 한다. 사회복지실천의 원칙은 사회복지사가 클라이언트를 대하는 기본적 자세와 직접적으로 관련된다.

1) Biestek의 사회복지실천 관계에서의 원칙

Biestek은 사회복지실천에서 대면적 관계의 7개의 핵심적 원칙을 제시한 바 있다(Biestek, 1957). 이는 매우 고전적인 것으로 지금까지도 사회복지사가 클라이언트와의 관계에서 지켜야 할 핵심적 원칙으로 활용되고 있다.

(1) 개별화

개별화란 클라이언트가 고유한 한 개인으로 인식되어야 한다는 것이다. 모든 클라이언트는 다 다르고 고유한 복지 욕구나 상황에 있다. 사회복지사는 클라이언트를 특정 '부류'로 묶어서 취급하거나 편견을 가지고 대해서는 안 된다. 이혼 후 빈곤상황에 처한 두 명의 여성 클라이언트는 절대 같지 않다. 서로 다른 욕구를 가지고 있다. 사회복지사는 클라이언트를 대할 때 모두 개별적인 욕구를 가지고 있는 존재로 보아야 한다.

(2) 의도적인 감정 표현

사회복지사는 클라이언트가 감정을 자유롭게 표현할 수 있도록 격려해야 한다. 감정의 자유로운 표현 자체가 클라이언트의 욕구이고 문제일 수 있다. 긴장이나 압박을 해소하는데 도움이 된다. 또한, 클라이언트는 감정을 표현하고 정화함으로 해서 어려운 상황에 보다 잘 대처할 수 있는 준비를 갖추게 되기도 한다.

(3) 통제된 정서적 관여

사회복지사는 클라이언트의 감정 표현에 대해 민감하게 이해하고 반응해야 한다. 다만, 이 사회복지사 정서적 반응은 적절히 통제되고 전문적 관계와 사회복지 실천 과정에 도움이 되어야 한다. 클라이언트는 '자유롭게' 감정을 표현하도록 하지만 사회복지사는 이 표현에 '적절한' 수준의 반응으로 대응해야 한다.

(4) 수용

수용은 클라이언트를 있는 그대로 존엄하고 가치 있는 존재로 받아들인다는 것이다. 클라이언트는 비행청소년일 수도 있고, 적절치 않은 생활습관을 가지고 있을 수도 있다. 경우에 따라서는 범죄자이거나 학대 가해자일 수도 있다. 하지만 사회복지사에게 클라이언트로서 함께 활동하는 동안에는 이들은 그 자체로 존엄성을 가지는 '인간'으로서 존중되고 최선의 서비스를 받아야 한다. 물론 이는 클라이언트의 부적절한 행동까지도 모두 받아들여져야 한다는 의미는 아니다.

(5) 비심판적 태도

사회복지사는 클라이언트에 대해 잘잘못을 평가하거나 심판하는 일을 하지 않는다. 사회복지사가 실천 과정에서 주목하는 것은 과거의 잘잘못이 아니라 현재의 사회적 기능 수행, 그리고 미래에 대한 대처의 준비이다. 사회복지사가 클라이언트에게 "그때 그런 행동을 하지 말았어야 했는데……"식으로 클라이언트에게 심판적인 언동을 자주 할 경우에 클라이언트는 사회복지사에게 솔직한 이야기를 털어놓지 않게 되고 전문적 원조 관계는 활성화되지 못한다.

(6) 자기 결정

사회복지실천에서는 클라이언트에게 적절하고 필요한 정보를 제공하고 자신의 인생과 관련된 결정에 스스로 주체성을 발휘하도록 격려해야 한다. 최선의 선택이 이루어지도록 하기 위해서라도 사회복지사가 대신 결정을 내려주는 것은 부적절하다. 물론 클라이언트의 자기 결정 원칙을 남용하여 방임적이고 무책임한 태도를 나타내어서도 안 된다. 클라이언트에게 필요한 정보를 제공하고 각 선택의 과정이나 결과에서 나타날 일들에 대해 함께 논의하여야 한다. 그리고 최종적인 판단은 클라이언트의 몫이 되도록 사회복지사가 원조 과정을 진행해야 한다.

(7) 비밀보장

사회복지사가 실천 과정에서 클라이언트에 대해서 알게 되는 정보는 매우 민감한 개인정보일 수 있다. 이를 가볍게 다루면 클라이언트에게 큰 피해나 상처를 유발할 수 있다. 클라이언트에 대해 철저히 비밀을 보장하는 것은 사회복지실천에서 절대적인 원칙이다. 물론 사회복지실천의 수준을 높이기 위한 수퍼비전(supervision)이거나 행정적 규칙으로 인한 서류 작업, 법정에서 요구하는 경우 등에서는 클라이언트에 대한 정보를 이야기해야 할 수도 있다. 이 경우에는 수퍼비전이나 혹은 법적 · 행정적 활동에 참여해서 클라이언트의 정보를 알게 된 모두가 비밀보장의 의무를 가지게 된다. 이를 '확대된 비밀보장'이라 부르곤 한다.

2) 효과적인 원조 관계의 창출을 위한 원칙과 사회복지사의 자세

효과적인 원조 관계를 창출하기 위해서 사회복지사가 지녀야 할 핵심적인 조건 혹은 특성을 조금 다른 각도에서 원칙으로 제시하기도 한다. 이는 기본 자세이기도 하며 동시에 클라이언트에게 전달되어야 할 부분이기도 하다. 감정 이입(empathy), 긍정적 고려(positive regard), 온화함(warmth), 진실성(genuineness)이 대표적이다(남기철 · 정선욱 · 조성희 역, 2010: 156~158).

(1) 감정 이입

감정 이입이란 사회복지사가 클라이언트의 경험과 감정을 정확하게 지각하고 이것이 클라이언트에게 주는 의미를 잘 포착하는 것을 말한다. 이는 단지 '안다'는 인지적 측면의 이해 수준이 아니라 '대신 느낄 수 있는' 정서적 교감의 특성을 포함하는 것이다. 감정 이입은 클라이언트에게 언어적 비언어적 수단을 통해 클라이언트에게 충분히 전달되어야 한다.

(2) 긍정적 고려

긍정적 고려는 클라이언트가 가치 있는 존재이며 존엄성을 인정받아야 한다는 사실을 사회복지사가 충분히 인식하고 있어야 함을 말한다. 사회복지사는 클라이언트의 권익에 대해 호의적이고 옹호하는 태도가 전제되어야 한다.

(3) 온화함

사회복지사의 온화함은 클라이언트가 신뢰감과 안정감을 가지고 접근할 수 있도록 하는 태도이다. 온화함은 말로 전달되기보다는 표정이나 미소, 자세 등 비언어적 수단을 통해 드러난다. 클라이언트에게 호의와 수용하려는 정서적 메시지를 충분히 전달할 수 있어야 한다.

(4) 진실성

진실성은 사회복지사가 사실적인 태도를 가지고 자기 자신에 대해서 거짓 없이 클라이언트에게 전달함을 말한다. 대개의 사람들은 일상적인 접촉에서 큰 의미 없이 악의없는 거짓을 말하곤 한다. 하지만 사회복지사는 직업적 관계 속에서는 이에 대해 경계해야 한다. 진실성을 견지하고 있는 사회복지사는 방어적이지 않고 자발적이며 말과 행동이 일치한다. 물론 모든 면에서 즉각적으로 사실 그대로를 드러내야 한다는 의미는 아니다. 거짓을 말하지 않는다는 것과 모든 것을 사실대로 드러낸다는 것은 크게 다르다.

3) 사회복지실천의 관점 : 생태 체계, 강점, 역량 강화

사회복지실천이 일반적 상담이나 심리 치료 혹은 교육 기법과 차이를 나타내는 것에는 사회복지실천의 고유한 관점이 크게 작동한다. 사회복지실천의 고유한 관점으로 대표적인 것은 생태 체계적 관점, 강점의 관점 등이라 할 수 있다. 생태 체계적 관점은 클라이언트의 문제나 욕구를 개인 내부에 고립적으로 존재하는 것으로 파악하는 것이 아니라 개인과 환경과의 상호작용과 적응의 맥락에서 파악하는 중요한 틀이다. 생태 체계적 관점은 생태학적 관점과 일반 체계 이론의 결합이라 할 수 있다.

강점 관점은 사회복지사가 클라이언트를 결함이 있거나 문제를 가진 사람이라는 측면에서만 보는 것이 아니라 클라이언트가 가지고 있는 고유한 강점을 더 강조한다는 것이다. 약점을 고치기보다는 강점을 활용하여 향후의 사회적 기능을 향상시키는 것을 강조하고 클라이언트가 가진 강점에 주목하는 것이 사회복지실천의 특징이다. 이러한 측면에서 사회복지실천의 생태 체계적 관점과 강점 관점은 클라이언트의 문제를 병리적으로 해석하는 의료적 관점과 큰 차이를 나타낸다.

이는 클라이언트에 대한 역량 강화(empowerment)와도 연결되는 것이다. 역량 강화는 사회복지실천의 한 모델로 이야기되기도 하지만, 최근에는 모든 실천에서 클라이언트의 역량을 강화하기 위한 방향에 초점을 두는 것을 기본적 원칙으로 이야기하기도 한다. 역량 강화의 관점은 사회복지실천을 미시적이고 즉각적인 당면 욕구의 충족이라는 차원에서 점차 거시적이고 제도적인 옹호의 활동으로까지 일관성 있게 연결해가는 과정을 묘사하기도 한다. 장애인 클라이언트에 대한 사회복지사의 실천이 해당 개별 장애인에 대한 즉각적인 서비스 연결에만 그치는 것이 아니라 클라이언트와의 협력 활동 속에서 점차 장애인에 대한 활동 지원 제도의 보강과 확충을 모색하는 것에까지 연결되도록 한다는 것이다. 그리고 이 과정에서 클라이언트는 단지 사회복지사나 기관에게 도움을 받는 수급자에서 머무르지 않고 자신의 삶의 조건이나 사회적 제약의 맥락을 이해하고 이를 개선해가는 사회적 역량을 키우게 한다는 것이다.

[표 4-1] 역량 강화 실천 관점의 다차원성

1차원	2차원	3차원	4차원
• 사회복지사-클라이언트 관계의 확립 • 당면한 욕구의 충족	• 교육 • 기술 개발 • 자조	• 자원 확보 • 체계 사정	• 사회 행동 • 정치적 행동(거시) • 변화 • 지역, 전국, 국제적 행동
• 개인, 가족을 현존하는 서비스와 연결 • 의식 향상 과정의 시작 • 자원을 찾고 요구하는 방법에 대한 실제적 학습	• 지식 발달 • 문제해결의 물리적 심리적 사회적 국면들 • 옹호나 중재와 같은 새로운 기술의 개발 • 선정된 문제에 대한 구체적 지식 • 공통 문제와 해결을 다루기 위한 집단의 활용 • 자기원조 대 다른 사람에 대한 원조 • 상호 문제 해결 기술	• 자원과 조직에 대한 지식 개발 • 전문가 및 조직과 의사소통하는 기술의 개발 • 조직적 지역사회 변화의 기술 개발 • 조직 변화에 참여 • 의사 결정체의 기회에 참여 • 공식적 자조 프로그램과 조직의 조성, 합류	• 정치적 경제적 체계, 전국적인 쟁점에 대한 지식의 개발 • 전국적인 쟁점(거시)을 다루고, 조직과 작업하는 기술의 개발 • 개인적 문제에 대한 정치적 성격의 명확화 • 편지, 전화 캠페인, 협의, 중재 • 로비, 피켓팅
주요 참여자			
• 개인, 가족 • 사회복지사	• 개인, 가족 • 소집단 • 사회복지사	• 개인, 가족 • 소집단, 대집단 • 초점화된 문제의 연결망	• 개인, 가족 • 소집단, 대집단 • 지역사회 • 전국적 조직 • 지역단위 조직
주요 변화 표적			
• 개인, 가족	• 개별, 집단의 상황 • 공통적인 문제 해결	• 조직 • 기관 • 개인 • 공통 문제	• 대집단 • 지역사회 • 법률, 정책 • 지방정부, 중앙정부

출처 : 김혜란 외 역(2006)

3. 사회복지실천의 과정

사회복지실천은 대인관계를 통한 전문적 원조 과정이다. 전문적 원조 과정으로서의 관계이므로 시간 제한성, 목표 지향성, 전문성 등의 특징을 가진다. 일반적인 사적 관계와는 달리 계약에 기초하여 일정한 기간 동안 목표를 달성하기 위해 전문적 수단이 동원된 관계를 형성하는 것이다. 이는 일련의 과정적 흐름을 가진다. 이 과정은 학자마다 서로 다른 단계로 묘사되고 있다. 초기, 중기, 종결 과정으로 묘사하기도 하고 각 국면에서의 활동 내용에 초점을 두어 접수와 사정, 계약, 개입, 평가와 같이 과정을 묘사하기도 한다. 하지만 그 기본적 내용은 유사하며 표현상에서의 차이라 할 수 있다.

사회복지사는 상담과 유사한 과정을 통해 계획된 원조 과정을 이끌어가며 이 과정에서는 클라이언트에게 필요한 물질적 자원, 교육이나 훈련, 프로그램, 정서적 지지 등의 지원이 통합적으로 이루어지게 된다.

[표 4-2] 사회복지실천의 과정

구분	주요 활동	내용
접수 및 사정	접수 자료 수집 사정	사례 담당 여부의 판단과 의뢰 라포르 형성 체계적 자료의 수집 사정도구의 활용
계획 및 계약	목표 설정 계약	개입 목표의 설정과 합의 개입 방법의 계획 서비스 동의 형성과 계약
개입	개입 점검	전문적 수단의 동원 개입의 진행 과정 점검 및 수정
종결	종결 및 의뢰 평가 사후 관리	종결에 따른 클라이언트와의 관계 해소 준비 의뢰 여부의 판단 개입 결과의 평가 종결 후 사후 관리

1) 접수 및 사정

접수(intake)는 클라이언트가 찾아와 신청하거나 사회복지사와 소속 기관의 직접 발굴, 혹은 다른 기관으로부터의 의뢰에 의해 이루어진다. 서면 신청이나 대면 신청 혹은 양자 모두를 활용하여 사례를 접수하게 된다. 접수 과정을 통해 해당 사회복지사가 담당하는 것이 적절한지에 대해 판단한다. 접수 결과 해당 사회복지사가 원조 과정을 진행하는 것이 적절치 않다고 판단될 경우 다른 전문가나 기관으로의 의뢰(refer) 활동이 이루어진다.

접수가 이루어지고 나면 사회복지사는 클라이언트의 욕구나 상황에 대해 자료를 수집한다. 이 초기 과정에서는 사회복지사와 클라이언트 간 신뢰 관계(rapport) 형성이 매우 중요하다. 신뢰 관계는 정보를 정확히 수집 및 판단할 수 있는 근거가 되며 동시에 클라이언트와의 향후 개입을 효과적으로 진행하기 위해서도 필수적 요소가 된다.

사정(assessment)은 자료의 수집과 수집된 자료에 입각한 전문적 판단이라는 두 가지 요소의 결합이다. 이를 통해 클라이언트와 실천 과정을 진행할 초점을 잡는다. 사정 과정에서는 문제 상황만이 아니라 클라이언트가 가지고 있는 강점에 대해서도 파악하는 것이 중요하다. 사회복지실천은 강점에 기초하여 진행하는 부분이 많기 때문에 클라이언트를 취약성과 문제를 가진 사람으로서만 규정해서는 곤란하다. 과거 진단(diagnosis)이라는 용어를 많이 사용하다가 사정이라는 용어로 바뀐 것도 이러한 맥락에 따라서이다. 자료를 수집하고 판단하기 위해서 도구들을 활용하기도 한다. 각종 검사나 서식 등이 이에 해당한다. 사회복지실천 분야에서 가장 자주 활용되는 대표적인 것은 가계도(genogram)와 생태도(ecomap)이다.

2) 계획 및 계약 단계

사정 과정을 통해 클라이언트의 복지 욕구가 확인되고 나면, 개입을 위한 계획이 수립되어야 한다. 개입 계획 수립은 목표를 설정하는 것으로부터 출발한다. 보통 목표(objective)라는 용어는 목적(goal)과 구별된다. 목표는 보다 구체적이고 측정 가능해서 달성되었는지를 직접적으로 확인할 수 있는 것을 의미한다. 사회복지사와 클라이언트의 원조 과정은 구체적인 목표를 가지고 진행되어야 한다. 이 목표가 하나이어야

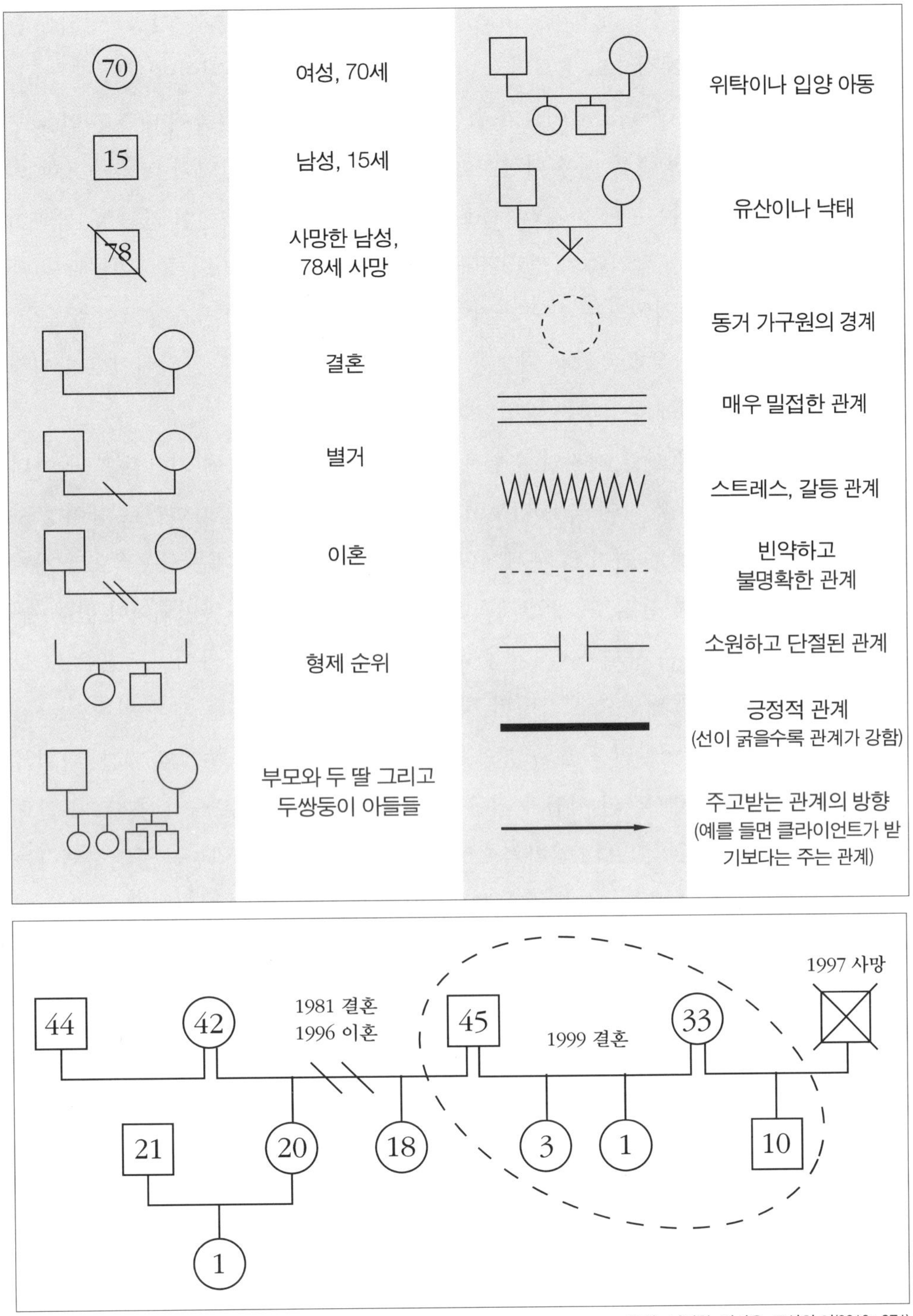

출처 : 남기철·정선욱·조성희 역(2010 : 271)

[그림 4-1] 가계도와 생태도에 사용되는 대표적 기호와 약식 가계도 사례

할 이유는 없다. 많은 경우 개입의 목표는 상호 관련된 3~4개가량 복수로 구성되곤 한다. 개입의 목표는 구체적으로 수립되고 이는 클라이언트와 합의되어야 한다.

목표가 설정되고 나면 목표에 이르기 위한 수단 즉, 개입의 방법들에 대한 계획을 수립하게 된다. 개입의 방법은 매우 다양하다. 때문에 이 방법의 선택이 더욱 중요한 의미를 가진다. 개입 방법은 근거 기반(evidence-based)의 전문성, 실현 가능성, 클라이언트의 상황 등 요소를 감안하여 선택된다. 즉, 선택된 개입 방법이 클라이언트의 욕구상황과 목표에 효과적이라는 입증 근거가 있어야 하고, 예산과 시간적 제약 등을 감안해서 사회복지사가 실제로 활용 가능한 방법이어야 한다. 또한, 클라이언트의 연령이나 심리사회적 조건에 부합하는 방법이어야 한다.

개입 목표와 방법에 대한 계획의 수립은 사회복지사의 전문성에 기반할 뿐만 아니라 클라이언트의 적극적 참여 속에 이루어져야 한다. 전문성과 클라이언트 참여성 사이의 균형을 맞추는 것은 쉽지 않은 과제이다. 클라이언트의 참여는 최종적으로 개입의 목표와 방법에 대한 설정 후 개입 계획에 대한 동의 과정에서 확인되어야 한다. 최근에는 사회복지사 혹은 사회복지사가 소속된 사회복지기관과 클라이언트 혹은 그 보호자나 후견인 사이에 서면으로 작성된 계약(contract)을 체결하는 것을 원칙으로 삼는다. 이 계약서에는 개입의 목표와 방법, 사회복지실천 개입의 주기와 기간, 사회복지사와 클라이언트 상호 간의 책임과 의무 등이 포함된다. 계약은 클라이언트가 관련된 정보를 충분히 제공받았으며 자발적으로 서비스 계획에 참여 내지는 동의하였다는 것을 나타내는 것이다. 동양적인 사고에서는 사회복지사와 클라이언트가 서면의 계약을 맺는다는 것이 다소 비인간적이고 경직된 분위기로 느껴질 수도 있으나, 적절한 계약의 체결은 그 자체만으로도 클라이언트의 문제 해결에 도움을 줄 수 있다고 여겨진다. 문제와 목표, 해결 방법에 대한 명확한 인식을 유도할 수 있기 때문이다.

3) 개입 단계

개입 단계는 전체 사회복지실천 과정 중에서 가장 긴 시간을 차지하는 핵심 과정이다. 이 단계에서는 서비스 계약에 근거하여 이전 과정에서 확인된 욕구에 대해 전문적 원조가 실제로 진행된다. 개입 단계에서 활용되는 수단은 사례마다 그리고 개입 계획마다 다르고 따라서 다양하다. 다음 절에서 살펴보게 될 사회복지실천 기술, 사회복지실천의 모형에 따른 개입 모듈의 진행, 사례 관리 등의 방법이 동원될 수 있다. 개인 중심의 개입 방법 외에도 소집단이나 가족, 혹은 지역사회 단위의 개입이 진행되기도 한다.

개입 단계에서는 아무리 좋은 서비스 계획이라도 실제 실천 과정에서 수정 보완이 필요하기 마련이다. 사전의 정보가 불충분하거나 수정되어야 할 필요도 있고 예상치 않았던 돌발 상황이 나타날 수도 있다. 때문에 개입 과정에서는 점검(monitoring)이 필수적인 요소이다. 점검은 총괄적 평가(evaluation)와는 다르다. 평가가 목표의 달성 여부와 관련된 판단을 위해 이루어지는 것이라면 점검은 개입의 진행 상황을 살펴보아 필요한 수정(혹은 원래대로의 진행)을 만들고자 하는 것이다. 개입 과정의 점검은 해당 사회복지사에 의해 수시로 이루어지기도 하지만, 그 시기나 방법 등이 계획 단계에서 이미 결정된 바대로 이루어지는 것이 보통이다.

상대적으로 가장 긴 시간에 해당하는 개입 단계는 그 이전 단계의 사회복지사 활동이 얼마나 충실하게 이루어졌는가에 의해 그 원활함이 결정되곤 한다.

4) 종결 단계

사회복지사와 클라이언트의 활동은 무제한적인 것이 아니다. 종결이 예정되어 있는 활동이다. 종결은 몇 가지 유형이 있다. 목표 달성에 따른 종결, 계약 기간의 만료에 의한 종결, 클라이언트의 상황(건강 문제나 사망, 거주지 이전, 가족 상황 등)에 의한 종결, 사회복지사나 소속 기관의 여건(퇴직, 전직 등)에 의한 종결, 클라이언트의 불참에 의한 우발적 종결 등이다. 이 중 목표가 달성되어 이루어지는 종결이 가장 이상적이지만 그렇지 않은 경우도 매우 많다. 종결은 반드시 사회복지사에 의해 준비되어야 한다. 사전에 준비되지 못한 종결은 모두 부정적인 것이라 할 수 있다.

종결 단계에서는 사회복지사와의 관계가 정리되는 것이므로 반드시 클라이언트의 정서적 문제를 다루어야 한다. 자칫 클라이언트의 상실감 유발이나 자아 존중감 하락과 같은 부작용이 우려되지는 않는지 확인하여야 한다.

종결 단계에서 핵심적으로 수행해야 할 과업은 역시 평가이다. 평가는 계획과 계약 단계에서 형성된 개입 목표와 직결되어야 한다. 평가는 목표를 얼마나 달성했는지에 대한 사회복지사와 클라이언트의 공통된 인식에 기반해야 한다. 그러나 평가는 단지

만족도와 같은 주관적인 측면에 머무르지 않는 것이므로 객관성을 확보하고자 하는 여러 측정 도구가 개발되어 활용되고 있다. 개별화된 평정 척도, 목표 달성 척도(GAS: Goal Achievement Scale), 과제 달성 척도(TAS: Task Attainment Scale) 등의 도구가 대표적으로 많이 활용되는 것이다. 이러한 측정 도구를 통해 개입 목표와 관련된 부분에 대해 측정한 후 이를 개입 이전과 비교하는 방식의 평가가 가장 흔히 이루어지는 평가방법이다. 평가를 위한 조사설계(research design)는 개입에 대한 계획 때부터 이미 결정되어 있어야 한다. 개입이 끝난 이후에 평가가 이루어지지만 평가에 대한 계획은 초기부터 완성되어 있어야 한다. 사회복지실천은 한 번에 많은 인원에게 이루어지지는 않으므로 대개 비모수적 통계분석 방법이 사회복지실천 효과성 평가에 많이 활용되기도 한다.

평가와 아울러 종결 과정이 진행되고 나면 일정 기간 동안 사후 관리(follow-up)가 이루어지곤 한다. 이는 개입 과정에서 얻어진 효과를 클라이언트가 지속적으로 유지할 수 있는지, 그리고 효과를 위해 합의된 내용들이 클라이언트에 의해 지켜지고 있는지 등 개입 종결 이후에 이루어지는 점검 과정이라 할 수 있다. 대개 사후 관리의 기간이나 정도 역시 개입 계획에 포함되어 있는 경우가 많다. 그렇지 않은 경우라면 서비스 평가와 종결 과정에서 사후 관리에 대한 추가적 동의와 계약을 필요로 할 수도 있다.

평가 결과나 사후 관리 과정에서의 상황에 따라 클라이언트를 다른 추가적 서비스 기관이나 담당 인력에게 의뢰할 수 있다. 이때 의뢰는 클라이언트에게 다른 기관이나 담당자의 연락처를 알려주거나 연락하라고 말하는 것은 적절한 것이라 할 수 없다. 의뢰는 연락처를 연계하는 것이 아니라 클라이언트에게 서비스를 연계하는 것이어야 한다. 즉, 클라이언트에게 추가적으로 필요한 서비스에 대해 사회복지사가 연락을 수행하고 서비스를 확보하여 만나야 할 담당자에게도 사전 연락이 이루어져야 한다. "A 기관으로 연락해 보세요."가 아니라 "A 기관 OOO에게 B 서비스를 받아야 한다고 이야기를 해두었습니다."가 의뢰에 해당하는 것이다.

4. 사회복지실천의 필요 기술과 기법

사회복지사의 활동은 특정한 기법이나 기술의 형태로 나타나곤 한다. 기법과 기술은 다르다. 기법은 특정한 성과를 달성하기 위해 취하는 행동의 종합이고 하나의 모듈이다. 이는 대개 기존의 이론이나 선행 실천의 경험을 통해 어떤 방식으로 어떤 활동을 수행해야 할지가 정해져 있는 하나의 조합이다. 예를 들어 '빈 의자'는 하나의 기법 명칭이다. 반면 기술은 사회복지사가 실천 과정을 이끌어가는 종합적인 능력을 말한다. 기술은 기법을 진행하고 얼마나 목적에 맞추어 능숙하게 발휘할 수 있는가의 문제이다. '빈 의자 기법을 얼마나 잘 수행할 수 있는지의 능력'이 드러나는 것이 기술이라 할 수 있다. 서로 다른 두 사회복지사의 기술에는 차이나 우열이 있지만, 기법이 사회복지사마다 서로 다른 것은 아니다. 사회복지실천 과정은 사회복지사의 판단과 기술에 따라 고유한 특성을 가지고 모두 상이하게 나타나므로 이를 'art'라는 단어로 그 성격을 묘사하기도 한다.

사회복지사는 클라이언트와 함께 개입의 전 과정을 개입의 목표에 맞추어 목적의식적으로 기획하고 실행해간다. 사회복지사가 사회복지실천 과정에서 사용하는 기술은 매우 많고 다양하다. 이 중 대표적인 부분만 살펴보면 다음과 같다.

1) 면접 과정의 의사소통 기술

사회복지실천의 가장 많은 부분은 클라이언트와의 의사소통 과정을 통해 이루어진다. 사회복지사는 면접 과정을 개입 목표에 따라 목적 의식적으로 진행해간다. 때문에 의사소통을 위한 기술은 사회복지사에게 가장 필수적인 요소가 된다.

그중에서도 가장 기본이 되는 부분은 '경청(listening)'이다. 경청은 정보를 정확하게 얻기 위해 중요하기도 하지만 특히 클라이언트가 자유롭게 표현하도록 격려하고 신뢰관계를 형성하는데 가장 핵심이 된다. 사회복지실천의 면접 과정에서 사회복지사는 "큰 귀와 작은 입을 가져야 한다."라고 한다. 잘 듣는 것은 가장 중요한 의사소통 기술이다. 듣는 도중에 말을 하려고 준비하고 있다면 잘 들을 수 없다. 또한, 경청은 실제로 잘 듣고 있는 만큼 클라이언트에게 잘 듣고 있다는 사실을 전달해야 한다. 이 역시 언어적 비언어적으로 다양한 수단을 통해 전달될 수 있다. 클라이언트에게 호의적 관심을 가지고 있다는 자세, 눈 맞춤, 적절한 언어적 대답이나 반응이 필요하다.

반영(reflection)은 클라이언트의 이야기에 대해 정서적이나 내용적인 부분에 대해 사회복지사의 인식을 전달하는 방법이다. 경청을 표현하는 것일 수도 있다. "아드님이 그렇게 말씀하셔서 많이 실망하셨겠어요." 혹은 "더 이상은 견디기 힘들겠다고 생각하셨군요?"와 같이 클라이언트의 느낌이나 이야기에 대해 적절하게 반응하는 것은 중요하다. 경우에 따라서는 클라이언트 이야기의 마지막 부분을 따라하거나(paraphrasing), 이야기를 요약(summarizing)하는 것도 유용할 수 있다. 호의적인 침묵을 자세나 표정 등 비언어적으로 제공하는 것 역시 방법이 되기도 한다.

의사소통 과정에서 클라이언트에게 재보증과 격려를 제공해야 할 경우가 많다. 클라이언트의 변화에 대한 시도나 그 능력을 강화하기 위해서이다. 재보증(reassurance)이란 사회복지사가 클라이언트의 능력에 대한 신뢰를 전달하는 것을 말한다. 잘해낼 수 있다는 신뢰의 표현을 통해 클라이언트의 개선 시도가 나타날 수 있도록 유도하는 것이다. 격려(encouragement)는 클라이언트의 태도나 행동, 시도에 대해 긍정적으로 평가하고 지속적인 노력을 고무하려는 것이다. 재보증과 달리 이루어진 시도나 노력에 대한 평가의 부분에 초점이 있다. 재보증이나 격려는 사회복지사가 클라이언트의 긍정적인 부분과 강점에 입각한 활동을 전개하는 기술인데, 지나치게 비현실적인 보증을 하거나 거짓으로 긍정적인 격려를 수행하는 것은 좋지 않으므로 실제 긍정적인 부분을 찾아내고 사실에 입각하여 활용하는 것이 중요하다.

질문(question)은 정보를 얻기 위해 면접 과정에서 필요한 부분이다. 질문은 소위 개방형 질문을 통해 클라이언트가 자유롭게 많은 이야기를 할 수 있도록 만들어주는 것이 좋다. 물론 경우에 따라서는 초점 있는 정확한 정보를 확인하기 위해 폐쇄형 질문이 필요하기도 하다. 하지만 폐쇄형 질문은 연달아 이어지는 경우 클라이언트가 취조받는다는 느낌을 받게 되므로 부적절할 수 있다. 질문을 한꺼번에 여러 개를 중첩적으로 던지는 것이나 유도하는 방식의 질문을 제공하는 것은 부적절하다. "자녀들에게 그렇게 말씀하시는 것이 좋았다고 생각하시나요?"와 같이 질문이 특정한 판단이나 의도를 가지고 유도하는 방식이 되면 클라이언트는 솔직하기보다는 사회복지사가 납득할 수 있는 방식으로 대답을 만들게 되므로 질문의 유용성이 별로 없다. 한편으로 클라이언트가 침묵하고 있는 동안 어색함을 피하기 위해 침묵을 빨리 벗어나려고 시도하기보다는 침묵을 견디면서 이 의미를 탐색하는 것도 필요하다.

일반화(generalizing)는 자신이 닥친 상황에 압도되어 있는 클라이언트의 불안과 압박을 경감하기 위해 사용되곤 하는 기술이다. 이는 클라이언트가 가진 문제나 어려움이 다른 사람들에게도 나타나는 것이라는 점을 전달하는 것이다.

사회복지사는 면접 과정에서 수동적인 존재가 아니므로 클라이언트에게 필요한 메시지를 전달하여야 하는 경우도 많다. 특히 주의해야 하는 부분은 성급한 조언이 가지는 부작용이다. 특히 초기 과정에서는 조언은 가급적 자제하는 것이 좋다. 조언이 필요한 경우라 하더라도 조언은 가급적 약한 방식으로 이루어지는 것이 좋다. 제안은 약한 방식의 조언이라 할 수 있다. 반대로 지시나 명령으로 받아들여지는 조언은 매우 강한 형태의 조언에 해당할 수 있어 주의가 필요하다.

의사소통 기술은 언어적 방법으로만 발휘되는 것은 아니다. 인간의 의사소통은 자세나 표정, 특정 행동이나 몸짓 등 비언어적 수단을 통해 이루어지는 부분이 더 많고 중요한 경우가 있다. 클라이언트의 이야기 과정에서 언어적으로 표현된 내용과 비언어적인 표현이 서로 일치하지 않는다고 판단될 때는 비언어적 부분에 더 집중하고 이를 탐색해야 하는 것이 일반적 원칙이다. 마찬가지로 사회복지사도 면접 과정에서 적절한 비언어적 의사소통을 수행해야 한다. 비언어적 의사소통 기술의 가장 핵심이 되는 부분은 관찰이다. 클라이언트가 나타내는 행동이나 자세, 몸짓 등에 대해 주목하여야 한다.

이밖에도 클라이언트가 불안감 등으로 인해 중요한 이야기를 감추고 있는 방어적 측면이 있어서 문고리 의사소통(면접을 마치고 일어나는 시점에서 중요한 이야기를 살짝 꺼내는 방식)을 나타내는 경우가 많다. 그 때문에 면접 회기마다 종료 전의 시간을 알려주는 것이 좋다. 전반적으로 전체적인 개입 과정만이 아니라 각 면접 회기의 기획이나 초점화도 필요하다. "지난번 면접 끝날 때에 둘째 자녀분의 학교 생활에서의 어려움에 대해 말씀을 잠깐 꺼내셨는데요. 오늘은 그 이야기를 조금 더 해보았으면 합니다."와 같은 식으로 시작하는 것도 방법이다.

전반적으로 사회복지사는 면접 과정에서 지시보다도 지지(support)나 환기(ventilation)의 유용성을 잘 인식하고 있어야 한다.

2) 소집단의 활용 기술

사회복지사는 개인이 아닌 소집단을 대상으로 개입 과정을 진행하기도 한다. 집단은 집단 구성원 개인의 단순 합계가 아니다. 집단으로 모여 있을 때 소위 '+α'의 효과가 나타나기도 한다. 사회복지사가 소집단을 대상으로 집단을 진행하는 것은 집단으로서 함께 있을 때의 효과를 활용하기 위한 것이다. 즉, 목적은 클라이언트 개인의 사회적 기능 수행을 증진하기 위한 것이지만 각 개인에 대해 따로따로 개입하기보다는 여러 클라이언트가 모여 있는 상황을 수단으로 활용하는 것이다.

한 명의 청소년 클라이언트가 개인으로서는 사회복지사 앞에서 감정이 고양되고 솔직한 이야기를 털어놓기는 힘들 수 있다. 하지만 집단으로 모여 잘 조성된 분위기하에서 촛불 의식을 진행하게 될 경우에는 깊은 내면의 이야기나 정서를 잘 노출하곤 한다. 그리고 다른 집단 구성원의 이야기나 표현을 통해 상호작용 과정에서 성장 효과를 가질 수 있다. 집단은 독특한 힘을 가지고 있다. 집단으로 존재하면서 그 내부에서 나타나는 독특한 과정을 집단 역동성(group dynamics)이라 부르기도 한다. 집단 초기의 탐색 과정, 집단 규범의 발생, 집단으로서의 응집력 형성, 하위 집단의 형성, 집단 구성원 간 상호 지지, 일반화의 경험 등이 모두 집단 역동성의 한 부분이라 할 수 있다. 소집단 내에서의 활동과 상호작용을 통해 클라이언트는 과거 자신의 경험을 반추하거나 교정하는 기회를 가지기도 한다. 그리고 일반적 상황에서 시험할 수 없었던 대인관계에서의 시도를 해 볼 수 있는 경험도 가진다. 사회복지사는 집단 성원의 이러한 경험이나 시도들이 안전하고 개방적으로 이루어질 수 있는 분위기를 연출해야 한다.

소집단은 대개 8명에서 12명 이내의 규모로 구성되지만 개입의 목표에 맞추어 집단의 규모가 다르게 결정된다. 집단 구성원을 동질적으로 구성하느냐 아니면 이질적인 성격을 반영하여 구성하느냐 하는 구성의 문제 역시 개입의 목표에 따라 달라진다. 어디까지나 목표는 개인의 사회적 기능 수행 향상이며 집단은 수단의 측면에서 활용되는 것이라 할 수 있다. 이에 따라 사회복지사가 활용하는 소집단의 특성을 발달적 집단, 교육적 집단, 치료적 집단 등으로 구별하기도 한다. 사회복지사는 집단 발달의 초기 탐색과 시험의 단계, 중기의 목표 지향적 활동 단계, 성과를 검토하고 종결을 준비하는 후기의 각 단계별 특징에 맞추어 집단 과정을 진행하여야 한다. 소집단을 활용한 개입은 사회 기술 훈련(social skill training)과 같이 구조화된 프로그램을 활용하는 경우도 많다. 하지만 사회복지실천에서의 소집단에 대한 개입은 프로그램 수행 자체가 아니라 그로부터 얻어지는 경험의 의식적 활용이 본질이다. 이 때문에 구조화된 프로그램보다는 상호작용과 의사소통을 더 강조하곤 한다.

3) 가족 관련 개입 기술

가족이 개입의 단위가 되는 경우도 많다. 가족은 인간 생활과 발달의 최소한의 단위이면서 가장 원초적이고 본질적인 특징을 가진다. 가족은 많은 사람에게 가장 친밀하고 안정된 환경이다. 하지만 경우에 따라서는 개인에게 심각한 상처와 사회적 기능 수준을 제약하는 원인이나 맥락이 되기도 한다. 아동이나 노인에 대한 학대나 배우자의 폭력 등은 그 극단적 형태라 할 수 있다. 이만큼 심각하지 않은 상황이라고 해도 부부간의 적절하지 않은 의사소통 방식(예를 들어 부부가 서로 기분이 나쁠 때, 직접 대화하기보다는 자녀를 통해 기분을 전달하거나 대화를 대신하는 방식 등)이 자녀들에게는 큰 어려움이나 부적응 행동을 유발하는 원인이 될 수도 있다. 그 때문에 사회복지사의 사회복지실천에서는 가족 구성원 전체나 혹은 일부를 대상으로 하는 개입이 많이 사용되곤 한다.

가족에 대한 개입 중에 가족의 부적응적 양상에 대해 적극적으로 변화를 가져오기 위한 전문적 활동을 가족치료(family therapy)라 부르기도 한다. 가족치료에도 전략적 가족치료, 구조적 가족치료, 해결 중심적 단기 가족치료 등 다양한 유형이 존재한다. 가족치료의 모델별로 여러 가지 실천 기법이나 기술이 다양하게 활용된다. 흔히 사용되는 기법으로 가족조각(family sculpture)은 해결 중심적 단기 가족치료에서 가족의 평소 역동성을 가시적으로 확인해 보기 위해 사용되는 기법이다. 앞서 살펴보았던 자료 수집과 사정 도구로서의 가계도 역시 보웬(Bowen)의 가족치료 기법에서 나타난 기법이 일반화된 것이라 할 수 있다.

사회복지사는 사회복지실천 과정에서 직접적으로 가족치료를 수행하지 않더라도 클라이언트의 가족 체계에 대해서는 특별한 관심을 가지고 그 구조, 기능, 역할, 상호작용의 방식에 대해 사정하고 개입의 필요성을 확인해 보아야 한다.

4) 환경에 개입하는 기술

사회복지사는 개인을 둘러싼 환경 체계에 대해 각별한 관심을 기울여야 한다. 사회복지실천 자체가 인간과 환경의 공유 영역에 개입하는 것이니만큼 환경 요소에 대한 관심은 일반적 심리치료나 상담과 사회복지실천을 구별시켜 주는 중요한 특징이기도

하다. 소극적인 측면에서는 사회복지실천 현장이 클라이언트의 긍정적 변화를 지원할 수 있는 것이 되도록 조성해야 한다. 면접이 수행되는 공간의 물리적 여건을 잘 조성하는 것도 이와 관련될 수 있다.

하지만 더 적극적인 측면에서는 클라이언트의 생활환경에 변화를 가져오는 활동을 수행하기도 한다. 클라이언트에게 중요한 의미를 가지는 환경, 예를 들어 가족, 학교, 직장, 중요한 주변 인물, 관습이나 제도, 문화를 포함한 전반적 환경이 최대한 클라이언트에게 우호적으로 작용할 수 있도록 변화를 도모한다. 예를 들어 학대 아동을 원가정으로부터 분리시키는 활동은 가장 극단적 형태의 환경 변화라 할 수 있다.

5. 사회복지실천의 모델

사회복지실천은 근거하고 있는 지향이나 이론, 지식 체계 등에 따라 나타나는 양상이 서로 다르다. 이를 몇 가지 대표적인 유형으로 구분하곤 한다. 이때 실천 모델이라는 용어가 사용되곤 한다. 실천 모델은 어떤 개입 활동을 안내하는데 사용되는 개념과 원리의 종합이다. 모델은 특정 이론과 관련성을 가지지만 이론적 설명의 부분에 크게 구속되는 것은 아니다. 이론이 관련되기는 하지만 이보다도 실천의 경험에 기반하여 어떤 지향과 방법으로 사회복지실천의 과정을 이끌어가는가를 구조화한 것이 실천 모델이라 할 수 있다. 사회복지실천 모델로 대표적인 것은 다음과 같다.

(1) 심리사회적 실천 모델

심리사회적 실천 모델은 정신분석학적 전통에서 출발한 실천 방식이다. 이는 고전적인 프로이드 유파식의 접근보다는 사회적 요소에 대한 관심이 더 높아진 것이다. 하지만 여전히 핵심은 상대적으로 장기간의 면접을 통해 클라이언트 부적응의 정신역동적 근원을 찾아내는데 초점을 두는 방식이다. 사회복지사의 전문성은 클라이언트 문제의 정확한 근원을 찾아내는 것이고, 이 전문성의 발휘를 통해 본질적인 문제에 대한 이해가 있다면 문제의 해결은 다소 용이하게 이루어질 수 있다고 본다.

(2) 행동주의 실천 모델

이 실천 모델은 행동주의 심리학이나 학습 이론에 근거한 것으로 소위 강화(reinforcement)와 처벌(punishment)에 의한 행동의 수정 방법을 클라이언트와 표적체계에 적용하는 것이다. 여기서는 심리사회적 모델 혹은 정신역동적 접근처럼 문제의 원인이나 추상적 분석이 큰 의미가 없다고 본다. 눈에 보이는 직접적인 행동의 수정 원리를 통해 클라이언트의 사회적 기능이 가장 잘 증진되는 것이라 간주한다. 그 때문에 행동을 수정하기 위한 여러 가지 강화나 처벌의 스케줄을 체계화하여 개입한다.

(3) 인지행동적 실천 모델

인지행동적 실천 모델은 인지를 수정하여 행동과 정서에 개입할 수 있다고 보는 점에 특징이 있다. 고전적인 정신역동적 접근에서는 정서가 더 본질적이고 인지는 정서에 종속된다고 본다. 또한, 행동주의 학습 이론에서는 행동 자체의 교정이 중요하다고 본다. 인지행동적 모델은 이들과는 달리 왜곡되고 비합리적인 인지 방식이 클라이언트의 부적응 양상을 유발한다고 보고 비합리적인 인지를 합리적인 인지 방식으로 전환하는데 개입의 초점을 둔다. Beck의 우울증 치료 기법이 대표적인 예가 될 수 있다. 합리적인 인지를 보강하면 우울증이 완회된다는 논리에 기반하여 우울증을 가진 대상자에게 개입을 하고 또한 이러한 방식이 우울증의 완화에 크게 기여한다는 보고도 많이 나타나고 있다.

(4) 클라이언트 중심 모델

클라이언트 중심 모델은 철학적으로 실존주의적 관점, Rogers의 인본주의적 관점에 기반하고 있는 사회복지실천 모델이다. 여기에서는 경험과 상황에 대해 클라이언트 개인이 부여하고 있는 의미를 강조한다. 이 개인적·주관적 의미를 탐색하는 것이 사회복지사의 핵심적 역할이다. 졸업이라는 사건은 그 자체로서가 아니라 각 개인이 자신의 상황에 따라 졸업에 대해 부여하게 되는 의미가 다르고 이 개인이 부여하고 있는 주관적 의미가 더 중요하다고 본다. 자신이 처한 문제나 사회복지적 욕구에 대해서는 클라이언트 자기 자신이 최고의 전문가이고 이에 따라 스스로 해하는 것이 본질이라고 본다. 따라서 사회복지사는 클라이언트 자신의 변화 능력이 원활하게 이루어질 수 있도록 지원하고 촉진하는 방식의 개입이 본연의 역할이라고 간주한다.

(5) 과제 중심 모델

과제 중심(task-centred) 모델은 단기적 개입, 실증적 근거에 기반한 실천, 사회복지사와 클라이언트의 공동 작업, 초점 있는 과제의 활용이라는 측면에서 독특성을 가지는 실천 모델이다. 이 실천 모델에서는 클라이언트가 취약하다고 호소하는 사회적 기능의 부분에 대해 사회복지사와 클라이언트가 해결해야 할 부분을 구체적으로 선정한다. 그리고 이를 해결하기 위한 단계적 과업을 만들고 이를 한 단계씩 수행해 보고 일반화하는 경험을 통해 전반적으로 사회적 기능과 적응을 향상시킬 수 있다고 보는 것이다. 고부 간의 갈등과 의사소통 문제가 부각되는 경우에 처음부터 이 자체의 근본적 해결을 도모하기보다는 일단 '하루에 한 번씩 일정 시간 동안 통화하기'의 과제를 수행하는 것이 유용하다는 것이다. 이러한 과제를 성공적으로 수행한 경험에 근거하여 그 수준을 점점 상승시킨다. 점차 개선 과업의 내용을 확장해가면서 향후 고부 관계 전반을 개선할 수 있는 능력이 클라이언트에게 함양된다는 것이다.

이 모델에서 사회복지사의 전문성은 목표에 부합하는 구체적 과제를 얼마나 적절하게 만들고 제시할 수 있는가 하는 점이 핵심이다. 과제는 개입 면접 도중에 연습을 실행하기도 하고, 혹은 다음 면접까지의 시간 동안 일상생활에서 어떤 방식으로 연습해 올 것인지의 활동을 부과하는 것이 되기도 한다.

(6) 위기 개입 모델

위기 개입(crisis-intervention) 모델은 일상적이지 않은 위기를 경험한 사람들이 일상적인 균형 상태로 회복할 수 있도록 지원하는데 초점을 두는 실천 모델이다. 위기 자체가 시간 제한적인 속성을 가지기 때문에 위기 개입 역시 시간 제한적인 단기적 접근에 해당한다. 성폭력 피해, 재난재해의 피해자, 그 밖에 감당하기 힘든 심각한 사건에 맞닥뜨린 클라이언트에게 보통 활용되는 모델이다. 위기 개입은 그 본질적 특성상 신속하고 압축적인 활동을 전개한다. 그리고 위기 개입의 목표는 다분히 제한적인 성격을 가진다. 기능 수행의 향상이나 발전보다는 대처 능력의 붕괴를 막고 위기 이전의 평정 상태로 되돌리기 위한 것이 위기 개입의 본질이다.

(7) 반 배제적(anti-exclusion) 사회복지실천 모델

이는 고전적이고 일반화된 실천 모델이라 할 수는 없다. 클라이언트들이 공통적으로 가지고 있는 문제인 빈곤에 대해 경제적 측면만 고려하지 않고, 다방면의 분야에서 배제되고 고립되어 가는 사회적 과정에 주목해야 한다는 것이 사회적 배제(social exclusion)의 논의이다. 이 논리에 기반하여 클라이언트를 사회 주류로부터 배제 혹은 격리시키는 사회적 압력에서 벗어나도록 사회복지실천의 역할을 조직화하는 것이 반 배제적 사회복지실천의 모델이라 할 수 있다.

반 배제적 사회복지실천에서는 클라이언트가 지속적으로 배제되어 가는 과정의 고리를 막는 것이 사회복지실천의 기본 임무라고 설정하고 이를 위해서는 다른 영역의 사회적 서비스와 함께 다음과 같은 다섯 가지의 과제를 수행해야 한다고 보고 있다(Pierson, 2000).

- 소득과 복지서비스 수급권의 극대화
- 사회적 지지와 관계망 강화
- 기관과 지방 조직과의 연계 속에서 활동
- 서비스 활용자, 지역 주민, 지역 단체들의 효과적인 참여를 위한 채널 창출
- 전체적인 근린 이웃에 대한 초점 유지와 지역사회의 역량 강화

그리고 사회복지실천의 각 개입은 이 다섯 가지의 과제에 명백히 부합하는 것으로 기획되고 배치되어야 함을 역설하고 있다. 기존에 관성적으로 이루어져 오던 실천이나 서비스가 이 중 어느 하나의 과제에 부합하더라도 다른 요소를 저해하는 것이 있는지를 검토하고, 다섯 가지 과제에 미치는 영향을 종합적으로 고려하여 사회복지실천의 방법과 전략을 기획 · 집행해야 한다는 것이다.

6. 사례 관리

최근의 사회복지실천에서는 사례 관리(case management)가 강조되고 있다. 사례 관리란 사회복지사가 클라이언트에게 특정한 서비스를 제공하는 것도 중요하지만 여러 서비스를 종합적으로 관리하여 클라이언트 최선의 방식으로 활용할 수 있도록 하는 것이 더 중요하다는 맥락에서 강조되는 것이다. 사례 관리는 클라이언트의 욕구는 복합적이고 이 복합적 욕구에 대응하기 위한 지역사회의 자원들도 복합적이라는 상황 인식에 기초한다. 그 때문에 사회복지사는 지역사회의 다양한 자원들을 점검하고 개입목표와 논리에 따라 연계의 순서와 방법을 결정해야 한다. 이 때문에 사례 관리는 '서비스 자체라기보다는 서비스가 제공되는 방식'에 초점을 둔 사회복지실천이다.

사례 관리는 해당 클라이언트와 지역사회 자원에 대한 종합적인 파악에 기초하는 것이므로 몇 명의 사례를 담당하느냐에 따라 그 구체적 방식이 달라진다. 담당하는 사례가 적을수록 적극적인 사례 관리가 가능하지만 담당 사례가 많다면 각 사례마다 기울일 수 있는 사례 관리의 집중도는 약해질 수밖에 없다. [표 4-3]과 같이 담당하는 적절한 사례량과 방식에 기초하여 사례 관리도 여러 가지의 모형이나 방식이 구별 되곤 한다.

우리나라의 실제 사회복지실천 현장으로 사례 관리가 대표적으로 수행되는 곳은 지역사회복지관, 그리고 공공부조제도와 관련된 시·군·구나 읍·면·동의 사회복지 전담공무원 실천 현장이다. 이러한 우리나라 실천 현장에서는 대체로 사례 관리의 집중도를 '집중형', '일반형', '단순형' 등과 같이 구별하고 있다.

사회복지사의 사회복지실천은 인간 발달, 심리학, 사회학, 조직학 등 다양한 분야의 이론에 대한 지식을 필요로 한다. 또한, 직접적 대면 관계 속에서 이루어지는 것이므로 많은 경험과 통찰력 역시 필요로 한다. 적절한 실천 기술은 지식만이 아니라 현장 경험에서 얻어지는 부분이기도 하다. 사회복지학과 어디에서나 현장 실습을 필수과목으로 채택하고 있는 이유이기도 하다. 높은 수준의 지식과 기술을 갖춘 사회복지사가 되어 좋은 수준의 사회복지실천을 행할 수 있기 위해서는 상당히 많은 자기 계발의 노력이 필요하다. 사회복지실천은 선의지(good will)도 중요하지만 이보다는 능력(capacity)이 본질적인 부분이다.

[표 4-3] 대표적인 사례 관리의 유형

구분	직접 서비스	연결, 의뢰, 옹호	서비스 기간 담당 인구	실천가	비고
집중적 사례 관리 :ICM (Intensive Case Management)	일부	광범위	지속적 10:1 혹은 15:1에서 40:1	• 지역사회기반 개인직원 • 일반실천가 (generalist)	클라이언트가 필요한 서비스에 접근하도록 지원하고 필요한 옹호를 하는 아웃리치 강조
단정적 지역사회 처치 : ACT (Assertive Community Treatment)	집약적	일부	지속적 10:1	• 지역사회기반 팀 직원 • 다학문적	현장에서 개인에게 집중적으로 개입하고 서비스를 지지하는 것을 강조, 사례를 공동개입하는 다학문적 팀을 강조하며 집중성을 가짐
임상적 사례 관리 : CCM (Clinical Case Management)	집약적	일부	지속적 10:1 혹은 20:1	• 지역사회기반 개인직원 • 전문실천가 (specialist)	주 개입(치료)자와 클라이언트 사이의 개별적인 치료 관계를 상대적으로 강조
사회적 관계망 사례 관리 : SNCM (Social Network Case Management)	일부	일부	10:1 혹은 20:1	• 지역사회 혹은 사무실 기반 개인직원	클라이언트가 사회적 관계망을 확장하고 강화하도록 원조하는 것에 초점
중개적 사례 관리 : BCM (Broker Case Management)	최소	광범위	약간 지속적 50:1에서 85:1	• 사무실 혹은 지역사회기반 개인직원 • 일반실천가 (generalist)	다른 사람이 제공하는 서비스나 자원이 필요한 곳을 사정하고 기획, 의뢰하여 클라이언트가 잘 접근하도록 지원
결정적 시기 개입 : CTI (Critical Time Intervention)	일부	광범위	시간 제한적	• 지역사회기반	시설에서 지역사회로의 복귀와 같은 중요한 시기의 집중적 사례 관리, 실천 내용에서 '집중적 사례 관리'와 유사하지만 클라이언트의 안정적 지지망 구축에 더 많은 관심

출처 : Morse, G. : 1998

참고문헌

김혜란·공계순·박현선, 《사회복지실천론》, 나남, 2013
김혜란 외 역, 《사회복지실천과 역량강화》, 나눔의집, 2006
남기철, 《노숙인과 사회복지실천, 한국학술정보》, 2007
남기철·정선욱·조성희 역, 《사회복지실천 기법과 지침》, 나남, 2010
배태순·최명민·김명미 역, 《전문 사회복지실천 기술》, 시그마프레스, 2007
백종만 외 공역, 《사회복지개론, 시그마프레스》, 2007
Biestek, F. P., 《The Casework Relationship》, Loyola University Press, 1957
Morse, Gary, "A review of Case Management for People Who Are Homeless : Implication for Practice, Policy, and Research." Fosburg, L. B. & Dennis, D. L.(Eds.). Practical Lessons : The 1998 National Symposium on Homelessness Research, HUD & HHS, 1998
Pierson, J., Tackling Social Exclusion, Routledge, 2002

s·o·c·i·a·l w·e·l·f·a·r·e

5 지역사회복지론

지역사회복지를 위한 실천 과정에서 수잔 켐프(Susan P. Kemp)는 우리의 영혼 깊은 곳까지 확고한 실천 전망을 불어넣는 지역사회 복지사의 역할을 다음과 같이 제시한다.(이문국 외 역, 2005, p.265). 첫째, 집단과 지역사회의 역량 강화(empowerment)를 촉진하고 둘째, 지역 주민들을 제반 자원과 서비스로 연결을 도모하며 셋째, 지역사회 내 자원과 서비스가 고갈되었을 땐 이를 개발하여 전달하고 넷째, 지역사회 개발(community development)을 촉진하며 다섯째, 지역사회 및 보다 큰 사회 체계가 의미 있는 변화에 몰입하도록 세상을 향해 강력히 목소리를 내는 역할을 수행해야 한다고 지적했다.

시 칸(Si Kahn)은 지역사회복지 활동 방법으로 사회복지서비스의 제공만이 아니라, 부당한 금권이나 권력에 맞서기엔 다소 미약한 사회적 약자들을 위해 대변하는 옹호 활동(advocacy), 장애인이나 노인 등 당사자들을 단기적인 의제를 실천하기 위해 일시적으로 조직하고 동원(mobilizing)하는 것, 나아가 강력한 지역사회단체(community organization)를 결성하여 권력이나 자본 등의 외부로부터 강요되는 자기 삶의 방향 결정에 대해 지속적으로 맞서 싸우며 자신의 목소리를 내도록 주민들과 함께 하는 지역사회 조직화(community organizing) 등 4가지 방법을 제시한다.(이문국·이인재 역, 2002)

이러한 미국사회복지사협회(NASW) 소속 지역사회 실천가들의 진솔하고 열정적인 목소리에 귀 기울여 보건대, 그동안 우리는 오로지 우리 손에 쥐어진 보조금 방식 서비스 전달에만 집중하지 않았던가 하는 근본적 성찰을 끌어내며, 우리식 지역복지 실천 양태에 던지는 경고의 반향으로 울려온다. 이러한 문제의식을 가지고 비록 사회복지 개론의 한 파트이긴 하지만 향후 우리 지역사회 복지계가 지향하고 실천해야 할 이론과 실천 원칙 및 과정에 보다 일관된 입장(position)을 가지고 서술하고자 한다.

1. 지역사회복지의 개념

1) 지역사회(community)의 정의

지역사회복지를 정의하기 위해서는 우선적으로 복지에 선행하는 지역사회라는 수식어를 정의해야 한다. 'community'를 지역사회라고 번역하는 우리 표현에서는 이 용어가 다소 소규모 지리적 지역의 뉘앙스가 강하다. 그렇지만 영어식 표현에서는 접두어인 'comm-'이 'communication'이라는 매우 의사소통적 의미를 담고 있다. 즉, 상호간에 긴밀히 소통하고 나누는 공동체를 지향하는 기능적·유대적 요소가 숨어 있다. 그래서 'community'를 어떤 경우엔 '공동체'라고 번역하거나 지리적인 의미를 포함한 '지역공동체'라고 번역하기도 한다. 하지만 우리 사회복지계에서는 오로지 지리적 의미만 부각되는 '지역사회'라고만 번역함으로써 지역사회복지의 실천 목표이면서 실천 과정인 '공동체 마을 만들기'라는 지역사회 주민 조직화(community organizing)의 실천 방법을 왜 선택했는가 하는 현장의 생생한 목소리를 놓치는 경향이 있다.[1)]

정리하자면, 지역사회에는 공간적 의미가 중심(area-based)인 지리적(geographic) 지역사회(Park & Burgess, 1921)[2)], 다양한 쟁점이나 관심사가 중심(issue-based)인 기능적(functional) 지역사회(Ross, 1967)[3)], 그리고 지리적인 측면을 내포하고 나아가 사

---

1) 2000년 이후 우리 지역사회복지 현장에서도 이러한 분야에 대한 관심과 이해가 지속적으로 증가하는 과정에 있다. 현재 진행 중인 지역 프로그램에 대한 추가적인 이해를 위해서는 다음 교재를 보라.(이인재 편, 《지역사회복지실천 프로그램》, 나눔의 집, 2005)

2) Park와 Burgess는 "지역사회는 한 지역을 구성하는 사람들과 조직체들이 지리적으로 동일 지역에 위치하며 타 지역과는 다른 물리 · 지리적 특성을 가진 것"으로 정의한다.

3) Ross는 "구성적 지역사회에서 발생하는 모든 일에 대하여 지역사회의 모든 구성체들이 공동의 관심과 기능을 함께 하는" 것으로 정의한다.

회·문화적 공감대의 형성을 지향하는 지리-기능적 지역사회(Elliot & Merrill, 1950)[4] 등을 들 수 있다. 여기에 더하여 인터넷 등 IT 기술의 발전으로 지리적 의미는 완전히 사라진 '사이버 가상 공간'[5]으로서의 지역사회(박상하 외, 2004, p. 101~102)가 나타나고 있다.

이러한 다양한 개념적 속성들을 감안하여 루빈과 루빈(Rubin & Rubin, 1992)은 지역사회 정의를 지리적 단위로서의 근린 지역(neighborhood), 유대 결속형 지역사회(solidarity community), 사회계급(social class), 사회망(social net-works), 이익 추구형 지역사회(communities of interest)의 5가지 유형을 제시하였다.(이문국 외 역, 2002, p. 272~277에서 재인용)

(1) 지리적 단위로서의 근린 지역(Neighborhood)

가장 공통적으로 사용되는 지역사회에 대한 정의로는 장소적 감각에 기초한 정의를 들 수 있다. 이런 관점에서 볼 때, 지역사회는 특정 지역이나 근린 지역, 다시 말하면 주요 삶의 일상적 영역에로 준비된 접근을 가능케 하는, 그러한 공간에서 생활하는 주민 집단으로 정의된다. 근린 지역에선, 사회적 연결들이 주로 상호 근접성·생활 양식의 공유·지방 수준의 공통된 관심에 기초하고 있으며, 특히 인종이나 문화적 관계성이 가미됨에 따라 더욱 강화되기도 한다.

(2) 유대 결속형 지역사회(Solidarity Community)

유대 결속형 지역사회란 공동체적 유산을 함께 나누는 지역사회를 말한다.(Rubin & Rubin, 1992) 그런 공통의 유산이 종교·민족·문화·국적 또는 그 무엇이든 간에, 이러한 것들은 구성원에게 강한 정체감을 부여하고 또한 공통적 가치와 신념 체계를 전달한다. 이렇게 지역사회를 매개하는 결속 인자들은 깊이 뿌리박혀 장기간 동안 지속되는 경향이 있으며, 언어·음식·관습·전통·종교 의식을 포함한

---

4) Elliott과 Merrill은 community의 지리적 측면과 심리적 측면을 포괄하여 다음과 같이 정의한다. "사회제도적 측면에서 지리적으로 주민들이 인접하여 있고 심리적으로 지리적 공간 내의 모든 구성원들이 역동적으로 생생한 실체로서 연결되어 있는 것"을 지역사회라고 정의하였다.
5) 여러 포털 사이트에서는 '커뮤니티'라는 명칭으로 동호회 사이버 카페가 활성적으로 운영 중이며, 주로 관심이나 가치 지향이 일치하는 사람들의 의사소통 공간으로 활용된다.

다양한 형태로 지속된다. 이러한 유대 결속형 지역사회의 구성원은 동일한 근린 지역(예로, 우리나라의 사할린 동포나 외국인 노동자와 같이 집단을 형성하여 동일 지역에 거주하는 이주자 가족군)에 함께 살 수도 있고, 광범위한 지역 전체에 퍼져 사는 형태(예로, 미국의 몰몬교도 등)를 띨 수도 있다.

(3) **사회계급**(Social Class)

통상 '무계급 사회'라고 지칭되는 미국의 경우에도 각 지역사회는 계급 분화를 매개로 심도 있게 정의될 수 있다(slum 지역사회와 베버리힐즈 지역사회). 우리나라의 경우 강남구 내에서 구룡마을 비닐천 막촌과 초호화 타워팰리스가 서로 마주 보는 현실은 이와 같은 사회계급에 따른 지역사회 구분의 전형적인 사례가 될 것이다. 또한, 영구임대아파트 단지와 민영아파트 단지가 동일 행정단위에 공존하면서 빚어지는 여러 가지 계급 마찰적 현상을 들 수 있다.

이처럼 수입, 교육, 재산 소유 등에 기초한 사회계급은 개인, 가족, 지역사회로 하여금 어떤 기회와 자원에 접근 가능한지를 가늠케 하고 그 수준 정도를 결정하는 변수로 작용한다. 즉 저소득 지역사회 구성원들이 고용, 교육, 주거, 보건의료 서비스, 공공 문화행사(public amenities) 등 광범위한 분야의 서비스에 접근할 기회를 갖거나 기회에 접근하거나 통제력을 행사하는 일은 거의 불가능하다. 반면, 상류계급 지역사회는 기회와 서비스에의 접근이 용이하고 또한 통제력 행사도 대단히 쉽다.

지역사회의 권력 분배 여부가 항상 지역사회 실천의 핵심적인 관심 영역이었으며, 지역사회 실천은 권력 기득권층을 발견하고 그들에 영향을 미치는 활동을 주로 해왔다.(F. M. Cox, 1987) 이와 같은 지역사회 역량 강화(community empowerment) 중심의 실천 개입은 정치적 수사로서만이 아닌 개인적·대인관계적 수준에서도 마찬가지로 실천적 적용이 가능하다. 이를 통해, 권력 분배가 주민들의 생활 경험을 어떻게 구성하게끔 작용하는가를 주민 스스로 인식하도록 의식 고양을 추구하는 활동이 대단히 중요하게 다루어진다.

(4) **사회망**(Social Networks)

루빈과 루빈(Rubin & Rubin, 1992)은 사회망을 "원조와 정보를 특정 쟁점으로 호르게 하는 연결 관계 유형(a pattern of linked relationships)"이라고 정의했다.(p. 86) 이러한 망은 가족과 친지, 친구, 직장 동료, 신자 모임, 또는 관심사를 공유하는 사람들로 구성된다. 망의 연결 고리를 욕구나 정서의 흐름에 기초를 둔다면, 망의 초점 영역은 아마도 상호부조(mutual aid)에 두어질 것이다. 이와 달리 그 기초를 공유 이익에 둔다면, 망은 이익 옹호를 지향하게 될 것이다. 2015년 현재 하드웨어로서 스마트폰과 소프트웨어로서 다양한 첨단 통신기술을 접목 활용한 스윗트, 페이스북, 밴드 등 SNS는 가장 정확하고 구체적인 사이버 사회망의 사례가 될 것이다.

(5) 이익 추구형 지역사회(Communities of Interest)

많은 지역사회는 지리적 공유가 아닌 오로지 이해관계의 공유로 정의된다. 이처럼 공간적 근접성 없이 형성된 지역사회(Webber, 1968)는 이익의 공유(환경적 쟁점, 전문직의 관심, 동성애자 인권과 같은 것), 공통된 욕구(희귀병 아동 부모회), 혹은 둘 다를 근간으로 조직된다. 사회가 점점 유동적이면서 기술 중심으로 짜여가고 또한 사람들이 다양한 의사소통을 위해 다중적 형태를 띠어감에 따라, 이익 추구형 지역사회는 결국 지리적 성격을 탈피하는 추세이다. 1990년대 이후의 현대 정보화 사회는 인터넷과 같은 컴퓨터망이 마을 광장의 모임을 대치함으로써 사람들은 점점 물리적 접촉이나 심지어 언어적 접촉조차 없이도 의사소통하는 일이 가능해졌다.

대면 접촉 없이 지역 공동체적 감각을 개발할 수 있다는 사실을 사회복지사가 깨닫게 되자, 자기 클라이언트가 느끼는 지역사회에 대한 의미를 결정하는데 보다 창의적인 입장을 그들은 가지게 되었다. 즉 지방 근린 지역이나 상대적으로 소외되었다고 느끼는 일부 클라이언트에 대해선, 보다 광범위한 이익 추구형 지역사회와 연결시켜 주는 개입 형태가 가능해졌다는 것이다. 그리고 신기술 감각은 또한 개입을 위한 가능성을 보다 확장했다. 즉 성공한 집단들이 원격 화상회의를 통해 뭔가를 결정하는 것처럼(Wiener, Spencer, Davidson, & Far, 1993), 이전 기술한 사회망(social networks)과 마찬가지로 컴퓨터망과 스마트폰 SNS의 연결은 상호부조와 사회적 지지를 위한 새롭고 다양한 가능성을 열었다.

[표 5-1] 각 지역사회 유형별 사회 통합 양태(Rubin & Rubin, 1992 재구조화)

지역사회 유형	사회통합 기준	지역사회 구성원 자격 기준
근린 지역	지리적 인접성 및 동일 지리적 지역 내에서 사람들이 직면하고 있는 이슈에 근거한 통합	동일 거주 지역에 사는 사람
유대 결속 지역사회	민족·국가·문화·종교 등의 가치를 공유하는 공통된 유산에 근거한 통합	개인에 따른 지위 형태는 다양하지만 특정 유대 결속형 지역사회에서 태어난 사람
사회계급	오로지 수입과 재산 소유 정도에 의해서 구획되는 공동의 생활환경에 근거한 통합	계급 구성 자격은 경제적, 직업적 신분에 의해 결정
사회 관계망	서로 공유하는 관심사 안에 근거한 통합	개개인의 자발적 선택에 의해 결정되지만 개인적 배경 요인들이 선택 가능성에 영향을 미침
이익 추구 지역사회	집합적 행동의 중요성에 대해 공유하는 이해 정도에 의한 통합	이슈를 이해한 후 해당 지역사회에의 참여와 가입을 선택한 사람

2) 이상적 지역사회(ideal community)의 조건

E. Linderman(1921)은 그의 고전적인 저서 《지역사회》에서 다소 지리적인 관점에 치우쳐 있긴 하지만 지역사회가 지닌 지리적·유대적 이중성을 살려, 지역사회가 그 구성원(constituents)을 위해 기능해야 하는 이상적인 지역사회의 아홉 가지 조건 혹은 지향점을 제시하였다.(최일섭, 1992, p.25~27에서 재인용)

첫째, 지역사회는 효율적인 정부라는 매개체를 통해 질서, 즉 지역 구성원의 생명과 재산의 안전을 도모해야 한다.

둘째, 지역사회는 효율적인 생산 체제를 통해 경제적인 안녕, 즉 구성원에게 소득을 보장해 주어야 한다.

셋째, 지역사회는 공공 보건기관을 통해 신체적 안녕, 즉 구성원의 건강과 위생을 보장해 주어야 한다.

넷째, 지역사회는 조직적이고도 잘 마련된 놀이를 통해 구성원들이 여가를 건설적으로 잘 활용하도록 해야 한다.

다섯째, 조직화된 지역사회에 의해 지지를 받을 수 있는 윤리적 기준, 구성원에게 도덕적 체계를 제공해야 한다.

여섯째, 지역사회는 모든 사람이 쉽게 접근할 수 있는 공공기관을 통해서 지식의 보급, 즉 구성원에게 교육을 제공해야 한다.

일곱째, 지역사회는 구성원들에게 자유로이 의사를 표현할 수 있는 수단을 제공해야 한다.

여덟째, 지역사회는 모든 구성원들이 자기 의사가 충분히 표현되고 반영되는 것으로 느낄 수 있는 민주적 형태의 조직체를 제공해야 한다.

아홉째, 지역사회는 구성원에게 종교적 동기를 제공해야 한다.

이상과 같이 제시된 아홉 가지 조건을 충족한 지역사회를 이상적 지역사회라고 정의한다면, 결국 지역사회복지(community welfare)란 이러한 아홉 가지 요소가 구현된 상태이거나 혹은 이를 현실적으로 구현하기 위한 제반 노력들로 잠정적으로 정의된다.

하지만 상기 조건들은 제도화된 지역사회가 그 구성원 개개인을 위해 작동하는 원리이며, 구성원 전체가 이상적인 지역사회를 실현하기 위해 어떤 노력을 기울여야 하는지에 관한 실천적 입장은 결여되어 있다. 즉, 제도적 지역사회라는 측면만 강조되다 보니 우리가 지역사회 구성원으로서 이상적 지역사회를 구축하기 위해 무엇을 해야 할 것인가라는 사람 중심의 자발적·실천적 관점, 혹은 사람의 의미 있는 변화 동인(動因)이라는 관점을 놓치고 있다. 바로 이 지점에서부터 지역사회복지의 실천 과정인 지역사회 주민 조직화(community organizing)의 개입 방법과 이를 전술로 삼아 '공동체 마을 만들기(com-munity building)'와 '주민 자치력 확보'라는 실천적 목표와 전략이 도출된다.

3) 공동체의 의미와 정의

앞서 언급했듯이 지역사회는 공동체적 의미가 담겨 있다. 이러한 공동체는 대단히 추상적이고 보편적인 선험성과 함께 다양한 개별 경험적 측면을 아울러 담고 있는 대단히 복합 개념이다. 혹자가 이것이 공동체라고 개념적 정의를 내리는 순간 오히려 자기 모순과 순환 오류에 빠져들 가능성이 높은 개념이다. 그래서 공동체란 무엇인가라는 연역적 접근보다는 역으로 무엇이 공동체로 지칭되며 또한 공동체는 구체적으로 어떤 속성들을 지니고 있는지를 분석하는 귀납적 방법에 따라 검토하는 것이 그 개념적 이해를 위해 보다 용이하다.

이러한 입장에서 포피노 부부(O. Popenoe & C. Popenoe, 1984)는 8개국의 18개 공동체 마을을 사례 조사하였다. 이들 중 5개 사례가 '공동체적 이념이 거의 완벽하게 구현된 사례'라고 분류하였는데, 그 지표는 '모든 재산이 완벽한 집단 소유의 형태'인 공동체였다. 그리고 3개 사례는 중산층의 삶을 영위하면서 공동체적 '노력과 관심의 극히 일부'만 보이는 '한계적 위치(marginal position)'인 것으로 파악하였다. 기타 나머지 10개의 공동체들은 공동체적 이상과 이념을 가지고 공동 노력과 활동을 전개하는 등 강력한 결속 정도를 보이면서도, 사적 재산 소유를 인정하고 있다는 점에서 중간적 위치에 있었다.

이로부터 공동체를 구성하는 기준으로 '공동체적 이상, 공동 노력과 활동, 재산의 공동 소유'를 도출할 수 있다(최협 외, 2001, p. 230~231 재인용). 이 중 공동체적 이상의 공유라는 첫째 기준만을 충족시킬 때 넓은 의미의 공동체, 공동의 노력과 활동이라는 두 번째 기준까지를 충족시킬 때 이를 중간적 공동체, 재산의 공동 소유라는 세 번째 기준까지를 아울러 좁은 의미의 공동체라고 부를 수 있다.

이러한 개념 정의를 토대로 우리나라 지역복지실천에 적용하면 다음과 같다. 지역사회의 동 단위 혹은 구 단위의 지리적 속성을 감안한 지역 공동체운동의 실천 방향은 "근린 지역 구성원들이 서로 나누고 더불어 함께 살고자 하는 이상을 공유하면서 그 공동체적 이념을 구현하기 위한 제반 활동과 노력에 자발적으로 참여케"[6]하는 중간적 수준의 공동체 개념을 우리 지역복지 실천 현장에서 채택할 수 있을 것이다.

4) 지역사회복지의 정태적 · 동태적 정의

이전까지 논의했던 '지역사회 혹은 (지역)공동체'란 용어에 새로이 '복지'라는 단어를 첨가하여 본격적으로 '지역사회복지'를 개념적으로 검토하고자 한다. 먼저 지역사

---

6) 바로 이러한 관점에서 단순한 누군가를 위해 돕는다는 시혜적 의미의 '자원봉사자'가 아닌 보다 공동체적 이상과 실천 의지를 담보한 '(지역사회) 자원 활동가'의 양성이라는 지역사회 리더십 개발의 이론적 · 실천적 단초가 마련된다.

회복지(community welfare)의 사전적 의미는 지역사회의 안녕 상태(well-being)[7]라고 할 수 있다. 이 지역사회의 안녕 상태를 이전 단락에서 논의한 내용들을 고려하여 정의한다면, 상당히 정태적 의미의 이상적인 지역사회 그 자체가 된다. 하지만 지역사회복지는 이러한 정태적 개념을 넘어 보다 동태적으로 옮겨가서, 적극적으로 그러한 안녕 상태를 구현하기 위한 제반 노력을 나타내는 개념으로 논의되기도 한다.

혹자는 이를 보다 구체적으로 분절하여 지역사회실천(community practice)이라고 달리 명명하기도 한다. 이러한 맥락에서 지역사회복지란 이상적인 지역사회 혹은 지역 공동체를 만드는 제반 노력이나 활동(최일섭, 1992, p. 25)으로 정의되며, 지역사회실천 현장에서는 이를 통상적으로 '(공동체) 마을 만들기'라고 지칭한다.

이러한 노력이나 활동을 보다 지역사회의 주요 제도와 기능에 초점을 두고 정의한다면, 각 제도가 수행하는 여러 사회적 기능이 온전히 작동하도록 노력하는 것이 바로 지역사회복지가 된다[8]. 이렇게 넓게 정의되면, 지역사회복지란 좁은 의미의 복지라는 측면을 넘어 '생활공간에서의 주민자치 실현'이라는 보다 광범위한 지역 정치적 차원으로 확장된다.

하지만 지역사회복지를 보다 협의로 전문 사회복지실천 방법론의 용어로 정의한다면 개별사회사업(case work), 집단사회사업(group work)과 함께 3대 방법론의 하나인 '지역사회조직사업(community organizing)'으로 명명된다.

지금까지의 논의를 정리하자면, 이상적인 지역 공동체를 구현하기 위해 주민 조직화의 방법을 통해 지역사회 수준에서 이루어지는 제반 실천적 노력의 동태적 과정과 정태적 목표로 지역사회복지를 정의할 수 있다.

---

7) welfare는 well+fare의 합성어로서, 접두어인 wel-은 well을, 그리고 어근인 -fare는 being의 뜻을 가진다. 결국, welfare는 사전적 의미로 well-being인 무언가의 '안녕 상태'를 의미한다.

8) Warren(1963)은 사람들이 지리적으로 근접한 생활을 하게 되면 자신들의 생활을 만족시키는데 필요한 사회구조와 기능을 창출한다고 지적하였다. 즉, 이상적인 지역사회가 완성되려면 경제제도를 통한 생산-소비-분배의 기능, 가족제도를 통한 사회화의 기능, 종교제도를 통한 사회 통합의 기능, 정치제도를 통한 사회 통제의 기능, 사회복지제도를 통한 상호부조의 기능 등 5가지 구조가 온전히 순기능적이어야 한다는 것이다.

5) 지역사회조직체(community organizations)

지역사회조직체 혹은 지역사회단체[9]는 이상적인 지역사회를 만들기 위한 결사체이다. 지역사회 개념의 이중성으로 인해 지역사회조직체도 지리적 지역 중심(local-based)의 근린지역 사회단체와 이슈 중심(issue-based)의 시민사회단체로 나뉜다. 지리적 성격의 단체의 예로는 대표적인 지역사회복지관을 위시하여 많은 지역복지 관련 기관과 기타 지리적 제한성을 기초로 활동하는 지역 운동단체가 있다. 극단적인 이슈 중심의 단체의 예로는 소비자운동단체를 들 수 있다. 그리고 이슈 중심의 활동을 전개하지만 지역별 지부가 결성되어 활동하는 환경운동단체가 있다. 이들은 지리적 특성과 함께 환경과의 공생을 강조하는 이슈 중심적 성격이 공존하고 있다.

2. 공동체 사회에의 열망과 지역복지실천 역사

1) 미국 지역복지실천의 역사

자선조직협회(COS)와 인보관(settlement house)에서 활동했던 초기 사회복지사들은 사회 해체 현상을 해결하는 방안의 한 가지로, 미국 도시들을 과거의 유기적 마을 공동체(the organic village community)로 탈바꿈시켜야 한다고 제안했다. 매리 리치몬드 여사(Mary Richmond, 1907)는 개별사회사업을 체계화시킨 사람으로, '근린성(neighb-orli-ness)'의 힘과 지역 공동체적 일상생활에서 나타나는 관계 형성(involvement)의 가치에 대한 확고한 신봉자였다. 보스톤 사우스 엔드(South End) 인보관의 창시자였던 로버트 우즈(Robert Woods, 1893~1970)는 "우리는 도시 내 근린지역에로 접근하여 인내심을 가지고 그러한 지역들을 건강한 마을 생활로 복귀시키도록 노력하고 있으며, 이를 통해 주민들이 과거처럼 서로에 대해 잘 알고 지내고 또한

---

9) 사회복지 입문 수준에서 발생할 수 있는 혼란을 사전 예방하기 위해 몇 자 지적한다. 일반적으로 'community organization'을 '지역사회조직' 혹은 '지역사회조직체'라고 번역하는데, 이는 약간의 개념적 문제가 있다. 첫째, '지역사회조직'이라고 번역했을 때 동적 개념인 'community organizing'과 다소 혼란스러워진다. 흔히 동일하게 '지역사회조직'이라고 번역하기 때문이다. 그래서 본 장에서는 이 community organizing을 일관되게 '지역사회조직화'라고 번역 사용하였다. 둘째, 지역사회조직 혹은 조직체라고 번역했을 때 관료조직(체)이나 경제조직(체)을 연상하기 쉽다. 하지만 영미에서 community organization은 주로 NGO나 NPO인 지역복지 관련 시민사회운동단체를 총칭하는 개념이기에 지역사회단체 혹은 시민사회단체라고 번역하는 것이 의미 전달에 더 정확성을 기할 수 있다.

서로 배려하는 관계로 변할 것"이라고 다른 인보관 활동가들에게 설명했다. 자선조직협회와 인보관은 또한 공공보건, 산업안전, 교육, 주거, 아동 노동과 같은 사회 개혁 활동에도 적극적으로 관여하여 지역사회 생활 여건을 개선코자 노력했다.

건강한 지역사회 만들기에 광범위한 토대를 둔 이러한 헌신적 노력들은 사회복지실천에서 개별 사회사업과 인보관 운동에 근거를 둔 오랜 역사를 지닌 활동이었다. 그런데 제1차 세계대전 이후 개별 사회복지사들이 점점 정신위생 운동, 정신역동 이론의 영향, 광범위한 사회활동으로부터 인간의 내면 세계로 관심을 전환하게 되었다. 개별사회사업은 지역사회복지와는 무관한 오로지 임상치료적 접근인 것으로 근본적으로 변질되게 된다. 그 후 개별사회복지사는 클라이언트의 가정이나 근린 지역 내에 위치한 공간이 아닌 기관 내에서 클라이언트를 만나기 시작했다. 결국 개별사회사업 실천은 지역사회실천에서 완전히 이탈하여 정신의학에서 도입했던 개인 치료 모델에 오로지 몰두하게 되었다.(이문국 외 역, 2005, p. 270~271)

1950년대에 이르자 사회복지실천의 전문화라는 요청에 따라 개별사회사업, 집단사회사업, 지역사회조직이라는 3대 방법론으로 정립되었고, 그중 개별사회사업이 주류로 자리 잡았다. 1960년대 말에 이르면 이러한 전통적인 치료적 접근에 대한 강력한 반성이 일어났고 지역사회조직 사업의 부활과 보다 정치-지향적 접근이 활기를 띠게 되었다. 이는 도시 거주 빈민의 새로운 발견과 이에 대한 대책으로 시작된 존슨 정부의 '빈곤과의 전쟁(war on poverty)'에 힘입은 바 컸다.

하지만 당시 주민 참여적 지역사회 개발과 지역사회 행동의 개입 전략은 얼마 가지 못하고 강력한 비판에 직면한다. 조직화(organizing)의 전략과 전술은 전문직의 개입과 변화를 도모하기 위한 기술적 단초를 제공하지 못한다는 것이 그 이유였다. 또한, 1960년대 말과 1970년대 초는 인간 서비스 전문직에 필수적인 특수 능력을 부여하는 사회계획(social planning) 모델에 관한 저술이 급증하였다. 여기에는 욕구 사정, 프로그램 설계, 평가 전략이라는 방법론을 포함한다. 이 사회계획은 개입과 변화를 위한 사회복지 전문직의 적절한 방법인 것으로 강조되었다(Meenaghan et. al., 1982, p. 1~4).

2) 한국 지역사회 실천 운동의 전개[10)]

1990년을 전후하여 도시 재개발 사업이 한창 진행되는 시점에서 주로 철거 지역에서 활동하던 지역사회 조직가들은 이후 활동의 전망 부재와 운동의 지속성 담보를 위해 다양한 실험적 지역사회 행동을 전개하기 시작하였다. 도시 빈민 밀집 지역의 특성은 단순한 주거 공간 이상의 의미를 지닌 빈곤 계층의 의식주 해결을 위해 상호부조의 기능을 수행하던 다양한 지리적 지역사회 지지망을 형성하고 있던 생활 공간(life space)이었다(조은·조옥라, 1993).

이러한 생활공간의 해체는 당장의 주거 문제라는 현안을 넘어 지역을 터전으로 삶을 영위해 온 도시 빈곤 계층들이 고립되고 파편화되어 갔다. 열악한 사회 관계망이 더욱 심화되고 이로 인해 완전한 사회적 배제(social exclusion)의 상태에서 가족의 복합적 빈곤 문제를 극히 제한된 자원만으로 해결해야 하는 이중삼중의 부담이 가중되는 시점이었다.

지역사회 조직가와 주민들은 복합적 지역사회 문제해결에 대한 접근방식의 변화가 필요하다는 상호 인식과 이해가 생겨났다. 서서히 철거 지역 중심의 '동 단위 주민운동'에서 새로운 '구 단위 주민운동'으로의 운동적 실천 단위를 확장 전환하여야 한다는 입장이 생겨나기 시작하였다.

이러한 논의 과정과 병행하여 스페인 몬드라곤 협동조합 공동체의 성공 사례가 빈민 지역 조직가에게 학습되기 시작했고, 생산 공동체 활동을 매개로 한 지역사회 참여를 강조하는 주민 조직화 접근 방식이 1990년대 초·중반에 걸쳐 등장하였다. 이와 같은 생산을 매개로 한 지역공동체운동은 일본의 기초 지자체 수준에서 전개된 주민 운동적 성격을 지닌 '마을 만들기'라는 개념과 활동이 알려지면서 본격화되었다.

이러한 마을 만들기와 관련된 내용들을 4가지로 분석하면 다음과 같다.(이문국, 2002) 첫째는 지역사회 개발을 통한 지역 활성화 전략이다. 대외적인 브랜드 개발[11)]에 의한 지역 경제의 부흥, 고객 유치 장치로써 매력적인 무대 공간과 이벤트, 이미지 만

---

10) 1980년대 이후 2007년 말 현재 약 500여 개에 이르는 지역사회복지관을 중심으로 대단히 활성화된 지역복지 서비스의 개발과 공급 활동이 있었지만, 이 책에서는 지역복지 서비스 전달 중심보다는 마을 만들기를 중심으로 지역사회 개발과 주민 주체형 조직화 사업에 보다 초점을 두고 그 역사적 전개 과정을 간략히 기술하였다. 그러므로 일반적인 한국 지역복지 발달에 관한 보충적 이해는 타 교과서들을 참조하기 바란다.

11) 2007년 12월 현재 자활사업과 노인일자리사업 등에서 공동 브랜드 개발에 박차를 가하고 있다.(한국노인인력개발원, 2007, 한국시니어클럽, 2007)

들기(정보 발신력)가 이에 속한다. 둘째는 지방 분권화 활동이다. 국가의 상의하달식 획일적 행정체계로부터 독립하는 것과 권한의 이양, 재정의 자립, 독자적 조례 만들기 등이다. 세 번째는 주민 참여 활동이다. 생활 세계에 관한 권리 의식의 자각, 행정 정보의 공개와 정책의 입안 및 결정 과정에의 참여, 민주주의의 실현, 공공 영역 만들기 등이 이에 속한다. 네 번째는 생활양식의 변혁 활동이다. 보편적 사고에 근거한 현실 인식, 가치관과 발상의 전환, 대량 소비 사회에 대한 비판적 각성, 친환경적 공동체(eco-logical community) 만들기 등을 꼽을 수 있다.

상기의 네 항목은 아래의 [표 5-2]와 같이 개념화될 수 있다.

[표 5-2] 마을 만들기

<table>
<tr><th colspan="4">자립의 차원</th><th colspan="4">자치의 차원</th><th colspan="4">사회운동의 차원</th></tr>
<tr><td colspan="3">지역 활성화</td><td colspan="3">지방 분권</td><td colspan="3">주민 참여</td><td colspan="3">생활양식의 변혁</td></tr>
<tr><td colspan="4">지역사회 개발</td><td colspan="4">지역사회계획</td><td colspan="4">지역사회 행동</td></tr>
</table>

이는 지역사회 조직에서의 역량 있는 지역사회 만들기(empowering community bu-i-lding)나 지역사회 능력 구축(building community competence)의 개념과 거의 유사한 것으로 여겨졌다. 나아가 상기 마을 만들기 도표에서 알 수 있는 바와 같이 저소득 계층 밀집 지역에서 진행되는 제3섹터형 지역사회 개발사업의 성공을 위해서는 기업, 지자체, 시민사회단체 등 다양한 사회 집단 간의 적극적 참여와 능동적인 파트너십의 설정이 필요하다는 인식이 널리 확산되는 시발점이 되었다.

공동체운동을 미션으로 활동을 전개해왔던 빈민 지역 사회단체들과 지도자들은 마침내 정부를 설득하여 1995년 '자활지원센터'라는 명칭의 제도화된 지역사회 주민조직기관이 새로운 복지 모델을 실천하는 장으로 자리 잡게 되었다. 2000년 국민기초생활보장법이 입법화되면서 '생산적 복지'라는 전 세계적 복지 패러다임의 전환적 흐름에 편승하여 노동 가능한 수급자에 대한 자활사업 참여를 조건 부과함으로써 자활지원센터는 '자활후견기관'으로 명칭이 변경되었다. 그리고 2015년 현재 '지역자활센터'라는 이름으로 전국적 규모의 사업단체로 자리 잡았다. 최근에는 장애인직업재활사업, 노인일자리사업, 지역사회 조직사업 등에서 '사회적 기업이나 사회적 협동조합 등 다양한 사회적 경제(social economy) 조직체 만들기'가 핵심적 지역 개발 사업으로

자리 잡아가는 실정이다(정경배 · 최일섭[12], 2003: 정선희, 2005: 참여연대 사회복지위원회 편, 2007: 김정원 외, 2015).

3. 지역사회복지실천 모델

최옥채(2005)는 지역사회복지실천 모델로 로스만(Rothman)의 모형, 테일러와 로버츠(Taylor & Roberts)[13]의 모형, 와일과 갬블(Weil & Gamble)[14]의 모형, 포플(Popple)[15]의 모형, 스즈끼 고로[16]의 모형, 사회복지운동 모형[17], 주민 조직화 모형 등으로 다양하게 분류하였다. 이 책에서는 마을 만들기라는 관점을 유지하면서, 가장 고전적인 모형이면서 기타 모형들의 내용들이 이를 기초로 만들어졌다고 판단되는 로스만(Rothman)의 모형을 중심으로 설명하고자 한다.

1) 로스만의 지역복지실천 모형

(1) 모델 A : 지리적-지역사회 개발(local community development)

지역사회 개발이란 지역사회의 변화를 가장 효과적으로 이룩하기 위해서는 광범위한 주민들을 변화를 위한 목표 설정과 실천 행동에 참여시켜야 한다는 전제에서 비롯된 지역사회 조직사업의 한 형태이다(최일섭, 1992, p.32). 여기에는 개인과 지역사회의 개발이라는 이중적 초점을 둔다. 핵심 활동은 주민 참여 유도, 주민 의식화 활동, 자조, 토착적 지도력 개발에 있으며, 협동적 과정에도 강조점을 둔다. 클라이언트는 시민으로 간주된다. 실천가는 조력자-촉매자, 조정자, 교사-학생, 옹호

---

12) 정경배 · 최일섭(2003)은 이런 일자리들이 서구 복지국가에서 사회 병리로 나타난 수혜자의 '피동화 현상'을 극복게 한다고 주장하면서 '생산적 복지망'이라고 규정하고, 이를 통해 사회 · 경제적 균형 발전의 동력으로 작용하는 것으로 이론화하였다.(p. 37~58)

13) 로스만의 세 모형에 두 가지를 더하여 프로그램 개발 및 조정, 계획, 지역사회 연계, 지역사회 개발, 정치적 권력 강화 모형을 제시하였다.

14) 로스만 모형과 테일러-로버츠 모형을 기초로 지역사회 조직사업, 기능적 공동체 조직사업, 지역사회 사회경제 개발사업, 사회계획, 프로그램 개발 및 지역사회 연계, 정치사회 행동, 연합, 사회운동의 여덟 가지를 제시하였다.

15) 영국의 경험을 기초로 지역사회 보호(community care), 지역사회 조직, 지역사회 개발, 지역사회계획, 지역사회 교육, 지역사회 행동, 페미니스트 지역사회 사업, 인종차별 반대 지역사회 사업과 같은 여덟 가지 모형을 제시하였다.

16) 주민 주체 · 자원 활용형, 협동 활동 · 자원 활용형, 주민 주체 · 자원 개발형, 협동 활동 · 자원 개발형을 이론 모형으로 제시하였다.

17) 최옥채(2005)는 지역사회복지운동, 사회개혁, 지역통화운동의 세 가지 모형을 제시하였다.

자의 역할을 수행한다.

이전 절의 [표 5-2]에서 언급했던 마을 만들기에서 지역 활성화, 주민 참여, 생활양식 변혁 운동 등의 차원과 전형적으로 일치하는 유형이다. 고전적인 사례로는 새마을운동이 대표적인 저개발 국가의 지역사회 개발 모형으로 알려져 있다. 하지만 이는 아래부터의 운동이 아닌 관 주도형 운동이었다는 측면에서 모형의 순수한 적용에 제한을 받는다. 현재 진행 중인 우리나라의 대표적인 제3섹터형 지역사회개발사업으로는 사회서비스 일자리 창출 사업, 방글라데시의 그라민 은행(grameen bank)을 벤치마킹한 각국의 저소득층 무담보 소액신용대출사업(사례 1 참조), 공동체 지

[사례 1] 모델 A 사례 : 케냐의 자미보라(정명기, 2007, p.33~34)

인그리드 먼로(Ingrid Munro) 여사는 환갑을 넘은 지역 활동가이다. 그녀는 스웨덴 출신으로 남편은 캐나다인이지만 21년 전에 케냐로 이사를 갔다. 케냐에 살면서 무하마드 유누스[18]가 세계의 빈곤 문제에 대해서 발표하는 것을 듣고 감명을 받아 케냐의 빈민을 위해 일을 시작하였다.
그녀는 케냐에서 가장 활발히 성장한 마이크로크레디트 운동을 전개하는 지역사회 조직체인 '자미보라(JamiBora)'를 결성하였다. 자미보라는 '굿 패밀리'라는 뜻으로, 초기에는 노숙자나 집 없는 사람들을 위한 기금 마련 단체였다. 1999년 케냐 수도 나이로비의 빈민가에 살고 있는 50명의 걸인에게 대출과 지원을 시작하였는데, 그 후 61개 지부에서 13만 명의 대출자가 이용하는 기관으로 성장하였다. 향후 2009년까지 50만 명의 대출을 달성한다는 목표를 설정하고 있다. 먼로 여사는 '저축한 금액 2배까지 빌려 주겠다.'라고 독려함으로써 대출자의 자활 의지를 강화하고 있다. 자미보라의 기금이 축적되고 저축액이 늘면 더 많은 빈곤층을 지원할 수 있으므로, 이러한 제도적 장치는 공동체 구성원들이 대출금을 상환하도록 자극하고 문제가 발생할 소지를 격감시켰다. 이런 전략은 적중하여 초기 50명의 대출자가 다양한 직종에서 자활에 성공하였고, 마침내 지역사회의 토착적 지도자로 성장하여 마이크로크레디크의 준실무자로, 교육가로, 책임자로 성장하였다.

---

18) 무하마드 유누스는 방글라데시에서 최초로 무담보 신용대출은행인 그라민뱅크를 설립하였고, 소액융자 운동을 전개한 지 30년 되던 해인 2006년 그라민뱅크와 함께 그는 노벨평화상을 수여받았다. 우리나라에도 이 운동이 전파되어 감리교 재단에서 운영하는 '신나는 조합'(정명기, 2007)과 자활지원정책 연구자와 실무자가 주축이 되어 설립된 '사회연대은행'(한국자활정보센터, 2001)이 2007년 현재 활발히 소액신용대출사업을 전개하고 있다.

향적 마을 만들기 사업, 자활공동체사업, 사회적 경제 조직체 개발 및 지원사업, 노인일자리사업 등이 있다.(신명호 외, 2000 : 정선희, 2004 : 정선희, 2005 : 이문국 외, 2014).

(2) 모델 B : 사회계획(social planning)

사회계획은 비행, 주택, 정신 건강과 같은 근본적인 지역사회 문제의 해결을 위한 기술적 과정을 강조한다. 이 모형에서 강조되는 것은 문제 해결을 위한 합리적인 계획 수립과 통제된 변화이다.(최일섭, 1992, p.33) 즉 이 사회계획 모형은 미국식 사회복지 전문직을 지향하는 모델로서, 기술-합리적 접근 방법을 사용한다. 이 방법에 기초하여 새로운 프로그램과 서비스를 개발하고, 기존 서비스를 확장하며, 서비스를 조정하고, 인간 서비스 체계를 개선하는 활동을 수행한다. 클라이언트는 소

[사례 2] 모델 B 사례 : 경기복지시민연대(이영환 편, 2005)

본 사례는 그 자체로 전형적인 사회계획의 예는 아니고 어떤 의미에선 모델 C의 예에 가깝다. 하지만 광역 단위에서 복지를 중심으로 활동하는 지역사회단체가 광역정부의 사회복지 예산 분석을 통해 지방정부로 하여금 수요자 중심의 사회계획을 수립하도록 촉구했던 모델 B의 대표적 사례로 소개하고자 한다. 물론, 이러한 예의 의도적 선택 배경에는 흔히 지역사회 역량 강화 혹은 능력 구축이라고 표현되는 지역사회 주민 자치력의 확보와 강화가 진정한 수요자 중심 사회계획의 시발점임을 알리고자 하는 필자의 숨은 의도도 있다.

'경기복지시민연대'는 1999년 창립되었고 2001년 경기도 사회복지정책 모니터 및 정책 개발 활동의 결과물인 '경기도 사회복지 10대 의제 수립'을 통해 경기도 차원의 복지정책의 수립에 대한 강한 필요성을 확인하였고, 또한 2002년 경기도의회 의정 감시 활동을 통해 경기도 예산분석의 필요성을 인식하게 되었다. 2003년에 1차로 '도민이 원하는 경기도 사회복지 예산 만들기 사업'을 종료한 후, 2004년에는 2차로 예산 분석 작업을 진행하였다. 과거 5년간(1999~2003)의 복지 예산에 대한 추이분석과 각종 사회복지 분야 기금에 대한 분석을 추가하였다. 이를 바탕으로 2005년에는 지역의 시민사회단체 및 사회복지기관들과 함께 도민의 사회복지 욕구가 구현된 사회복지 예산의 실질 반영을 위한 다양한 연대 활동을 전개하였다.

비자로 간주된다. 실천가는 사실의 수집·분석가, 프로그램 실행자, 촉진자, 조정자의 역할을 수행한다.

우리나라의 경우, 2003년 6월 개정 사회복지사업법에서 기초 시·군·구 및 광역시·도 단위의 지역사회복지 계획 및 그 연차별 시행 계획의 수립 및 시행을 규정하고 있으며, 이에 따라 각 지자체는 정기적으로 지역사회복지계획(사례 2 참조)을 수립하고 있다. 2015년 8월 이후에는 지역사회복지협의체가 지역사회보장협의체로 변경됨에 따라 지역사회보장계획으로 명칭 면경되었다. 또한, 국민기초생활보장법상의 자활사업에서도 매년 중앙, 광역, 기초 단위에서 각각 자활지원계획을 수립할 것을 의무화하고 있다.

(3) 모델 C : 사회 행동(social action)

사회 행동은 지역사회의 불리 계층이 사회 정의와 민주주의에 입각하여 보다 많은 자원과 향상된 처우를 해당 지역사회에 요구하는 활동을 말한다. 이에 참여하는 지역복지사는 지역사회의 기존 제도와 현실에 대한 근본적인 변화를 추구한다(최일섭, 1992, p. 33~34). 이 사회 행동 모형은 다양하게 묘사된 사회운동 모형들을 대표한다고 볼 수 있다.

집합적 행동화를 통해 기존 불평등한 권력 관계와 자원 배분 구조를 변화시키고자 한다. 클라이언트는 억압적 사회 조건의 희생자로 다루어진다. 실천 전략으로 옹호 활동, 갈등, 대면, 직접 행동, 협상을 들 수 있다. 본 모델의 실천가, 활동가, 옹호자, 선동가, 중개자, 협상자, 게릴라 요원(partisan)의 역할을 실행한다. 본 모델의 대표적인 사회 행동가로는 솔 데이비드 알린스키(S.D. Alinsky)[19]와 민권운동가 킹(King) 목사 등을 들 수 있다(Rubin & Rubin, 1986). 이러한 사회 행동의 대표적 예로는 소수자권익운동, 여성해방운동, 복지권운동, 환경운동 등이 있다.

---

19) 알린스키의 활동이나 사상에 대해 좀 더 알고 싶으면 조승혁 편저(1983) 《S.D. 알린스키의 생애와 사상》을 보라.

[사례 3] 모델 C 사례 : 관악주민연대(이인재, 2004: 관악사회복지 홈페이지)

1995년 지방자치단체장 선거를 앞두고 당시 지역사회의 핵심적 현안이었던 빈민 지역 재개발사업이 세입자들의 권리를 제대로 대변해 주지 못하는 실정이었다. 그래서 각 동별 단위로 활동하던 지역 활동가와 개별 단체들이 구 단위의 연대체로 결집하여 집합적으로 한 목소리를 낼 것을 결의하였고, 그 결과로 탄생한 빈민 지역 연대 조직체가 바로 관악주민연대이다. 관악주민연대는 그 첫 사업으로 "재개발 사업 시 세입자 보호를 위한 주민 청원"을 제출하였다. 원래 5,000명을 목표로 서명을 받고자 하였으나 1만 명의 관악 주민들이 서명에 동참하였고, 1만 명 지역주민의 집단 청원은 난곡지역 주민지도자이자 빈민운동가였던 K의원에 의해 구의회에 제출되어 만장일치로 통과되었다. 청원의 내용으로는 ① 재개발 지역에서의 폭력 행위 금지 ② 강제 철거 금지 ③ 재개발 사업 시 세입자의 사업 참여 보장 ④ 가이주 단지의 보장 등이었다.

청원안의 통과 이후 관악주민연대는 재개발 사업 이후 주민 생활상의 문제를 주민 주체형 전략으로 풀어가기 위하여 1996년 10월 주민공동체기획단을 구성하였다. 본 기획단은 철거가 완결된 후 임대아파트에서 새로운 주민공동체운동을 전개하기 위해 지속적인 교육훈련과 워크숍을 실시하였다.

또한, 관악주민연대를 기반으로 이전 우리나라 사회복지계에서는 그 유래가 없었던 주민조직 활동과 복지서비스 활동을 접목한 '사단법인 관악사회복지'가 1995년 설립되었다. 최초의 이사장은 상기 K의원이 맡았고 현재에는 서울대 사회복지학과 L 교수가 이사장을 맡고 있다. 다양한 주민 공동체 조직이 만들어졌고 이 주민 조직에서 많은 주민 지도자와 지역 활동가가 2015년까지 현재 배출되고 있다.

우리나라의 경우, 재개발 지역 강제 철거 저항 운동(사례 3 참조)이나 장애인 생존권 및 이동권 보장 투쟁과 같은 전투적 지역사회 행동에서부터, 40년간 계속되어 온 생활보호법을 폐기하고 2000년도에 국민기초생활보장법을 제정하는데 강력한 영향력을 행사하기 위해 참여연대를 간사 단체로 결성된 국민기초생활보장 시민사회연대 단체의 '국민생활 최저선 확보운동'과 같은 사회복지제도 개선 운동에 이르기까지 그 실천 사례는 다양하다.

2) 각 유형별 제 속성

[표 5-3] 지역사회복지실천 유형별 제 속성(최일섭, 1992, p. 34~43에서 재구성)

구 분	지역사회 개발	사회계획	사회 행동
1. 지역사회 조직 사업의 목표 (과정 중심/과업 중심)	과정 중심 : 지역사회의 기능적 통합, 자조와 협동적 문제해결, 민주적 절차 강조	과업 중심 : 주요 사회 문제의 해결을 강조	과업/과정 : 구성원의 권익 신장, 공공정책 변경이라는 과업 목표, 집단 성원의 정치력 확대와 같은 과정 목표 공히 강조
2. 지역사회 구조와 문제 상황에 관한 전제	지역사회 구성원의 아노미·소외 상태, 문제 해결 능력과 기술 상실	지역사회에 만연된 다양한 사회 문제	기득권 억압자의 부조리와 착취로 사회적 불리 집단이 고통받는 상황
3. 변화를 위한 기본 전략	함께 모여서 이야기 해 보자(주민 참여 전략)	진상 파악을 파악하여 합당한 조치를 취하자 (전문가 중심 전략)	우리의 억압자를 분쇄하기 위해 조직하자 (주민 행동 조직화 전략)
4. 변화를 위한 전술	합의(consensus) 혹은 의사소통과 토론	사실 발견과 분석 기술	갈등 혹은 대결 : 성토, 시위, 농성, 보이콧 등
5. 지역복지사의 역할과 변화 수단	조력자 혹은 격려자 (주민 지도력 개발)	기술 관료적 전문성 (사실 수집 분석가, 프로그램 개발 및 수행자)	대변자(advocate), 행동가(activist), 파당분자(partisan)
6. 권력 구조에 대한 견해	지역사회 구성원 전체	전문가의 후원자나 고용 기관	클라이언트의 억압 세력
7. 클라이언트	전 지역사회	전 지역사회 또는 특수 지역이나 일부 계층	지역사회 내 피억압자
8. 하위 집단들 간의 이해 관계 가설	집단이나 계층 간의 상호 조화 : 설득이나 대화를 통한 견해나 이해관계 차이의 조정 가능성	이해 갈등에 개의치 않고 특정 문제의 실용적인 해결에 집중	구성원 간 이익상충 관계, 조화 불가능
9. 공공 이익에 관한 개념	합리주의(다양한 이익 집단의 이해관계를 모두 반영)	이상주의(공공 이익에 관한 지식과 열정을 가진 지도자의 판단 과 양심에 따른 실천 으로 구현)	현실주의 (공공 이익은 집단 간의 갈등을 해소함으로써 나타나는 과정적인 타협으로써만 존재)
10. 클라이언트 집단의 개념	완전히 개발되지 않았지만 많은 잠재력을 가진 일반 시민	서비스의 혜택을 받는 소비자, 공공부조 수혜자	체제의 희생자

4. 역량 강화 중심 지역복지실천(empowerment-based community practice) 원칙과 과정

1) 지역복지실천 원칙

지역사회복지실천 원칙이란 지역복지실천에서의 올바른 행동 규칙, 즉 무엇이 건강하고 바람직한 지역사회복지실천인가에 대한 가치 판단(Harper & Dunham, 1959)을 의미한다. 이러한 올바른 지역사회복지실천을 위한 원칙에는 맥 네일(McNeil, 1959)의 견해[20], 존스와 드마쉬(Johnes & Demache, 1951)의 견해 등 다양한 일반 원칙이 있다.(박상하 외, 2006, p.111~113) 하지만 여기에선 역량 강화 방식의 주민 조직화를 지향하는 포세트(Fawcett, 1991)의 지역사회실천 원칙을 중심으로 서술하고자 한다. 포세트은 지역사회실천에서 아래와 같은 5가지 핵심 원칙들을 반드시 준수해야 한다고 강조했다.(이문국 외 역, 2005, p.292~293 재인용)

(1) 클라이언트와의 동지적 관계 구축

권력, 권위, 지식의 소유가 지역사회 구성원이 아닌 오로지 사회복지사에게 전적으로 투하되는, 그들과의 그러한 식민지적 종속관계(colonial relationships)를 사회복지사는 피해야만 한다. 오히려 연대 협력적 관계로 개입함으로써 두 당사자의 기여 정도는 동일한 가치를 지녀야 한다. 이 원칙은 사회복지서비스의 독점적 공급자가 자칫 빠지기 쉬운 관료적 병폐에 대해 경종을 울리고자 하는 것이다. 통상적으로 사회복지사는 주민 중심 서비스, 클라이언트의 자기 결정권 보장 등을 강조하지만, 타 전문직과 마찬가지로 자신도 모르게 빠져들 수 있는 권력 지향적 유혹의 가능성을 항상 경계하여야 한다.

(2) 지역사회 구성원 중심 목표 형성과 평가

프로젝트 목표는 공급자 중심의 사고가 아닌 지역사회 구성원인 참여자의 관심, 욕구, 관점을 반영하여야 한다. 또한, 성공에 대한 평가 기준-성과(outcome)는 지

---

20) ① 지역사회 주민들과 욕구에 관심 ② 일차 클라이언트는 지역사회 ③ 있는 그대로 수용하고 이해 ④ 지역주민의 보건 및 복지서비스에 대한 관심과 목표 ⑤ 목적을 향한 변화가 기본 목표 ⑥ 지역 기관 간의 상호성 ⑦ 실천과정은 전문 사회복지의 한 과정

역사회 구성원에 대해 가지는 유의미성으로 판단되어야 한다. 이 원칙은 프로그램의 개발 및 성과 측정이 서비스 수요자가 아닌 공급자 중심으로 흐르게 될 가능성을 지적하고 있다.

(3) 문제의 사회 구조적 요인을 반영한 개입 전략

참여 대상자의 선택과 개입 방안의 선택 모두는 '지역사회가 지닌 문제의 다층적이고 체계적인 본질'을 반드시 반영하여야 한다.(Fawcett, 1991, p. 625) 그래서 변화 대상 목표는 문제를 직접 경험하는 개인(과 그의 제한적 주변 환경)에게만 두어져서는 안 되며, 반드시 지역사회 문제를 항상적으로 유지시키는 제도·사회적 구조를 포함해야만 한다. 이런 맥락에서 이인재(2005)는 사회복지실천에서의 통상적인 관점인 '환경 속의 개인'을 넘어선 '개인이 활동하는 환경으로서의 지역사회'의 관점에서 지역사회에 개입할 것을 강조한다.(이영환 편, 2005, p. 243)

(4) 전략적 성공을 위한 전술적 승리의 활용

사회복지사는 거시적 변화의 전망을 계속 유지하면서 체계의 다중적 수준에서 '전술적 소규모 승리(small wins)'를 거두기 위한 계획을 수립해야 한다. 지역사회 실천에서 나타나는 각종 쟁점들은 사람을 압도하고 어찌할 수 없는 것으로 여겨지기 때문에, '전 지구적으로 생각하고, 지역 단위의 수준에서 실천하는' 것과 더불어, 체계의 대규모 변화가 점진적으로 달성 가능하다는 관점을 수락하는 것이 특히 중요하다. 포세트(Fawcett, 1991)은 소규모 승리를 "동맹 세력을 끌어들이고 적대 세력을 제지하는 것과 같은 적당한 의미를 지닌 구체적 성과물"이라고 정의했다.(p. 627)

(5) 소규모 지역사회 수준에서의 지속 가능성

개입 방안들은 소규모 지방 수준의 자원만으로도 반복 재생과 지속 가능한 것이어야 한다. 다시 말하면, 개입은 지역사회의 능력을 꾸준히 구축하고 증진하는 것이어야 한다.

2) 주민 조직화 실천 과정과 전략[21)]

(1) 지역 현장에의 투신

시민사회단체는 물론이고 지역사회복지관이나 지역자활센터 등 일선 지역사회복지 단체의 실무자나 기관장들이 해당 지역사회와는 완전히 분리된, 말 그대로의 직장으로 원거리 출근 생활을 하는 경우가 종종 있다.[22)] 이럴 경우 해당 기관의 지역사회에서 발생하는 생생한 주민의 목소리를 놓치거나 방관하게 된다. 또한, 자기 목소리로 자기 마을의 심각한 문제를 친근한 마을의 주민들과 일상 활동으로 토론하게 되는 전술적 장점을 잃게 된다. 지역사회복지관의 역사적 전신인 인보관(settlement house)은 단순한 서비스 공급처의 역할을 넘어, 지역사회 조직가들이 말 그대로 해당 지역사회에 정착하면서(settlement) 지역사회조직 활동의 거점(house)으로 공간을 활용했다는 사실을 직시해야 할 것이다.

(2) 소집단을 활용한 주민 조직화

흔히 핵심집단(core group)이라고 지칭되며 역량강화집단(empowerment gro-up)이라고도 표현된다. 지역사회에서 주민을 조직하고자 할 때 모든 주민을 동시에 조직하는 것은 불가능하다. 그래서 해당 지역사회의 사회 문제를 잘 인식하고 있으며 뭔가 조치를 취해야 한다고 막연히 생각하고 있는 사람들을 중심으로 초기 조직화에 진입한다. 장차 이들이 지역사회의 주민 지도자로 성장할 수 있도록 지역사회 내에서 일상적 고충을 함께 나누고 교육을 진행하는 등 다양한 개인 및 집단 프로그램을 개발한다. 이런 전문 프로그램을 수행할 지역복지기관들과 상시적인 연대 활동을 전개하는 것도 지역사회 주민 조직화를 위한 중요한 과제 중의 하나이다.

(3) 개별 자원봉사자의 의식 성장 전략

우리 사회에서 자원봉사는 어린 학생에서부터 노인에 이르기까지 연령과 성별에

---

21) 지역사회를 건강하게 변모시키기 위해 왜 주민 조직화를 지향하는가에 대한 추가적인 학습은 이문국 · 이인재 역 《지역복지실천 전략》을 참조하시오.

22) 현실적으로 기관 재위탁 가능성 여부나 아이 교육 문제 등 많은 어려움과 고충이 상존하고 있긴 하다. 그렇지만 지역사회 조직가 혹은 활동가로서 좀 더 미션(mission)을 강조하는 입장에서 '투신(投身)'이라는 표현을 감히 사용한다.

무관한 일상생활의 일부로 점점 자리매김하고 있다. 실무자들은 이들을 단지 자신의 일상 과업 중 허드레 한 일부를 떠넘기는 정도로만 이해하고 때로는 심지어 귀찮은 존재로 여기기도 한다.

하지만 바로 이들이 준비된 지역사회 주민 지도자의 씨알들임을 명심해야 할 것이다. 이들 자원봉사자들이 갖기 쉬운 초기 동정적·시혜적 관점을 유의미하게 초극하도록 단계적 의식 성장 전략을 수립해야 한다.

즉, 적절한 자원봉사 프로그램에 참여케 하면서 초기부터 일관된 관심을 갖고 단순 봉사자의 의식에서 본격 지역공동체 활동가로서 의식 변화를 도모한다. 이들이 앞선 각주에서 논의했던 '자원활동가'로 의식 성장할 수 있도록 지도하고 유인한다. 이런 자원 활동가들이 이후 지역사회 주민 지도자 혹은 지역사회 단체의 실무자로 성장하여 지역 공동체 활동의 밀알이 될 수 있도록 의식적으로 개입한다.

참고문헌

김정원 외, 《나도 일하고 싶다》, 아르케, 2015
박상하 외 7인 공저, 《사회복지개론》, 양서원, 2005
신명호 외 9인 공동 연구, 〈자활생산공동체운동의 길잡이〉, 한국도시연구소, 2000
이문국, 《자활사업과 임파워먼트 실천》, 나눔의집, 2002
이문국 · 이인재 역, 《지역복지실천 전략》, 나눔의집, 2002
이문국 외 15인 공역, 《사회복지실천 이론의 토대》, 나눔의집, 2005
조은 · 조옥라, 《도시 빈민의 삶과 공간》, 홍익재, 2000
이인재, 《한국 지역사회복지실천론》, 나눔의집, 2004편, 《지역사회복지실천프로그램》, 나눔의집, 2005
이영환 편, 《한국의 지역사회복지운동》, 인간과복지, 2005
정경배 · 최일섭, 《생산적 복지를 넘어서》, 나남, 2003
정명기, 《세상의 희망이 되어》, 부스러기, 2007
조승혁, 《S.D. 알린스키의 생애와 사상》, 현대문학사, 1983
정선희, 《한국의 사회적 기업》, 다우, 2005, 《사회적 기업》, 다우, 2004
참여연대사회복지위원회 편, 《한국 사회복지의 현실과 선택》, 나눔의집, 2007
최일섭, 《지역사회복지론》, 서울대출판부, 1992
최옥채, 〈한국 문헌에 나타난 지역사회복지실천 이론과 모형〉, 《한국지역사회복지학》, 제16집, 2005
최협 외 7인, 《전개와 지향》, 선인, 2001
한국노인인력개발원, 〈노인일자리생산품 공동브랜드사업 기본 계획안〉, 기관 내부 문서, 2007. 7
한국시니어클럽, 〈시니어클럽 생산품 공동브랜드화를 위한 기초 실태조사 연구〉, 미간행 연구보고서, 2007. 11
한국자활정보센터, 《사회적 연대의 실현과 대안경제를 찾아서》, 2001
Meenaghan, T. M., R. O. Washington & R. M. Ryan, 《Macro Practice in the Human Services》, Pree Press, 1982
Rubin, H. J., & I. S. Rubin, 《Community Organizing and Deve-lop-ment(2nd ed.)》, New York: Maxwell, 1992
《Community Organizing and Development(1st ed.)》, Ohio : Merrill. 1986

s·o·c·i·a·l w·e·l·f·a·r·e

6 사회복지행정론

1. 사회복지행정이란?

우리나라에는 다양한 사회복지시설이 있다. 가장 널리 알려진 종합사회복지관을 포함하여, 노인복지관, 장애인복지관, 지역자활센터, 지역아동센터 등은 이용시설이며, 장애유형별 거주시설, 양로시설, 아동양육시설, 정신요양시설 등은 생활시설이다. 구체적으로 보면, 사회복지시설이란 '사회복지사업[1]을 할 목적으로 설치된 시설'이다.

이런 사회복지시설은 노인, 장애인, 아동, 여성, 근로 취약계층 등 다양한 이용자에게 다양한 서비스를 제공하는 곳으로 노인, 장애인, 아동, 여성 등 사회복지시설 이용자에게 좋은 서비스를 제공하기 위해서는 시설을 '잘 운영해야' 한다. 그렇다면 어떻게 하면 사회복지시설을 잘 운영할 수 있을까? 사회복지행정은 사회복지시설을 잘 운영하기 위한 지침을 제공하려는 사회복지의 하위 학문 분야다.[2]

---

1) 사회복지사업이란 사회복지사업법 제2조(정의)에 따르면 국민기초생활보장법, 아동복지법, 노인복지법, 장애인복지법, 한부모가족지원법, 영유아보육법, 성매매방지 및 피해자보호 등에 관한 법률, 정신보건법, 성폭력방지 및 피해자보호 등에 관한 법률, 입양특례법, 일제하 일본군위안부 피해자에 대한 생활안정지원 및 기념사업 등에 관한 법률, 사회복지공동모금회법, 장애인·노인·임산부 등의 편의증진 보장에 관한 법률, 가정폭력방지 및 피해자보호 등에 관한 법률, 농어촌 주민의 보건복지 증진을 위한 특별법, 식품기부 활성화에 관한 법률, 의료급여법, 기초연금법, 긴급복지지원법, 다문화가족지원법, 장애인연금법, 장애인 활동지원에 관한 법률, 보호관찰 등에 관한 법률, 장애아동복지지원법, 발달장애인 권리보장 및 지원에 관한 법률에 따른 보호·선도 또는 복지에 관한 사업과 사회복지상담, 직업지원, 무료 숙박, 지역사회복지, 의료복지, 재가복지, 사회복지관 운영, 정신질환자 및 한센병력자의 사회복귀에 관한 사업 등 각종 복지사업과 이와 관련된 자원봉사활동 및 복지시설의 운영 또는 지원을 목적으로 하는 사업이다.

2) 사회복지행정이 민간사회복지시설의 운영에만 관심을 갖는 것은 아니다. 공공의 사회복지 전달체계가 계속 발전하고 있어서 이 또한 사회복지행정의 관심 영역이다. 다만 여기에서는 민간사회복지시설과 관련된 행정이 주된 관심 영역이다.

2. 사회복지조직의 목표와 구조

1) 조직 목표와 의사 결정

사회복지시설과 같은 사회복지조직을 운영하기 위해서는 우선 적절한 조직 목표를 설정해야 한다. 조직의 목표는 해당 시설의 기능과 목적을 명확히 하고 그 기능과 목적에 맞게 설정해야 한다. 예를 들어 장애인복지관과 장애인 거주시설은 기능과 목적이 다를 수밖에 없다. 한 장애인복지관은 비전으로 '인간 중심 복지 파트너쉽을 구현하는 통합 허브'를 제시하고, 이에 따른 사명으로 '함께 하는 복지를 위해 수요자 중심의 서비스 개발을 우선으로 한다', '수요자가 만족하는 복지를 위해 최선을 다한다', '상생의 복지를 위해 광역 지원센터로 역할을 수행한다', '직원들의 역량 강화를 통해 최고의 서비스를 제공한다', '한결같은 초심의 마음 가짐으로 모든 서비스에 최선을 다한다'로 제시하고 있다. 이와 같은 사명을 조직의 목적으로 이해할 수 있다. 또한, 다른 장애인 거주시설에서는 비전으로 '장애인과 직원이 한 마음, 한 정신, 한 영혼으로 통합된 공동체', '장애인과 사회 통합을 위한 복지 모형을 제시하는 공동체', '장애인과 직원들의 역량 강화를 통해 사회를 변화시키는 공동체'로 제시하는데, 이런 비전을 조직의 목적으로 이해할 수도 있을 것이다. 따라서 '직원들의 역량 강화를 통해 최고의 서비스를 제공한다'는 목적이 있다면 조직 목표는 '직원들의 역량 강화를 위해 모든 직원이 연간 4회 이상 전문성 강화 교육에 참여한다'는 것이 될 수 있을 것이다. 또한, '장애인과 사회 통합을 위한 복지 모형을 제시하는 공동체'가 목적이라면 조직 목표는 '장애인의 사회 통합 수준을 강화시킨다'는 것이 조직 목표가 될 수 있을 것이다.

조직의 목표를 설정한 후에는 목표를 어떻게 달성할 것인지 구체적인 계획을 세운다. 목표를 설정하고, 목표를 달성하는 방법을 정하는 모든 과정에는 의사 결정의 과정이 있게 된다. 목표를 달성하기 위한 방법은 여러 가지가 있으며 그중에서 최선의 방법을 선택해야 한다.

의사 결정을 하는 방법 중에 가장 바람직한 방법은 문제 해결적 방법이다. 이 방법에서는 문제에 대한 정보를 수집하고 분석한 후에 문제 해결의 대안을 모색하고, 그 대안에 대한 비교 검토를 통해 적절한 대안을 선택한다. 따라서 합리적인 의사 결정 과정이지만 신속한 결정을 내릴 수 없다는 단점이 있어서 새로운 상황이나 중요한 문제 등 의사 결정이 기관에 미치는 영향이 큰 경우에 사용하는 방법이다.

의사 결정은 최고 결정자, 즉 시설장 또는 기관장이 혼자서 할 수도 있으며, 여러 명으로 구성된 집단에서 할 수도 있다. 집단이 내리는 의사 결정은 회의나 위원회 같은 기구를 통해서 내리는 결정이다. 집단 의사 결정의 장점은 다양한 의견이 제시될 수 있고, 의견을 조율해 나가는 과정에서 결정된 사항에 대한 공감대와 당위성을 이끌어 낼 수 있다는 점이다. 하지만 집단 의사 결정 과정이 효과적이기 위해서는 집단 내의 역학관계에 대한 이해와 적절한 대처가 필요하다(이봉주 · 이선우 · 백종만, 2012). 그렇지 못하면 집단 내 소집단 간의 갈등으로 인해 의사 결정이 지연되어 조직의 운영을 저해할 뿐만 아니라 집단 간 갈등을 다른 영역으로 확대시키기도 한다.

2) 조직의 구조

조직 목표를 효과적이고 효율적으로 달성하기 위해 조직화가 필요하다. 사회복지조직의 구조화를 통해서 조직의 업무를 분업화하게 된다.

사회복지조직의 구조화는 기능에 따른 구조화와 대상에 따른 구조화로 나눌 수 있다. 그러나 이 두 가지를 혼합하여 구조화를 할 수도 있다. 기능에 따른 구조화는 하위 조직의 기능에 따라 분업하는 방식이다. 과거 장애인복지관에서 했던 상담지도팀, 의료재활팀, 교육재활팀, 사회심리재활팀, 직업재활팀과 같은 구조화가 그 예라고 할 수 있다. 또 다른 예로 복지 1과(사례관리, 서비스제공, 지역조직), 복지 2과(교육복지, 의료복지, 참사랑아동발달센터), 운영지원과(재무행정팀, 시설관리팀)로 구조화하는 종합사회복지관을 들 수 있다. 반면에 대상에 따른 구조화는 주요 대상 집단별로(아동부, 청소년부, 어머니부, 노인부 등) 분업하는 방식이다. 예를 들어 아동기, 청소년기, 성인기, 노년기 등 생애주기별 팀제를 사용하는 장애인복지관은 대상에 따른 구조화라고 할 수 있다. 이와 같이 기능에 따른 구조화 또는 대상에 따른 구조화는 각각이 갖고 있는 장 · 단점이 있다. 이에 따라 대부분의 사회복지조직에서는 두 가지 구조화 방식을 모두 활용한다. 그 예로 한 장애인복지관에서는 아동발달팀, 직업개발팀, 능력개발팀, 지역사랑팀, 나눔연계팀, 혁신기획팀, 창의운영팀, 자세유지기구센터, 보조기구센터, 활동보조교육센터, 주간보호센터, 베이커리로 구조화하여 기능에 따른 구조화를 주로 하면서도 아동이라는 대상을 별도로 나눈 구조화를 택하고 있다. 또 다른 종합사회복지관에서도 복지 1팀 사례관리팀(사례관리사업, 재가복지사업, 가족기능 강화사업), 복지 2팀 지역조직팀(지역조직사업, 푸드마켓), 총무팀(교육문화사업, 아동발달센터), 장애인주간보호사업, 노인복지센터(노인돌봄지원사업)로 두 가지 구조화 방식을 모두 활용하고 있다.

아래 조직도도 기능에 따른 구조화와 대상에 따른 구조화를 모두 활용한 방식이다. 한편, 이 조직도에서는 이사회를 포함하고 있다. 국내 사회복지조직은 대부분 사회복지법인 또는 학교법인, 종교법인, 사단법인 등 법인에서 운영하고 있다. 사회복지법인이란 사회복지사업을 할 목적으로 설립된 법인을 말하며, 사회복지법인은 최고 의사결정 기구로 이사회를 두도록 되어 있다. 이사회는 연간 예산 및 주요 사안에 대한 결정을 하는 역할 외에 시설장을 임명하는 역할을 하도록 되어 있다.

또한, 관장(시설장)이 직접 감독하는 산하기구로 인사위원회와 운영위원회를 두고 있는데, 운영위원회는 사회복지사업법에서 의무적으로 두도록 하고 있는 위원회이다. 즉, 사회복지사업법 제36조에서는 사회복지시설에 시설 운영 계획의 수립·평가에 관

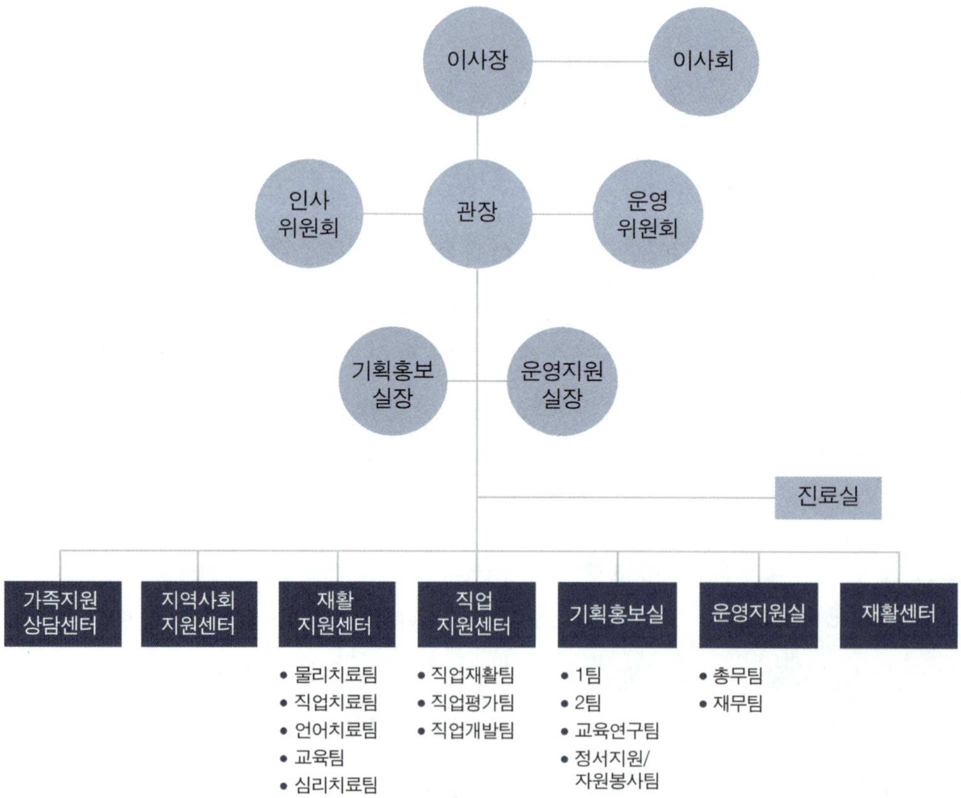

[그림 6-1] 사회복지기관 조직도의 예

한 사항, 사회복지 프로그램의 개발·평가에 관한 사항, 시설 종사자의 근무 환경 개선에 관한 사항, 시설 거주자의 생활 환경 개선 및 고충 처리 등에 관한 사항, 시설 종사자와 거주자의 인권 보호 및 권익 증진에 관한 사항, 시설과 지역사회의 협력에 관한 사항 등을 심의하기 위하여 운영위원회를 두어야 한다고 규정하고 있다.

3. 사회복지조직의 재정 관리

사회복지행정의 또 다른 중요한 주제 중 하나는 재정 관리다. 사회복지조직을 운영하는 데는 다른 모든 조직과 마찬가지로 상당한 자금이 필요하다. 따라서 사회복지조직을 운영하는 행정가는 사회복지조직을 운영하는 데 필요한 자금을 획득하고 이 자금을 효율적으로 사용하여야 한다.

1) 재원의 유형

사회복지조직의 주된 수입원은 조직이 비영리 조직인지 영리 조직인지에 따라 차이가 있지만 대체로 정부 보조금, 정부로부터 받는 서비스 이용요금, 기부금(기업재단, 개인 및 단체, 사회복지공동모금회 등), 개인의 서비스 이용 부담금 및 자체 수익사업 이익금 등이다. 영리 조직의 경우에는 중앙정부 및 지방자치단체, 국민건강보험공단 등으로부터 받는 서비스 이용료가 주된 수입원이다.

정부 보조금 수입은 동일 지역의 동일한 유형의 사회복지시설에 동일한 금액이 지급된다. 지원 주체가 중앙정부인지, 지방자치단체인지에 따라서는 지역 간 차등이 있지만 동일 지역에서는 동일한 규모라면 보조금 수입은 거의 차이가 없다. 따라서 현실적으로 정부 보조금 수입을 획득하기 위한 노력은 개별 기관의 차원에서 이루어지기보다는 단체의 차원에서 이루어진다. 예를 들어 장애인 거주시설 등은 2015년부터 보건복지부의 예산으로 보조금을 지원받기 때문에 시설의 규모에 따라서만 차이가 있을 뿐 지역에 따른 보조금의 차이는 없다. 반면에 장애인복지관, 사회복지관 등에 대한 보조금 지원은 지방자치단체에 의해서 이루어지기 때문에 시설의 규모뿐만 아니라 지역에 따라서 차이가 있지만 동일 지역 내의 동일 유형의 시설이라면 보조금 수입은 동일하다.

중앙정부나 지방정부 외에도 민간의 사회복지공동모금회나 기업의 복지재단에서 사회복지조직에 계약의 형태로 프로그램 비용을 지원하기도 한다. 따라서 각 시·도의 사회복지공동모금회나 기업 복지재단의 홈페이지를 통해서 지원하는 각종 프로그램 지원에 대한 정보를 수집하는 것도 사회복지 행정가의 중요한 업무이다. 공동모금회 및 기업 복지재단의 보조금을 따기 위해서는 프로그램 제안서를 잘 쓰는 기술이 필요하다. 이에 따라 각 사회복지조직에서는 프로그램 제안서를 잘 쓰는 직원들을 확보하고 양성하는 데 많은 노력을 기울이기도 한다.

한편, 지역사회 서비스투자사업, 장애인활동지원사업, 가사간병방문관리사업, 노인장기 요양서비스 등의 사회 서비스바우처사업은 사회 서비스 이용자의 수에 따라 서비스 이용요금을 받게 된다. 따라서 서비스 이용요금 수입을 늘리기 위해서는 사회 서비스 이용자의 수를 늘려야 한다. 이를 위해 타 서비스 제공 기관과 경쟁하기도 하는데, 특히 노인 장기요양 서비스사업은 서비스 제공 기관 간 경쟁이 매우 심한 영역이다.

기부금도 사회복지조직에서 매우 중요한 재정 원천 중 하나다. 사회복지조직에서는 전통적으로 기업, 민간단체 및 개인으로부터 기부금을 모아 조직을 운영하는 데 사용해 왔다. 그러나 최근 기업의 기부 방식에서는 변화를 나타내고 있다. 과거 기업은 구체적인 용도를 지정하지 않고 사회복지조직에 기부금을 제공하였으나 최근에는 특정 용도를 지정하여 기부금을 제공하는 사례가 늘고 있다. 따라서 기업에서는 기부금 형태보다는 기업 복지재단을 통한 보조금의 형태로 사회복지조직을 지원하는 사례가 늘고 있다고 할 수 있다. 또한, 복지재단을 운영할 정도의 규모가 되지 않는 기업들은 사회복지공동모금회를 통해서 기부하는 용도를 지정하는 기부금을 활용하는 경향도 크게 늘었다. 이는 기업들이 개별적으로 사회복지조직에 기부금을 지급하는 경우보다 공동모금회를 통해서 기부하는 경우에 더 많은 세제상의 혜택을 받기 때문이다.

개인을 대상으로 하는 개별 모금은 여전히 개별 사회복지조직이 중요하게 여기는 재원의 출처이다. 일반적으로 많이 활용하는 개별 모금 방법은 사회복지조직의 홍보물을 우편으로 보내는 직접 메일(Direct Mail) 방식이다. DM의 성공률은 상당히 낮아서 5%도 되지 않는 경우가 흔하다. 또한, 이메일을 활용하여 기관의 홍보물을 보내기도 한다. 홍보물에는 기관이 기부금으로 운영하는 사업이나 기부자의 호응이 높은 사업의 내용을 담는다. 이와 함께 기부자 명단과 함께 기관의 예산 내용도 포함시킨다.

2) 예산의 개념과 예산 양식의 유형

사회복지조직은 보조금, 서비스 이용료, 기부금 등으로 획득한 자금을 활용하여 조직의 운영을 위해 자금을 사용하는 계획에 해당하는 예산을 작성한다. 예산은 한 조직의 세입, 세출, 활동, 그리고 목적에 관한 정보 등 재정 상황을 표시한 문서로서 일정 기간 동안의 목적과 관련된 사업의 달성을 위한 계획이라고 할 수 있다(이봉주 외, 2012).

예산 양식의 유형에는 품목별 예산, 성과주의 예산, 프로그램 기획 예산 등 다양한 예산 양식이 있으나 가장 기본적이고 자주 사용되는 예산 양식은 품목별 예산이다. 아래 그림은 품목별 예산의 예이다. 이 예산은 구입하고자 하는 물품 또는 서비스 별로 예산을 편성하는 방식으로, 이용하기 간편하고 지출을 통제하기 쉽기 때문에 가장 널리 사용된다. 그러나 품목별 예산은 프로그램의 성과, 산출에 대한 정보를 제공하지 못하여 예산 증가 또는 감소를 위한 합리적 근거를 제시하지 못한다는 단점이 있다. 이에 따라 수행하는 업무와 그 업무의 성과에 대한 평가를 근거로 예산을 편성하는 성과주의 예산을 함께 활용하는 경우도 증가하고 있다.

[표 6-1] 장애인 주간보호시설의 품목별 예산의 예 (단위 : 원)

관	항	목	전년도 예상액	당해연도 예산액	증감액
사업비			38,034,786	42,667,440	4,632,654
	운영비		12,534,786	13,370,000	835,214
		생계비	9,240,000	9,240,000	0
		수용기관경비	1,800,000	1,630,000	(170,000)
		의료비	100,000	100,000	0
		특별급식비	1,034,786	1,680,00	645,214
		연료비	360,000	720,000	360,000
	사업비		25,500,000	29,297,440	3,797,440
		사회심리재활사업비	4,000,000	5,895,240	1,895,240
		교육재활사업비	9,000,000	8,967,500	(32,500)
		직업재활사업비	1,000,000	1,642,200	642,200
		프로그램사업비	11,500,000	12,792,500	1,292,500

성과주의 예산은 목표를 설정하고 성과를 평가하여 이를 예산 편성에 반영하려는 예산 양식이다. 성과주의 예산에서는 성과의 평가 기준을 무엇으로 할 것인지 명확히 해야 한다. 또한, 투입과 성과 간의 비교를 위해 투입에 해당하는 프로그램의 비용을 정확히 계산해야 한다. 아래 표는 서울시의 성과 관리 예산의 예이다.

[표 6-2] 서울시의 성과 관리 예산

성과 목표	성과 지표	2011	2012	2013	예산		
					2012	2011	증감
전략목표 3 : 장애인 자립생활 기반 조성					(X 104,122) 452,423	(X 106,625) 421,551	(X △2,503) 20,672
성과목표 3-1 : 장애인 편의시설 확충으로 이동편의 증진					9,674	8,200	1,674
	- 장애인 편의시설 설치율	86.5%	88%	89%			
성과목표 3-2 : 장애인 자립지원 및 복지시설 운영으로 자립생활 기반 조성					(X 101,490) 402,599	(X 104,142) 389,383	(X △2,652) 13,215
	- 중증장애인 활동보조지원 장애인 수	87,000명	95,000명	105,000명			
	- 저소득 장애인 생활안정지원 장애인 수	97,000명	102,00명	105,000명			
성과목표 3-3 : 장애인 취업지원 및 단체지원으로 사회참여 기회 제공					(X 2,632) 29,950	(X 2,489) 23,968	(X 149) 5,982
	- 공공분야 장애인 일자리 창출 수	4,500명	5,000명	5,500명			
전략목표 4 : 사회취약계층 보호 및 자활지원 강화					(X 52,302) 119,430	(X 49,595) 107,411	(X 2,707) 12,019
성과목표 4-1 : 노숙인 보호 및 자활지원 자활지원 강화					(X 2,644) 42,950	(X 2,417) 37,469	(X 228) 5,481
	- 노숙인 쉼터 확충 개소수	3개소	1개소	1개소			
	- 노숙인 일자리 제공률	70%	70%	71%			
성과목표 4-2 : 자활지원사업 내실화로 자립 능력 제고					(X 49,658) 76,480	(X 47,178) 69,942	(X 2,480) 6,538
	- 희망의 인문학 강좌 참여 인원	2,000명	1,000명	1,000명			
	- 자활공동체 확충	163개소	170개소	180개소			

사회복지조직에서는 다음 연도의 재정 자원의 획득 가능성과 사업 계획을 바탕으로 일반적으로 품목별 예산과 성과주의 예산을 활용하여 예산안을 마련하고 이사회의 승인을 받아 예산을 확정한다. 그러나 민간의 사회복지조직이라고 해도 정부의 보조금 등 지원을 받는 경우에는 사회복지법인 재무·회계 규칙 등 관련 법규에 따라 예산안을 마련해야 한다. 그리고 확정된 예산을 바탕으로 예산을 집행하게 된다.

사회복지조직에서 예산을 집행한 후에는 반드시 결산을 실시해야 한다. 결산은 한 회계연도에서 발생한 모든 수입과 지출을 최종적으로 정산하는 절차이다. 민간사회복지시설에서는 시설장이 세입·세출의 결산 보고서를 작성하여 법인의 이사회에 보고하여 승인을 받는다. 사회복지법인의 대표이사는 법인회계와 시설회계의 세입·세출 결산 보고서를 작성하여 이사회의 의결을 거쳐 다음 연도 3월 31일까지 시장·군수·구청장에게 제출해야 한다.

4. 사회복지조직의 인력 관리와 능력 개발

1) 인력의 채용

사회복지조직은 사회복지서비스, 대인사회 서비스라는 협의의 사회 서비스를 제공하는 기관이다. 그런데 사회 서비스는 대인적 성격을 특징으로 하여 사람이 제공하는 서비스이다. 따라서 사회 서비스를 전달하는 사회복지조직에서 서비스를 제공하는 인력의 관리는 가장 중요한 요소라고 할 수 있다.

인력을 관리하는 첫 번째 과정은 직무분석이다. 즉 사회복지조직에서 각 직원이 무엇을 해야 하는지를 분석하는 일이다. 가령 장애인복지관의 초기 상담사는 어떤 일을 해야 하는가? 초기 상담사는 이용자가 처음 복지관을 찾아오면 이용자의 욕구를 파악하여 서비스를 제공하기 위해 다른 전문가에게 심리, 교육, 직업 등 필요한 다양한 진단을 요청하고, 그 결과를 활용하여 이용자와의 합의를 거쳐서 개별 재활계획을 수립하고, 재활계획에 따라 필요한 서비스를 제공받을 수 있도록 서비스를 의뢰하는 역할을 한다. 따라서 이 직무는 접수, 자료 수집, 사정, 지원계획 수립, 서비스 의뢰로 나누어 볼 수 있다. 그리고 접수에는 라포 형성, 문제 확인, 관계 형성의 일을 하게 된다. 또한, 자료 수집에서는 이용자와 면접, 설문지 사용, 이용자의 비언어적 행동 관찰을 활용한다. 사정에서는 문제의 발견, 정보의 발견, 문제 형성이라는 작업을 포함한다. 또한, 지원계획 수립에서는 판정회의(재활계획회의), 목표 수립, 계획 수립이라는 작업을 포함한다. 마지막으로 서비스 의뢰는 이용자와 합의(계약), 서비스 의뢰, 평가의 작업을 포함한다(송근창, 2007). 이와 같은 직무분석을 통해서 사회복지조직에서는 특정한 능력과 기술을 가진 직원이 몇 명이나 필요한지 파악하게 된다.

직무분석 후에는 직원들을 채용하게 되는데, 채용은 모집과 선발로 나눌 수 있다. 모집은 조직이 적당한 자격 요건을 갖춘 지원자를 확보하는 과정이다. 모집을 위해서는 직무분석을 통하여 얻은 직무에 대한 정보를 요약하는 직무기술(job description)이 필요하다. 이 직무기술을 바탕으로 모집 공고를 하는데, 대부분의 사회복지시설은 각 기관의 홈페이지 및 한국사회복지사협회 홈페이지(welfare.net)를 통해서 모집 공고를 하고 있다. 모집 공고에는 일반적으로 직종, 채용 형태, 자격 요건, 준비 서류, 접수 기간 및 근무 시작일 등을 포함한다. 아래는 한국사회복지사협회 홈페이지에 게시된 구인정보의 예이다.

[표 6-3] 채용공고의 예

▪ 형태	정규직
▪ 직종	사회복지사
▪ 근무 지역	경기
▪ 모집 인원	1명
▪ 자격 요건	1. 채용인원 및 분야 모집분야-가족문화지원팀 업무내용-장애인 가족 지원/평생교육프로그램 계획 및 운영 모집인원-정규직(담당)1명 2. 응시자격사항 -신입 및 사회복지실 근무경력 2년 이하 사회복지사 -사회복지학 관련 졸업자 -사회복지사 자격증 소지자 -1종 보통 운전면허 소지자 (실제 운전가능자) *수습기간-3개월
▪ 준비 서류	1. 응시 제출 서류 및 제출방법 - 입사지원서 및 자기소개서 (*입사지원서는 첨부된 양식으로 작성하여야하며 타양식사용 시 서류심사 대상에서 제외 됩니다.) - 제출방법 : 이메일 ㅇㅇㅇㅇ@daum.net) 및 방문접수 (*마감일 18:00 도착분에 한함)
▪ 접수 기간	2015-12-05~2015-12-20
▪ 접수 방법	이메일 접수
▪ 근무 기간	2016-01-01~
▪ 급여	면접 후 결정

모집 공고를 통해서 지원자들이 지원 서류를 접수하게 되면 자격 요건을 갖춘 지원자들 중에서 채용할 사람을 선발해야 한다. 선발 과정을 통해서 조직에서는 조직의 문화, 가치관 등 조직에 대한 정보와 직무에 대한 정보를 제공하여 지원자가 조직을 충분히 파악하고, 지원자로부터는 지원자가 갖고 있는 가치, 기술, 잠재력 등에 관한 정보를 얻게 된다.

선발의 첫 번째 과정은 지원서, 이력서 및 자기소개서 등 지원 서류를 검토하는 과정이다. 이 과정을 위해서 사회복지조직에서는 일반적으로 인사위원회를 구성하며, 인사위원회에는 기관장, 부서장 등이 참여한다. 추천서는 중요한 지원 서류 중 하나이며, 특히 경력직 지원자의 경우에 이전 직장의 슈퍼바이저의 추천서는 지원자의 적성, 능력 등에 대해 많은 정보를 제공할 수 있다. 신입 직원의 지원 서류에도 여전히 추천서를 포함시키는 사회복지조직도 있지만 최근에는 점차 줄어들고 있는 경향이다. 이는 학교를 갓 졸업한 지원자의 경우 대부분 학교의 지도교수가 추천서를 쓰게 되는데, 지원자의 적성이나 능력과 관계없이 지원자의 능력을 실제보다 높게 평가하여 써주는 경우가 많기 때문이다. 그러나 이때도 구체적인 일화를 통해 지원자의 적성이나 능력을 평가할 수 있는 추천서를 써주면 사회복지조직에서 해당 지원자를 긍정적으로 보게 될 가능성이 높아진다.

사회복지조직의 직원 선발 과정에서 가장 중요하고 많이 쓰이는 과정이 면접이다. 사회복지 공무원이나 국민연금공단, 국민건강보험공단과 같은 공공기관은 먼저 필기시험을 보고, 그 시험을 통과한 지원자만을 대상으로 면접을 실시한다. 면접은 면접위원들이 지원자를 직접 면대면 질의응답하면서 지원자를 평가하는 방법으로 지원자에 대한 정보를 얻을 수 있는 방법이다. 또한, 면접은 지원자가 조직에 대한 정보를 얻을 수 있는 과정으로, 지원자가 기관 및 시설의 홈페이지 등을 통해서 수집한 정보 외에 추가 정보를 얻을 수 있는 좋은 기회이기도 하다.

면접은 직원을 채용하는 데 가장 빈번하게 사용되는 방법이기도 하지만 문제점도 많다. 가장 대표적인 문제는 면접과정에서 면접위원이 가질 수 있는 편견이다. 세심한 주의를 기울이지 않으면 면접 위원은 업무 관련 능력이나 적성과 관계없는 요인들의 영향으로 지원자에 대한 편견을 갖게 될 수 있다. 편견을 갖게 되는 원인으로는 지원자의 첫인상에 따른 호감이나 비호감, 학연이나 지연과 같은 면접위원과 같은 배경의 유무 등을 들 수 있다(이봉주 외, 2012). 따라서 면접위원들은 편견을 갖지 않도록 주의하면서 지원자들이 갖고 있는 잠재력과 해당 조직과의 정합성을 평가하도록 유의해야 한다.

직원을 채용하면 일반적으로 신입 직원이 기관에 빨리 적응할 수 있도록 오리엔테이션을 갖고 기관의 조직, 규정 등을 설명하는 시간을 갖는다. 또한, 신입 직원이 자신의 업무를 수행하면서 업무를 익히게 되는데, 이와 같이 업무를 익히는 수습 기간을 보통 3~6개월 갖게 된다.

2) 직무수행평가와 승진

다른 모든 조직과 마찬가지로 사회복지조직도 직원의 업무 성과를 평가하는 직무수행평가를 실시한다. 직무수행평가는 직원들의 업무 성과를 정당하고 공평하게 평가함으로써 전체 조직의 효과성과 효율성을 높이는 데 중요한 영향을 미친다. 직무수행평가는 다양한 방법으로 이루어진다. 가장 빈번하게 쓰이는 직무수행평가의 방법은 목표관리방식(management by objectives)으로, 기관의 프로그램과 활동에 목표치를 부여하고 그에 따라 기관을 운영하는 방식이다. 이 방식에서는 프로그램 별로 목표를 설정하고, 프로그램의 세부 과제마다 각 세부 과제를 담당하는 직원이 달성할 목표를 설정하여, 이 목표 대비 실제 업무수행 실적을 비교해서 평가한다(이봉주 외, 2012).

승진은 직원들이 한 기관 내에서 장기적으로 근무하는 데 필요한 중요한 과정이며, 직원에 대한 직무수행평가는 승진을 위해 반드시 필요한 준비 단계라고 할 수 있다. 대부분의 직원들이 직무수행평가의 기준에 대해 동의한다면 평가의 결과로 나타나는 승진에 대해서 직원들의 불만이 별로 없을 것이다. 반대로 직무수행평가의 기준에 많은 직원들이 동의하지 않거나 평가의 결과와는 일치하지 않는 승진이 된다면 직원들의 불만은 상당히 커질 수 있다.

3) 능력 개발과 슈퍼 비전

직원에 대한 인력 관리에 있어서 중요한 또 다른 측면은 능력 개발이다. 우수한 직원들을 처음부터 잘 선발해서 조직의 성과를 높일 수도 있지만 모든 채용 과정에서 이미 우수한 능력을 갖춘 직원들을 선발하기는 거의 불가능한 일이다. 또한 아무리 우수한 직원이라고 하더라도 동기부여가 되지 않는다면 전체 사회복지조직의 효과성과 효율성을 높이기는 극히 어려운 일이다.

사회복지조직의 직원 개발이란 사회복지사의 지식을 늘리고, 전문적 태도를 심화시키며, 이용자와 함께 일하고 이용자를 돕기 위한 기술과 능력을 증진시키려는 목적으로 수행하는 다양한 활동과 학습 경험이다. 사회복지 분야에서는 매년 많은 양의 연구가 각종 관련 학회의 학술지 논문과 학술대회 논문을 통해서 새롭게 발표되고, 관련 연구기관에서도 다양한 연구보고서를 통해 사회복지기관 및 시설의 이용자에게 더 나은 사회복지서비스를 제공할 수 있는 다양한 방법을 제시하고 있다. 따라서 사회복지조직에서는 직원들이 최신 정보에 접할 수 있도록 기회를 제공하여 직원들이 최신의 지식을 갖고 이용자에게 최선의 방법으로 서비스를 제공할 수 있도록 하는 것이 중요하다.

사회복지조직에서 사용하는 직원 개발의 방법으로는 강의, 보수 교육, 사례 발표 등을 들 수 있다. 첫째, 강의는 사회복지조직에서 직원개발에 활용하는 가장 일반적인 방법이다. 주로 외부 강사를 초청하여 다양한 주제에 대한 강의를 요청하여 새로운 정보에 접한다. 사회의 요구에 따라 강의 주제도 다양하게 바뀌는데, 2000년대 초에는 사회복지시설평가제도의 실시와 함께 사회복지시설평가의 목적, 평가 지표의 내용과 의미 등이 중요한 주제였다. 공동모금회 및 민간복지재단의 사회복지조직에 대한 지원이 프로그램 지원 방식으로 바뀌면서는 프로포절 작성법에 대한 강의 요청도 많았다. 그 이후에는 관련 사회복지정책의 변화에 대한 관심도 많이 늘어서 그에 대한 주제로 특강이 많이 이루어졌다. 또한, 영화 〈도가니〉의 상영 이후에는 이용자의 인권을 주제로 한 특강도 많이 있었다.

둘째, 보수교육은 기관 외부에서 제공되는 직원개발의 기회로, 대부분 각종 사회복지기관 및 시설 협회 및 사회복지 분야 학술단체 등이 제공한다. 뿐만 아니라 정부 산하기관들도 사회복지조직의 직원들에게 보수교육을 제공하는데, 한국보건복지인력개발원은 대표적인 기관이다. 많은 경우에 사회복지기관 및 시설의 직원에 대한 보수교육은 연간 일정 시간(8시간 내외) 이상 의무로 실시하도록 하고 있다. 또한, 많은 사회복지기관 및 시설에서는 보수 교육에 참여했던 직원이 보수 교육을 받은 후에 보수

교육에 참여하지 않았던 직원들을 대상으로 전달 교육을 실시하도록 하고 있다. 전달 교육은 재정 및 시간상의 제약으로 많은 직원이 보수 교육에 직접 참여하지 못하는 상황에서 효과적인 직원 개발의 기회가 될 수 있다.

셋째, 사례 발표는 기관 내부 직원들이 쟁점의 대상이 되는 사례를 설명하여 다른 직원들에게 일반적이지 않은 상황에 대해 토론의 기회를 제공한다. 사례 발표는 사회복지사들의 사례를 통해서 인간에 대한 이해력을 높이고 이용자의 문제를 해결할 수 있는 능력을 개선할 수 있다. 사회복지기관 및 시설에서 정기적으로 실시하는 사례 회의는 사례 발표의 가장 일반적인 예이며, 슈퍼바이저를 포함한 여러 직원이 참여하여 서로의 의견을 교환하고 직원들의 개별 이용자에 대한 이해와 개입 방법에 대한 지식을 높일 수 있다. 때로는 관련 학과의 교수들이 사례 회의에 참여하기도 하며, 또한 다른 사회복지기관 및 시설의 직원이 참여하기도 한다.

슈퍼비전은 사회복지조직에서 매우 중요한 능력 개발 방법이다. 신입 사회복지사는 물론이거니와 경험이 상당히 있는 사회복지사도 자신보다 경험이 많은 선임 사회복지사들로부터 많은 지식과 기술을 배운다. 개별 이용자나 집단에게 서비스를 제공하면서 쉽게 해결되지 않는 문제에 대해 사회복지사는 선임 사회복지사의 제안을 받아서 새로운 시각으로 문제를 바라보거나 새로운 접근 방법을 실시하여 문제를 해결한다. 슈퍼비전은 업무를 효율적·효과적으로 수행하기 위해 사회복지사가 자신의 지식과 기술을 사용하도록 돕는 과정이다.

카두신(Kadushin)은 행정적 슈퍼비전, 교육적 슈퍼비전, 지지적 슈퍼비전의 세 가지 슈퍼비전 요소를 제시하였다. 첫째, 행정적 슈퍼비전은 사회복지사가 기관의 규정과 절차를 정확하고 적절하게 실행하는지 확인하는 것이다. 슈퍼바이저는 사회복지사의 업무를 감독하는 권한을 기관으로부터 부여받아 이를 행사한다. 때로 사회복지사가 기관의 규정과 절차에 어긋나는 실천을 한다면 이를 바로 잡는다. 둘째, 교육적 슈퍼비전은 직원 개발, 훈련 및 교육, 개별 프로그램 및 집단 프로그램에 대한 사례 회의 등을 이용하여 사회복지사가 자신의 잠재성을 완전히 실현하도록 개발하도록 하는 것이다. 특히 사례 회의는 교육적 슈퍼비전을 제공하는 중요한 기회로, 이를 적절하게 활용하는 것은 당면한 프로그램의 문제를 해결할 수 있을 뿐 아니라 장기적으로 사회복지사가 적절한 지식, 기술 및 태도를 갖도록 해준다. 셋째, 지지적 슈퍼비전은 사회복지사가 업무 성과에 방해가 되는 업무 스트레스를 줄여서 업무 성과를 높이도록 하는 것이다. 슈퍼바이저는 사회복지사가 스트레스를 해소하도록 지원하고 격려하며, 사회복지사에게 안정감을 주도록 한다. 지지적 슈퍼비전이 제대로 제공되지 않으면 사회복지사는 소진을 나타낼 가능성이 높아진다. 슈퍼바이저는 필요한 경우에는 사회복지사의 실패를 용인하기도 함으로써 사회복지사에 대한 신뢰를 나타낸다.

5. 리더십

사회복지조직을 둘러싼 환경은 급변하고 있다. 각종 바우처 제도를 통한 시장화 정책은 사회복지조직이 시장 경쟁에 참여하게 만드는 압력을 가하고 있다. 사회복지조직의 경쟁자는 영리를 목적으로 하는 기업뿐만이 아니라 사회적 기업, 사회적 협동조합 등의 사회적 경제 주체들도 있다. 더 이상 사회복지조직은 정부의 보조금을 지원받으며 큰 변화 없이 유지되기 어려운 상황에 직면하고 있다. 이런 상황에서 사회복지조직이 제대로 대응하여 살아남기 위해서는 리더십이 매우 중요한 핵심 요소이다.

1) 리더십의 유형

(1) 블레이크와 무톤의 리더십 유형

블레이크와 무톤(Blake and Mouton)은 결과에 대한 관심과 인간에 대한 관심이라는 두 가지 차원에서 팀관리형 리더십, 사교관리형 리더십, 권위복종관리형 리더십, 중도관리형 리더십 및 무능관리형 리더십의 5가지 리더십 유형을 제시하였다.

먼저 팀관리형 리더십은 지도자와 직원들의 관계를 신뢰와 존경의 관계, 가장 효과적인 관계로 만드는, 이상적이며 지도자가 추구해야 하는 리더십이다. 팀관리형에서는 인간에 대한 관심과 결과에 대한 관심은 상호 보완적으로, 헌신과 상호 책임성을 구축하여 생산성을 향상시킬 수 있다고 보았다. 둘째, 사교관리형 리더십은 인간에 대한 관심은 높으나 결과에 대한 관심은 낮은 리더십이다. 이 유형의 리더는 인간관계를 만족시키는 데 관심을 두고 있기 때문에 직원에 대한 관심이 높아서, 때로 과업을 희생하면서도 직원의 보호와 사기 진작을 위한 지지를 제공하는 데 관심을 둔다. 셋째, 권위복종관리형 리더십은 결과에 대한 관심은 높으나 인간에 대한 관심은 낮은 리더십이다. 이 유형의 지도자는 인적 요인의 방해를 최소화하도록 업무를 배치하여 효율성을 향상시키고자 한다. 넷째, 중도관리형 리더십은 인간에 대한 관심과 결과에 대한 관심이 모두 중간 정도인 리더십 유형이다. 이 유형에서는 직원들의 사기를 만족스러운 수준으로 유지시키면서 업무 수행의 필요성과 균형을 유지하는 데 관심을 갖는다. 다섯째, 무능관리형 리더십은 인간에 대한 관심과 결과에 대한 관심이 모두 낮은 리더십 유형이다. 이 유형은 필요한 업무를 수행하기 위해 최소한의 노력을 수행하는 것이 조직 구성원을 유지하는 데 적합하다고 본다(이봉주 외, 2012). 이상적으로는 팀관리형 리더십이 최선의 리더십 유형이겠지만, 현실적으로 팀관리형 리더십을 발휘하는 것은 매우 어렵다. 또한, 적합한 리더십 유형은 리더십을 발휘하는 상황에 따라 다르다는 비판도 있다.

(2) 허쉬와 블랜차드의 리더십 유형

허쉬와 블랜차드(Hersey and Blanchard)는 상황에 따라 리더십 유형이 달라진다고 주장하면서 지도자의 행동 차원을 과업행동과 관계행동으로 구분하여, 과업행동과 관계행동의 두 축으로 네 가지 리더십 유형을 제시하였다.

첫째, 명령형 리더십은 높은 수준의 과업행동과 낮은 수준의 관계행동을 보이는 매우 지시적인 리더십으로, 하급자들이 능력도 없고 의지나 자신감도 부족한 상황에서 리더의 지시와 감독이 가장 적합한 방법이라고 본다. 따라서 혁신이 필요한 조직이 외부에서 관리자를 영입한 경우에 나타나기 쉬운 리더십이라고 할 수 있다. 둘째, 설득형 리더십은 높은 수준의 과업행동과 높은 수준의 관계행동을 보이는 리더십으로, 하급자가 리더의 지시를 받기도 하지만 의사 결정 전에 하급자를 참여시키는 유형이다. 셋째, 참여형 리더십은 낮은 수준의 과업행동과 높은 수준의 관계행동을 나타내는 리더십으로, 충고나 정보를 활용해 직원들의 수준을 향상시키고 직원들의 성장을 유도한다. 이 유형의 리더십은 하급자들이 능력은 있으나 의지가 부족한 상황에 적합하다. 넷째, 위임형 리더십은 낮은 수준의 과업행동과 낮은 수준의 관계행동을 나타낸다. 하급자들은 능력과 의지 차원에서 완전히 성숙한 단계에 있어서 최소한의 지시만을 받고 지도자의 간섭을 배제한다. 이 상황에서 리더는 통제권을 하급자에게 위임하고 하급자의 자신감과 자율성을 유지·향상시켜서 과업행동에 대한 개입을 최소화할 수 있다(이봉주 외, 2012). 위임형 리더십을 발휘할 수 있는 상황에서 리더는 외부 연계 활동을 더 활발히 할 수 있는 여건을 마련하게 된다.

(3) 번즈의 리더십 유형

번즈(Burns)는 기존의 리더십을 거래적 리더십이라고 부르면서 새로운 리더십으로 변혁적 리더십을 제시하였다. 거래적 리더십은 리더와 직원이 공동 목표를 가질 필요는 없으며, 오히려 다양한 이익을 인정하는 리더십이다. 리더십 과정은 서로를 보완하는 목적을 추구하는 거래이며, 본질적으로 지도자와 추종자 간의 교환 관계이다. 따라서 전통적인 거래적 리더십은 명령의 유형으로 지시를 한다. 반면에 변혁적 리더십은 리더와 직원이 서로의 업무 동기와 사기를 더 높은 수준으로 끌어올리고자 관계를 형성할 때 나타난다. 새로운 변혁적 리더십은 판매 유형으로, 리더가 자신의 시각을 받아들이도록 직원을 설득한다.

2) 사회복지조직의 새로운 리더십

다양한 리더십의 유형에서 사회복지조직에서는 어떤 리더십이 필요할까? 공유 리더십(shared leadership)은 사회복지조직의 리더십으로서 새로운 가능성을 제시한다.

도일과 스미스(Doyle and Smith)는 지도자가 한 명이 아니라 원하는 것을 성취하고자 함께 일하는 집단일 수 있으며, 이때 지도력을 발휘하는 것은 사람이 아니라 이상과 생각이라고 보았다. 여기에서 중요한 것은 구성원들의 행동으로, 구성원들의 행동이 집단과 집단 구성원이 활동하고 성취할 수 있도록 돕느냐 하는 것이다. 그렇게 이끄는 행동을 공유 리더십이라고 할 수 있으며, 집단 구성원 중 누구라도 공유 리더십을 발휘할 수 있다. 리더십은 명확한 비전을 갖고 있는 한 개인에게 있다기보다는 리더십을 만드는 과정에서 함께 일하는 집단 구성원의 역량에 있다.

가스틸(Gastil)에 따르면 공유 리더십을 발전시키기 위해 주인의식, 학습, 공유의 세 가지 측면에 관심을 기울여야 한다. 첫째, 주인의식(ownership)을 장려해야 한다. 구성원들이 함께 하고 참여하는 기회를 제공하여 문제와 쟁점을 모든 구성원의 책임으로 만들어야 한다. 많은 사람이 특정 쟁점이나 문제를 자신의 쟁점이나 문제로 여기고 대응 방법을 생각할수록 직접 행동하고 일을 수행할 가능성이 커진다. 집단 구성원들이 어떤 문제를 자신의 문제로 인식하는 주인의식을 갖게 되면 자신의 책임이 된다. 둘째, 학습(learning)을 장려해야 한다. 학습은 구성원들이 진행되고 있는 상황을 공유하고 이해하여 기여할 수 있게 하는 데 필요하다. 구성원들이 최선을 다해 행동하려면 정보를 제공받아야 한다. 집단 구성원들은 자신들에게 다가올 상황과 가능성을 잘 알고서 행동해야 한다. 구성원들은 자신을 깊이 이해하고 발전시켜서 다른 사람들과 공유할 필요가 있다. 셋째, 공유(sharing)를 장려해야 한다. 공유에서는 공개적인 대화, 존중하는 대화, 충분한 정보가 제공되는 대화가 중요하다. 주인의식을 퍼뜨리고 학습을 고양시키기 위해 집단 구성원의 생각과 감정을 함께 나누는 공개적이고 생산적인 방법을 개발해야 한다. 공유의 장려는 더 나은 결정을 할 수 있게 해줄 뿐만 아니라 다른 사람들과 대화하고 함께 있게 해준다. 공유를 통해 자기 자신과 다른 사람들에 대해 배울 수 있고, 자신의 위치를 찾게 해준다. 공유는 사람들을 참여시키는 대화, 이해를 깊게 해주는 대화, 올바른 판단과 결정을 내리도록 도와주는 대화를 발전시키는 것을 의미한다.

공유 리더십이 강조하고 있는 측면들은 사회복지조직에서 추구하는 지향성과 일치도가 매우 높다. 따라서 공유 리더십은 사회복지조직이 앞으로 추구해야 할 리더십 유형이 될 수 있을 것으로 기대된다.

6. 사회복지조직 환경의 변화

1) 사회복지조직의 성과 관리

사회복지 분야의 평가는 이제 단순한 시설 평가와 프로그램 평가를 넘어서서 조직의 전반적 성과에 대한 성과 관리 접근으로 영역이 확대되면서 조직 전체의 효과성에 대한 관심이 증가하고 있다. 그간 사회복지 행정가들은 직원들이 열심히 일하면 높은 성과를 올릴 수 있다고 생각했지만 그것만으로 항상 원했던 결과가 나오는 것은 아니다.

성과 관리는 사회복지조직의 평가에서 관심을 끌고 있는 경영 기법으로, 효과적이며 효율적인 방법으로 목표를 지속적으로 달성하고 있는지 여부를 확인하기 위한 활동을 말한다. 성과 관리는 전체 조직과 부서, 업무 과정, 각종 프로그램, 내부와 외부의 소비자를 위한 서비스, 그리고 직원 등에 적용할 수 있다. 성과의 수준을 분류하면, 조직의 성과, 과정의 성과, 개인의 성과라는 세 가지 수준으로 구분할 수 있다.

또한, 성과 관리는 수직과 수평의 두 가지 면에서 통합할 필요가 있다. 첫째, 수직적으로 부서와 개인의 목표를 통합한다. 둘째, 수평적으로 직원 관리와 개발에 대해 일관성 있게 접근하기 위해 여러 부서에 걸쳐 있는 활동의 다양한 측면을 연결시킨다(이봉주 외, 2012).

성과 관리의 과정은 순환 과정으로 기획, 검토, 성과 사정으로 구성된다. 먼저 기획 과정에서는 전체 조직 구성원의 기대를 파악하여 성과 목표를 개발하고자 한다. 성과 목표는 각 부서와 직원들이 성취해야 하는 결과이며, 이를 각 부서와 직원들이 정확히 알 수 있도록 수립해야 한다. 성과 목표는 직원 및 부서의 업무와 조직의 전체 목표가 직접 연결될 수 있도록 제시되어야 하며, 직원들이 상호 합의해야 한다. 성과목표가 정해지면 성과 목표의 달성 여부 및 달성 정도를 파악할 수 있는 지표가 필요하다. 실제 평가에서 사용할 수 있는 적절한 지표를 찾는 일은 사실 성과 관리 과정에서 가장 어려운 일 중 하나이다. 둘째, 검토(check-in) 과정은 지속적 관찰과 피드백을 실행하는 과정이다. 피드백은 결과물 달성 정도에 대한 정보로서, 시의적절하게 실제로 활용할 수 있게 이루어져야 한다. 셋째, 성과 사정에서는 관리자가 지금까지의 성과에 대해 직원들과 의견을 나누고 직무만족도를 평가하며, 다음의 성과에 대한 계획을 세우게 한다. 성과 사정에서는 각 부서와 직원들이 기여한 정도를 정리하여, 예상 결과물, 성과 수준, 결과물의 달성 정도, 성과를 보여주는 예, 성과를 개선하기 위한 제언, 이 제언을 구체적으로 실행하는 방법 등을 다룬다.

2) 새로운 사회복지조직의 등장 : 도전과 기회

사회 서비스 공급에 대한 재원 방식으로 전통적인 보조금 방식 외에 바우처(교환권) 방식을 활용하게 되면서 사회복지법인이 운영하는 기존의 비영리 조직 외에 영리 조직도 사회 서비스 제공자로서 나타나게 되었다. 지역사회 서비스 투자사업을 시작으로 노인 장기요양 서비스, 장애인 활동지원 서비스 등을 제공하는 기관에는 영리를 목적으로 하는 기업도 사회복지서비스를 제공하는 사회복지조직으로 포함되게 되었다.

정부가 사회복지기관 및 시설에 직접 예산을 지원하여 사회 서비스를 지원하도록 하는 공급자 중심의 보조금 방식과 달리 바우처 방식은 사회 서비스 이용자에게 특정 사회 서비스를 이용하는 데 사용할 수 있는 바우처(일반적으로 전자바우처)를 지급하여 이용자가 서비스 제공자를 선택하도록 하는 수요자 중심의 방식이다.

보조금 방식에서는 사회복지기관 및 시설이 서비스 이용자를 선택하였으나, 전자바우처 방식에서는 사회 서비스 이용자가 서비스 제공자를 선택하게 되면서 다양한 사회 서비스 제공자가 나타나는 사회 서비스의 시장화 현상이 나타나게 되었다. 이로 인해 사회 서비스 제공자 간에 더 많은 사회 서비스 이용자를 끌어들이고자 하는 경쟁이 심화되었다. 특히 노인 장기요양 서비스에서는 서비스 공급자가 부족할 것을 우려했던 정부가 진입 장벽을 크게 완화시키면서 서비스 공급자가 급격히 증가하였고, 사회복지조직은 민간기업과의 경쟁이라는 새로운 상황에 접하고 있다. 그 결과 사회복지 행정가들에게도 조직을 효율적으로 경영하는 능력이 중요해졌다.

반면에 사회복지조직은 또 다른 새로운 유형의 조직인 사회적 기업, 사회적 협동조합에서 새로운 발전의 가능성도 접하고 있는 상황이다. 사회적 기업은 수익을 지향하는 기업 활동과 공공성을 지향하는 비영리 활동을 결합한 사회적 경제 영역의 대표적 활동으로, 이미 사회복지 분야에서도 돌봄서비스 제공 기관 및 장애인직업재활시설 중에서 사회적 기업으로 운영되고 있는 기관·시설이 있다.

유럽에서 사회적 기업은 지역사회에 기여하는 것을 목적으로 주민 주도로 설립하여 다양한 이해 관계자들이 참가하는 참여적 성격을 갖지만 재화나 서비스를 생산하고 판매하는 활동을 지속적으로 수행하면서 상당한 수준의 경제적 위험 부담을 감수하는 등의 기업으로서 특징을 갖고 있는 다양한 조직을 말한다. 그러나 우리나라에서는 '사회적 기업 육성법'에 의해 인증된 기업만이 사회적 기업이라는 명칭을 사용할 수 있다. 이 법에서는 사회적 기업을 '사회적 목적을 추구하고 이를 위해 수익 창출 등 영업 활동을 수행하는 조직'으로 규정하고 있다. 사회적 기업은 이윤을 추구하는 일반기업과 달리 취약계층에게 일자리나 사회 서비스를 제공하는 등 사회적 목적을 추구하는 조직이다.

우리나라에서는 정부의 인증 조건에 맞는 조직만을 사회적 기업으로 인증함으로써 대안 경제활 동으로서 사회적 기업을 제대로 포괄하지 못하고 있다는 비판도 제기되었다(이인재, 2009). 또한, 사회적 기업에 일반 기업도 감당하기 어려운 정책적 요구에 직면해 있다는 비판도 제기되었다. 그럼에도 불구하고 고용노동부의 사회적 기업 지원이 종료된 이후에도 생존한 사회적 기업의 수는 점차 증가하고 있다. 다만 생존한 사회적 기업이 얼마나 '사회적 기업'으로서 사회적 기여를 하고 있는지는 아직 분명하게 입증되지 않은 상태이다. 그럼에도 불구하고 사회적 기업 등의 사회적 경제 영역이 사회복지조직에 새로운 가능성을 제시하였다는 점은 분명하다.

3) 사회적 기업가와 사회적 기업가 정신

사회적 기업이 사회적 경제 영역의 핵심 주체 중 하나로 떠오르면서 사회적 기업을 운영할 수 있는 사회적 기업가의 양성에 대한 관심도 필요하다. 사회적 기업가는 기업을 성공적으로 운영할 수 있으면서도 공공성에 대한 분명한 소양도 갖고 있어야 하기 때문에 현재는 성공적인 사회적 기업가를 찾기가 쉽지 않다. 따라서 앞으로 사회적 기업을 운영할 수 있는 사회적 기업가를 어떻게 양성할 수 있을 것인가는 사회적 경제를 둘러싼 주요 관심사가 될 것이다.

현재 사회적 기업을 운영하는 사회적 기업가 중 일부는 사회복지사들이며, 사회복지 행정가들 중에 사회적 기업가 정신에 관심을 보이는 이들도 있다. 사회적 기업가 정신(social entrepreneurship)은 사회 변화를 실현시키려는 실용적이며 재무적인 혁신(Light, 2006)이라고 한다. 사회적 기업가 정신은 건전한 경영 전략과 기술을 활용하는 사회 변화에 대한 혁신적인 생각이다.

사회복지조직을 운영하는 사회복지 행정가들 중에서 많은 이들이 느끼는 한계는 새로운 혁신적인 프로그램을 시도하기 어렵다는 것이다. 정부 보조금이나 공동모금회 등의 후원금은 정해진 규칙과 규정의 범위 내에서만 지출이 가능하기 때문에 새로운 프로그램을 시도해 보기 어렵다. 따라서 혁신을 추구하고자 하는 사회복지 행정가들 중에는 사회적 기업을 통해서 사회적 기업가 정신을 발휘하고자 하는 행정가들이 있을 가능성이 높다.

다만, 사회적 기업가가 되고자 하는 사회복지 행정가는 두 가지의 사회복지실천 관련 윤리적 문제에 관심을 기울일 필요가 있다(이봉주 외, 2012). 첫째, 서비스 이용자에 대한 헌신이다. 사회적 기업가가 서비스에 대한 시장 수요를 제대로 조사하지 못하면 서비스 이용자는 단기적으로는 서비스를 받을 수 있겠지만, 장기적으로는 잘못된 추정으로 인해 사회적 기업이 문을 닫아 아예 서비스를 못 받게 되는 문제를 야기할 수도 있다. 일반 기업가라면 기업의 파산으로 인해 서비스 이용자에게 서비스를 제공하지 못하더라도 크게 개의치 않겠지만 사회적 기업가는 서비스 이용자에 대한 헌신이 필요하다. 둘째, 서비스에 대한 요금이다. 사회적 기업가로서 사회복지 행정가는 혁신적인 실천에 참여하여 활동하면서 그에 맞는 적절한 보상을 받을 수 있다. 그러나 사회복지 행정가는 서비스 요금을 지불할 수 있는 서비스 이용자뿐만 아니라 서비스 요금을 지불할 수 없는 서비스 이용자에게도 서비스를 제공할 책임이 있다. 사회복지사는 모든 서비스 이용자를 공평하게 대해야 한다. 노인장기요양보험의 서비스이든, 노인돌봄서비스이든, 가사간병방문서비스이든, 이용 단가에 차이가 있더라도 사회복지사는 이용 단가가 낮은 돌봄서비스 이용자에게도 이용 단가가 높은 서비스를 받는 이용자에게 제공하는 서비스와 동일한 서비스를 제공해야 한다.

새로운 도전은 반드시 사회복지 행정가에게만 있는 것은 아니다. 사실 모든 기업, 모든 사회복지조직에서도 새로운 도전은 있을 수밖에 없다. 사회 환경이 변화하면서 사회복지조직은 변화에 수동적으로 적응하면서 그럭저럭 살아남을 수도 있다. 그러나 사회복지조직이 이 변화에서 능동적으로, 적극적으로 대처하면 사회복지조직은 다시 한 번 새로운 도약의 기회를 맞이할 수 있다.

참고문헌

송근창, 〈장애인복지관 사회복지사 직무분석을 위한 연구〉, 한국장애인복지관협회, 2007

이봉주·이선우·백종만, 《사회복지행정론》, 나남출판사, 2012

이인재, 〈한국 사회적 기업의 쟁점과 전망〉, 동향과 전망 75호 : 109~141, 2009

Light, P. C, 〈Reshaping social entrepreneurship〉, Standford Social Innovation Review, 4(3) : 47~51, 2006

s · o · c · i · a · l w · e · l · f · a · r · e

7 사회복지정책

사회복지정책은 '사회복지'와 '정책'이 결합된 용어이다. 사회복지가 무엇인가에 대한 논의는 앞에서 많이 논의되었으므로, 이 장에서는 정책은 무엇인가, 그리고 사회복지정책은 일반 정책과 어떤 점이 다른가, 사회복지정책을 구성하는 지식의 핵심적인 내용은 무엇인가를 중심으로 다루고자 한다.

1. 사회복지정책의 의의

정책은 일반적으로 국가 단위의 행위 혹은 적어도 공공기관의 행위에 관련된 용어로 이해되고 있다. 정부의 ㅇㅇ정책, ㅇㅇ시의 문화 정책 등이 우리가 일반적으로 접하게 되는 정책이라는 용어가 사용되는 사례들이다. 그런데 좀 더 자세히 생각해보면 더 작은 단위의 조직에서도 정책이라는 용어를 사용하는 경우가 있다. '우리 조직의 정책이 올해부터는 다음과 같이 변경되었습니다' '제품 하자보수 정책은 다음과 같습니다' 등 정책이라는 용어는 다양한 단위 조직에서 행위 원칙을 제시할 때 사용될 수 있다. 다만 단위 조직이 소규모이거나 개인 단위일 경우 '정책'이라는 용어보다는 '계획', '정관', '원칙' 등의 용어가 더 자연스럽고 일반적이다.

원론적인 측면에서 정책의 의미는 사회 정책 혹은 사회복지정책을 다루는 교과서들에서 찾아볼 수 있는데, '특정한 목적을 이루기 위해 필요한 행동들에 관한 원칙'(Titmuss, 1979), 지침(guide), 일정한 계획(standing plan)(Kahn, 1979) 등으로 설명한다. 즉, 정책이란 공식적인 '행동 원칙', 기획되고 확정된 '행위 계획' 정도로 이해할 수 있겠다.

사회복지정책은 사회복지와 관련된 조직의 행위원칙 혹은 기획된 행위 계획이라고 할 수 있다. 불특정 다수를 위한, 혹은 사회 구성원 일반을 위한 복지 행위를 기획하거나 행동 원칙을 만들 경우 우리는 사회복지정책이라고 부를 수 있는 것이다. 그런 의미에서 우리는 다양한 조직에서 복지정책을 만들거나 집행하는 경험을 할 기회를 가질 수 있다. 사회복지학을 전공하고 사회복지사로서 사회에 진출하게 된다면, 다양한 복지조직 예컨대, 지역사회복지관, 지역아동센터, 장애인복지관 등에서 복지정책을 수립하거나 수립된 정책을 집행하는 역할을 맡게 될 것이다. 그런데 오늘날 국가의 행위가 국민의 복지에 관련된 사항이 많아짐에 따라 정부의 사회복지정책 혹은 지방정부의 복지정책에 관련된 경우가 더 많다. 일반적으로 사회복지정책이라고 할 때 정부 혹은 공공기관의 사회복지정책을 의미하는 경우가 다반사이다. 그래서 전문 사회복지서비스 제공을 담당하는 사회복지사의 입장에서 사회복지정책은 너무 멀리 떨어진, 직접적으로 관계할 일이 별로 없는 영역으로 느낀다.

사회복지를 전공하는 학생 혹은 사회복지사 자격을 취득하고자 하는 사람들이 사회복지정책을 공부하거나 관련 지식을 쌓아야 하는 이유는 두 가지 측면에서 설명할 수 있다. 첫째는 사회복지정책을 기획하는 위치에서 활동할 수 있기 때문이다. 직접 정책기획가로서 활동할 수 있고, 정책결정에 영향력을 행사하여야 할 위치에 있을 수도 있다. 정부 차원에서 정책 수립에 참여할 수도 있고, 정부의 정책결정에 영향력을 행사하여 복지수급자(이용자, 혹은 클라이언트)를 대변하는 역할을 수행할 수도 있다. 정부 차원의 정책이 아니더라도 사회복지기관에서 복지 제공 계획을 수립하는 역할을 담당할 수도 있다. 그럴 경우 사회복지에 대한 전문적인 능력에 더하여 정책 수립의 원칙과 방법에 대한 기본적인 지식은 필수적이라고 하겠다.

두 번째는 결정된 사회복지정책을 집행하는 역할, 즉 복지정책에 따라 정부나 공공기관이 제공하는 각종 사회복지서비스를 제공하는 역할을 사회복지사들이 담당하기 때문이다. 사회복지사는 사회복지에 대한 전문적인 지식을 갖추고 있지만, 공공복지서비스를 전달하는 일선 담당자로서 특정 복지 정책이 수립된 이유와 기본 원칙에 대한 이해가 없을 경우 부적절한 판단을 할 수도 있다. 특정 복지 정책이 결정된 배경과 그 정책의 기본 정신(목적) 등에 대한 이해도가 높을 경우 일선 서비스 제공자가 판단해야하는 다양한 선택의 지점에서 서비스 수급자(클라이언트)에게 최선의 복지 혜택을 제공할 수 있을 것이다. 또한 사회복지서비스를 전달하는 일선 전문가로서 특정 정책의 문제점과 개선 방안에 대해 가장 좋은 의견 제시자가 될 수도 있다. 즉 정책 집행자로서 바람직한 역할을 수행할 수도 있고, 정책 집행 후의 효과에 대한 평가를 가장 합리적으로 할 수 있으므로 정책 환류(feedback)에 중요한 역할을 할 수도 있는 것이다. 즉 사회복지사로서 사회복지정책과 관련된 지식은 필수적이라고 하겠다.

2. 사회복지정책의 특성

사회복지정책은 타 영역의 공공 정책들 예컨대, 경제정책 국방정책 등과 다른 독특한 특성을 지니고 있다. 물론 사회복지정책이 정부 정책의 의미로 사용될 때는 공공정책의 한 영역이라는 측면에서 공통적인 특징이 더 많다고 할 수 있다. 왜냐하면, 공익과 공공의 복지를 위한 것이라는 점에서 본질적으로 사회복지정책과 공공정책은 여러 가지 측면에서 유사성을 지닐 수밖에 없다. 그런데 우리가 사회복지정책을 이해하는 방법 중의 하나는 공공정책과 구분되는 사회복지정책의 고유한 특성을 분류해내는 것이다. 다음의 5가지 측면, ① 배타성 ② 직접성 ③ 시장성 ④ 일방성 ⑤ 소비성으로 구분하여 사회복지정책의 특성을 논의하면 보다 이해가 쉬울 것이다(송근원 · 김태성, 1995).

1) 배타성

모든 정책들의 목표는 기본적으로 사람들의 욕구를 해결하는 데 있다. 국방정책은 국민들의 안전에 대한 욕구를 충족시켜주며, 환경정책은 쾌적한 환경에 대한 욕구를 충족시키는데 그 목표가 있다. 사회복지정책도 마찬가지이다. 그런데 사회복지정책은 불특정 다수의 욕구가 아니라 구체적인 수급자가 존재하며. 이들 수급자 사이에도 욕구의 양과 질에 있어서 차이를 지닌다. 이러한 측면에서 사회복지정책의 대상이 되는 욕구는 개별적이고 배타성을 지니는 것이라고 할 수 있다. 예를 들어 모든 국민이 국민기초생활보장제도의 수급 대상자가 되는 것이 아니며, 또 그 제도의 수급 대상자들도 개별적인 욕구 수준에 따라 상이한 급여를 받게 된다. 이에 반해 다른 정책들 예컨대 환경정책의 결과물은 국민 누구나 차별 없이 향유할 수 있다. 국방정책, 교통정책 등 대부분의 다른 공공정책들의 특성은 비배타성을 특징으로 하는 반면, 사회복지정책은 배타성(혹은 개별성)을 특징으로 한다.

2) 직접성

대부분의 공공정책들은 그 결과물이 사람들의 욕구에 간접적으로 영향을 미치는 방식으로 작동한다. 국방정책을 통해 전투기를 구매하고 군사훈련을 하는 등의 국가 행위가 일어나지만(이런 측면에서 관련 당사자에게는 직접적이다) 그런데 정책의 목표인 국민의 안전 욕구 충족은 간접적으로 달성된다. 경제정책도 마찬가지이다. 예를 들어 재정정책, 금융정책 혹은 경제성장정책을 통해 저소득계층의 소득이 향상될 수 있다. 그러나 소득 상승 욕구에 대해 간접적으로 작동한다. 복지정책이 특정한 사람, 예컨대 빈곤한 사람(혹은 실업자)에게 현금을 제공함으로써 직접적으로 소득을 향상시키는 것과 달리 조세나 금융정책의 경우는 저소득 계층의 소득이 올라갈 가능성을 높일 따름이지 특정한 사람의 소득이 올라갈지 여부는 불확실하다.

3) 비시장성

사회복지정책을 경제정책과 비교하여 논의할 때 사회복지정책은 시장기제 밖에서 일어나는 이차적 분배 혹은 재분배(secondary distribution or redistribution)를 담당하고 경제정책은 시장 내에서의 분배 즉 일차적 분배(primary distribution)을 담당하는 것으로 설명한다. 그러나 단순하고 간결하게 논의할 때 이러한 구분이 도움이 되지만, 좀 더 자세한 정책 내용으로 들어가면 이러한 구분이 모호해지는 영역이 많아서 논란의 여지가 있다. 예컨대 기회의 평등 정책에 속하는 사회복지정책들은 미래의 시장에서의 소득 상승을 목표로 한다는 점에서 비시장성이라고 단정하기 어렵다. 저소득계층 아동에 대한 교육 지원, 의료서비스 정책 등은 현재의 시장은 아니지만, 미래의 시장에서 소득 증가를 목표로 한다. 즉 시장에서 일차 소득 배분에 관여하게 되는 것이다. 다만 현재의 시장이 아니라는 점에서 비시장성으로 이해할 수 있겠다. 또 다른 측면에서 사회복지정책의 비시장성이 특징이라고 할 때 논란이 될 수 있는데, 경제정책과 비교할 때 사회복지정책은 시장 외부에서 자원의 분배에 개입하는 비시장성을 특징이라고 할 수 있지만, 대부분의 다른 공공정책들은 시장 외부에서 작동한다. 그래서 공공정책의 비시장성은 공공정책 전체의 특성이라고 할 수 있고 사회복지정책은 공공정책의 일부분이므로 당연히 비시장성을 특징으로 하며, 오히려 경제정책의 시장성이 경제정책의 독특한 특징이라고 이해하는 것이 더 올바르다고 할 수 있겠다.

4) 일방성

시장 체계에서 자원의 교환은 쌍방적이며 특정한 이득을 받으면 반드시 그것에 대한 대가를 지불해야 하는 이전 관계이다. 특히 화폐 단위로 환산된다는 측면에서 구체적이고 직접적인 쌍방 교환 관계이다. 공공정책에서 자원의 교환은 쌍방적 교환 관계를 구체화하기 어렵다. 대부분의 공공정책에서 비용을 부담하는 사람과 혜택을 받는 사람이 등가 관계를 형성하지 않는다. 특히 사회복지정책에서는 비용을 부담하는 사람과 혜택을 받은 사람이 완전히 다른 계층일 경우가 많다. 특히 부담과 혜택의 등가성으로 계산하면 대체로 일방적 이전관계가 성립한다. 고소득 계층의 비용 부담(예컨대 세금)으로 저소득 계층(특히 빈곤층)의 소득 보장이 이루어진다. 그러나 사회복지정책이라고 해서 모두 일방적 이전의 성격을 갖은 것은 아니며 정책에 따라 일방성의 정도가 상이하다. 국민기초생활보장제도와 같은 공공부조정책과 국민연금제도와 같은 사회보험정책에서 일방성의 정도는 상이하다. 국민연금은 보험료를 재원으로 하여 연금급여를 제공하므로 비용 부담과 혜택의 쌍방적 교환이 어느 정도 성립한다. 그러나 비용 부담 정도에 비례하여 급여가 이루어지지 않고 재분배 원칙을 반영한 급여 산정식에 의거하여 비용 부담과 혜택의 등가성을 인정하지 않는다는 점에서 쌍방 교환의 정도는 매우 미약하다. 일방적 자원 이전의 성격이 사회복지정책의 기본적 특성이라는 점은 매우 중요하다. 이러한 측면에서 사회복지정책은 사회적 합의와 민주주의 원칙의 작동 방식에 대한 이해가 필수적이다.

5) 소비성

오늘날 공공정책의 많은 영역은 생산성 향상과 관련되어 있다. 도로·항만 건설, 교통·통신 정책, 과학기술정책 등이 그런 사례들이다. 막대한 재원이 투입되는 정책들이지만 미래의 생산성 향상과 관련되어 있기 때문에 투자라고 표현한다. 그런데 사회복지는 사람들의 소비에 관련된 욕구를 직접적으로 해결하는 일방적 이전이기 때문에 생산성과는 관련이 적다. 오히려 소비적이라는 인식이 일반적이다. 공공정책이라고 해서 모두 생산성 향상과 관련되어 있는 것은 아니다. 사회복지정책과 유사하게 소비성을 특징으로 하는 국방정책, 문화정책 등이 있다. 생산성과 관련되어야 가치 있는 것은 아니다. 오늘날 소비는 매우 중요한 가치이다. 어떻게 소비하는가, 사회 전체의 소비 성향이 어떠한가의 문제는 한 사회의 발전을 위해 매우 중요하다.

사회복지가 반드시 소비적인가에 대한 논란이 또한 존재한다. 예컨대 기술 부족으로 취업이 어려운 빈곤 계층에게 직업훈련서비스를 제공하는 복지정책의 경우 한편으로는 생산 활동을 촉진하는 효과와 다른 한편으로는 빈곤 계층의 소득 증가에 따른 소비 증진에 기여하는 것일 수도 있어서 생산과 소비 양 측면에 영향을 주는 것이다. 유사한 효과를 지니는 사회복지서비스가 많은데 의료서비스, 교육서비스, 보육서비스 등이 그러하다. 최근에 사회적기업을 통한 사회복지활동의 증가에서 소비성과 생산성의 결합은 매우 복잡한 논의를 가능하게 하고 있다. 그러므로 사회복지정책이 소비적이라고 규정할 때에도 매우 많은 주의가 필요하다.

3. 사회복지정책학의 영역

사회복지정책을 연구하는 입장에서 사회복지정책학은 세 가지 관점에서 그 연구 영역을 설정할 수 있다. 세 가지 관점은 제도적 관점, 분석적 관점, 그리고 정치적 관점이다(길버트와 테렐, 2005). 제도적 관점(institutional perspective)은 '사회 조직'을 유지하기 위해 필요로 하는 여러 가지 기능들 중 사회복지의 기능이 무엇인가, 그리고 그러한 기능이 어떤 제도, 혹은 조직(systems)으로 체계화되었느냐는 관점에서 사회복지정책을 연구하고 설명한다. 분석적 관점(analytical perspective)은 현실의 사회복지정책을 분석하고 이러한 분석을 통해 얻어진 정책적 지식을 사회복지 프로그램 개발과 사회사업 실천에 연결시키는데 주안점을 두어 사회복지정책을 연구한다. 정치적 관점(political perspective)은 사회복지정책이 결정되는 과정 혹은 특정 복지 프로그램이 만들어지는 과정에서 작동하는 정치적 역학관계, 사회집단 간(혹은 개인과 집단 간) 상호작용 양상에 초점을 둔다. 계급 계층적 관점, 특히 정부의 정책결정에 영향을 미치는 집단 간의 역학관계가 분석의 주제가 되는 경향이 많다.

1) 제도적 관점

제도적 관점에서의 사회복지정책은 기능주의적 관점이나 사회 유기체적 관점에서 사회 구조를 설명하는 방식에 대한 이해가 필요하다. 이 관점에서 사회는 일종의 유기체이거나 특별한 기능을 수행하는 하위 체제들(systems)로 구성된 중층적 구조물로 본다. 사회는 유기체와 같이 생존을 위해 필수적인 기능을 지닌 하부 조직체로 구성되어 있으며, 구성원의 재생산(출산과 자녀양육), 재화와 서비스의 생산·분배·소비, 사회화, 질서 유지, 상호부조 등이 사회 유지를 위해 필수적인 기능으로 설정된다.

예를 들면 모든 사회는 어린이를 양육하고 훈련시킬 책임과 기대를 지고 있는 제도들을 조직하여 유지하고 있다. 아동의 출산과 양육, 그리고 적절한 훈련과 교육이 이루어지지 않는다면 사회는 지속될 수 없을 것이다. 이러한 사회 유지를 위해 필수적인 기능들은 사회를 구성하는 하위 조직들, 즉 제도들에 의해 나누어 수행되는데, 초기의 사회는 그러한 제도들이 덜 분화된 반면 사회가 발달하면서 점차 제도들이 분화되어 복잡한 사회로 발전하게 된다. 예컨대 원시 부족사회에서는 친족(가족) 제도와 종교제도가 대부분의 필수 기능을 수행하였다면 근대 사회로 오면서 정치제도, 교육제도 등이 분화되어 전문화된다. 또한, 재화의 생산, 분배, 소비 시스템이 가족단위에서 공장과 시장제도로 전문화된 것도 오랜 세월을 거치면서 이루어졌다. 그런데 제도가 분화되고 전문화되었다고 해서 필수적인 기능이 하나의 제도(혹은 조직)만으로 수행되는 것은 아니다. 사회화 기능은 가족에서부터 종교제도 그리고 교육제도로 점차 전문화되었지만, 가족은 여전히 사회화 기능을 수행하는 중요한 제도(체계) 중의 하나이다. 질서 유지와 사회 통제 기능도 마찬가지이다. 초기 사회는 종교 시스템에 의해서 질서와 통제 기능이 수행되었지만, 점차 정치 기능을 담당하는 조직이 분화되어 국가와 통치제도를 정밀하게 조직하게 된다. 그러나 오늘날에도 여전히 종교제도가 사회 질서와 통제 기능을 일정 정도 수행하고 있는 것으로 볼 수 있다.

사회 구성원들의 상부상조 기능은 오랫동안 미분화 상태가 지속된 영역 중의 하나이다. 초기 사회는 가족과 혈연 조직을 중심으로 상부상조 기능이 수행되다가 이후 종교 제도가 상당 부분 그 역할을 분담하게 된다. 자본주의 사회가 본격화된 근·현대 사회에 들어오면서 전문적인 사회복지제도가 분화 발전되었다. 오늘날 사회복지제도는 현대 국가의 역할 중 가장 큰 부분을 차지하기도 하는데 이런 경우 복지국가라고 한다. 복지국가에서 복지제도가 사회 구성원들의 상부상조 기능을 주로 담당하게 되지만 여전히 많은 사회 조직들이 복지 기능을 담당하고 있다. 국가 조직 외에도 가족 및 혈연 조직, 종교 조직, 근린 조직(지역사회) 및 자선 조직 등이 여전히 사회복지의 많은 부분을 담당하고 있고, 이러한 전통적인 조직뿐만 아니라 공장 및 기업 조직이 사회복지 기능을 일부 수행하기도 한다.

특정 사회에서 국가가 담당하는 복지 기능과 기업이 담당하는 복지 기능이 어떠한 비율로 이루어지는가? 왜 그러한가? 민간 조직이 담당하는 복지 기능과 국가 조직이 담당하는 복지 기능의 재분배 효과는 어떠한가? 기업 복지의 효과는 어떻게 나타나는가 등의 문제에 대한 분석과 논의가 이루어질 때 우리는 사회복지정책의 제도적 관점이라고 할 수 있겠다.

2) 분석적 접근

일반적으로 사회복지정책 연구라고 할 때 분석적 접근에 의한 연구일 경우가 많다. 그리고 좁은 의미에서 분석적 접근에 의한 정책 분석이 곧 사회복지정책 영역이기도 하다. 사회복지정책 교과서에서 가장 많은 분량을 차지하고 있기도 하다.

정책 분석을 위한 접근 방법으로는 과정 분석(process), 산물 분석(product), 그리고 성과 분석(performance)을 들 수 있는데 이들 세 가지 접근 방법을 각각의 영문 머리글자를 따서 3P라고 한다. 이들 각각은 사회복지정책의 문제들 중 정책의 계획, 정책의 운영(행정), 그리고 정책에 관한 조사 분석과 관련되어 있다.

과정 분석은 사회복지정책 형성의 역동성을 사회정치적 변수와 기술적 방법적 변수를 중심으로 하여 분석하는 접근을 말한다. 과정 분석은 계획에 관련된 각종 정보와 다양한 정치 조직, 정부 조직, 기타 여러 조직들 간의 관계 및 상호작용이 정책 형성에 어떻게 영향을 미치는가를 분석하는데 가장 많은 관심을 둔다. 일반적으로 과정 분석은 정책결정에 있어서의 정치적 기술적 투입 요소에 대한 사례 연구의 형태로 이루어지며, 계급적 관점, 계층적 관점, 이익 집단의 관점, 갈등적 관점, 다원주의적 관점, 선거와 정치 등이 중요한 개념적 요소이다.

산물 분석은 기획 과정을 통해 얻게 되는 산물, 즉 정책 선택 결과물에 대한 분석이다. 정책 선택은 프로그램의 형태를 띨 수도 있고, 법률의 형태를 띨 수도 있다. 산물 분석이란 그러한 정책 선택에 관련된 여러 가지 쟁점들을 분석하는 접근을 말한다. 특정한 방향으로 설계된 정책에 있어서 그러한 정책에 포함되어 있는 정책 선택의 형태와 내용은 무엇인가, 그러한 선택이 이루어짐으로 해서 배제된 대안들은 어떤 것들인가, 그러한 선택을 하는데 근거가 된 가치와 이론, 가정들은 어떤 것인가 등의 문제를 다루는 것이다.

성과 분석은 특정한 정책 선택에 의해 실행된 프로그램이 낳은 결과를 기술하고 평가하는데 관심을 둔다. 프로그램 결과에 대한 분석은 과정 분석이나 산물 분석에 비해 객관적이고 체계적인 관찰이 쉽다. 성과는 다양한 자료의 수집을 통해서 여러 가지 학문분야에서 개발된 다양한 방법론적 도구를 통해서 측정될 수 있다. 사회과학의 조사방법론은 정책 성과를 측정하는데 관련된 중요한 기술적 이론적 지식과 기법을 제공하고 있다. 성과 분석에서 중요한 두 가지 연구 질문은 다음과 같다. 첫째, 프로그램이 얼마나 잘 실행되었는가? 둘째, 프로그램을 실행하여 얻은 영향은 무엇인가? 첫 번째 질문은 프로그램이 무엇으로 구성되었는가, 원래 목표로 한 표적 집단에게 프로그램이 잘 전달되었는가, 프로그램 실행에 든 비용은 어느 정도인가 등의 문제들이 분석의 대상이 된다. 두 번째 질문은 프로그램 실행 전의 조건 및 상태에 비해 프로그램 실행 후 조건 및 상태의 변화가 프로그램 실행 때문이라고 간주할 수 있는 합당한 정도를 어떻게 평가할 것인가 등의 문제들이 분석을 위한 핵심 요소들이다. 이와 관련된 합리적이고 객관적인 분석 기술과 도구를 통해 프로그램 효과를 평가할 수 있다.

3) 정치적 관점

사회복지정책 연구에 관한 정치적 관점은 사회복지를 둘러싼 정치적 입장의 차이와 정치적 가치와 이념의 문제와 관련되어 있다. 정치적 입장의 차이는 보수주의와 진보주의, 개인주의와 집합주의, 자유주의와 평등주의로 구분해볼 수 있다. 공간과 시간에 따라, 즉 어느 나라의 어떤 시대인가에 따라 정치적 진영(정당)과 가치 및 이념형의 명칭은 상이하지만, 대체로 보수주의와 개인주의 그리고 자유주의가 친화력을 지니는 경향이 있으며, 진보주의와 집합주의 그리고 평등주의가 친화력을 지니는 경향이 있다.

영국의 보수당은 자유주의와 개인주의를 기본 이념으로 한다. 반면 노동당은 평등주의와 집합주의를 강조한다. 미국의 공화당은 보수주의와 개인주의 그리고 자유주의를 대변하는 반면 민주당은 진보주의와 집합주의 그리고 상대적으로 평등주의와 친화력이 있는 것으로 평가한다. 물론 이러한 논의는 복잡하고 민감한 '가치'의 문제를 매우 단순화시킨 것이고 대단히 상대적인 측면에서 '규정'한 것이기 때문에 획일적으로 구분하는 것은 주의를 요한다. 대체적인 경향성 정도로 받아들여야 할 것이며, 특정 정당의 특정 가치와의 상대적 친화성 정도로 이해하는 것이 적절하다. 그런데 다른 한편으로 보면, 특정 사회에서 정치적 입장은 상대적인 것이므로 이러한 식의 분류가 적확할 수도 있다. 예컨대 미국에서 특정한 정치적 이슈에 대해 민주당과 공화당이 대립한다. 미국의 공화당과 영국의 노동당이 정치적으로 대립할 경우는 매우 예외적인 경우를 제외하고 거의 없다고 볼 수 있다. 만일 그러한 정치적 상황이 존재한다면 그것은 국내 정치의 문제가 아니라 국제 정치의 문제이므로 다른 맥락 속에 존재하는 것이다.

사회복지 문제와 관련하여 정치적으로 대립할 경우 미국의 민주당은 공화당에 비해 더 평등지향적이고 집합주의적이며 더 진보적인 입장을 견지한다. 공화당은 자유주의적이고 개인주의적이며 보수적인 입장을 견지한다. 영국의 노동당은 보수당에 비해 더 평등 지향적이고 집합주의적이며 더 진보적이다. 보수당은 노동당에 비해 자유주의적이고 개인주의적이며 보수적이다. 이러한 상대적 친화성이 중요한데, 왜냐하면 특정한 정치적 이슈에 대해 정책적 선택을 할 때 대립하는 정당 간의 상대적 가치관에 따라 서로 다른 결정을 하기 때문이다.

어떤 정치적 입장인가에 따라 사회복지 문제를 바라보는 관점이 상이하며, 그 결과 사회복지정책의 내용이 달라진다. 예컨대 빈곤의 원인이 개인의 결함에서 비롯되는 것인가 아니면 사회 구조의 결함에서 비롯되는 것인가에 대한 판단은 가치관 혹은 정치적 입장에 의해 선택되는 경향이 있다(물론 이는 정책을 바라보는 관점이 정치적 관점일 때 그러하다). 개인주의·자유주의·보수주의 입장에서는 빈곤의 원인을 개인의 결함, 나태, 무능력 때문으로 판단한다. 이러한 판단은 빈곤에 대한 대책으로서 사회복지정책이 선별주의적이고 최소한의 안전망을 제공하는 방향으로 설정된다. 반면 집합주의·평등주의·진보주의 입장에서는 빈곤의 원인이 개인의 측면보다는 사회 구조적 요인 혹은 기회의 결핍 등이 더 중요한 요인으로 간주한다. 이러한 관점에서는 빈곤에 대한 대책으로서 사회복지정책은 최소한의 안전망 이상의 보편주의적이고 제도적 대책을 기획하게 되는 것이다.

사회복지정책을 정치적 관점에서 접근하게 될 경우, 특정 복지정책이 선별주의적인가, 보편주의적인가, 선별주의적 요소는 정책의 어떤 내용으로 구성되는가, 특정 복지정책은 평등주의적 요소와 자유주의적 요소가 어떤 비중으로 포함되었는가, 특정 복지정책이 결정될 때 어떤 정치적 과정(혹은 대립)이 있었는가 등의 문제가 연구의 주제로 설정된다.

4. 사회복지정책 형성 과정

사회복지정책에 관심이 있는 사람은 도대체 정책이 어떻게 만들어지는가에 의문을 가지는 것은 당연하다. 정책결정 과정은 정책이 어떤 영역의 정책인가, 어떤 문제를 다루고 있는가, 어떤 사회인가, 어떤 정치적 공간 속에서 일어나는가에 따라 매우 다양할 수밖에 없다. 다음의 내용은 사회복지정책을 포괄하고 있는 영역인 '사회정책'학에서 정리하고 있는 일반적인 정책결정 과정에 대한 내용을 개괄적으로 요약한다. 아래의 [표 7-1]은 다양한 과정 모델 가운데 대표적인 몇 가지를 정리한 것이다. 드니토(DiNitto)는 정책 형성 과정을 5단계로 구분하였으며, 길버트와 트렐(Gilbert & Terrel)은 8단계로 설명하였다. 잰슨(Jansson)은 4단계로 간략하게 구분하였으며, 송근원과 김태성은 여러 학자들의 모델을 종합하여 6단계로 구분하였다. 정책 형성 과정은 학자에 따라 상이하게 구분하고 있으나, 정책이 만들어지는 과정을 더 세밀하게 분석하는가, 다소 큰 틀에서 분석하는가의 차이일 뿐 구체적인 내용으로 들어가면 비슷한 과정의 흐름을 살펴볼 수 있다. 여기서는 송근원과 김태성의 내용을 중심으로 소개하도록 한다.

[표 7-1] 정책 결정 과정 모델

드니토 모델	길버트 모델	잰슨 모델	송근원/김태성
① 정책 문제 확인 ② 정책대안 형성 ③ 정책 정당화 ④ 정책집행 ⑤ 정책평가	① 문제 확인 ② 문제 분석 ③ 공중 홍보 ④ 정책목표 개발 ⑤ 공중의 지지와 정당화 ⑥ 프로그램 설계 ⑦ 정책집행 ⑧ 평가와 사정	① 정책이슈 제시 ② 정책이슈 처리 ③ 정책결정 ④ 정책 집행 및 사정	① 정책 문제 형성 ② 정책 아젠다 형성 ③ 정책대안 형성 ④ 정책결정 ⑤ 정책집행 ⑥ 정책평가

1) 정책 문제 형성

사회복지는 사회 구성원들이 사회적 생존에 필수적인 욕구를 해결하지 못할 때 작동하게 된다. 사회 구성의 다수가 그러한 문제에 직면하게 되었을 때 우리는 사회 문제가 발생하였다고 규정한다. 즉 사회 문제가 발생하였을 때 그 문제를 해결하기 위한 방안의 하나로 사회복지가 등장하게 되며, 그러한 사회복지 프로그램의 내용을 기획하는 것이 곧 사회복지정책이다. 다시 말하자면 사회복지정책은 사회 문제가 등장하여야 발생하게 된다. 사회 문제의 등장이 사회복지정책의 전제조건이 된다. 그러면 모든 문제는 곧 사회 문제인가? 우리가 사회 구성원으로 생활하면서 겪게 되는 많은 어려움과 여러 가지 문제가 곧 사회 문제가 되는 것은 아니다.

사회 문제에 관한 여러 학자들의 논의를 종합할 때 다음의 여섯 가지 요소를 최소한 갖추어야 하는 것으로 정리할 수 있다(최일섭 · 최성재, 2006). 첫째 사회적 가치(또는 규범)에서 벗어나고, 둘째 상당수의 사람이 그 현상으로 인해 부정적 영향을 받고 있으며, 셋째 그 원인이 사회적인 것이며, 넷째 다수의 사람들이나 영향력 있는 일부의 사람들이 문제로 판단하고 있고, 다섯째 사회가 그 개선을 원하고 있고, 여섯째 개선을 위해 집단적 사회적 행동이 요청되는 것, 이상의 요소들이 공통적으로 인정될 수 있을 때 '사회 문제'라고 할 수 있다.

이상과 같은 사회 문제의 특성을 고려하면 사회 문제의 발생은 문제의 해결을 위한 대책을 촉구하는 것이고 곧 정책 문제로 전환될 가능성이 높다는 것을 알 수 있다. 그러나 모든 사회 문제가 곧바로 정책 문제로 전환되지는 않는다. 사회 문제임에도 불구하고 좀처럼 정책 문제로 전환되지 못하는 경우도 있다. 사회 문제가 정책적 관심의 영역으로 들어오기 위해서는 사회 문제가 정치적 논점으로 부각되어 이슈화되어야 한다. 사회 문제를 이슈화시키기 위해서는 사회복지 전문가 또는 사회복지사들이 여러 가지 전략과 기술을 적용할 필요가 있다(송근원 · 김태성, 1995).

2) 정책 아젠다 형성

사회복지 문제가 정책 문제로 제기됨으로써 이슈화하는 경우, 그 문제는 일반 국민들의 관심을 불러일으키고 결국 정책꾼[1]들에 의하여 논의된다. 이때 정책꾼들의 논의가 이루어지는 문제나 요구를 의제(議題)라 하며, 의제들의 모음을 아젠다(agenda)라 한다. 아젠다란 학자에 따라서 여러 가지로 정의되지만, 일반적으로는 어떤 문제나 이슈가 공공의 관심을 끎으로써, 또는 정책 결정자들의 관심을 끎으로써 공공정책의 형성을 위하여 논의될 수 있는 상태에 놓일 때, 그 문제나 이슈가 아젠다에 위치한다고 이야기된다. 따라서 아젠다란 정책으로 구체화하기 전 단계의 논의 목록 혹은 의제들의 목록이라고 할 수 있다.

사회 문제가 사회복지의 문제로 이슈화되고 사회복지정책의 아젠다로 발전되는 과정은 단순하게 이루어지는 것이 아니라 여러 가지 단계를 거쳐 이루어지고, 아젠다 형성에는 다양한 참여자들의 역할이 매우 중요하다. 주요 행위자들을 이슈 전문가, 이해 당사자, 정책꾼, 클라이언트, 사회복지 전문가, 일반 국민 등으로 구분하고 각각의 역할과 타이밍 등에 대한 이해가 필요하다.

3) 정책대안 형성

아젠다 형성 과정이나 정책결정 과정 및 정책집행 과정에서는 이해 당사자들 사이의 협상, 타협, 투쟁, 폭력의 사용 등 정치적 성격이 강하게 나타나는 반면 정책대안 형성 및 개발 과정은 상대적으로 비정치적인 특성을 지닌다. 대안 형성은 사회복지 전문가나 사회복지를 연구하는 학자 또는 사회복지 문제를 일상의 업무로 다루는 관료들

---

1) 송근원은 policy actor를 정책꾼으로 번역하였다. 정책과 직접적으로 관련된 행위자를 의미한다.

에 의하여 이루어진다. 이들이 개발하는 정책대안들에는 물론 이들의 가치나 주관이 개재될 수는 있다. 그러나 문제를 파악하고, 목표를 설정하며, 수단을 분석하는 과정은 비교적 이해관계자들과의 상호작용 없이 이루어지는 것이 일반적이다. 정책대안 형성 과정은 비교적 정치성이 배제된 나름의 합리적 바탕 위에서 이루어진다고 볼 수 있다.

정책대안을 개발하고 비교, 분석, 검토하는 과정은 기술적 과정이자 지적 활동이다. 이때 사회과학의 각 학문 분야에서 발전시킨 다양한 분석 기법과 지식이 동원된다.

4) 정책결정

사회복지 문제가 정책 아젠다에 수록되어 정책꾼들에게 논의되면 그 해결책을 찾게 되는데, 그 과정은 위에서 설명한 바와 같이 사회복지를 다루는 전문가, 학자, 관련 공무원이 주도하게 된다. 이렇게 제시된 정책대안들이 전부 다 채택되는 것은 아니다. 어떤 것들은 정책 결정자에 의해 채택되고 어떤 것들은 채택되지 못한다. 또한, 채택된 정책들 사이에서도 그 시행에 관한 우선순위가 논의되고 확정된다. 이러한 정책 결정 과정을 설명하기 위해 개발된 몇 가지 이론 모형이 있는데, 합리모형, 만족모형, 점증모형, 혼합모형, 최적모형, 쓰레기통모형으로 정리해 볼 수 있다.

(1) 합리모형(rational model)은 인간의 이성과 합리성을 전제로 하는데, 정책 결정자나 정책 분석가가 고도의 합리성을 가지고 주어진 상황에서 주어진 목표의 달성을 극대화할 수 있는 최선의 정책대안을 찾아낼 수 있다고 보는 정책 결정 모형이다. 이 모형은 정책 결정자가 합리적으로 대안을 분석·비교·선택하는 과정을 정책 결정 과정으로 보기 때문에 비용편익분석, 운영연구(OR), 게임이론, 선형계획, 줄서기 모형, 마르코프 모형 등 다양한 정책 분석 기법을 활용하게 된다.

(2) 만족모형(satisficing model)은 합리모형에서 상정하는 것만큼 인간의 완전한 합리성을 전제로 하지는 않지만, 정책 결정자나 정책 분석가가 비교적 합리적으로 정책을 결정한다고 가정한다. 그런데 객관적으로 존재하는 상황의 복잡성 때문에 개인이나 조직은 이를 간소화하여 인지하며, 최선의 대안을 찾는 것이 아니라 만족할 만한 대안을 선택한다고 본다. 이 모형에서는 정책 결정 과정에 비합리성이 존재하지만 완전히 비합리적인 것은 아니고 인간의 제한적 합리성을 전제로 하여 만

족스러운 정도의 정책대안을 선택함으로써 정책결정이 이루어진다고 본다. 따라서 합리모형보다는 현실적이고 경험적인 정책결정모형이라고 할 수 있다.

(3) 점증모형(incremental model)에 의하면 정책 결정 과정은 과거의 정책결정을 기초로 하여 점증적 차이가 있는 정책대안을 검토하고 과거의 정책을 약간 수정한 정책결정이 이루어지며, 이루어진 정책 결정에 대한 여론의 반응을 보고, 또다시 정책을 수정하는 과정이 반복된다고 본다. 점증모형은 합리모형과 달리 항상 수단을 목적에 맞추는 것이 아니고 목적을 수단에 맞추기도 하는 이른바 수단과 목적 사이에 서로 조정이 이루어진다. 끊임없이 목적과 수단 또는 수단과 목적에 대한 조정이 가능하게 되며, 이러한 조정을 통해서 문제가 다루어진다. 이러한 점에서 합리모형이 정태적인데 비해 점증모형은 동태적이라고 할 수 있다.

(4) 에치오니(Etzioni, 1968)가 주장한 혼합모형(mixed scanning model)은 합리모형과 점증모형의 절충이라고 할 수 있다. 합리모형의 이상주의적 성격에서 나오는 단점과 점증모형의 보수성이라는 약점을 극복할 수 있는 전략으로 제시된 모형이다. 혼합모형이란 종합적 합리성을 바탕으로 하여 큰 범위에서의 기본적인 결정은 합리적으로 이루어지지만, 세부적 결정은 기본적 결정을 보완 수정하여 점증적으로 이루어진다고 주장하는 정책결정모형이다.

(5) 최적모형(optimal model)은 정책결정을 체계론적 시각에서 파악하고 정책성과를 최적화하려는 정책결정모형이다. 정책 성과를 최적화한다는 의미는 정책 결정 과정에서 투입보다 산출이 커야한다는 의미인데, 즉 정책결정에 드는 비용보다 효과가 더 높아야 한다는 것을 전제로 한다. 최적모형에서 드롤(Dror, 1964)은 정책결정 과정을 세 단계 18개 국면으로 나누어 설명한다. 정책 결정 과정에서 첫 단계는 정책결정 윗단계(meta-policymaking)인데, 이 말은 '정책결정을 위한 정책결정'을 의미한다. 정책결정을 어떻게 해야 할 것인가에 대한 결정이며, 이 단계에서는 가치, 현실, 문제, 자원에 대한 조사 및 배분, 정책결정 체제의 설계, 평가, 재설계, 그리고 정책결정 전략 등에 관한 결정이 이루어지는 단계이다. 둘째 단계는 일반적인 의미의 정책결정 단계로서 자원의 아래 배분(sub-redistribution), 우선순위에 입각한 구체적 목표 및 가치 설정, 대안의 마련, 평가, 예측 및 결정이 이루어지는 단

계이다. 셋째 단계는 정책결정 뒷단계(post-policymaking)로서 정책 집행을 위한 동기부여, 집행, 집행 후의 평가, 의사 전달 및 환류(feedback)에 따른 새로운 정책 결정이 포함된다.

(6) 쓰레기통 모형(garbage can model)은 합리성이나 협상 타협 등을 통해서 정책결정이 이루어지는 것이 아니라, 조직화된 무정부 상태(organized anarchies) 속에서 나타나는 몇 가지 흐름에 의하여 우연히 이루어진다고 보는 정책 모형이다. 킹돈(Kingdon, 1984)에 의하면 정책 결정 과정에는 정치의 흐름, 문제의 흐름, 정책 대안의 흐름이라는 세 가지 흐름이 각각 따로 존재하며, 각 흐름의 주요 참여자도 각각 다르다고 설명한다. 정치의 흐름과 문제의 흐름이 (우연히)결합할 때(흐름의 결합 1) 정책 아젠다가 형성되고, 정책 아젠다가 형성되면 정책대안을 찾게 되며, 정책의 흐름 속을 떠다니던 정책대안이 연결될 경우(흐름의 결합 2) 정책의 창문이 열리며 정책결정의 기회를 맞게 된다고 한다.

5) 정책집행

사회복지정책이 결정되면 사회복지 문제를 해결하기 위해 일선의 기관을 통해 구체화하는 것이 보통이다. 이와 같이 결정된 정책을 구체화시켜 나가는 과정이 정책집행 과정이다. 정책집행이란 의도된 정책 목표를 달성하기 위하여 결정된 사항들을 구체화시키는 활동을 의미한다. 그런데 이 과정에서도 해결하려는 복지 문제와 관련된 이해집단들이 관여하게 되며, 따라서 이 과정은 복지정책의 목표를 달성하려는 기술적 과정이며 동시에 정치적 과정이기도 하다는 점에 그 특징이 있다.

정책집행 과정에는 집행 조직의 문화나 선례, 표준 운영 절차 등이 작용한다. 또 관료들은 결정된 정책을 주어진 것으로 놓고 그 범위 안에서 소극적으로 해석함으로써 책임을 회피한다든지, 절차에 얽매인다든지, 형식주의에 치우친다든지 하는 관료제의 병리 현상을 보여주기도 한다. 한편으로는 결정된 정책이 그대로 다 집행되는 것도 아니다. 그 정책의 집행으로 인해 손해를 보는 집단들이 집행 과정에 정치적 압력을 넣어 집행을 무산시키거나 변질시키려고 시도하기도 한다. 때로는 정책집행이 정책 의도대로 이루어지지 않고 약화되거나, 아예 집행이 무산되는 현상이 나타나기도 한다.

이를 전문용어로 없집행(non-implementation)이라고 한다.

특히 사회복지정책은 재분배적 성격에 속하는 사례가 많아서 정책 형성이나 정책결정단계에서뿐만 아니라 정책집행 단계에서도 이념적 논쟁과 의견의 불일치가 지속되는 정치적 성격을 강하게 지니고 있다. 사회복지 전문가는 사회복지정책이 의도한 원래의 목표가 변질되지 않고 실현될 수 있도록 클라이언트들을 압력 집단으로 조직화하고, 이들이 정책집행 과정에 적극적으로 참여하여 지킴이(watch-dog) 역할을 할 수 있도록 도와줄 필요가 있다.

6) 정책평가

사회복지정책은 그것이 형성되면서부터 집행이 이루어진 결과까지 계속 평가되고 평가된 내용은 정책 과정에 환류(feedback)된다. 평가란 어떤 활동에 관해 정보를 수집하고 분석하여 해석함으로써 그 가치를 판단하는 것을 뜻한다. 따라서 정책평가란 정책 활동의 가치를 따져보기 위해서 정보를 수집, 분석, 해석하는 활동이다(송근원, 1994). 사회복지정책평가는 좁은 의미의 평가와 넓은 의미의 평가 두 가지 측면에서 살펴볼 수 있다.

좁은 의미의 정책평가는 정책집행 결과에 대한 평가, 곧 정책이 원래 의도한 문제 해결에 얼마만큼 영향을 미쳤는가에 대한 평가 활동을 의미한다. 그 정책이 성공하였는지 실패하였는지에 대한 평가 연구를 의미하기도 한다. 이 경우 정책집행 연구 분야와 중복되기도 한다. 넓은 의미의 정책평가란 정책 과정 전반에 걸친 평가 활동을 뜻한다. 정책결정 이전부터 정책집행 이후까지 모든 정책 과정 속에서 이루어지는 정책활동에 대한 평가를 포함한다. 언제 평가 활동이 일어나느냐에 따라 정책 의제 평가, 정책대안 평가, 정책 결정 과정 평가, 정책 집행 과정 평가, 정책 결과 평가, 정책의 영향 평가, 정책 평가의 평가로 나눌 수 있다.

사회복지정책 평가의 과정을 간단하게 요약하면, 평가의 목표 설정, 평가의 범위 설정, 정책 프로그램의 내용 파악, 평가 설계, 자료 수집, 분석 및 해석, 평가 보고서의 작성 및 제출이라는 과정을 거치게 된다.

5. 사회복지정책 분석의 틀

우리는 지금 사회복지정책을 다양한 측면에서 살펴보고 있다. 사회복지정책의 연구 영역을 설명할 때 제도적 관점, 분석적 관점, 정치적 관점으로 나누어 살펴보았고, 그 때 분석적 관점에서 사회복지정책은 과정분석, 성과분석, 산물분석으로 구성된다고 하였다. 과정분석은 정책 형성과 관련된 정치적·사회적·기술적 분석으로 구성되며, 앞 절에서 서술한 정책 결정 과정에 관련된 지식이 바로 과정 분석의 기술적 내용들이다. 성과분석은 정책 효과 및 평가를 위한 사회 조사와 관련된 지식 체계로 구성된다. 사회복지정책을 분석하는 세 번째 방법이 산물분석인데 이는 본 절의 내용, 즉 분석틀과 직접적으로 관련되어 있다.

산물분석의 과제는 정책이 형성되는 사회정치적 맥락을 고찰하거나 정책 결과를 평가하는데 있지 않고, 정책 설계의 주요한 구성 요소를 구분하고 낱낱이 분해하는데 있다. 앞에서 우리는 산물분석이란 특정한 방향으로 설계된 정책에 있어서 그러한 정책에 포함되어 있는 정책 선택의 형태와 내용은 무엇인가, 그러한 선택이 이루어짐으로 해서 배제된 대안들은 어떤 것들인가, 그러한 선택을 하는데 근거가 된 가치와 이론, 가정들은 어떤 것들인가 등의 문제를 다루는 것이라고 하였다. 이러한 분석을 위해서는 선택의 차원들을 구성하는 요소들을 분해하여야 하는데, 정책 설계의 중요한 기본 요소를 분해하기 위한 분석틀이 필요하다. 사회복지정책 분석틀로 가장 일반적으로 소개되는 것이 길버트와 트렐이 제시하는 분석틀이라고 할 수 있는데, 다음의 [표 7-2]로 요약할 수 있다.

사회복지정책은 경제 시장 밖에서 작용하는 급여-할당의 기제라는 맥락에서 보고 이러한 기제 속에서 어떤 급여를 누구에게 어떤 방법으로 전달하고 그 급여를 위한 비용을 어떤 방식으로 마련할 것인가를 결정하는 원칙을 분석하는 것이다. 분석 틀을 구성하는 주요 선택의 차원들은 다음의 네 가지 질문으로 표현할 수 있다.

① 사회적 할당의 기반(혹은 근거)(the bases of social allocation)은 무엇인가?

② 사회적 급여의 형태(the types of social provisions)는 무엇인가?

③ 사회적 급여를 전달하기 위한 전략(the strategies for the delivery)은 무엇인가?

④ 사회적 급여에 필요한 재정을 마련하기 위한 방법(the ways to finance)은 무엇인가?

[표 7-2] 사회복지정책 분석틀

선택의 차원	의미	선택의 대안
할당 (allocation)	누구에게 줄 것인가? 수급자격, 대상체계	① 귀속적 욕구 ② 보상 ③ 진단적 구분 ④ 자산조사에 의한 욕구
급여 (benefits)	무엇을 줄 것인가? 급여종류, 급여체계	① 기회(opportunities) ② 권력(power) ③ 서비스(services) ④ 물품(goods) ⑤ 신용(credits) ⑥ 증서 (vouchers) ⑦ 현금(cash)
전달 (delivery)	어떻게 전달할 것인가? 전달방법, 전달체계	① 중앙집권 / 지방분권 ② 복수 서비스 / 단독 서비스 ③ 동일 건물 / 다른 건물 ④ 협력관계 / 대화단절 ⑤ 전문가 의존 / 소비자 또는 준전문가 ⑥ 권위의 이용자 이관 / 전문가 집중 ⑦ 공공 행정가/ 민간 행정가
재정 (finance)	재원을 어떻게 마련할 것인가? 재정방법, 재정체계	① 사용자 부담 ② 민간모금 ③ 사회보험 ④ 과세(국세 지방세 특별세 목적세 등) ⑤ 위의 혼합

1) 대상체계(allocation)

사회복지정책은 정책의 실시로 인해 복지가 향상될 대상, 즉 수혜자를 누구로 할 것인가를 반드시 규정해 놓아야 한다. 일반적인 사회정책은 공익이라고 일컫는 사회 전체의 이익을 증진시키는데 목적이 있지만, 사회복지정책은 정책의 실시로 인해 발생하는 직접적인 혜택이 모든 국민에게 동등하게 분배되는 것은 아니다. 이는 앞에서 사회복지정책의 특징에서 논의한 바 있다(복지정책의 배타성). 모든 사람이 사회복지정책의 혜택을 동등하게 누릴 수는 없다. 정책의 혜택을 받을 대상을 선택하는 것은 불가피하며, 정책 입안자가 정책을 실시하는 목적에 적합한 대상자 선정 원칙을 선택하게 된다.

수급자격(eligibility)을 누가 가질 것인가를 결정하는 데에는 수많은 기준들이 사용된다. 결혼 여부, 취업 여부, 거주지, 가족 구성원의 수, 건강, 연령, 교육 정도, 인종, 성(sex), 소득 수준, 재산 수준 등 매우 다양한 기준이 설정될 수 있다. 중요한 것은 이러한 많은 기준을 나열하는 방식이 아니라, 수급자격을 결정하는 기준의 토대가 되는 원칙이 과연 무엇인가 하는 문제이다. 그러한 원칙으로 가장 대표적인 것이 선별주의 원칙과 보편주의 원칙이라고 할 수 있다. 보편주의는 특정 사회적 위험이나 특정 인구학적 속성에 해당되는 모든 사람들에게 사회복지 급여자격을 부여하는 원칙이다. 반면 선별주의는 특정 인구학적 대상에 속하는 경우에도 다시 구체적인 자격기준(예컨대 소득 수준, 빈곤 여부 등)을 적용하여 선별적으로 급여자격을 부여하는 원칙이다. 다음으로 좀 더 복잡하게 급여 원칙을 구분한 것이 귀속적 욕구, 보상, 진단적 구분, 그리고 자산조사에 의한 욕구의 원칙이다.

귀속적 욕구에 의한 할당 원리는 시장에 존재하는 기존의 제도에 의해서는 충족되지 않는 욕구를 공통적으로 가진 사람들에 속할 것을 조건으로 할당하는 원리이다. 귀속적 욕구의 원리에서 욕구는 규범적 기준에 의해 정해진다. 예컨대 65세 이상 노인, 15세 미만 아동 등으로 집단을 규범적으로 정하게 된다. 예컨대 영국의 아동수당 정책의 수급자격은 15세 미만 아동이 해당되는데 이 경우 대상자 선택의 원리는 귀속적 욕구에 의한 할당 원리라고 할 수 있다. 우리나라의 육아휴직 정책의 경우 만 5세 미만 아동을 가진 여성 혹은 남성이 정책 대상자인데, 이 경우도 규범적으로 규정한, 즉 귀속적 욕구에 의한 할당 원리의 예이다.

보상에 근거한 할당 원리는 사회적, 경제적으로 특별한 혹은 일정한 공헌을 한 사람들의 집단 또는 사회로부터 부당한 피해를 입은 사람들의 집단에 속할 것을 조건으로 하는 할당 원리이다. 사회경제적으로 특별한 공헌을 한 사람들로는 퇴역 군인이나 사회보험에 보험료를 납부한 사람들을 들 수 있다. 부당한 피해를 입는 사람들로는 도시재개발의 의해 피해를 입은 사람들을 들 수 있다. 군인연금과 빈민지역 재개발 주민을 위한 공공주택정책은 보상에 근거한 할당 원리를 적용한 사례라고 할 수 있겠다.

진단적 구분에 근거한 할당 원리는 각 개별적 사례에 대해 전문가가 어떤 재화 혹은 서비스를 특별히 필요로 하는가를 판단하여 할당하는 원리이다. 예컨대 장애인복지정책에서 특정 복지서비스를 제공받을 조건은 전문가의 판단에 따른 장애 등급에 해당될 경우 서비스 대상자가 된다. 이 경우 진단적 구분에 의한 할당 원리가 적용된 사례라고 하겠다.

자산조사에 의한 욕구에 기초한 자격 조건이란 한 개인이 필요한 재화나 서비스를 구입할 능력이 없음을 나타내는 증거를 기초로 하여 수급자격을 판정하는 것을 말한다. 흔히 자산조사 프로그램을 빈곤한 사람들에게 사회적 안전망을 제공하기 위한 것으로 생각하지만 실제로 공적급여의 상당 부분은 그보다 소득 수준이 높은 사람들에게도 제공되고 있다. 다만 급여의 선정 기준이 일정한 소득과 재산의 수준을 기준으로 한다는 점에서 자산조사 욕구 원리라고 할 수 있다.

2) 급여체계

사회복지정책을 통하여 무엇을 제공할 것인가, 어떤 형태의 급여를 제공할 것인가를 선택의 대안 중에서 결정하여야 한다. 필요한 물품을 직접 제공할 것인가, 물품을 구입할 수 있는 현금을 제공할 것인가, 심리 상담이나 치료 등 서비스를 제공할 것인가, 서비스를 구입할 수 있는 증서(voucher)를 제공할 것인가 등의 선택은 정책의 목적과 효과의 측면에서 매우 상이한 결과를 야기할 수 있다. 어떤 경우 이러한 직접적인 급여보다는 기회나 권력과 같은 유형의 급여가 정책의 내용으로 선택될 수도 있고, 어떤 조건을 충족하는 신용이 급여의 내용이 될 수도 있다. 예컨대 일을 하는 조건으로 급여가 제공되는 세액공제(tax credit)는 대표적인 신용 형태의 급여라고 할 수 있다. 한국의 근로장려세제가 그러한 정책 사례이다. 기회가 급여 형태인 사례는 장애인 의무고용정책이 대표적이라고 할 수 있다.

어떤 종류의 급여 유형을 선택하는가에 따라 정책의 효과가 상이할 수 있을 뿐만 아니라 수급자의 선택권과 자율성이라는 측면에서 권리의 내용이 달라진다. 정책 입안자는 이러한 급여 유형에 따른 특성들에 대한 충분한 지식을 보유하고 있어야 한다. 필요한 물품을 직접 제공(현물급여)하는 방법은 정책의 목표 효율성(target efficiency)을 높일 수 있다. 정책 목표가 수급자의 영양 상태 개선이라면, 직접 음식을 줌으로써 현금을 줄 경우 발생할 수 있는 다른 가능성을 차단하고 영양분을 직접 공급하는 효과를 달성하게 된다. 또한 대량 생산과 대량 소비로 인한 규모의 경제 효과가 커서 프로그램 비용을 줄일 수 있는 장점이 있다. 동일한 비용이라면 더 저렴하게 물품을 구입할 수 있어서 더 많은 급여가 가능하다. 그러나 수급자의 선택권을 제약하고 수치감을 줄 수 있으며, 물품의 보관과 전달 등 프로그램 운영비가 더 많이 들 수 있는 단점도 존재한다.

현금급여는 수급자 선택의 자유와 소비자 주권을 보장한다는 측면에서 장점을 지닌다. 현금급여는 수급자 선택의 폭을 넓혀 다양한 취향을 반영할 수 있을 뿐만 아니라, 민주사회에서 그 자체로 중요한 가치인 자유나 자기 결정의 권리를 보호할 수 있다. 또한 현금급여는 인간의 존엄성을 유지시키는데 현물급여보다 우월하다. 현물급여의 경우 물품을 소비하는 과정에서 치욕감을 줄 수 있으나 현금급여의 경우 그러한 가능성이 낮다. 현금급여는 또한 현물급여에 비해 프로그램 운영 비용이 적게 든다. 현물급여를 위해서는 현물의 보관, 관리, 운반, 전달 등에 많은 비용이 든다. 그러나 현금급여는 그러한 비용이 거의 없이 제공 가능하다. 현금급여의 장점에도 불구하고 현금급여의 단점은 정치적 비판의 대상이 되기도 한다. 현금급여는 현물급여가 지니는 장점이 곧 단점이 되는데, 남용과 오용의 가능성이 있고, 잘못된 선택으로 정책 효과가 떨어질 우려가 있다.

증서(바우처)는 현금급여와 현물급여의 중간적 성격을 지닌다. 즉 현금급여와 현물급여의 단점을 보완하는 제3의 급여 형태라고 할 수 있다. 증서는 일정한 용도 내에서 수급자가 원하는 재화나 서비스를 자유롭게 선택할 수 있게 한다. 예를 들면, 미국의 푸드스탬프(food stamp) 프로그램은 수급자에게 증서 형태(상품권)로 주는데, 이것을 이용하여 식품의 범주 내에서 다양하게 필요한 물품을 선택할 수 있다. 최근에 우리나라는 사회서비스 바우처 프로그램이 다양한 분야에서 실시되고 있는데, 급여가 증서 형태로 제공되는 대표적인 사례이다.

3) 전달체계

사회복지정책을 통하여 제공되는 재화나 서비스는 매우 다양하고, 이러한 다양한 재화나 서비스를 수급자에게 전달하는 방법과 체계 또한 다양할 수밖에 없다. 어떤 재화나 서비스들은 중앙정부에서 급여의 자격, 급여 형태, 재원 등에 관한 모든 결정을 하고 국민 전체를 대상으로 포괄적인 제공이 이루어지는 한편, 어떤 재화나 서비스들은 이러한 모든 요소들에 대해 민간 조직들이 결정하고 일부의 해당되는 사람들에게 만 한정하여 제공하기도 한다. 또 어떤 경우는 중앙정부와 지방정부 그리고 민간부문이 다양하게 결합하여 현금급여나 사회복지서비스를 제공하기도 한다. 사회복지정책의 내용을 복지 수급자에게 어떻게 전달할 것인가의 문제, 즉 전달 체계의 문제는 단순히 선호도의 문제가 아니라, 정책이 추구하는 가치나 목표의 성취가 어떤 전달 체계인가에 따라 달라질 수 있기 때문에 정책적 선택의 중요한 근간이 되는 요소이다. 즉 아무리 정책의 내용이 바람직하다고 하더라도 전달체계가 잘못되면 정책이 추구하는 목표를 달성하기 어려운 것이다.

전달체계와 관련하여 쟁점이 되는 요소, 즉 선택의 갈래는 다음의 세 가지 측면에서 논의된다. 첫째는 전달체계를 공공 조직으로 할 것인가, 민간 조직으로 할 것인가, 혹은 공공과 민간의 혼합형 조직으로 할 것인가의 문제이다. 각각의 선택에서 다시 더 미시적으로 논의가 전개된다. 공공 조직은 중앙정부 주도로 할 것인가, 지방정부의 자율적 판단에 따라 복지서비스가 전달되는 체계로 할 것인가, 민간 조직은 비영리조직으로 할 것인가, 영리조직도 사회복지서비스 전달에 참여할 수 있도록 개방할 것인가 등이 더 미시적인 쟁점으로 등장한다.

두 번째는 사회복지의 급여 내용에 따라 개별화할 것인가 통합 혹은 유기적 연계관계를 가질 것인가의 문제이다. 복지급여의 내용을 세부적으로 나누어보면 소득 보장, 주거 보장, 노동 복지, 교육 복지, 보건 의료, 기타 복지서비스로 구분해 볼 수 있는데, 이러한 급여 형태별로 각기 독립적인 전달체계를 갖출 것인가, 하나로 통합할 것인가, 몇 개의 급여를 유기적으로 연계된 형태의 전달체계를 만들 것인가의 문제는 오랜 동안 논쟁적이었다.

세 번째는 매우 미시적인 행정의 효율성과 관련된 쟁점들이다. 많이 등장하는 쟁점들을 나열하면 다음의 일곱 가지로 정리할 수 있다. ① 공급자를 중앙집권적 조직체계로 할 것인가 ② 서비스를 복수로 제공할 것인가 아니면 한 가지씩만 제공할 것인가 ③ 서비스를 다른 서비스 제공 장소와 같은 건물 내에 할 것인가 아니면 다른 건물로 분리할 것인가 ④ 다른 서비스 조직과 협력하는 관계를 유지하도록 할 것인가 아니면 대화가 필요 없는 관계로 할 것인가 ⑤ 서비스 제공자를 전문가 위주로 할 것인가 아니면 일반인이나 준전문가 위주로 할 것인가 ⑥ 서비스의 수준 등에 대해 판단하는 권위를 이용자(수급자)에게 양도할 것인가 아니면 전문가에게 집중시킬 것인가 ⑦ 서비스 조직의 행정가를 공공행정가로 할 것인가 아니면 민간인으로 할 것인가 등이 그러한 미시적 쟁점이다. 이러한 미시적 쟁점들은 앞의 두 가지 큰 (전달체계) 쟁점들과 밀접하게 관련되어 있다. 예컨대 중앙정부 조직은 고도의 중앙집중적 조직체계이며 또한 공공행정가로 구성되어 있다는 점에서 중앙정부 조직·지방정부 조직·민간부문 조직 선택의 쟁점과 연관되어 있다.

4) 재정체계

사회복지정책을 분석하는데 재원에 대한 분석이 중요한 이유는 어떤 재원에 의존하느냐에 따라 정책의 내용이나 목표가 달라질 수 있기 때문이다. 공공부문의 재원으로 이루어지느냐, 민간부문의 재원으로 이루어지느냐, 혹은 공공부문의 재원이라고 하더라도 정부의 일반 예산이냐, 아니면 사회보장성 조세이냐에 따라 자격 조건, 급여액, 급여 방법 등 정책의 내용이 달라질 뿐만 아니라, 정책 목표의 강조 지점도(소득 재분배 혹은 효율성) 달라진다. 즉 어떤 재원을 선택하느냐의 문제는 단순히 정책 결정자의 선호도나 우연한 결과가 아니라 정책의 목표나 이념적 방향성에 따른 필연적인 귀결일 수 있는 것이다. 그러므로 특정 사회복지정책의 재정을 구성하는 체계에 대한 분석은 어떻게 하면 재원을 잘 마련할 것인가와 같은 기능적 필요성에 더하여 정책의 성격과 의미를 파악하기 위해서도 중요하다.

사회복지정책의 재원과 관련하여 선택의 지점은 대체로 다음의 네 가지로 요약할 수 있다. 첫째, 재원을 사용자 부담으로 할 것인가, 둘째 민간으로부터 모금으로 충당할 것인가, 셋째 사회보험 방식으로 할 것인가, 넷째 조세에 의한 국고지원 방식으로 할 것인가. 현실적으로는 이러한 네 지점을 구성하는 더 세부적인 선택의 지점이 있고, 대부분의 정책들은 이러한 세부적인 재원 요소들이 혼합되어 재정체계를 구성하는 경우가 많다. 좀 더 분석적으로 논의하기 위해 사회복지 재원을 간략하게 공공부문 재원인가, 민간부문 재원인가로 구분하고, 다시 세부적으로 나누어 살펴보자.

(1) 공공부문 재원

공공부문 재원은 정부의 일반예산, 사회보장성 조세, 조세 비용으로 구분해 볼 수 있다. 정부의 일반예산은 다시 어떤 방법으로 재원을 마련했는가에 따라 소득세, 소비세, 부유세(재산세)로 구분할 수 있다. 각각의 재원에 따라 소득 재분배 효과와 재원의 규모, 재원 마련에 대한 저항(재원 마련의 편의성) 등이 다르고 이에 따라 사회적 합의를 위한 쟁점들이 존재한다.

사회보장성 조세는 일반적으로 국가에 의해 강제화 된 사회보험의 보험료를 의미한다. 국민연금 보험료, 의료보험 보험료, 고용보험(실업보험), 산재보험 등의 보험료는 사실상 조세의 성격을 지닌다. 다만 지정된 목적으로만 사용되기 때문에, 그리고 보험 사고에 대한 급여라는 형식을 취하기 때문에 급여에 대한 비용 지불처럼 보이지만, 오늘날 대부분의 국가에서 사회보험은 모든 국민이 보험대상으로 적용되고, 그래서 소득이 있는 대부분의 국민은 소득(혹은 재산)을 기준으로 일정한 금액을 부과된다는 측면에서 일종의 조세라고 보는 견해가 타당하다.

조세 비용은 세금 감면을 의미한다. 예컨대 부양하는 부모 혹은 아동이 있을 경우 세제 감면 혜택을 주게 되는데, 이럴 경우 세금을 거두지 않았다는 의미에서 조세 비용(tax expenditure)이라 한다. 이외에도 의료비, 교육비, 주택비 등에 대한 공제도 조세 감면에 포함된다. 또한, 기업이 종업원의 복리후생에 사용한 금액에 대해서도 세제 감면 혜택을 주는 사례가 많은데 이런 경우도 조세 비용이라고 할 수 있다. 조세 비용이란 세금을 거두어 복지정책에 사용할 재원을 해당 주체로 하여금 스스로 (복지)지출을 하도록 하고 그 대신 세금을 부과하지 않는 정책이다.

이상과 같은 공공부문의 재원은 오늘날 사회복지정책이 국가의 주요한 정책으로 확립되고 있는 (복지)국가들에서는 민간부문의 재원보다 더 중요하고 더 많은 비중을 차지하는 경향이 있다. 그래서 정책 시행의 편의성(재원 마련의 편의성), 재분배 효과 등에서 엄밀한 논의가 필요하다.

(2) 민간부문 재원

오늘날 사회복지가 발전한 선진 산업국가에서는 사회복지 재원 중에서 민간부문의 재원은 상대적으로 비중이 낮은 것이 일반적이다. 국가 주도의 사회복지정책이 발달하기 이전의 초기 사회복지 시대에는 민간의 자발적 기부금에 의한 복지가 발달하였으나, 사회복지제도가 발달하고 복지국가 단계에 진입하면서 민간부문의 재원에 대한 의존성은 점차 떨어지고 공공부문의 재원이 압도적으로 높아졌다. 그러나 1980년대의 복지국가 위기 시대를 거치면서 다시 사회복지 재원의 다원화에 대한 관심이 높아졌고, 이에 따라 민간부문의 재원에 대한 중요성에 대한 인식이 높아졌다. 또한, 이념적으로 자유주의 성향이 강한 미국과 같은 나라에서는 민간부문의 재원이 여전히 중요하게 다루어진다. 이 점은 한국도 유사하다고 할 수 있겠다. 민간부문의 재원은 자발적 기부, 가족 혹은 친족 간 이전(비공식적 이전), 기업복지, 사용자 부담으로 나누어 살펴볼 수 있다.

자발적 기부(voluntary contribution)는 국가 주도의 사회복지정책이 발달하면서 그 중요성이 감소하였으나, 국가에 따라 여전히 중요한 역할을 한다. 미국의 경우 2002년 현재 자발적 기부금의 규모는 2,410억 달러에 달하며, 자발적 기부를 포함한 민간부문의 재원이 전체 사회복지 지출의 약 40%에 육박하는 것으로 평가되었다. 1994년의 통계 자료를 보면 사회복지 지출 총액 2조 3,596억 달러 중 공공부문이 60.8%, 민간부문이 39.2%로 나타났다(길버트와 테렐, 2005). 자발적 기부를 구성하는 요소를 다시 나누어 보면 개인, 재단, 기업, 그리고 유산으로 이루어지는데, 미국의 경우 개인에 의한 기부금이 가장 크고, 다음으로 재단, 기업, 그리고 유산의 순서라고 한다. 2002년 통계 자료에 의하면 개인 기부금이 76.3%, 재단 기부금이 11.2%, 기업 기부금이 5.1% 그리고 기타 증여(유산)에 의한 기부가 7.5%로 나타났다.

기업복지에 의한 재원은 기업의 사용자(고용주)들이 그들의 피고용자들의 복지 향상을 위해 사용하는 자원들 중 임금 형태를 제외한 모든 자원을 의미한다. 이러한 재원은 기업복지 프로그램을 통해 지출되는데, 매우 다양한 기업복지 프로그램이 존재한다. 일반적으로 국가복지에서 시행하는 주요한 프로그램이 기업복지 차원에서 시행되는 경우가 많다. 기업연금, 기업의료보험, 자녀들의 학비보조, 사원주택, 탁아(보육) 프로그램 등 소득보장정책에서부터 사회복지서비스에 이르기까지 다양하다. 일반적으로 국가복지가 발달하면 기업복지가 축소되는 경향이 있지만, 여전히 주요 선진국에서 기업복지에 의한 복지 재원은 중요한 영역으로 존재하고 있다.

가족 친지 등 비공식 부문의 복지 재원은 오랫동안 중요한 사회복지 영역을 담당해 왔고, 오늘날 비공식 부문을 통해 이전되는 자원의 양은 점차 축소되고 있지만 그 중요성은 여전하다고 할 수 있다. 특히 가족, 혈연 관계 등을 중요시하는 문화적 특성을 지닌 동양적 전통이 남아 있는 사회에서는 비공식적 복지 영역이 매우 중요하다. 예컨대 국가복지가 어느 정도 발달한 일본의 경우에도 노인들의 약 70%는 자식들과 생활하고 이들로부터 그들의 복지가 상당 부분 해결된다. 반면에 영국과 미국의 경우는 약 3%만이 결혼한 자식들과 생활하고 그들의 복지는 대부분 국가복지에 의해 해결된다(김태성, 1990). 유교 문화권에 속하는 한국의 경우에도 노부모를 부양해야 하는 의무감이 여전히 남아 있어서 가족 간 자원의 이전에 의한 복지 역할이 여전히 중요한 요소로 존재하고 있다. 과거에 비해 상당히 약화되었다고 하지만 여전히 존재할 뿐만 아니라 국가 혹은 공식 부문의 복지가 충분한 기능을 수행하지 못할 경우 가족에 의한 비공식적 복지 재원의 역할이 보완적 측면에서 중요하게 대두 된다.

민간부문 재원의 네 번째 구성 요소는 사용자 부담이이다. 사용자 부담에 의한 복지 재원이란 사회복지서비스 등을 이용할 때 이용자가 비용을 지불하도록 함으로써 마련되는 재원을 의미한다. 시장에서 물건을 구매할 때와 마찬가지로 비용을 지불하게 한다는 점에서 비복지적인 것처럼 보이나, 오늘날 많은 국가에서 사회복지 재원으로 본인 부담 요소가 존재하고 있다. 다만, 사회복지 영역에서 본인 부담과 시장에서 구매 행위와의 차이점은 이용하는 재화나 용역의 가치가 이용 요금에 그대로 반영되지 않는다는 점이다. 즉 비등가의 원칙이 적용되는 점이 사회복지 영역에서 본인 부담 행위라고 할 수 있다. 그러므로 사회복지 영역에서 본인 부담에 의한 재원은 특정 사회복지 정책을 구성하는 재원의 전부가 될 수 없고, 다른 영역의 재원들(조세, 기부금, 기업복지 등)과 혼합되는 형태를 취하게 된다. 사회복지 영역에서 본인부담은 재원 마련의 차원은 부가적인 목적이고 복지 이용자의 권리성 향상 혹은 복지서비스 남용(혹은 오용)을 방지하는 목적이 더 큰 경우가 일반적이다.

최근에는 사회적기업의 등장으로 재원을 마련하는 방식은 더욱 다양해지고 있으며, 복지국가 시대의 조세주의 방식 일변도에서 점차 복지의 혼합 경제라는 차원에서 재원의 혼합과 다양성이 추구되고 있는 추세이다.

참고문헌

닐 길버트 · 폴 테렐, 남찬섭 · 유태균 역, 《사회복지정책론》, 나눔의집, 2007
송근원 · 김태성, 《사회복지정책론》, 나남, 1995
김상균 외, 《사회복지개론》, 나남, 2013
김상균 외, 《사회복지개론》, 나남, 1995
최일섭 · 최성재, 《사회 문제와 사회복지》, 나남, 2006
김태성, 〈사회복지발전의 결정요인 분석〉, 사회복지연구, 제2호, 한국사회복지연구회, 1990
송근원, 《사회복지와 정책과정》, 대영문화사, 1994
Etzioni, Amitai, The Active Society, N.Y. : The Free Press, 1968
Dror, Yehezkel, 〈Muddling Through : Science or Inertia?〉 Public Administration Review, Vol. 24, No.3(Sept.), 1964
Kingdon, John W., Agendas, Alternatives, and Public Policies, New York : Harper and Row, 1984
Titmuss, Richard M., Social Policy, London : George Allen and Unwin, 1979

s·o·c·i·a·l w·e·l·f·a·r·e

8 사회복지조사론

1. 사회복지조사란 무엇인가

사회복지조사란 사회복지 전문가(사회복지사 또는 사회복지 전담공무원)가 접하는 문제들을 해결하기 위해 필요한 지식을 제공하거나, 사회복지와 관련된 문제를 파악하고자 하는 연구자에게 사실을 탐구하도록 지식을 제공하는 역할을 한다. 사회복지를 연구하는 방법에는 양적 연구와 질적 연구가 있다. 양적 연구는 정확하고 일반화할 수 있는 통계적인 결과를 중요시한다. 인과관계를 입증하고자 할 때, 양적 연구를 많이 사용한다. 질적 연구는 깊이 있는 이해를 중요시하며 인간 행동이 갖는 의미를 더욱 깊이 이해하려는 접근이다. 따라서 이론적으로는 중요한 의미를 갖지만 쉽게 지수화할 수 없는 관측치를 만들어내고자 한다.

두 연구 방법을 대립되는 방법으로 보는 경우가 많지만 사실 두 방법은 각각의 약점을 보완할 수 있는 상호보완적이다. 따라서 두 연구 방법 중에 어느 연구 방법이 더 나은가 하는 질문보다는 어떤 경우에 어떤 목적으로 어느 연구 방법을 사용할 것인가 하는 질문이 더욱 적절하다. 이미 알려져 있는 사실이 거의 없는 새로운 현상을 연구하면서 현상을 개념화하고 이론화하기 위해 현상이 갖고 있는 주관적 의미를 이해하고자 할 때는 유연성을 발휘할 수 있는 질적 연구가 더 적합하다고 볼 수 있다. 반면에 이미 상당히 알려져 있는 현상에 대해 어느 정도 조사 상황을 통제할 수 있는 경우, 가설을 검증하거나 특정 모집단의 특성을 정확하게 기술하고자 하는 경우에는 양적 연구가 더 적합하다고 할 수 있다.

2. 사회복지조사의 과정

사회복지조사는 사회복지와 관련된 사실을 밝혀내는 수단의 하나로 일반적으로 문제의 형성, 연구의 설계, 자료의 수집, 자료의 처리, 자료의 분석, 결과의 해석 및 조사 보고서의 작성이라는 단계를 거치게 된다.

1) 문제의 형성

문제의 형성 단계에서는 해답을 구할 필요가 있는 조사 문제를 제기하고 이와 관련된 개념들을 구체화하는 작업을 한다. 이 단계에서 처음 해야 할 작업은 문제 또는 주제를 선정하는 일이다.

(1) 문제의 선정

사회복지 분야는 상당히 폭넓은 문제를 다루기 때문에 사회복지조사에서 다룰 수 있는 문제는 매우 다양하다. 예를 들어 청소년 문제, 아동 문제, 노인 문제 등의 구체적인 대상과 관련된 사회복지 문제 또는 건강보험, 국민연금, 고용보험, 산재보험과 관련된 정책 문제 또는 사회복지관의 운영과 관련된 문제 등을 다루기 위해 조사를 수행할 수 있다. 구체적으로 예를 들면 특정지역 내에서 노인복지관을 설립하거나 기존의 노인복지관에서 새로운 프로그램을 신설하고자 할 경우, 노인복지를 필요로 하는 노인들의 수, 노인들이 필요로 하는 서비스의 종류, 서비스가 전달되는 체계 등에 대해 조사를 수행할 수 있다.

문제가 제기되는 과정은 다양한 경로를 거칠 수 있다. 예를 들어 신문 또는 방송에서 보도되는 내용을 보거나, 관련 분야의 문헌을 읽거나 또는 사회복지 전문가들의 직접 경험 또는 관찰을 통해 문제가 제기될 수 있다. 예를 들어 장애아를 위한 특수학교 등 장애인 시설을 건립하는 과정에서 지역주민들이 장애인 시설의 건립을 반대하는 시위가 언론에 자주 보도되면서, 장애인 시설과 지역주민이 마찰을 빚고 있는 현상에 대해 관심을 갖고, 왜 주민들이 장애인 시설의 건립을 반대하는지 이유를 밝히려고 한다고 하자. 연구 문제는 "왜 주민들이 장애인 시설의 건립을 반대하는가?"라는 것이 될 것이다.

(1) 조사의 유용성

문제가 제기되면 조사를 수행하기 전에 조사 문제가 얼마나 유용한 것인지 고려해야 한다. 즉, 이 문제가 연구를 할 가치가 있는가에 대해 판단을 내려야 하며, 이는 궁극적으로 연구자 자신의 판단에 달려 있다. 그러나 몇 가지 측면에서 그 기준을 제시할 수 있다.

사회복지가 순수 학문보다는 응용 학문이기 때문에 사회복지조사의 유용성을 판단하기 위해 우선 고려되어야 할 측면은 실용적인 측면이다. 앞에서 예로 제시한 장애인 시설과 관련된 연구 문제는 우선 신문·방송 등 여러 언론 매체를 통해서 사회 문제로 인식되고 있다는 면에서 가치 있는 것으로 판단될 수 있다.

또한, 우리 사회의 장애인 시설이 절대적으로 부족한 상황에서 장애인 시설의 건립을 방해하는 요인을 밝히는 작업은 장애인복지에 관심을 갖는 사회복지 전문가 또는 사회복지 분야의 연구자들이 충분히 중요한 주제로 받아들일 수 있을 것이다. 조사를 통해서 주민들이 장애인 시설의 건립을 반대하는 이유를 밝히고 그러한 반대를 해소할 수 있는 방법을 찾아낼 수 있다면 장애인복지를 증진시키는 데 도움을 줄 수 있을 것이다. 이와 같이 사회복지조사는 일반적인 사회조사와 달리 실제로 사회복지에 활용될 수 있는 지식을 제공하려는 목적을 갖고 있기 때문에 실제 사회복지 문제 해결에 활용될 수 있는지 충분히 고려되어야 한다.

사회복지조사의 유용성을 판단하는 또 다른 측면은 학문적인 측면이다. 사회복지조사는 실천적인 지식을 얻는 데 도움이 될 뿐 아니라 궁극적으로 인간의 행위를 이해하고자 하는 보편적인 학문의 목적을 달성하는 데도 도움을 줄 수 있어야 한다. 그러한 측면에서 볼 때, 앞에서의 조사 문제는 주민들의 장애인 시설에 대한 행동 양식을 관찰하여 이해할 수 있도록 도울 수 있을 것이다.

(3) 조사의 수행 가능성

조사 문제를 선정할 때, 가능한 한 조사 문제를 구체적으로 제시함으로써 관찰이 가능한 자료로 해답을 얻을 수 있으며, 수행이 가능한 문제인지 고려해야 한다. 때로 중요하고 이상적인 조사 문제이지만 해답을 제시할 수 있는 자료가 없거나 자료를 얻기에 불가능한 문제를 제기하는 경우가 있다. 또한, 자료 수집의 문제뿐 아니라 조사 결과가 나왔을 때, 결과를 발표하는 데 문제가 없는지 세밀한 검토를 할 필요가 있다. 아무리 의미 있는 결과라도 발표할 수 없는 것이라면 조사의 가치는 떨어질 수밖에 없다.

수행 가능 여부를 판단하기 위해서 연구의 범위, 연구를 수행하기 위해 필요한 시간·비용·윤리상의 문제 및 외부 기관 또는 조사 대상자의 협조의 가능성 여부 등을 고려해야 한다. 일반적으로 연구의 범위, 시간, 비용은 서로 밀접히 관련되어 있어서 범위가 커지면, 시간과 비용이 커지는 것이 일반적이다. 예를 들어 서울시에 거주하는 저소득 빈곤층의 생활 실태를 조사한다고 하자. 연구의 범위를 확대하면 전체 저소득 빈곤층을 조사 대상으로 선정할 수 있으나, 그럴 경우 그에 드는 시간과 비용은 한 연구자가 감당하기에는 불가능에 가까울 것이다. 따라서 연구 범위를 축소하여 전체 대상자가 아닌 표본 조사를 통해 연구자가 다룰 수 있는 정도의 조사를 수행하여야 한다.

윤리상의 문제는 주로 조사를 위해 조사 대상자에게 피해를 입히게 될 때 발생한다. 특히 사회복지조사에서는 조사의 목적이 조사 대상자 또는 조사 대상자와 같은 특성을 갖는 모집단의 복지를 증진시키기 위한 것이라는 대전제를 갖고 있기 때문에 조사 대상자에게 피해를 입히는 일은 반드시 피해야 한다.

마지막으로 조사를 수행하면서 외부 기관의 협조가 필요한 경우가 있다. 예를 들어 최근 우리나라에 입국한 북한 이탈 주민들의 생활 실태를 파악하기 위해서는 국가정보원의 협조가 필수 조건일 수 있다. 그러나 국가정보원이 조사하려는 자료가 국가의 기밀에 속한다고 판단하거나 일반에 공개될 때 국가에 피해를 줄 수 있다고 판단하면 협조를 얻기 어렵게 될 것이다. 이러한 경우에 조사는 수행될 수 있는 가능성이 크게 떨어지게 된다.

(4) 문헌 연구

사회복지조사에서도 문헌 연구는 반드시 거쳐야 할 과정이다. 연구자는 문제의 형성 과정에서 문헌 연구를 통하여 중요한 조사 문제를 찾아낼 수 있을 뿐 아니라 유사한 문제를 다룬 과거의 조사에서 다른 연구자들이 경험한 사실이나 실수를 통해 배울 수 있다. 앞에서 예로 제시한 조사 문제에 대해 문헌 연구를 한다면, 장애인 시설 건립에 대한 주민 반대라는 직접적으로 관련된 서적, 논문뿐 아니라 집단 갈등, 혐오 시설 건립 반대와 관련된 주민 시위 또는 집단 행동 등의 주제에 대해서도 문헌 연구를 할 수 있을 것이다. 문헌 연구는 문제의 형성 과정에서 끝나는 것이 아니라 조사 설계 및 분석 단계까지 지속되는 것이 일반적이다.

(5) 개념의 구체화 : 변수, 가설, 조작적 정의

다음으로 조사 문제와 관련된 개념들을 구체화하여야 한다. 개념의 구체화란 집단 갈등, 편견, 집단 역학과 같은 추상적 개념을 구체화하는 작업이다. 예를 들어 주민들의 편견은 '주민들이 장애인들에 대해 갖는 부정적인 태도'라고 규정한다. 또한, 장애인 시설의 개념을 명확하고 구체화하여 장애인들을 위한 특수학교인지, 장애인이 거주하는 시설인지 또는 장애인들을 훈련시키는 프로그램이 있는 사회복지관인지, 아니면 이 모든 시설을 포함하는지 규정하여야 한다. 개념을 구체화하면서 변수를 구체화하고 명확히 규정해야 하며, 나아가 변수들 간의 관계에 대해서도 가설을 세운다.

변수란 조사 대상이 되는 구체적인 개념 또는 이론적으로 구성된 개념을 말한다. 변수들 가운데는 비교적 쉽게 관측할 수 있는 개념에서 쉽게 관측할 수 없는 개념까지 다양하게 존재한다. 예를 들어 성별, 연령은 쉽게 관측될 수 있는 개념에 속하는 반면, 편견, 집단 갈등과 같은 개념은 쉽게 관측될 수 없는 개념에 속한다.

변수와 관련되어 있는 중요한 개념의 하나는 인과관계이다. 인과관계란 변수 간의 원인과 결과의 관계를 의미한다. 사회복지조사에서 변수 간의 인과관계를 추론하는 작업은 조사가 갖는 중요한 목적 중의 하나이다. 예를 들어 사회복지 프로그램의 효과를 평가하면서 그 사회복지 프로그램이 이용자에게 효과가 있다는 것을 보여주기 위해서는 사회복지 프로그램이 원하는 결과를 가져왔는지를 보여주어야 한다. 즉 사회복지 프로그램과 복지 수준의 상승 사이에 인과관계가 있다는 점을 보여주어야 한다.

두 변수의 인과관계를 설정하기 위해 다음의 세 가지 조건을 필요로 한다. 첫째, 두 변수 가운데 원인이 결과보다 시간적으로 먼저 발생해야 한다. 둘째, 원인이 되는 변수와 결과가 되는 변수가 결과적으로 서로 상관되어 있어야 한다. 사회복지 조사의 대상이 되는 변수들의 상관관계는 완전할 수 없기 때문에 어느 정도의 상관관계를 인과관계로 볼 수 있는지 여부에 대해서도 고려해야 한다. 셋째, 두 변수의 상관관계가 두 변수에 동시에 원인으로 작용하는 제3의 변수의 영향에 기인하지 않는다.

변수가 정해지면 문헌 연구를 통하거나 전문가 또는 주민 대표와의 면접을 통해서 가설을 세운다. 가설이란 독립변수와 종속변수와의 관계에 대해 가정하는 문장을 말한다. 다시 말해서, 가설이란 연구자가 독립변수와 종속변수의 관계를 예측하는 문장이라고 할 수 있다. 예를 들어 "주민들은 장애인들에 대한 부정적인 태도를 갖고 있기 때문에 시설의 건립을 반대한다."라는 가설 또는 "주민들은 장애인 시설이 건립되면 '집값이 떨어진다'는 경제적인 이유로 시설의 건립을 반대한다."라는 가설을 세울 수 있다. 훌륭한 가설은 명확하고 구체적이어야 하며, 두 가지 이상의 가능한 결과가 있어야 한다. 즉, 어떤 경우에나 동일한 결과가 나온다면 그 가설은 적절하지 못하다는 것이다. 또한, 훌륭한 가설은 증거를 갖고 검증할 수 있어야 한다.

가설을 세우고 난 후, 변수에 대한 자료를 수집하기 전에 이러한 변수들을 조작적으로 정의하여야 한다. 예를 들어 주민들의 장애인에 대한 부정적인 태도를 어떻게 측정할 수 있을 것인지 결정해야 한다. 부정적인 태도는 '주민들이 설문지의 관련 문항에 대한 합계 점수'라고 정의할 수 있을 것이다. 또한, '장애인 시설 건립에 대한 반대'라는 추상적인 개념도 관측할 수 있는 개념으로 규정하여야 한다. 따라서 반대가 단순한 조사자가 제시하는 설문지의 문항에 '반대'라고 표시하는 것을 의미하는지 또는 반대 청원서에 서명하는 행동인지, 아니면 반대 시위에 참여하는 것인지를 명확하게 하여야 한다. 따라서 시설 건립을 반대하는 주민의 태도 또는 행위는 '시설 건립을 반대하는 청원서에 서명하거나 반대 시위에 참여하는 것'이라고 조작적 정의를 내릴 수 있을 것이다.

이러한 과정을 거치면서 연구의 목적은 더욱 명확해지고, 연구의 분석 단위도 결정될 수 있다. 앞에서 예로 든 조사 문제에서 분석 단위는 주민 개개인이 될 것이다.

2) 연구의 설계

연구의 설계 단계에서는 조사 내용을 논리적으로 배열하는 방법과 자료를 수집하는 방법 등 연구를 계획하는 과정에서 필요한 모든 결정을 하게 된다. 조사 내용을 논리적으로 배열하는 방법으로 조사설계는 일반화의 정도와 인과관계의 타당성 정도와 관련되어 원시실험설계, 실험설계, 유사실험설계, 상관관계설계 등이 있다.

일반화는 조사 결과를 조사 대상을 넘어서서 일반화시킬 수 있는지 여부를 말하며, 인과관계란 앞에서 언급한 바와 같이 변수 간의 원인과 결과의 관계를 의미한다. 사회복지조사를 하면서 조사 결과를 직접적인 조사 대상이 아닌 다른 서비스 이용자에게 일반화할 수 없다면 그 조사의 의미는 크게 훼손될 것이다. 다시 말해서 조사는 조사 대상자들의 특성만을 설명하려는 것이 아니라 조사 대상과 유사한 특성을 가진 서비스 이용자 전체의 특성을 설명하려고 하는 것이다.

연구자는 조사 설계를 통해서 내적 타당도(internal validity)와 외적 타당도(external validity)를 최대한 높이고자 한다. 내적 타당도는 조사를 통해서 한 변수가 다른 변수의 원인인지 여부를 정확하게 서술하는 정도를 말한다. 앞에서 제시한 인과관계의 세 가지 조건을 만족한다면, 내적 타당도가 있다고 할 수 있다. 반면에 외적 타당도란 연구에서 발견한 인과관계를 연구의 대상을 넘어서서 전체 집단에 일반화할 수 있는 정도를 말한다.

(1) 조사설계

① 원시실험설계

원시실험설계는 내적 타당도를 저해하는 요인들을 제거하지 않고 두 변수 간의 관계에만 초점을 두는 연구이다. 따라서 원시실험설계는 내적 타당도가 낮아서 두 변수 간의 인과관계를 입증하기 어려운 설계이다. 이 설계의 방식에는 크게 세 가지 형태가 있다. 첫째, 일회검사 사례 연구는 하나의 집단을 한 번 관찰하는 설계이다. 예를 들어 사회복지 전문가가 가정 폭력으로 고통 받고 있는 여성들을 돕기 위해 여성들의 남편들을 대상으로 교육 프로그램을 실시하였다. 프로그램을 실시한 후, 남편들의 폭력 성향의 정도를 검사하였다. 이를 일회검사 사례 연구라 하고, 이러한 경우 프로그램이 효과가 있었는지 판단할 수 있는 비교 대상이 없다.

둘째, 단일 집단 사전사후검사 설계는 하나의 집단에 대해 비교 집단 없이 사전검사와 사후검사를 실시하는 것이다. 위의 예에서 남편들을 교육하기 전에 폭력 성향을 조사하고 교육 후에 폭력 성향을 조사하는 것이 이 설계이다. 이 설계도 비교 대상이 없어서 비록 사전검사에 대해 사후검사에서 폭력 성향이 줄어들었다 하더라도 프로그램의 효과라고 확신할 수 없다. 실제로 프로그램과 관계없이 단지 시간의 경과에 따라 폭력 성향이 줄어들 수 있다.

셋째, 비동일 집단 사후검사 설계는 동일하지 않은 두 집단을 사후검사 후에만 비교하는 것이다. 위의 예에서 가정 폭력을 행사하는 남편들에게 교육 프로그램을 실시한 후, 그들과 가정 폭력을 행사하지 않는 남편들에게 동일한 폭력 성향 검사를 실시하는 것이다. 이 경우 두 집단이 전혀 다른 특성을 보일 수 있어서 폭력 성향 검사를 비교할 수 없다는 것이 문제가 된다.

원시실험설계는 시험적인 발견을 이끌어낼 수 있도록 융통성이 있는 방법으로 새로운 영역에 대한 탐색을 목적으로 하는 연구에 적합하다.

② 실험설계

설명을 목적으로 하는 조사에서는 조사 대상의 특성을 기술하는 데 초점이 있는 것이 아니라 변수 사이에 일어나는 인과관계에 초점을 두고 있다. 따라서 인과관계에 대한 추론을 할 수 있도록 논리를 배열하려고 할 때는 실험설계를 주로 사용하게 된다. 실험설계는 내적 타당도가 높아서 인과관계를 보여주기에 적당한 설계이지만, 외적 타당도가 낮아서 일반화시키는 정도는 낮다. 또한, 현실적으로 실험설계를 하기 위해서는 조사 대상을 실험집단과 통제집단의 두 집단으로 무작위화(randomization)하여 배정하고 조사 대상에 실험을 해야 하기 때문에 현실적으로 많은 제약을 안고 있다. 실제로 사회복지를 포함한 사회과학에서는 실험설계를 할 수 있는 경우가 극히 제한되어 있다.

실험설계에는 통제집단 사전사후검사 설계, 통제 집단 사후검사 설계, 솔로몬 4집단설계가 있다. 첫째, 통제집단 사전사후검사 설계는 무작위화로 실험집단과 통제집단을 배정하여 개입 전과 후에 검사를 실시하여 비교하는 설계이다. 위의 예에서 가정 폭력을 행사하는 남편들을 함께 모아서 동전을 던지거나 난수표를 사용하여 교육 프로그램을 받게 될 실험집단과 받지 않을 통제집단으로 배정한다. 배정된 후에 두 집단 모두에게 폭력 성향 검사를 실시한다. 실험집단에만 교육 프로그램을 실시하고, 프로그램이 끝나면 두 집단에게 폭력 성향 검사를 다시 실시하여 두 집단의 변화를 비교한다.

둘째, 통제집단 사후검사 설계는 통제집단 사전사후검사설계와 같은 방법으로 실험집단과 통제집단으로 배정하고 개입 전 검사 없이 개입 후 검사만 두 집단에 실시하는 것이다. 위의 예에서, 교육 프로그램을 받을 실험집단과 받지 않을 통제집단으로 배정하고 교육 프로그램을 실시한 후, 두 집단에 폭력 성향 검사를 실시하는 것이다.

셋째, 솔로몬 4집단 설계는 통제집단 사전사후검사와 통제집단 사후검사를 결합하는 설계이다. 이는 사전검사와 사후검사의 변화를 알고 싶지만, 검사 자체가 대상에 영향을 미칠 것으로 예상되어 이를 제거하기 위해 사용한다. 위의 예에서 무작위화로 교육 프로그램을 받는 실험집단을 2개, 받지 않는 통제집단을 2개 선정한다. 4개 집단 중에서 1개씩의 실험집단과 통제집단에는 교육 프로그램을 실시하기 전에 폭력 성향 검사를 실시하며, 나머지 실험집단과 통제집단에는 사전검사를 실시하지 않는다. 교육 프로그램을 실시한 후, 4개 집단 전체에 폭력 성향 검사를 실시한다.

③ 유사실험설계

실험설계는 내적 타당도는 높으나 외적 타당도는 낮으며 무작위화가 반드시 전제되어야 한다. 이에 비해 유사실험설계는 상대적으로 전제조건이 덜 엄격하다. 유사실험설계는 현실적으로 실험설계가 어려울 때, 완전한 내적 타당도를 얻기는 어려우나 어느 정도의 내적 타당도를 얻으면서 외적 타당도를 높이는 설계이다. 유사실험설계에는 비동일 비교집단 설계, 단순시계열 설계, 다중시계열 설계가 있다.

첫째, 비동일 비교집단 설계는 무작위 배정으로 실험집단과 통제집단을 선정할 수 없을 때, 실험집단과 유사한 기존의 집단을 통제집단으로 선정하여, 두 집단에 사전검사와 사후검사를 실시하는 것이다. 앞의 예에서 가정 폭력을 행사한 남편들을 실험집단과 통제집단으로 무작위 배정할 수 없을 때, 교육 프로그램을 받는 폭력행사 남편과 연령·소득 등 폭력 행사와 관련된 요인들이 유사한 폭력행사 하는 남편들을 비교집단으로 선정한다. 교육 프로그램을 실시하기 전에 두 집단에 폭력 성향 검사를 실시한다. 실험집단에만 교육 프로그램을 실시하고 두 집단에 폭력 성향 검사를 실시하여 두 집단의 변화를 비교한다.

둘째, 단순시계열 설계는 통제집단 없이 실험집단을 개입 전에 여러 번 검사하고, 개입 후에 여러 번 검사하는 설계이다. 위의 예에서 폭력행사 남편들에게 교육 프로그램을 실시하기 전에 4차례 이상 폭력 성향 검사를 하고, 교육 프로그램 이후에 4차례 이상 폭력 성향 검사를 실시하여 폭력 성향이 프로그램 전후로 변화가 있는지 조사한다.

셋째, 다중시계열 설계는 실험집단과 유사한 비교집단을 선정하여 두 집단 모두에 교육 프로그램을 실시하기 전과 후에 여러 차례의 검사를 실시한다. 앞의 예에서, 가정 폭력 정도가 유사한 남편들로 실험집단과 비교집단을 구성하고 교육 프로그램을 실시하기 전과 후에 두 집단 모두에 여러 차례 폭력 성향 검사를 실시한다.

④ 상관관계설계

상관관계설계는 비실험 설계라고도 부른다. 실제로 사회과학에서는 실험을 할 수 있는 상황은 많지 않다. 또한, 비교할 수 있는 통제집단도 확보하기 쉽지 않다. 따라서 일반적으로 한 시점에서 여러 대상의 특정 현상을 조사하는 방법을 취하며, 이를 횡단 설계라고 하고 상관관계 설계는 그 일종이다.

기술을 목적으로 하는 조사는 관심이 되는 대상의 특성을 정확하게 서술하려 하기 때문에 관심이 되는 대상의 일부인 표본을 연구하여 관심이 되는 대상 전체의 특성으로 일반화하고자 한다. 즉 표본이 관심 대상 전체를 대표하는 것이 분명하다면 일반화도 더욱 분명하게 할 수 있을 것이다. 이러한 목적을 위해 상관관계 설계를 수행할 수 있다. 상관관계설계에서는 원인 변수와 결과 변수를 동시에 측정하기 때문에 원인이 되는 변수가 결과가 되는 변수보다 먼저 발생하였다는 것을 증명할 수 없어서 변수 간의 관계가 인과관계라고 볼 수 없으며, 상관관계를 볼 수 있는 설계이다. 또한, 제3의 변수가 두 변수를 설명할 수 있는 가능성도 배제할 수 없다. 그러나 다변량 통계 기법을 사용하여 제3의 변수를 포함시켜 그 영향력을 통제하면 횡단 설계에 의한 자료에서도 인과관계를 추론할 수 있다.

예를 들어 주민들의 장애인 시설 건립 반대라는 조사 문제는 실험을 수행하여 원인을 밝히기 어렵다. 즉, 주민들의 장애인에 대한 편견을 측정하기 위해 두 지역을 무작위로 선정하여 한 지역에는 장애인 시설을 설치하고 다른 지역에는 장애인 시설을 설치하지 않고, 장애인 시설을 설치하기 전과 설치한 후에 편견 정도를 조사한다는 것은 윤리적으로 용납될 수도 없고 현실적으로도 불가능하다. 따라서 이 조사 문제에 대해서는 실험설계보다는 비실험설계인 상관관계설계를 채택하여야 할 것이다.

따라서 설문지를 작성하여 시간적으로 동시에 자료를 수집하는 조사는 기본적으로 상관관계설계이다. 상관관계설계로 인과관계를 추론하기 위해서는 무엇보다도 독립변수와 종속변수 간에 인과관계가 있다는 이론적 근거를 제시해야 하며, 또한 다변량 통계 기법을 사용하여 독립변수와 종속변수의 관계에 영향을 미칠 수 있는 다른 변수들을 통제하여야 한다.

(2) 표본추출

① 모집단과 표본

예를 들어 연구자가 우리나라의 전체 빈곤 가구의 평균 소득, 빈곤 가구 중 노인 가구의 비율 등에 관심이 있다고 하자. 이렇게 관심의 대상이 되는 전체 집단을 모집단(population)이라고 한다. 관심의 대상이 되는 모집단의 특성, 즉 전체 빈곤 가구의 평균 소득과 노인 가구의 비율 등을 고찰한다고 할 때, 전국에 거주하고 있는 모든 빈곤 가구를 전부 조사할 수 있지만, 이에는 여러 가지 문제가 따른다. 우선, 빈곤 가구 전체를 조사한다는 것은 국가 기관이 수행하면 가능할 수 있으나, 개인 연구자가 이를 수행한다는 것은 시간적으로나 경제적으로 어렵다. 그뿐만 아니라 빈곤 가구가 한 장소에서 머무르는 것이 아니라 이동하는 가구가 있을 수 있고, 또한 빈곤 가구에서 벗어나는 가구와 새로이 빈곤 가구가 되는 가구가 있을 수 있어서 전체 빈곤 가구를 조사한다고 해도 실제로는 일부 빈곤 가구가 조사에서 제외될 수밖에 없다. 따라서 전체 빈곤 가구를 조사하는 것은 실제로는 어렵고 비효율적일 수 있다.

따라서 모집단을 대표하는 일부분, 즉 표본(sample)을 추출하여 표본에 나타난 특성을 분석함으로써 모집단 전체의 특성을 파악하는 것이 유용할 수 있다. 즉, 표본 추출 방법에 따라 우리나라 전체 빈곤 가구 중 일부 가구를 추출하여 빈곤의 수준과 빈곤 가구 중 노인인구의 비율을 추정하는 것이 더 바람직할 수 있다.

② 모수와 통계치

앞의 예에서 보듯이 우리나라 전체 빈곤 가구를 전부 조사하여 그 집단의 특성인 평균 소득을 산출하거나, 아니면 빈곤 가구 중 일부를 표본으로 추출하여 평균 소득을 산출할 수 있다. 여기서 모집단의 평균을 모평균이라고 하며, 표본의 평균을 표본평균이라 한다.

이처럼 모집단을 대상으로 평균(모평균), 분산(모분산), 표준편차(모표준편차) 등 모집단의 속성을 수치로 기술하고 있는 것을 모수(또는 모수치, parameter)라 한다. 반면에 표본을 대상으로 평균(표본평균), 분산(표본분산), 표준편차(표본표준편차) 등 표본의 특성을 수치로 나타내는 것을 통계치(statistic)라 한다. 그런데 관심의 대상이 되는 모집단의 특성, 즉 모수는 일반적으로 모를 뿐 아니라 정확하게 알 수 없는 경우가 대부분이다. 이러한 모수를 알기 위하여 그 모집단으로부터 표본을 추출하여 표본에서 나타난 통계치로 모수를 추정하게 된다. 특히 표본을 추출하여 얻어진 자료는 관심의 대상이 되는 모집단의 정보를 얻기 위함이기 때문에 표본을 추출할 때에는 모집단의 특성을 잘 대표할 수 있도록 유의해야 한다.

③ 표본추출의 유형

표본추출은 연구 대상인 표본을 선정하는 방법이다. 표본추출은 관심이 되는 대상의 일부만을 관찰하여 그 결과를 전체의 대상에 적용하려하기 때문에 일반화라는 개념과 밀접히 관련되어 있다. 표본추출에는 확률 표본추출과 우연 표본추출, 할당 표본추출, 의도적 표본추출 등의 비확률 표본추출이 있다.

• 확률 표본추출

확률 표본추출에서는 모집단의 모든 구성원이 표본으로 선택될 가능성이 같으며, 표본은 모집단을 대표한다. 모집단을 대표한다는 것은 표본의 전체적인 특성이 모집단의 전체적인 특성에 근접하게 접근한다는 것을 의미한다. 이러한 목표를 달성하기 위해서는 무작위 선정이 중요하다. 확률 표본추출에는 단순 무작위 표본추출, 체계적 표본추출, 층화 표본추출, 군집 표본추출이 있다.

앞의 조사 문제로 예를 든다면, 단순 무작위 표본추출을 사용하기 위해서 연구자는 장애인 시설이 들어섰거나 들어설 계획이 있었던 지역인 조사 대상 지역의 전체 주민의 명단을 주민센터를 통해서 구하고 난수표를 이용하여 무작위로 표본을 선정할 수 있다. 다단계 군집 표본추출을 사용한다면 우선은 모든 동의 명단 중에서 표본을 선택하고, 선택된 동의 아파트 명단에서 아파트를 결정한다. 아파트가 결정되면 주민 명단에서 조사 대상인 주민들을 무작위 표본추출한다.

• 비확률 표본추출

모집단의 구성원이 표본으로 선택될 가능성을 계산할 수 없는 표본추출이다. 비확률 표본추출에는 의도적 표본추출, 우연 표본추출, 눈덩이 표본추출, 할당 표본추출이 있다. 예를 들어 의도적 표본추출을 사용하면 연구자가 지역의 주민들을 대표한다고 판단되는 주민들을 표본으로 선정할 수 있다. 우연 표본추출을 사용하면 지역 내의 시장 입구에서 지나가는 주민들을 아무나 편리하게 표본으로 선정할 수 있다. 비확률 표본추출은 사용하기 편리하지만 표본이 모집단을 대표할 가능성이 낮다는 단점이 있다.

(3) 측정과 변수

변수는 연구의 대상이 되는 단위들이 서로 구별되고, 차이가 나고, 변화하는 어떤 속성(attribute)을 말한다. 또한, 변수는 특징적인 속성을 대표하여 일정한 측정 단위로 계량화가 가능한 것을 뜻한다. 예를 들어 사회복지 클라이언트는 변수가 될 수 없으며, 이것은 단수한 개념에 불과하다. 사회복지 클라이언트 그 자체는 어떤 특수한 속성을 나타내고 있지 않기 때문에 일반적인 전체 성격만을 나타낼 뿐이어서 측정하고 계량화할 수 없다. 그러나 사회복지 클라이언트의 교육 수준, 월평균 소득 수준 또는 생활 만족도 등은 클라이언트의 특징적인 속성을 가지고 있고 또한 계량화할 수 있기 때문에 변수가 될 수 있다.

또한, 사회복지 클라이언트의 교육 수준이라는 변수를 무학, 국졸, 중졸, 고졸, 대졸 이상 등 하위 범주들로 측정할 경우, 즉 변수가 가지고 있는 속성들을 변수값이라고 한다.

측정은 세심하고 의도적인 관측이며, 변수 및 변수를 구성하는 속성을 숫자나 기호로 구체화하는 과정을 말한다. 변수가 지녀야 할 기본적인 두 가지 특성은 포괄성과 상호 배타성이다. 포괄성이란 변수를 구성하는 속성이 변수가 가질 수 있는 가능한 모든 값을 포함해야 한다는 것을 의미한다. 상호 배타성이란 변수를 구성하는 각 속성들이 서로 다른 내용을 나타내야 한다는 것을 의미한다. 예를 들어 성별이라는 변수에서 '남'과 '여'라는 속성은 성별이 가질 수 있는 모든 값을 포함하고 있으며, 남과 여는 서로 다른 내용을 나타내어 겹치지 않는다.

① 변수들 간의 관계에 따른 변수 분류

변수는 크게 네 가지로 분류될 수 있는데, 다른 변수를 설명할 것으로 예상되는 변수를 독립변수라고 하며, 설명의 대상이 되는 변수를 종속변수라고 한다. 장애인 시설과 관련된 조사 문제에서 독립변수는 주민들의 장애인에 대한 '편견'과 '집값'등이 될 수 있을 것이고, '장애인 시설 건립 반대'는 종속변수가 될 수 있을 것이다. 또 다른 예로, "사회복지 실무자의 전문성에 따라 직무 성과는 차이가 있을 것이다."라는 가설에서 사회복지 실무자의 전문성은 독립변수이고, 직무 성과는 종속변수가 된다. 독립변수와 종속변수의 사이에서 독립변수의 결과인 동시에 종속변수의 원인이 되는 변수를 매개변수(intervening variable)라고 한다. 즉, X → Z → Y라는 관계가 성립할 때, Z는 매개변수가 된다. 그러므로 매개변수는 독립변수에 대해서는 영향을 받는 변수이지만, 종속변수에 대해서는 영향을 미치는 효과를 지니고 있다.

또 다른 변수의 형태는 외생변수로서 이 변수는 독립변수와 종속변수 간에 관측된 관계를 설명하는 제3의 변수이다. 예를 들어 사회복지관에서 심리 치료를 담당하는 사회복지 전문가가 클라이언트에게 사용하는 상담 시간(X)과 심리 치료를 받은 후 클라이언트의 심리 상태(Y)의 관계를 규명한다고 하자. 여기에서 상담 시간을 독립변수로, 심리 상태를 종속변수로 보았을 때 상담 시간이 길수록 클라이언트의 심리 상태가 악화되는 것으로 나타날 수 있다. 이는 독립변수와 종속변수 외에 두 변수를 모두 설명하는 제3의 변수인 외생변수에 의해 나타나는 결과일 수 있다. 이 예에서는 심리 치료를 받기 전의 클라이언트의 심리 상태(Z)가 두 변수를 모두 설명할 수 있을 것이다. 즉, 심리 치료를 처음 받으러 온 클라이언트의 심리 상태가 상당히 안 좋은 상태라면 사회복지 전문가는 더 많은 상담 시간을 할애했을 것이다. 또한, 처음의 심리 상태는 상담 이후의 심리 상태에도 영향을 미치게 될 것이다. 다시 말해서 X → Y라는 관계가 성립할 때, X와 Y 간의 관계는 제3의 변수 Z가 X, Y에 영향을 미쳐 나타난 관계이며, Z를 통제하면 X와 Y 간의 관계가 나타나지 않는 경우를 가식적 관계(허위 관계, spurious relationship)라고 하며, 이때 Z를 외생변수라 한다.

한편, 분석을 하면서 외생변수를 포함하여 그 변수가 독립변수와 종속변수에 미치는 영향을 통제하고자 하게 되면, 외생변수는 통제변수가 된다.

② 변수의 속성에 따른 변수 분류

측정에는 명목 측정, 서열 측정, 등간 측정 및 비율 측정이 있으며, 각 측정으로 만든 변수를 각각 명목 변수, 서열 변수, 등간변수, 비율변수라고 한다.

- 명목 변수

변수를 구성하는 속성이 포괄성과 상호 배타성만을 갖고 있는 변수를 명목 변수라고 하며, 이는 관찰 대상의 고유한 속성을 분류하거나 구분하기 위해 숫자나 기호를 부여하는 것이다. 예를 들어 성별, 종교, 결혼 상태, 거주 지역, 직업, 장애 유형 등과 같이 관찰한 자료가 비수량적이며, 범주의 구분을 위해 명명하는 변수이다. 명목 변수에서 속성에 붙이는 숫자는 양적인 의미를 갖지 않으며, 단지 자료가 지닌 속성을 상징적으로 구별하고 있을 뿐이다. 따라서 명목 변수를 분석할 때 평균 또는 중앙값을 계산할 수 없다. 예를 들어 컴퓨터에 자료를 입력하기 위해 종교라는 변수에서 '불교', '기독교', '천주교', '무교' 및 '기타'라는 속성에 각각 1, 2, 3, 4, 5라는 숫자를 붙인다고 해도 양적인 의미는 없다. 따라서 표본의 종교 평균을 2.4로 계산한다고 해도 그 의미를 해석할 수 없다. 또한, 성별에서도 남자에게 1, 여자에게 2를 부여해도 여자가 남자보다 성별이 2배 많다는 뜻이 아니라 단지 남자와 여자를 구분하는 부호일 따름이다.

- 서열 변수

변수를 구성하는 속성들 사이에 논리적으로 서열이 있는 변수를 서열 변수라고 한다. 서열은 순서를 나타내기 때문에 속성의 순서는 알 수 있지만 속성들 간의 차이가 명확하지 않다. 예를 들어 결혼 만족도라는 변수가 있고, 그 속성으로 '대단히 만족', '만족', '그저 그렇다', '불만', '대단히 불만'이라는 범주로 구분하고, 1, 2, 3, 4, 5를 부여하면 다섯 범주의 순서는 분명히 밝힐 수 있다. 그러나 '대단히 만족'의 범주에 속하는 사람이 느끼는 만족도와 '만족'하는 사람이 느끼는 만족도의 차이인 1과, '불만'인 사람이 느끼는 만족도와 '대단히 불만'인 사람이 느끼는 만족도의 차이인 1이 같다고 할 수 없다는 것이다. 따라서 덧셈, 뺄셈, 곱셈, 나눗셈의 사칙연산이 불가능하다. 앞에서 제시한 예에서 편견의 정도를 나타내기 위한 문항에서 "1. 대단히 반대한다, 2. 반대한다, 3. 그저 그렇다, 4. 찬성한다, 5. 대단히 찬성한다"의 범주는 서열 변수의 예이다. 이와 같이 서열 변수는 관찰 대상의 비교 우위만을 결정하며, 각 서열 간의 차이가 어느 정도 크고 작은지는 알 수 없다.

원칙적으로 서열 변수로는 추론통계를 사용할 수 없지만, 특정한 변수의 분포가 동일 자료 내의 다른 양적 변수와의 관계에서 전반적으로 선형일 경우에 양적 변수로 취급하여 추론통계를 사용하는 경우도 있다. 예를 들어 거트만 척도나 리커트 척도와 같은 척도에 의한 서열 변수는 추론통계를 위한 자료를 제공할 수 있다. 앞의 예에서 편견을 나타내기 위한 문항이 20개가 있었다고 가정하였다. 이렇게 20개의 문항이 각각 5개의 범주가 있고, 각 범주를 1에서 5까지 점수를 부여하면 편견의 총점은 20점에서 100점까지 분포하게 될 것이다. 이 편견의 총점은 다른 독립변수, 예를 들어 교육 연한과 선형의 관계를 갖게 될 가능성이 높다. 이럴 경우, 편견의 총점은 서열 변수이지만 양적 변수로 사용될 수 있다는 것이다.

• 등간변수

변수를 구성하는 속성들 사이에 순서가 있을 뿐 아니라, 각 속성들 간의 차이가 정확하고 의미가 있어서 숫자 크기의 차이가 속성의 양적 차이를 나타내는 변수이다. 이에 따라 등간변수에서는 측정 단위들 사이의 간격이 모두 같아서 사칙연산이 가능하다. 반면에 등간변수는 절대 영점의 값을 갖지 않는다. 등간변수의 예는 지능검사를 들 수 있다. 다시 말해서 지능검사에서 0이란 전혀 지능이 없다는 것을 의미하지 않는다. 또 다른 예로 온도가 섭씨 0도라는 것은 온도가 없다는 것을 의미하는 것은 아니다. 따라서 등간변수는 속성의 양적 차이를 측정할 수 있지만, 그 양의 절대적 크기는 측정할 수 없으므로 비율 계산하기가 어렵다.

- 비율변수

등간변수의 특성을 가지면서 절대 0의 값을 갖는 변수이다. 예를 들어 연령, 가족의 수, 소득 등은 비율변수라고 할 수 있다. 다시 말해서 소득 수준이 0이라는 것은 소득이 없다는 것을 의미하며, 소득 수준이 100만 원인 것은 50만 원인 것의 2배가 된다. 측정과 관련되어 있는 중요한 개념은 신뢰도(reliability)이다. 특정한 측정 방법을 동일 대상에 반복 적용하여 같은 결과를 얻으면 신뢰도가 있다고 한다. 측정이 신뢰도가 있으면 측정에 일관성이 없는 무작위 오류를 감소시킬 수 있다. 예를 들어 키를 고무줄로 측정한다면 동일인의 키를 측정한다고 하더라도 다른 결과가 나올 것으로 예상되기 때문에 그 측정 방법은 신뢰도가 없다고 할 수 있다. 반면에 줄자를 이용한다면 동일인에 대해서는 동일한 측정 결과가 나오게 될 것이다. 따라서 줄자는 신뢰도가 있는 측정 방법이라고 할 수 있다.

신뢰도가 측정의 정확성을 의미하지 않는다. 위의 예에서 사용한 줄자가 공장에서 잘못 만든 불량품이어서 눈금 한 칸이 1㎝가 아니라 0.9㎝라고 하자. 이 줄자를 사용하면 동일인에 대해 동일한 결과가 반복되겠지만 그 수치가 정확한 수치가 될 수는 없다. 이와 같이 조사하고자 하는 개념을 적절히 측정할 수 있는 정도를 타당도(validity)라고 한다. 좋은 측정은 신뢰도와 타당도를 동시에 갖추어야 한다.

이와 같은 측정의 종류에 대한 내용을 정리하면 [표 8-1]과 같다.

[표 8-1] 측정의 특성 구분

구분 척도	의 미	범주	순위	등간격	절대영점	변수의 예
명목 측정	범주형 자료로서 분류 또는 구분을 목적으로 사용	유	무	무	무	성별, 종교, 직업 등
서열 측정	자료의 속성의 순서적 특성 제시	유	유	무	무	복지욕구 선호순서, 사회계층 (예: 7개 계층 분류)
등간 측정	속성에 대한 순위부여 및 간격이 동일한 측정	유	유	유	무	온도, 물가지수
비율 측정	등간 측정에 측정값 사이에 비율계산이 가능한 측정 (절대영점 존재)	유	유	유	유	소득액, 연령, 무게

출처 : 이인재 · 이선우 · 류진석, 1997, 사회복지통계분석.

(4) 척도

측정의 신뢰도와 타당도를 높이기 위해 척도를 사용하며, 리커트 척도와 거트만가 많이 활용되고 있다.

① 리커트 척도

리커트 척도는 총화척도(summated rating scale)라고도 부른다. 이 척도에서는 조사 대상자들에게 문장을 제시하고 조사 대상자가 그 문장에 강도에 따른 대답을 하도록 구성한 것이다. 예를 들면 장애인에 대한 편견을 리커트 척도로 측정한다면 다음과 같은 문항을 사용할 수 있다. "귀하의 자녀가 장애아를 친구로 사귀는 것을 반대하십니까? 또는 찬성하십니까?" 등의 문항이다. 이러한 문항들에 대해 "1. 대단히 반대한다, 2. 반대한다, 3. 그저 그렇다, 4. 찬성한다, 5. 매우 찬성한다"라는 5점의 척도를 제시하는 것이 리커트 척도이다. 리커트 척도는 동일한 개념을 나타내는 여러 문항을 사용하여 조사 대상자들의 위치를 더욱 세밀히 구분할 수 있다. 예를 들어 주민들이 장애인에 대해 갖고 있는 편견을 나타낼 수 있는 문항을 20개로 만든다. 20개 문항 각각에 대해 1점에서 5점까지 5점 척도를 제시하고, 조사 대상자가 응답한 20개 문항 각각의 점수를 합산한다.

② 거트만 척도

거트만 척도는 누적척도(cumulative scale)의 일종으로 보가더스(Bogardus) 사회적 거리척도도 그 일종이라고 볼 수 있다. 이 척도에서는 조사 대상자가 응답하는 항목들에 정도의 거리를 두어서, 조사 대상자가 응답하는 내용으로 조사 대상자의 위치를 세밀하게 파악하고자 하는 방법이다. 예를 들어 주민들의 장애인에 대한 편견을 알아보기 위해 다음과 같은 문항을 제시할 수 있다.

귀하가 장애인들에 대해 갖고 있는 생각을 다음의 항목에서 선택하여 주십시오.

1. 우리 동네에 들어오지 못하게 하겠다.
2. 우리 집에 들어오지 못하게 하겠다.
3. 우리 아이와 같이 놀지 못하게 하겠다.
4. 우리 아이가 결혼하지 못하게 하겠다.

위의 항목들을 보면, 1번에서 4번까지 정도에 있어 차이를 갖고 있다. 따라서 조사 대상자가 2번을 선택했다면, 그 조사 대상자는 3, 4번도 선택한다고 볼 수 있다.

3) 자료의 수집

이는 연구 설계에 따라 자료의 수집을 실행하는 단계이다. 자료를 수집하는 방법에는 설문조사, 2차 자료 분석, 관찰, 질적 면접 등이 있다. 설문조사에서는 우편 또는 면접으로, 관찰조사에서는 관측으로, 2차 자료 분석에서는 문헌조사를 통해 자료를 수집한다.

(1) 설문조사

설문조사는 조사 대상에게 설문지를 통해서 질문을 하여 자료를 수집하는 조사로, 표본도 대규모로 선정할 수 있다는 장점이 있어서 규모가 큰 모집단의 특성을 기술하려는 목적에 유용하다. 설문조사는 일반적으로 수량화된 자료를 수집하며, 양적 조사의 대표적인 형태이다. 설문조사는 특정 주제에 대해 많은 질문을 할 수 있어서 자료를 분석하는데 유리하며, 변수의 분포와 변수 간의 관계에 대한 자료를 얻고자 하는 목적으로 주로 사용한다. 또한, 표준화된 질문지를 사용하면 측정의 측면에서도 상당한 장점을 지니게 된다. 반면에 표준화된 질문지를 사용하기 때문에 여러 유형의 응답자들을 모두 포함시킬 수 있는 유연성이 떨어진다는 단점이 있다. 설문조사에는 우편 설문조사, 온라인 설문조사, 대면 면접 설문조사 또는 전화 면접 설문조사 등이 있다.

앞의 예에서 주민들이 장애인에 대해서 갖고 있는 편견과 장애인 시설에 대한 반대 태도 및 행동에 대한 자료를 설문조사를 통해서 얻을 수 있을 것이다.

① 우편조사

우편조사는 조사 대상자가 설문지를 작성하는 설문조사의 한 방법이다. 우편조사는 비용이 적게 들고 편리하기 때문에 사회복지조사에서 많이 이용된다. 또한, 우편조사는 응답자의 익명성을 보장해 줄 수 있어서 민감한 문제에 대해 솔직한 응답을 얻어낼 수 있다. 반면에 우편조사는 질문지의 회수율이 낮으며 자료의 질이 떨어질 수 있다는 단점이 있다.

② 온라인 설문조사

온라인 설문조사는 이메일이나 웹사이트를 활용하여 설문조사를 하는 방법이다. 설문지를 이메일 내용에 포함시키거나 첨부파일로 보낼 수 있다. 또한, 웹사이트에 설문지를 만들어 응답자가 직접 사이트에 접속하여 온라인으로 설문지를 작성하게 한다.

온라인 설문조사의 가장 큰 장점은 비용이 적게 든다는 점이다. 우편조사나 전화 면접조사에 비해서도 비용이 훨씬 적게 든다. 가장 큰 단점은 응답자의 대표성이다. 아직까지도 이메일이나 인터넷을 사용하는 온라인 설문조사에 응답하는 사람은 젊고 교육 수준이 높은 경향이 있다. 그렇지만 최근에는 구글 설문지를 활용한 설문조사 등 온라인 설문조사가 급증하고 있다.

③ 대면 면접조사

면접조사는 면접자가 조사 대상자와 직접 대면하여 질문하기 때문에 우편조사에 비해 응답률은 높다. 또한, 응답자가 질문지를 이해할 수 없을 때 면접자가 도움을 제공할 수 있다. 반면에 면접자들을 이용하기 때문에 비용이 많이 드는 단점이 있다. 그뿐만 아니라 면접자가 응답자의 반응에 미칠 위험이 크다.

④ 전화 면접조사

전화 면접조사는 전화를 갖고 있는 사람들만이 조사 대상자가 될 수 있다는 단점을 갖고 있으나, 최근에는 전화보급률이 상당히 높아서 큰 단점이 되지는 않는다. 전화 면접조사는 대면 면접조사에 비해 돈과 시간을 절약할 수 있으면서도 응답률을 대면 면접조사만큼 높일 수 있다는 장점을 지니고 있다. 반대로 대면 면접조사보다는 덜 하지만 조사원이 응답자의 반응에 영향을 미칠 위험이 있다. 또한, 전화 면접조사로는 질문에서 한 단어만이라도 응답자가 잘못 들으면 전체 문장을 이해할 수 없기 때문에 복잡한 질문을 하기가 어렵다.

(2) 2차 자료 분석

2차 자료 분석은 다른 연구자들이 이미 조사한 자료를 이용하여 조사를 하는 것이다. 기존의 자료를 이용하기 때문에 비용이 적게 들고 소요되는 시간도 짧은 장점이 있다. 그러나 기존의 자료가 연구 목적에 합당하지 못한 경우가 많이 발생한다. 즉, 기존의 자료를 얻기 위해 사용했던 설문의 내용이 현재 수행하고 있는 연구에서 분석하고자 하는 변수를 타당하게 측정하고 있는지 의문이 발생할 위험이 많다.

(3) 관찰조사

관찰조사는 사회 현상을 있는 그대로 직접 관찰하여 자료를 수집하는 방법으로 질적 조사의 대표적인 형태이다.

위의 예에서, 주민들의 편견, 태도 및 행동에 대한 자료를 관찰에 통해서 수집할 수도 있을 것이다. 그러나 관찰은 조사 대상의 범위가 넓지 못하고 진행되는 과정을 계속 관찰해야 한다는 단점이 있다.

4) 질적 면접

질적 면접은 연구자가 대화 형태의 상호작용을 통해서 응답자로부터 자료를 수집하는 방법이다. 조사원이 사전에 작성되어 있는 질문을 하고 응답자가 미리 정해 놓은 응답 범주 중에서 하나를 선택하도록 하는 면접 설문조사와 달리 질적 면접은 연구자가 응답자와의 다양한 대화를 통해서 정보를 수집한다. 위의 예에서 연구자는 주민들이 장애인 시설에 대해 갖고 있는 감정에 대해서 자유롭게 얘기하도록 한다.

4) 자료의 처리

이 단계는 수집된 자료를 부호화하여 해석할 수 있도록 하는 과정이다. 부호화된 자료는 일반적으로 컴퓨터로 분석할 수 있도록 디스켓, 테이프 등에 저장된다. 자료의 처리에는 일반적인 문서 작성 프로그램, 데이터베이스 프로그램 및 통계 패키지의 데이터 작성 프로그램을 이용한다. 따라서 통계 프로그램이 사용되는 첫 단계는 자료의 처리단계이다. 그러나 조사설계의 단계에서 이미 자료의 처리단계 및 분석단계를 고려하여 변수의 종류, 설계의 종류들을 결정하여야 한다.

5) 자료의 분석

자료의 분석단계에서는 처리된 자료를 조작하여 조사 문제에 해답을 제공하고자 한다. 자료를 분석하면서 예상했던 결과뿐 아니라 예상하지 못했던 결과가 나오는 경우가 빈번하다. 사회복지통계는 자료를 분석하는 단계에서 가장 필요한 도구이다. 특히 수집된 자료가 양적인 자료일 경우에 자료를 효과적으로 해석하기 위해서 반드시 필요한 도구이다.

통계의 종류에서는 여러 가지 기준으로 구분할 수 있지만, 크게 두 가지 경우로 분류할 수 있다. 첫째 통계의 기능 또는 목적에 따른 분류로, 기술통계(descriptive statistics)와 추론통계(inferential statistics)로 구분할 수 있으며, 둘째 변수의 수와 변수의 관계에 따른 분류로 일원통계, 이원통계, 다원통계로 구분할 수 있다. 이에 대해 간략하게 살펴보면 다음과 같다.

(1) 기능 또는 목적에 따른 분류

① 기술통계

기술통계란 주어진 원 자료(raw data)를 있는 그대로 제시하는 통계적 방법이며, 또한 복잡하고 다양한 수량적 자료를 이해하기 쉽고 의미 있는 형태로 정리, 조직화하는 방법이라 할 수 있다. 기술통계는 표본 또는 모집단의 특성을 서술하는 통계로 빈도분포, 중심경향도(최빈값, 중앙값, 평균), 산포도(범위, 사분위범위, 변량, 표준편차) 등을 들 수 있다.

기술통계의 주요 기능은 첫째, 특정 변수 또는 집단에 관련된 수량적 자료의 조직 및 요약적 기능, 둘째 두 개 또는 그 이상의 변수들 간의 상관관계에 대한 기술적(記述的) 기능을 지니고 있다. 따라서 기술통계란 자료를 수집하고 표나 그림 또는 대푯값, 변동의 크기 등을 통하여 수집된 자료의 특성을 쉽게 파악할 수 있도록 자료를 정리 · 요약하는 방법을 다루는 통계적 방법에 관한 지식 체계를 말한다.

② 추론통계

추론통계란 모집단(연구 대상이 되는 전체 집단)에서 뽑은 표본에서 나온 통계치로부터 모수치를 추정하거나 가설을 검증하는데 사용하는 통계적 방법을 말한다. 추론통계의 방법에는 가설 검증의 가정에 따른 구분에 의해 모수통계(parametric statistics)와 비모수통계(nonparametric statistics)로 구분할 수 있다. 모수통계는 정규분포(normality), 분산의 동질성(homogeneity of variance), 측정치의 연속성 및 동간격성(continuity and equal interval of measure) 등을 전제한 후 분석하는 통계 방법으로, t 검증, 분산분석(analysis of variance), 상관분석, 회귀분석 등이 대표적인 방법이라 할 수 있다. 반면에 비모수통계는 모수통계의 가정이 요구되지 않는 추론통계 방법으로 χ^2 검증, 콜모고로프-스미르노프(Kolmogorov-Smirnov) 검증, 맨-휘트니 검증 등이 있다. 추론통계는 표본에서 모집단의 특성을 추정하는 통계로 가설을 검증하는데 사용되는 통계이다.

(2) 변수의 수 또는 변수의 관계에 따른 분류

통계분석 방법을 변수의 수나 그 관계에 따라 분류할 경우 일원통계, 이원통계, 다원적 통계분석이 있다. 한 변수의 실체만을 독립적으로 기술하는 통계적 방법인 일원통계(univariate statistics)는 변수의 범주별 분포의 특성에 대한 총체적인 사실 발견 기술을 위해 이용되고, 이원통계(bivariate statistics)는 두 변수 간의 상호관계나 차이를 분석하는데 사용되는 통계적 방법으로서, 한 변수의 분포적 특성을 다른 변수와의 관계 속에서 설명하는데 이용된다. 그리고 다원적 분석통계(multivariate statistics)는 3개 또는 그 이상의 변수들 사이의 관계를 밝히기 위하여 사용하는 통계적 방법을 말한다.

6) 결과의 해석

결과의 해석단계에서는 통계분석의 결과가 갖는 의미에 대해 판단을 내리는 단계이다. 분석결과를 설명하고 결과를 일반화하는 데의 한계 등도 고려한다. 이 단계에서는 결과를 해석하는 여러 가지 방법에 대한 철저한 토론을 제시한다. 또한, 어떤 결과가 일반화될 수 있으며 어떤 결과가 일반화될 수 없는지, 결과의 의미 및 타당성과 관련된 방법론적 한계 등도 고려해야 한다. 마지막으로 사회복지정책과 프로그램 개발을 위한 함의, 사회복지실천과 이론에 대한 함의, 앞으로의 연구에 대한 함의를 제시한다.

7) 조사보고서의 작성

마지막 단계인 조사보고서의 작성 단계에서는 조사의 결과를 공개하기 위해 대체로 조사의 단계에 따라 보고서를 작성한다. 보고서는 일반적으로 서론에서 조사 문제에 대한 배경을 설명하고 연구의 중요성을 제시하며, 연관된 이론과 연구를 밝힌다. 연구의 분석단위, 변수, 가설, 조작적 정의를 제시한다. 방법론에서는 논리적 배열, 표본추출, 자료수집 과정, 측정 방법 등의 연구 설계를 설명한다. 다음에 자료 분석의 결과에서 사용된 통계기법을 설명하고 표, 그래프 등으로 자료를 제시한다. 또한, 구체적인 자료가 무엇을 의미하는지 기술적이고 사실적인 의미에서 서술을 한다. 토론에서는 결과의 해석을 제시한다.

3. 결론

사회복지통계는 사회복지조사에서 수집된 자료를 체계적으로 분석하여 해석하기 위한 기술이다. 앞에서 언급한 사회복지조사의 모든 과정에 세심한 주의를 기울여야 올바른 자료를 얻을 수 있으며, 그 자료를 올바른 분석 방법으로 해석하여야 우리가 이해하고자 하는 대상 또는 현상을 제대로 이해할 수 있게 될 것이다. 따라서 이 과정에서 한 과정에만 오류가 발생해도 결과적으로 우리는 사회복지조사를 통해 추구하려는 목표를 달성하지 못하게 된다. 예를 들어 문제의 형성 과정에서 개념을 잘못 정립한다면 그 개념에 기초한 자료들은 올바른 의미를 가질 수 없게 된다. 또는 자료의 수집 과정이 제대로 이행되지 않았다면 그 이전의 과정이 제대로 이행되었다 하더라도 결국 잘못된 자료를 얻게 된다. 이와 같이 사회복지조사는 첫 단계부터 마지막 단계까지 유기적으로 연결된 하나의 과정이라고 볼 수 있다.

참고문헌

이인재 · 이선우 · 류진석, 《사회복지통계분석》, 나남출판사, 1997

Rubin, A. and Babbie, E., 김기덕 · 김용석 · 유태균 · 이기영 · 이선우 · 정슬기 역, 《사회복지조사방법론》, Cengage Learning, 2008

3부
사회보장분야론

INTRODUCTION
TO
SOCIAL
WELFARE

s · o · c · i · a · l w · e · l · f · a · r · e

9 사회복지법제

1. 서설

사회복지법은 글자 그대로 '사회복지'에 관한 '법'이다. 달리 표현하면 '사회복지' 라는 전문 영역과 '법'이라는 전문 영역의 공약수가 사회복지법인 것이다. 또한, 사회복지는 제도화를 통해서 효과적인 실천이 가능하며 따라서 법제화의 노력이 제도화의 핵심이며 필요불가결한 것이다.

그러나 사회복지학에서도 그동안 사회복지법에 대한 관심과 연구가 상대적으로 부족하였으며 법학에서도 '사회보장법'이라 하여 주로 사회보험과 공공부조를 중심으로 논하였지만 사회복지서비스영역을 도외시하는 경향이었음을 부인할 수 없다.

그러므로 사회보험 관련법과 공공부조 관련법은 물론이고 사회복지서비스 관련법(사회복지사업법, 노인복지법, 아동복지법, 장애자복지법 등) 및 기타 사회복지 관련법을 포괄하는 넓은 의미의 '사회복지법'에 대한 체계적인 연구의 필요성이 증대되었던 것이다. 이와 더불어 김영삼, 김대중 정부 및 노무현 정부에서 박근혜 현 정부에 이르기까지 최근 20년 동안 사회복지 분야에서 새로운 입법 내지 개정 법률이 봇물처럼 쏟아져 나와 사회복지법이 양과 질 양 측면에서 엄청난 변화를 맞이하고 있으며, 이 또한 사회복지법에 대한 관심이 고조되는 계기가 되었다. 이와 같은 시대적 흐름에 발맞추어 전국에 있는 유수한 대학의 사회복지학과에 사회복지법제론이 정식 교과목으로 편성되었으며, 사회복지사업법의 시행령 개정에 따라 1급 사회복지사 자격시험에 사회복지법제론이 필수과목으로 채택되기에 이르렀다.

본서에서는 사회복지법제의 기본적인 내용을 중심으로 사회복지법의 체계화와 사회복지법상 중요 쟁점에 대하여 간략하게 소개하기로 한다.

2. 사회복지법의 의의와 존재 모습(법원)

(1) 사회복지법의 개념

① 사회복지법 개념 정립의 의의 및 필요성

사회복지법은 사회복지와 법이 결합된 단어이고, 이미 우리는 법이란 무엇인지를 살펴보았기 때문에 사회복지가 무엇인지만을 규명한다면 사회복지법을 쉽게 정의할 수 있을 것처럼 보인다. 그러나 사회복지법 개념 정립은 그 용어뿐 아니라 개념에서 학자에 따라 다양하게 정의되고 있듯이 반드시 쉬운 것만은 아니다.

사회복지법의 개념을 규명하는 것은, 다른 법들과 구별되는 사회복지법의 독자적 지위 내지 정체성을 밝히는 것일 뿐 아니라 사회복지법 자체의 체계를 확립하기 위한 것이다. 특히 현대 사회는 실질적 법치주의에 근거한 복지국가의 출현으로 사회복지의 주체·대상·내용 등에서 확대되고 있기 때문에 사회복지법의 연구대상과 범위를 확정하기 위한 전제로서 사회복지법의 개념 정립이 필수적이라 할 수 있다.

② 사회복지법 개념 정립의 어려움

사회복지법의 개념 정립이 곤란한 가장 근본적인 이유는 '사회복지법'이라는 단일 법전이 없기 때문이다. 물론 사회보장기본법과 사회복지사업법 등이 있어 어느 정도 법체계를 갖추고 있으나, 학문으로서의 사회복지법 연구에 있어서는 부족하다고 할 수 있다.

(2) 형식적 의미의 사회복지법과 실질적 의미의 사회복지법

① 형식적 의미의 사회복지법

형식적 의미의 사회복지법이란 '사회복지법'이라는 이름을 가진 성문의 법전을 말한다. 따라서 엄격한 의미에서 우리나라 등 다수의 국가에서는 형식적 의미의 사회복지법이 없다고 보아야 한다. 사회복지법은 최근에 생성하여 발전 과정에 있는 새로운 법 영역이므로 다른 법들과는 달리 통일 법전의 형식을 갖추지 못하고 있는 것이다. 최근 독일의 경우처럼 사회 법전과 같은 통일 법전 형식의 사회복지법이 존재하는 국가도 있는데, 총칙에서 기본 원리를 규정하고 각칙에서 각 제도별로 구분하여 사회복지에 관한 법 전체를 하나의 법전으로 성문화한 입법례도 있다.

우리나라의 경우 형식적 의미의 사회복지법이라고 할 수 있는 것은 사회보장기본법, 사회복지사업법 외에 국민연금법 등의 사회보험 관련법, 국민기초생활보장법 등의 공공부조 관련법, 노인복지법 등의 사회복지서비스 관련법 등이 있다고 할 것이다.

② 실질적 의미의 사회복지법

실질적 의미의 사회복지법이란 법의 존재 형식이나 그 명칭에 관계없이 법의 내용이 실질적으로 사회복지에 관한 사항을 포함하고 있는 것을 말한다. 따라서 실질적 의미의 사회복지법의 범위를 확정하기 위하여는 '사회복지에 관한 사항'이 무엇인지를 확정하는 것이 필요하다. 일반적으로 실질적 의미의 사회복지법은 사회복지에 관한 사항의 포괄 범위에 따라 넓은 의미의 사회복지법과 좁은 의미의 사회복지법으로 나눌 수 있다.

• 넓은 의미의 사회복지법

넓은 의미의 사회복지법은 사회복지정책 또는 사회정책의 실현과 관련된 제반 법률을 의미한다. 이때 사회복지의 개념은 넓은 의미로 해석되고 이와 관련된 법규범을 사회복지법이라고 한다. 다시 말해 넓은 의미의 사회복지법은 전 국민의 물질적·정신적·사회적 기본 욕구를 해결함으로써 인간다운 생활을 영위케 하는 공·사의 제반 사회적 서비스와 관련된 법률을 말한다.

• 좁은 의미의 사회복지법

좁은 의미의 사회복지법이란 스스로 자신의 생활을 영위하지 못하는 사회적 약자들에 대하여 제한적으로 도움을 제공하는 노력의 총화와 관련된 법규이다. 즉 좁은 의미의 사회복지법은 현실 상황에서 어려움을 겪는 사회적 약자 혹은 요보호 대상자를 위한 한정적인 제반 사회복지정책 및 사회정책을 의미한다.

③ 결 어

사회복지법의 개념을 파악하는 데 있어 의미 있는 개념은 실질적 의미의 사회복지법 개념이라고 할 수 있다. 실질적 의미의 사회복지법은 그 기준 여하에 따라서 때로는 다른 법 분야와의 구별이 모호해지거나 그와의 중복을 면치 못하는 단점이 있으나, 그 법의 공통된 특성을 개념 기준으로 삼아 변동하는 여건에의 적응과 새로운 규범의 수용을 용이하게 하는 장점이 있다.

한편, 우리나라의 경우 사회복지법의 학문적 개념으로는 넓은 의미의 사회복지법을 선호하는 경향이 있는바, 좁은 의미의 사회복지법 개념은 사회복지법의 독자성과 고유 범위를 확정하는 데 편리하기는 하지만 현대 사회복지국가가 지향하는 사회복지의 적극적 개념을 축소하게 될 위험이 있다. 따라서 비록 사회복지법이 다른 법률이나 학문 분야와 규범의 내용이나 기능에 있어서 중복되는 면이 있다 하더라도 인간다운 생활을 보장하기 위한 규범으로서의 사회복지법 개념을 적극적으로 확장하여 파악하여야 할 것이다.

2) 사회복지법의 존재 모습(법원)

위에서 언급한 국민의 헌법상 권리인 생존권은 헌법에 명시되어 있으며, 헌법의 하위 법률인 사회복지법, 사회복지관련법 등에 구체적으로 표현되어 있다. 이러한 생존권 보장을 위한 우리나라의 생존권 관련 헌법 및 법률 등이 넓은 의미의 사회복지법의 법원이 되는 것이다.

(1) 헌법

헌법은 국가와 국민 간의 권리, 의무에 관한 기본법으로서 생존권 이념도 헌법의 규정에 따라 국가의 의무와 국민의 권리를 명시하고 있다. 또한, 생존권에 관한 헌법의 조항의 하위법의 제정 근거가 되고, 하위법의 제정 방향을 제시해 주는 최고법으로서의 기능도 하고 있다. 만약 하위 법규가 헌법의 규정에 저촉되거나 위배될 때에는 그 하위 법규들은 효력을 상실하게 된다.

헌법상 생존권 이념은 헌법 전문, 제10조, 제31조부터 제36조에 명시적으로 규정되어 있고 기타 다른 조항에도 생존권 이념과 관련된 조항들이 있다.

이하에서는 헌법에 규정되어 있는 생존권에 관한 내용을 대체적으로 분석해 보면 다음과 같다.

① 자유민주주의 이념에 입각한 기회의 균등 및 생존권 보장

헌법 전문에는 '……정치, 경제, 사회, 문화의 모든 영역에 있어서 각 인의 기회를 균등히 하고, 능력을 최고도로 발휘하게 하며…… 자유와 권리를 따르는 책임과 의무를 완수하게 하며, 안으로는 국민생활의 균등한 향상을 기하고……'라고 규정함으로써 국민 각자가 정치, 경제, 사회, 문화 등 모든 부문에서 능력을 충실히 발휘할 수 있도록 생존권 확보를 위하여 국민 각자가 책임과 의무를 다할 것을 요구하고 있다.

② 인간의 존엄성과 행복을 추구할 권리

헌법 제10조는 '모든 국민은 인간으로서의 존엄과 가치를 가지며, 행복을 추구할 권리를 가진다. 국가는 개인이 가지는 불가침의 기본적 인권을 확인하고 이를 보장할 의무를 진다.'라고 규정하여 인간의 존엄성과 행복추구권에 대한 국민과 국가의 권리, 의무 관계를 확실하게 밝히고 있다.

③ 교육을 받을 권리

헌법 제31조는 '① 모든 국민은 능력에 따라 균등하게 교육을 받을 권리를 가진다. ② 모든 국민은 그 보호하는 자녀에게 적어도 초등교육과 법률이 정하는 교육 등을 받게 할 의무를 진다. ③ 의무교육은 무상으로 한다. ④ 교육의 자주성, 전문성, 정치적 중립성 및 대학의 자율성은 법률이 정하는 바에 의하여 보장된다. ⑤ 국가는 평생교육을 진흥하여야 한다. ⑥ 학교 교육 및 평생교육을 포함한 교육제도와 그 운영, 교육 재정 및 교원의 지위에 관한 기본적인 사항은 법률로 정한다.'라고 규정하여 교육을 받을 권리를 명시하고 있다.

헌법이 교육을 받을 권리를 중시하는 이유는 교육권이 기본적 인권을 확보하는 데 있어 가장 중요한 기본권 중의 하나가 된다는 점과 생존권을 보장하기 위한 기회의 평등이 교육을 받을 권리로부터 구현될 수 있기 때문이다.

④ 근로의 권리

헌법 제32조는 '① 모든 국민은 근로의 권리를 가진다. 국가는 사회적, 경제적 방법으로 근로자의 고용의 증진과 적정 임금의 보장에 노력하여야 하며, 법률이 정하는 바에 의하여 최저임금제를 시행하여야 한다. ② 모든 국민은 근로의 의무를 진다. 국가는 근로의 의무의 내용과 조건을 민주주의 원칙에 따라 법률로 정한다. ③ 근로 조건의 기준은 인간의 존엄성을 보장하도록 법률로 정한다. ④ 여자의 근로는 특별한 보호를 받으며 고용, 임금 및 근로 조건에 있어서 부당한 차별을 받지 아니한다. ⑤ 연소자의 근로는 특별한 보호를 받는다. ⑥ 국가유공자, 상이군경 및 전몰군경의 유가족은 법률이 정하는 바에 의하며 우선적으로 근로의 기회를 부여받는다.'라고 규정하고 있고, 헌법 제33조에는 '① 근로자는 근로 조건의 향상을 위하여 자주적인 단결권, 단체교섭권 및 단체행동권을 가진다. ② 법률이 정하는 주요 방위산업체에 종사하는 근로자의 단체행동권은 법률이 정하는 바에 의하며 이를 제한하거나 인정하지 아니할 수 있다.'라고 규정되어 있다.

헌법이 노동의 권리와 노동3권을 규정하고 있는 이유는 모든 국민이 그 자신과 가족을 부양하기 위해서 필요한 소득을 스스로의 노력에 의해서 해결할 수 있도록 노동의 기회와 노동 능력을 향상해 주기 위함이다. 현대 독점 자본주의 체제에 있어서 근로의 의사와 능력을 보유하고 있다 할지라도 노동시장에서 실패한 근로자는 생계 유지가 곤란하며 인간의 존엄성과 행복추구권이 실제로 상실되는 결과를 초래하기 때문에 근로자의 안정된 경제 생활을 보장할 필요에서 근로권과 노동3권의 보장이 절실하게 요구되는 것이다.

⑤ 인간다운 생활을 할 권리

헌법 제34조는 '① 모든 국민은 인간다운 생활을 할 권리를 가진다. ② 국가는 사회보장, 사회복지의 증진에 노력할 의무를 진다. ③ 국가는 여자의 복지와 권익의 향상을 위하여 노력하여야 한다. ④ 국가는 노인과 청소년의 복지 향상을 위한 정책을 실시할 의무를 진다. ⑤ 신체장애자 및 질병, 노령, 기타의 사유로 생활 능력이 없는 국민은 법률이 정하는 바에 의하여 국가의 보호를 받는다. ⑥ 국가는 재해를 예방하고 그 위험으로부터 국민을 보호하기 위하여 노력하여야 한다.'라고 규정하여 모든 국민의 인간다운 생활의 권리성을 인정하고 있다.

인간다운 생활을 할 권리를 구체적으로 구현하기 위해서 국가는 사회보장 및 사회복지의 증진 노력, 여자의 복지와 권익의 향상, 노인과 청소년의 복지 향상, 생활 무능력자의 국가 보호, 재해의 예방과 재해민을 보호할 의무를 진다.

이 헌법 규정은 인간다운 생활에 관한 국민과 국가와의 권리, 의무 관계 규정으로서 좁은 의미의 생존권이라고 볼 수 있으며 다른 조항과는 달리 사회복지에 관련된 직접적인 헌법 규정으로서, 이 생존권 규정은 사회보장제도 즉 사회보험, 공공부조, 사회복지서비스 등의 프로그램에 의해서 구체적으로 구현되는 것이다.

이 조항은 사회적 약자인 여성, 노인, 아동, 장애인, 모자 등의 생존권을 특히 보장하여야 한다고 강조하고 있고 사회적 무능력자의 국가에 의한 생계 보호를 강조하고 있으며, 재해 시의 국민을 보호하여야 한다는 국가적 의무를 규정함으로써 취약하거나 재해를 입은 국민의 인간다운 생활의 보장을 목적으로 하고 있다.

⑥ 환경권

헌법 제35조는 '① 모든 국민은 건강하고 쾌적한 환경에서 생활할 권리를 가지며, 국가와 국민은 환경 보전을 위하여 노력하여야 한다. ② 환경권의 내용과 행사에 관하여는 법률로 정한다. ③ 국가는 주택개발정책을 통하여 모든 국민이 쾌적한 주거생활을 할 수 있도록 노력하여야 한다.'라고 규정함으로써 환경권을 생존권의 한 분야로 천명하고 있으며 환경권을 기본적 인권의 개념으로 승인하고 있다.

사. 혼인과 가족·보건에 관한 권리

헌법 제36조는 '① 혼인과 가족생활은 개인의 존엄과 양성의 평등을 기초로 성립되고 유지되어야 하며, 국가는 이를 보장한다. ② 국가는 모성의 보호를 위하여 노력하여야 한다. ③ 모든 국민은 보건에 관하여 국가의 보호를 받는다.'라고 규정함으로써 혼인과 가족생활의 국가 보장, 국민의 건강을 위한 보건권 보장, 자녀를 가진 모성의 특별한 보장을 국가의 의무를 지우고 있다.

개인의 존엄과 양성 평등에 기초한 혼인과 가족생활의 보장은 혼인이 인간의 존엄성과 남녀 평등을 기초로 성립되어야 하고, 혼인에 의한 가족생활이 인간의 존엄성과 평등 원칙에 입각하여 유지되게 함으로써 기본적 인권인 생존권이 보다 구체적으로 실현될 수 있다는 점을 천명한 것이며, 가족이 국가를 구성하는 기본단위인 점을 고려해 볼 때 혼인과 가족생활의 국가 보장은 기본적이고 원초적인 생존권 보장을 의미하는 것이다.

(2) 사회복지법

개별 사회복지법은 헌법에 규정된 생존권의 이념을 구체적으로 실현하기 위한 법규범으로서 국민의 소득 욕구, 의료 욕구, 빈곤 문제, 심리사회적 욕구 등을 대응하여 이들 사회적 욕구를 해결하기 위한 법규이다. 이들을 구체적으로 열거하면 다음과 같다.

① 사회보장기본법

이 법은 사회보장에 관한 법률을 폐지하고 새로 제정한 법으로서 사회보장에 관한 국민의 권리와 국가 및 지방자치단체의 책임을 정하고 사회보장제도에 관한 기본적인 사항을 규정함으로써 국민의 복지 증진에 기여함을 목적으로 하고 있다. 이 법이 1995년 제정됨으로써 사회보장의 이념, 체제가 확립되었고 사회보장의 범위와 구성이 명확히 되었다.

② 사회보험법

공무원연금법, 군인연금법, 사립학교교원연금법, 즉 특수직역연금법과 소위 4대 사회보험법인 국민연금법, 국민건강보험법, 산업재해보상보험법, 고용보험법이 있다.

③ 공공부조법

생활이 어려운 자에게 필요한 급여를 행하여 이들의 최저 생활을 보장하고 자활을 조성하는 것을 목적으로 하는 국민기초생활보장법을 비롯하여 의료급여법, 재해구호법 등이 있다.

④ 사회복지서비스법

사회복지사업에 관한 기본적 사항을 규정하여 그 운영에 공정·적절을 기함으로써 사회복지의 증진을 도모함을 목적으로 하는 사회복지서비스 분야의 기본법인 사회복지사업법를 비롯하여, 사회복지서비스의 구체적인 각론에 해당하는 아동복지법, 노인복지법, 장애인복지법, 한부모가족지원법, 영유아보육법, 정신보건법 등이 있다.

⑤ 사회복지 관련법

근로자에 대하여 임금의 최저 수준을 보장하여 근로자의 생활 안정과 노동력의 질적 향상을 기함으로써 국민 경제의 건정한 발전에 이바지하게 함을 목적으로 하는 최저임금법을 비롯하여 근로기준법, 주택법, 국가유공자 예우 및 지원에 관한 법률 등이 있다.

3. 사회복지법의 기본 이념

1) 서설

사회복지법의 이념을 사회복지법이 존재하는 목적 내지 사회복지법이 추구하는 가치라고 할 때 현대 사회복지국가에 있어서 사회복지법의 이념이 국민의 기본권 중의 하나인 생존권적 기본권의 보장이라는 명제는 당연한 것으로 받아들여지고 있다.

모든 국민은 인간으로서의 존엄과 가치를 가진다(헌법 제10조 제1문 전단). 인간의 존엄과 가치는 모든 기본권의 이념적 전제이면서 목적이기도 하다. 즉 인간의 존엄과 가치는 모든 기본권의 근원 내지 핵심이 되며, 다른 기본권은 인간의 존엄과 가치를 달성하기 위한 수단적 지위를 갖게 되는 것이다. 생존권적 기본권 역시 인간의 존엄과 가치를 추구하기 위한 기본권인 것이다. 결국, 사회복지법은 이와 같은 생존권적 기본권을 추구하는 법이며, 따라서 보다 궁극적으로는 모든 국민의 인간으로서의 존엄과 가치를 지향하는 법체계라고 할 수 있다.

2) 생존권적 기본권의 의의

생존권적 기본권 또는 생존권이라 함은 단체주의적 사회 정의의 실현을 국가 목적으로 하는 사회국가 내지 복지국가에서 국민이 인간다운 생활을 확보하기 위하여 일정한 국가적 급부와 배려를 요구할 수 있는 국법상의 권리를 말한다.

중세봉건주의를 타파한 시민혁명을 통해 탄생한 근대 시민국가는 자유주의, 개인주의를 사상적 기반으로 한 자본주의를 그 경제 질서로 받아들였다. 자본주의는 모든 인간을 자유의사를 가진 대등한 인격자로 상정하고 절대적인 소유권의 보장과 계약 자유의 원칙을 내세워 인류의 눈부신 번영과 발전을 이루어내었지만, 자본주의가 고도로 발전함에 따라 빈부의 격차, 노사의 갈등, 독점 자본가의 출현, 실업의 급증 등 많은 사회 문제를 야기하고 불평등을 초래하는 이른바 자본주의의 모순을 드러내게 되었다. 자유주의적 자본주의하에서의 인간은 결코 평등하지 않으며 자유롭지 않다는 사실을 노정하며 근본적으로 인간의 생존 자체를 위협할 수 있다는 사실을 보여준 것이다.

여기서 모든 사회 구성원들의 최저한의 인간다운 생존을 보장하고 나아가 실질적 평등이라는 사회 정의를 구현하기 위한 생존권적 기본권 사상이 강조되었다. 국가의 적극적인 공법적 개입에 의하여 국민의 실질적인 자유와 평등을 요구하기에 이르렀고 이러한 토대 위에서 성립한 것이 생존권적 기본권이라 할 수 있다.

3) 생존권 이념의 형성 과정 및 생존권 보장을 위한 국제적 노력

(1) 생존권 이념의 형성 과정

자본주의가 고도로 발달함에 따라 사람들 사이의 빈부의 차는 점점 커져 갔고, 노동자와 자본가의 대립이 격화해 갔으며, 구체적인 사람은 결코 자유·평등한 인격이 아니라는 것이 명백해져 갔다. 즉 계약의 자유라는 이름 밑에 경제적 강자에 의한 계약의 강제가 있게 되어 계약 자유는 가진 자의 무기가 되고, 가지지 않는 자는 계약 자유의 원칙 아래에 점점 계약의 자유를 잃어 갔다. 또한, 소유권 절대의 원칙은 소유자의 이용권자에 대한 지배권으로서의 성격을 가지게 되었으며, 과실책임의 원칙에 의하여 경제적 강자는 경제적 약자에 대한 책임을 회피할 수 있는 수단으로 이용되었던 것이다.

자본주의하에서는 봉건사회에 있어서의 신분의 높낮이에 갈음하여 부에 의한 위·아래의 계급이 생기고, 평등의 사상은 자유의 이름으로 유린되는 현상을 가져왔다. 법률적으로 자유로운 인격자에게 평등하게 주어진 가능성은 실제로는 속이 텅 빈 것이었으며, 현실적으로 나타난 것은 단순한 법률적·형식적인 자유와 경제적·실질적인 불평등이라는 상태였다.

여기서 국가는 현실적인 불평등을 직시하고, 실질적인 자유와 평등을 이루기 위하여 적극적으로 관여하게 되었음은 피할 수 없는 일이었다. 그런데 소위 근대사법의 3대 원칙(사유재산 존중의 원칙, 계약 자유의 원칙, 과실 책임의 원칙)이 초래한 여러 폐해의 근본적 원인은, 사람을 구체적으로 사회생활의 현실에서 파악하면 결코 자유·평등하지 않으며, 사회적·경제적으로 커다란 차이가 있음에도 불구하고, 근대 시민법이 사람을 어디까지나 추상적으로 자유·평등한 인격자로 파악한 데에 있었다.

하지만 사람을 추상적 인격자로서가 아니라 구체적으로 현실 세계에 존재하는 사람으로서 직시하고 그러한 구체적인 사람에게 실질적인 자유와 평등을 보장하여 사람다운 생존, 즉 헌법상의 국민의 기본권인 생존권을 실현한다는 것이, 새로운 법질서의 기본 원리로서 요청되게 되었다.

생존권적 기본권이 최초로 헌법에 규정된 것은 1919년의 바이마르헌법이다. 동 헌법 제151조 제1항은 '경제 생활의 질서는 모든 국민에게 인간다운 생활을 보장하여 주기 위하여 정의의 원칙에 합치하여 한다. 이 한계 내에서 개인의 경제적 자유는 보장된다.'라고 하여 헌법의 차원에서 생존권적 기본권의 이념을 강조하였다.

바이마르헌법의 생존권적 기본권 조항은 제2차 세계대전 이후 세계 각국의 헌법과 세계인권선언·유럽사회헌장(1961) 등에 계승되어 인간다운 생활에 대한 국민의 요구와 그 실천적 운동을 뒷받침하고 있다.

(2)국제기구의 생존권 보장 노력

1919년 독일 바이마르 헌법에 규정된 생존권 이념은 국제노동기구의 활발한 노력에 힘입어 국제사회에 커다란 영향을 미치었다. 특히 제2차 세계대전 이후 여러 국제기구가 조직되어 생존권 보장을 위한 노력을 전개함으로써 인권의 보장은 단일 국가의 경계를 뛰어넘어 국제적 보장이라는 차원으로까지 발전하였다. 생존권 보장의 국제화를 위하여 노력한 대표적인 국제기구로는 국제노동기구와 국제연합이 있으며 이들 기구의 활동이 두드러진다.

4. 사회복지법의 체계

1) 서설

사회복지법은 실정법에 속하며 국회나 지방자치단체 및 행정부 등 입법권을 행사하는 기관에 의해 일정한 절차를 거쳐 제정된 성문법이 대부분이다.

사회복지법은 법의 분류 중 3분법, 즉 공법, 사법, 사회법 가운데 사회법에 속한다. 사회법과 사회복지법은 국회에서 의결을 거쳐 법률로 제정되고 대통령이나 행정 각부 장관이 세부적인 시행을 위하여 시행령, 시행규칙을 정한다. 또한, 지방자치단체나 그 단체장이 자치 법규를 제정하는바, 지방의회 의결을 거쳐 제정되는 조례와 자치단체 의장이 제정하는 규칙이 있다.

2) 우리나라의 사회복지법의 체계

학자에 따라서는 사회복지법의 체계에 대하여 독일식 체계론에 따라 설명하는 견해, 일본식 체계론에 따라 설명하는 견해 등을 비롯하여, 기타 사회복지법의 개념에 따라 설명하는 견해 등 여러 가지 방식으로 설명하고 있다.

하지만 본서에서는 사회복지법의 개념을 앞서 언급한 바와 같이 넓은 의미의 사회복지법 개념을 취하며, 사회복지의 의미에 대하여 사회보장기본법 제2조의 사회보장에 관한 정의 규정을 강학상의 사회복지와 같은 개념으로 이해하고 사회복지법을 체계화하기로 한다.

즉 사회복지법을 넓은 의미로 이해하여 사회복지 일반에 관한 기본법은 사회보장기본법이고 내용적으로 사회복지법은 사회보험법, 공공부조법, 사회복지서비스법 및 사회복지관련법으로 분류된다.

사회보험법은 4대 사회보험법인 국민연금법, 국민건강보험법, 고용보험법, 산업재해 보상보험법을 주된 내용으로 하고 있으며 군인연금법, 공무원연금법, 사립학교교직원연금법을 포함한다.

공공부조법은 구법인 생활보호법을 대신한 국민기초생활보장법, 구법인 의료보호법을 대신한 의료급여법을 주된 내용으로 하고 재해구호법 등이 포함된다.

사회복지서비스법은 사회복지사업법을 기본법으로 하고 내용상 아동복지법, 한부모가족지원법, 청소년보호법, 노인복지법, 장애인복지법, 정신보건법 등이 포함된다.

사회복지 관련법은 최저임금법을 비롯하여 근로기준법, 주택법, 국가유공자 등 예우 및 지원에 관한 법률 등이 있다.

[표 9-1] 사회복지법 체계

<table>
<tr><th>구분</th><th colspan="2">사회복지법</th></tr>
<tr><td>사회복지 일반에 관한 법률</td><td colspan="2">사회보장기본법</td></tr>
<tr><td>사회보험 관련법</td><td colspan="2">국민연금법, 국민건강보험법, 산업재해보상보험법, 고용보험법, 공무원연금법, 사립학교교직원연금법, 군인연금법, 선원보험법</td></tr>
<tr><td>공공부조 관련법</td><td colspan="2">국민기초생활보장법, 의료급여법, 재해구호법, 의사상자 예우에 관한 법률, 북한이탈주민의 보호 및 정착지원에 관한 법률, 일제하 일본군 위안부에 관한 생활안정지원법</td></tr>
<tr><td rowspan="11">사회복지서비스 관련 법</td><td>일반법</td><td>사회복지사업법</td></tr>
<tr><td>아동복지</td><td>아동복지법, 영유아보육법, 입양촉진 및 절차에 관한 특례법</td></tr>
<tr><td>가족복지</td><td>한부모가족지원법,가정폭력 방지 및 피해자 보호 등에 관한 법률, 가정폭력 범죄의 처벌 등에 관한 특례법</td></tr>
<tr><td>청소년 복지</td><td>청소년 기본법, 청소년 보호법, 청소년활동 진흥법, 청소년 복지 지원법, 청소년 성보호에 관한 법률</td></tr>
<tr><td>여성복지</td><td>윤락 행위등 방지법, 성폭력 범죄의 처벌 및 피해자 보호 등에 관한 법률, 장애인·노인·임산부 등의 편의증진 보장에 관한 법률</td></tr>
<tr><td>장애인 복지</td><td>장애인복지법, 장애인고용촉진 및 직업재활법, 장애인·노인·임산부 등의 편의증진 보장에 관한 법률</td></tr>
<tr><td>노인복지</td><td>노인복지법, 고용상 연령차별 금지 및 고령자 고용촉진법, 장애인·노인·임산부 등의 편의증진 보장에 관한 법률</td></tr>
<tr><td>정신보건</td><td>정신보건법</td></tr>
<tr><td>지역복지</td><td>사회복지공동모금회법</td></tr>
<tr><td>교정복지</td><td>보호관찰 등에 관한 법률</td></tr>
<tr><td colspan="2" style="display:none"></td></tr>
<tr><td>관련 복지 제도에 관한 법률</td><td colspan="2">최저임금법, 근로기준법, 주택법, 국가유공자 등 예우 및 지원에 관한 법률,</td></tr>
</table>

5. 사회복지수급권(사회보장수급권)

1) 사회복지수급권의 의의

(1) 사회복지수급권의 개념

사회복지수급권이라 함은 모든 국민이 사회복지법상 사회복지서비스를 받을 권리를 말한다. 사회보장기본법은 이를 사회보장수급권이라고 하고 있다(법 제2장). 이하에서는 사회복지수급권이라고 한다.

이를 분설하면 다음과 같다.

첫째, 사회복지수급권은 사회복지법의 최고 이념인 생존권을 구체적으로 보장하기 위하여 법적으로 인정된 권리를 말한다. 사회복지법의 이념이 생존권적 기본권의 보장임은 이미 살펴보았다. 사회복지수급권은 이와 같은 생존권을 실현하기 위해 인정된 권리인 것이다.

둘째, 사회복지수급권은 권리이다. 종래 사회복지급여는 구빈적 시혜 내지 자선으로 간주되거나, 국가 행정작용에 의한 경우에 있어서도 반사적 이익에 불과한 것으로 파악되었다. 자유주의·개인주의를 기초로 한 시민법 체계에서 생존권은 오로지 자신에 주어진 운명이거나 시혜의 대상에 지나지 않았던 것이다. 그러나 시민법 체계의 경제 질서인 자본주의가 모순을 드러내자 국민의 생존권 이념은 싹트고 시민법 원리의 수정은 불가피하였다. 생존권 이념을 구현하기 위한 각종 사회입법의 출현은 사회복지수급권을 권리로 고양시킨 것이다.

셋째, 사회복지수급권은 모든 국민이 그 주체이다. 노동법이나 경제법이 그 규율대상을 근로 관계 또는 경제 관계에 한정하여 근로자로서의 인간 또는 경제인으로서의 인간만을 대상으로 하는 것과는 달리 사회복지법은 인간으로서의 국민 즉, 모든 국민을 그 대상으로 규율하고 있는 것이다. 따라서 모든 국민이 사회복지수급권의 주체가 될 수 있다.

(2) 사회복지수급권의 법적 성격

첫째, 사회복지수급권은 헌법이 보장하는 생존권적 기본권을 구체적으로 실현하기 위하여 입법된 법률을 통하여 구체화된 권리이다. 즉 사회복지수급권은 생존권적 기본권의 법률적 표현이라고 할 수 있다.

둘째, 사회복지수급권은 공법적 권리이다. 그런데 사회복지법은 근본적으로 모든 국민이 국가에 대하여 인간으로서의 생존을 요구할 수 있는 권리로서 국민의 국가를 향한 권리가 핵심인 것이다. 또한, 사회복지수급권은 개인적 공권에 해당한다.

즉 사회복지수급권은 사회복지급여 관리운영주체와 수급권자 사이에 존재하는 사회복지법 관계에서 발생하는 사회복지급여의 지급을 청구할 수 있는 권리로서 공법상의 쟁송 방법을 통하여 실현할 수 있는 수급권자의 공법상 권리인 것이다.

셋째, 사회복지수급권은 일신전속적인 권리이다. 일신전속적인 권리라 함은 권리와 그 주체와 긴밀하게 관련되어 있어 그 권리의 성질상 타인에게 귀속할 수 없는 것, 즉 양도·상속 등으로 타인에게 이전할 수 없는 권리(이를 귀속상의 일신전속권이라고 함)를 말한다. 사회복지법은 사회복지 수급권자로 하여금 권리를 향유하게 하여 그 이익을 직접 받을 수 있도록 하는 것이 그 입법의 취지이다. 그리하여 사회복지수급권은 이를 양도하거나 담보로 제공하는 등의 처분 행위에 제한을 받는다.

2) 사회복지수급권의 내용

사회복지수급권은 국가 등으로부터 사회복지에 관한 금전 및 서비스를 받을 권리를 말하는바, 그 급여 내용에 따라 사회보험, 공공부조, 사회복지서비스로 나눌 수 있다.

한편, 사회복지수급권의 내용인 사회복지급여의 수준에 대하여 사회보장기본법 제10조는 "① 국가는 모든 국민이 건강하고 문화적인 생활을 유지할 수 있도록 사회보장급여 수준의 향상에 노력하여야 한다. ② 국가는 관계 법령이 정하는 바에 의하여 최저생계비를 매년 공표하여야 한다. ③ 국가 또는 지방자치단체는 제2항의 규정에 따른 최저보장 수준과 최저임금을 고려하여 사회보장급여의 수준을 결정하여야 한다."라고 규정하여 일반적인 기준을 제시하고 있다.

3) 사회복지수급권의 보호

헌법은 생존권적 기본권을 국민의 기본권으로서 보장하고 있다. 사회복지법령은 생존권적 기본권의 실현을 그 이념으로 실천하기 위하여 사회복지수급권의 보호에 관한 규정을 두고 있다. 특히 일반법인 사회보장기본법은 "사회보장수급권은 관계 법령이 정하는 바에 따라 타인에게 양도하거나 담보로 제공할 수 없으며, 이를 압류할 수 없다."(법 제12)라고 규정하여 이를 명문으로 규정하고 있다.

개별 사회복지법령에도 이와 유사한 규정을 두고 있는 경우가 보통이지만, 이러한 명문 규정이 없는 경우에도 사회복지수급권은 사회보장기본법에 의하여 당연히 보호된다고 보아야 할 것이다.

사회복지법령이 규정하고 있는 보호의 내용을 구체적으로 살펴보면 다음과 같다.

(1) 처분, 압류 및 상계의 금지

① 사회복지수급권은 이를 양도하거나 담보로 제공하는 등의 처분 행위가 금지된다(사회보장기본법 제12조 등 참조). 그 이유는 첫째, 사회복지수급권은 근본적으로 공법상의 권리에 해당하므로 이를 처분할 수 없는 것이다. 둘째로 사회복지수급권은 그 성질상 일신전속적인 권리에 해당하기 때문이다. 만일 수급권자가 이 권리를 자유로이 처분할 수 있다고 한다면 수급권자의 인간다운 생활 보장이라는 사회복지법의 목적을 실현할 수 없을 뿐 아니라 수급권자에 대한 국가적·사회적 보호라는 의미도 퇴색하게 될 것이다. 즉 사회복지 수급권자에게 직접 그 이익을 향수케 하는 것이 사회복지법의 입법 취지인 것이다.

② 또한, 사회복지수급권은 그에 대한 압류가 금지된다. 압류란 특정의 재산권에 대한 권리자의 처분 권한을 박탈하여 이를 집행기관 등에 귀속시키는 처분을 말하는데, 만일 수급권자에 대한 채권자가 사회복지수급권을 압류할 수 있다고 한다면 사회복지급여 의무자는 수급권자에게 사회복지급여를 제공할 수 없게 된다. 그 결과 수급권자는 사회복지급여를 받지 못하여 사실상 사회복지수급권을 처분한 것과 같은 결과가 발생하며, 또한 처음부터 사회복지급여를 받지 못한 상태로 돌아가고 만다. 결국, 사회복지수급권에 대하여 압류가 가능하다면 이는 공법상의 권리인 사회복지수급권을 처분한 것과 같이 되어 사회복지법의 입법 목적을 달성할 수 없게 되는 것이다.

③ 같은 이유에서 사회복지급여 의무자는 사회복지 수급권자에 대한 채권을 가지고 사회복지수급권을 대하여 상계를 할 수 없는 것이 원칙이다.

(2) 조세 기타 공과금의 부과 금지

사회복지수급권은 사회복지급여를 통해 수급권자의 인간으로서 최소한의 생활을 보장하려는데 그 목적이 있으므로 사회복지 수급권자가 받을 사회복지급여에 각종 조세 기타 공과금이 부과된다면 이러한 목적의 달성은 희석될 수밖에 없다. 이 때문에 세계 각국은 사회복지급여에 대한 조세 기타 공과금의 감면에 관한 규정을 두고 있으며, 우리나라도 개별 사회복지법령에 이를 규정하고 있다(국민연금법 제55조, 산재법 제56조).

(3) 불이익 변경 금지의 원칙

사회복지수급권은 수급권자의 인간다운 생활을 보장하려는 것이기 때문에 사회복지급여의 지급 중단 또는 그 내용의 불리한 변경은 수급권자의 생존 자체를 위협할 수 있다. 국민기초생활보장법은 "수급자에 대한 급여는 정당한 사유 없이 이를 불리하게 변경할 수 없다(제34조)."라고 규정하고 있는데 이와 같이 이미 결정되어 지급된 사회복지급여에 대하여 정당한 이유 없이 그 지급을 중단하거나 그 내용을 불리하게 변경하는 것은 금지된다는 것을 불이익 변경 금지의 원칙이라고 한다. 이는 사회복지법에 있어서 신뢰 보호 원칙의 또 다른 표현이라고 할 수 있다. 한편, 이 원칙에 대하여 다른 사회복지법령에는 그 규정이 없다. 그러나 사회복지급여를 내용으로 하는 사회복지법령에서도 동일하게 해석·적용하여야 할 것이다.

4) 사회복지수급권의 제한

(1) 의의

사회복지수급권은 사회적 약자가 인간으로서 최저한의 생활을 영위할 수 있도록 보장하기 위한 권리이므로 이를 제한한다는 것은 곧 이들의 삶을 위협하여 인간으로서의 존엄과 가치를 중대하게 침해하게 된다. 그리하여 사회보장기본법은 "사회보장수급권은 제한되거나 정지될 수 없다(법제13조 제1항 본문)."라고 규정하여 사회복지수급권을 보장하고 있다.

하지만 사회보장기본법은 "다만 관계 법령이 따로 정하고 있는 경우에는 그러하지 아니한다."(동조항 단서)라고 규정하여 사회복지급여의 제한 및 정지에 관한 근거 규정은 마련하고 있다.

(2) 제한의 내용

① 과잉·중복된 사회복지급여의 제한 및 조정

우선 사회복지급여는 그 내용이 사회복지 수급권자의 욕구를 충족시킬 수 있는 것이어야 한다. 여기서 동일한 사회복지 수급권자에게 생긴 동일한 사유로 수개의 사회복지법령에 의하여 수개의 급여 요건을 충족시키는 경우에는 어떠한 급여를 행할 것인지가 문제 된다.

사회보장기본법은 이에 대하여 국가 등 사회복지급여 주체로 하여금 재량적 판단에 따라 지급할 사회복지급여의 내용을 정하게 하지 아니하고 사회복지 수급권자가 그 내용을 선택할 수 있도록 하고 있다(국민연금법 제32조). 누구보다도 자신의 상태를 정확히 알고 있는 수급권자로 하여금 자신의 이익을 극대화하고 욕구를 충족시킬 수 있는 최선의 방법을 선택하게 한 것이다.

한편, 사회복지급여의 수준은 수급권자의 인간다운 생활의 보장이라는 사회복지법의 이념과 사회 정의 이념이 조화될 수 있는 것이어야 한다. 즉 사회복지급여는 수급권자의 인간다운 생활을 보장하기 위하여 지나치게 적지도 않아야 하지만, 사회복지 수급권자의 자립 의지와 모든 국민의 사회적 약자에 대한 국가적·사회적 책임감을 훼손할 정도로 과잉 급여도 바람직하지 않다는 뜻이다.

이러한 과잉 급여의 금지와 관련하여 국민연금법(제52조) 등은 여러 개의 급여 중 하나만을 지급하고 다른 급여의 지급의 정지된다고 하여 사회복지급여의 병급 조정과 정지에 관하여 규정하고 있다.

헌법재판소는 이러한 법 조항에 대하여 합헌이라고 판단한 바 있다.

② 사회복지수급권의 악용·남용금지

사회적 약자인 사회복지 수급권자에게 부여된 사회복지수급권은 사회 공동체의 분담 또는 기여를 원천으로 한다. 즉 사회복지 수급권자에 대한 급여의 재원은 결국 국민의 세금이나 기여금으로 충당되는 것이다. 그러므로 사회복지 수급권자가 고의 또는 중대한 과실로 사회복지급여의 지급 사유를 발생시키는 것은 사회 공동체의 다른 구성원들에게 부당하게 불이익을 주는 것이 된다. 사회복지 수급권자에게 사회복지급여의 지급 사유가 발생한 것처럼 부당하게 사회복지급여를 받거나, 고의 또는 중대한 과실에 의한 범죄 행위나 고의로 질병·부상 또는 그 원인에 되는 사고를 발생시켜 부당하게 사회복지급여를 받는 경우에는 사회복지급여가 제한된다.

(3) 제한의 한계

위와 같이 사회복지 수급권자의 책임 있는 사유 등으로 사회복지급여를 제한하는 경우에 있어서도 이러한 제한은 사회복지수급권의 실현을 위해 급여를 행하는 것이 오히려 부당하며 사회 정의에 위배된다고 인정되는 경우에 한하여 가능하다고 보아야 한다.

그리하여 사회보장기본법은 "제1항 단서의 규정에 의하여 사회보장수급권이 제한 또는 정지되는 경우에는 그 제한 또는 정지의 목적에 필요한 최소한에 그쳐야 한다(동조 제2항)."라고 규정하고 있는데 이는 기본권 제한의 한계에 관한 헌법 제37조 제2항의 과잉 금지의 원칙을 확인하는 규정이라고 할 수 있다.

5) 사회복지수급권의 소멸

(1) 일반적 소멸 사유

사회복지수급권은 사회적 약자인 수급권자의 생존권을 실현하기 위한 권리이므로 법률의 규정이 없는 한 원칙적으로 소멸되지 않는다고 할 것이다.

① 사망

사회복지수급권은 일신전속적인 권리이므로, 당해 수급권자에 있어서는 재산권적 성격을 갖는다고 하더라도 이는 상속되지 아니한다. 사망으로 간주되는 실종선고의 경우에도 마찬가지이다.

② 포기와 포기의 취소·제한

사회복지수급권은 공법상의 권리이며 개인적 공권으로서 사회 전체의 이익을 위하여 인정되는 측면이 있으므로 이를 포기할 수 없는 것으로 볼 수 있다. 그러나 사회복지수급권은 권리이지 의무가 아니므로 사회복지급여를 받기를 거부하는 자에게 대하여서까지 수급을 강제할 수는 없다고 할 것이다. 이에 사회보장기본법은 제14조는 "① 사회보장수급권은 정당한 권한이 있는 기관에 서면으로 통지하여 이를 포기할 수 있다. ② 사회보장수급권의 포기는 이를 취소할 수 있다. ③ 사회보장수급권의 포기가 타인에게 피해를 주거나 사회보장에 관한 관계 법령에 위반되는 경우에는 이를 포기할 수 없다."라고 규정하고 있다.

③ 시효

"권리 위에 잠자는 자는 보호받지 못한다."라는 법언은 사회복지수급권에도 그대로 타당하다. 사회복지 수급권자가 일정한 기간 동안 권리를 행사하지 않는다면 이를 보호할 가치가 소멸된다고 보아야 하기 때문이다. 사회복지수급권의 소멸 시효에 관하여는 각 개별 사회복지법령에 규정되어 있을 뿐 통일된 규정은 없다. 개별 사회복지법령에 규정되어 있지 아니한 경우에 사회복지수급권은 민법 규정에 의하여 시효로 소멸되는 것으로 해석하여야 할 것이다.

(2) 개별적 소멸 사유

이는 개별 사회복지법령에 구체적으로 규정되어 있다. 예컨대 국민연금법상의 유족연금수급권의 경우, 배우자인 수급권자가 재혼한 때, 자녀 또는 손자녀인 수급권자가 다른 사람에게 입양되거나 파양된 때에는 그 수급권이 소멸된다(동법 제65조).

6. 사회복지법상의 권리구제

1) 권리구제의 의의

현대 사회복지국가에 있어서 사회복지수급권은 더 이상 국가의 시혜적·은혜적 법집행의 반사적 이익이 아니라 권리로 고양되었다. 사회복지 수급권자는 권리로서 국가 등 사회복지급여 주체에 대하여 사회복지급여를 청구할 수 있는 것이다. 그런데 이러한 사회복지수급권이 침해되었을 경우 이를 구제받지 못한다면 그 권리는 실질적으로 보장된다고 할 수 없을 것이다. 사회복지법상의 권리구제란 사회복지급여 주체의 사회복지급여와 관련한 사회복지수급권을 침해받은 자가 법정의 절차를 거쳐 사회복지급여 주체나 각종 심사위원회 또는 법원에 청구하여 구제받는 것을 말한다.

2) 권리구제 수단의 종류

(1) 사회복지법상 행정심판

사회복지법상의 권리구제 수단에는 크게 이의신청과 심사청구 및 재심사청구가 있다. 이를 살펴보면 다음과 같다.

[표 9-2] 사회복지법상 권리구제 수단, 신설 고려

<table>
<tr><th>법률</th><th>권리구제 수단</th><th>비고</th></tr>
<tr><td rowspan="2">국민기초생활보장법</td><td rowspan="2">2단의 이의신청</td><td>1단계 : 시도지사에 대한 이의신청(제38조)</td></tr>
<tr><td>2단계 : 보건복지부장관에 대한 이의신청(제46조)</td></tr>
<tr><td rowspan="2">국민연금법</td><td>심사청구</td><td>국민연금심사위원회(공단)(제88조)</td></tr>
<tr><td>재심사청구</td><td>국민연금재심사위원회(보건복지부)(제90조)</td></tr>
<tr><td rowspan="2">국민건강보험법</td><td>2원적
이의신청</td><td>국민건강보험공단에 대한 이의신청(제76조)
건강보험심사평가원에 대한 이의신청</td></tr>
<tr><td>심사청구</td><td>건강보험분쟁조정위원회(보건복지부)(제77조)</td></tr>
<tr><td rowspan="2">고용보험법</td><td>심사청구</td><td>고용보험심사관(지방노동청)(제74조)</td></tr>
<tr><td>재심사청구</td><td>고용보험심사위원회(노동부)(제76조의4)</td></tr>
<tr><td rowspan="2">산업재해보상보험법</td><td>심사청구</td><td>근로복지공단(제88조)</td></tr>
<tr><td>재심사청구</td><td>산업재해보상보험심사위원회(노동부)(제90조)</td></tr>
<tr><td>노인복지법</td><td rowspan="3">심사청구</td><td>제50조</td></tr>
<tr><td>장애인 복지법</td><td>제75조</td></tr>
<tr><td>한부모가족지원법</td><td>제28조</td></tr>
<tr><td>의료급여법</td><td rowspan="2">이의신청</td><td>제30조</td></tr>
<tr><td>북한 이탈 주민의 보호 및 정착 지원에 관한 법률</td><td>제32조</td></tr>
</table>

이의신청과 심사청구 및 재심사청구 등은 행정심판에 해당한다. 행정심판은 널리 행정기관이 행하는 행정법상의 분쟁에 대한 심리·판정 절차를 말하는 바, 실정법상으로는 이의신청, 심사청구, 심판청구, 행정심판 등의 여러 가지 명칭으로 불리고 있다. 이러한 행정심판은 일반적으로 분쟁에 대한 심판 작용이면서 동시에 그 자체가 행정작용이라는 이중적 성격을 가진다.

사회복지법상의 이의신청과 심사청구는 주로 불복의 대상이 되는 처분을 행한 행정기관에 대하여 그 취소 또는 변경을 구하는 것이고, 재심사청구는 처분을 행한 행정기관의 직근상급기관에 대하여 그 취소 또는 변경을 구하는 행정심판에 해당한다. 이와 같은 행정심판을 모두 거치고도 권리구제를 받지 못한 경우에는 법률상 쟁송인 행정소송으로서 그 구제를 받을 수밖에 없다.

(2) 행정소송

행정소송이란 법원이 행정법상의 법률 관계에 관한 분쟁에 대하여 당사자의 소의 제기에 의하여, 이를 심리·판단하는 정식 재판 절차를 말한다. 사회복지법률 관계도 근본적으로는 공법 관계로서 행정법상의 법률 관계에 해당한다. 따라서 사회복지법상의 법률 관계에 관한 분쟁에 대하여 당사자는 행정심판을 거치거나 거치지 아니하고 곧바로 행정소송을 제기할 수 있다.

한편, 현행 행정소송법은 "행정소송은 법령의 규정에 의하여 당해 처분에 대한 행정심판을 제기할 수 있는 경우에도 이를 거치지 아니하고 제기할 수 있다. 다만, 다른 법률에 당해 처분에 대한 행정심판의 재결을 거치지 아니하면 행정소송을 제기할 수 없다는 규정이 있는 때에는 그러하지 아니하다."라고 규정하여 행정심판 임의적 전치주의를 채택하고 있다.

사회복지법상의 행정심판에 대하여는 이를 반드시 거쳐야 한다는 규정이 없다. 따라서 사회복지법상의 각종 처분에 대하여 불복하는 자는 이의신청 등을 거치지 아니하고 곧바로 행정소송을 제기할 수 있다고 할 것이다.

(3) 국가배상청구

현행 헌법 제29조 제1항은 "공무원의 직무상 불법 행위로 인하여 손해를 받은 국민은 법률이 정하는 바에 의하여 국가 또는 공공단체에 정당한 배상을 청구할 수 있다. 이 경우 공무원 자신의 책임은 면제되지 아니한다."라고 규정하여 국가 또는 공공단체의 불법 행위 책임을 일반적으로 인정하고 있다. 이러한 헌법 규정에 근거한 국가배상법 제2조 제1항 본문도 "국가 또는 지방자치단체는 공무원이 그 직무를 집행함에 당하여 고의 또는 과실로 법령에 위반하여 타인에게 손해를 가한 때에는 이 법에 의하여 그 손해를 배상하여야 한다."라고 규정하고 있다.

따라서 국가 등 공적 사회복지급여 주체에 속하여 공무원의 지위를 갖는 자가 고의 또는 과실로 법령에 위반하여 사회복지 수급권자 등에게 손해를 가한 때에는 사회복지 수급권자는 일반법인 국가배상법에 터 잡아 국가 등을 상대로 손해배상을 청구하여 권리구제를 받을수 있는 것이다.

(4) 기타 민사소송

사회복지법률 관계는 근본적으로 공법상의 법률 관계에 해당한다. 따라서 사회복지급여와 관련하여 사회복지 수급권자와 사회복지급여 주체 사이에 민사상의 법률적 쟁송이 발생할 여지는 거의 없다. 다만, 사회복지법에는 사회복지 수급권자에 대한 사회복지급여의 원인이 당사자 본인이 아닌 제3자에 의하여 발생한 경우에 보험자인 사회복지급여 주체가 피보험자인 사회복지 수급권자에 대하여 사회복지급여를 행하고 피보험자를 대위하여 제3자에게 손해배상을 청구할 수 있는 근거 규정을 두는 것이 일반적이다. 예컨대 국민연금법 제94조 제1항은 "공단은 제3자의 행위에 의하여 장애연금 또는 유족연금의 지급 사유가 발생하여 장애연금 또는 유족연금을 지급한 때에는 그 급여액의 범위 안에서 수급권자의 제3자에 대한 손해배상청구권에 관하여 수급권자를 대위한다."라고 규정하고 있다. 이러한 경우 민사소송제도를 이용하게 된다.

(5) 헌법소원

국민의 헌법상 권리가 국가 권력에 의하여 침해된 경우 헌법재판소에 제소하여 침해된 권리를 보호하는 제도이다. 소위 법령에 대한 헌법소원(법령소원)의 경우 법률 또는 구체적 법률 조항이 국민의 생존권을 침해하는 경우 국민이 헌법재판소에 헌법소원을 제기하여 그 법률 또는 조항의 위헌성을 확인하여 그 법률 또는 조항을 무효화시키기 위하여 제기하는 권리구제제도인 것이다.

7. 사회복지법 각론

개별 사회복지법은 헌법에 규정된 생존권의 이념을 구체적으로 실현하기 위한 법규범으로서 국민의 소득 욕구, 의료 욕구, 빈곤 문제, 심리사회적 욕구 등을 대응하여 이들 사회적 욕구를 해결하기 위한 법규이다. 이들을 구체적으로 고찰해 보면 다음과 같다.

1) 사회보장기본법

이 법은 사회보장에 관한 법률을 폐지하고 새로 제정한 법으로서 사회보장에 관한 국민의 권리와 국가 및 지방자치단체의 책임을 정하고 사회보장제도에 관한 기본적인 사항을 규정함으로써 국민의 복지 증진에 기여함을 목적으로 하고 있다. 이 법이 1995년 제정됨으로써 사회보장의 이념, 체제가 확립되었고 사회보장의 범위와 구성이 명확히 되었다.

2) 사회보험법

(1) 특수직역연금법

공무원연금법, 군인연금법, 사립학교교원연금법, 즉 특수직역연금법은 공무원, 군인, 사립학교 교직원의 노령, 질병, 장해, 폐질, 또는 사망 등에 대하여 사회 연대에 의하여 적절한 급여를 지급하여 줌으로써 공무원, 교직원, 군인 및 그 유족의 생활안정과 복리 향상에 기여함을 목적으로 한다.

(2) 국민연금법

국민연금법은 국민의 노령, 폐질, 또는 사망에 대하여 연금급여를 실시함으로써 국민의 생활 안정과 복리 증진에 기여함을 목적으로 한다.

(3) 국민건강보험법

국민건강보험법은 국민의 질병·부상에 대한 예방·진단·치료·재활과 출산·사망 및 건강 증진에 대하여 보험급여를 실시함으로써 국민보건을 향상시키고 사회보장을 증진함을 목적으로 한다.

(4) 산업재해보상보험법

산업재해보상보험법은 근로자의 업무상의 재해를 신속하고 공정하게 보상하고 재해예방, 기타 근로자의 복리 증진을 통하여 근로자의 보호에 기여함을 목적으로 한다.

(5) 고용보험법

고용보험법은 실업자에 대해 필요한 급여를 행함으로써 근로자 본인 및 부양자의 생활을 안정시키는 것과 구직 활동을 용이하게 하는 것, 실업 예방, 고용 기회의 증대, 고용 구조의 개선, 능력 개발, 기타 근로자의 복지 증진을 목적으로 하고 있다.

3) 공공부조법

(1) 국민기초생활보장법

국민기초생활보장법은 생활이 어려운 자에게 필요한 급여를 행하여 이들의 최저생활을 보장하고 자활을 조성하는 것을 목적으로 한다.

(2) 의료급여법

의료급여법은 생활이 어려운 자에게 의료급여를 실시함으로써 국민보건의 향상과 사회복지의 증진에 이바지함을 목적으로 한다. 즉 이 법은 빈곤한 상태에 있는 자에게 공공부조의 정신에 입각하여 의료급여를 행하는 것을 목적으로 하는 법이다.

(3) 재해구호법

재해구호법은 비상 재해가 발생하였을 때에 응급적인 구호를 행함으로써 재해의 복구, 이재민의 보호가 사회 질서의 유지를 기함을 목적으로 한다. 비상 재해라 함은 냉해, 풍해, 수해, 화재 기타의 재해를 말하며, 구호라 함을 비상 재해가 동일 지역 내에서 발생하여 다수의 이재자가 생겼을 때 취하는 응급적인 구호를 말한다.

4) 사회(복지)서비스법

(1) 사회복지사업법

사회복지사업법은 사회복지사업에 관한 기본적 사항을 규정하여 그 운영에 공정·적절을 기함으로써 사회복지의 증진을 도모함을 목적으로 한다. 여기에서 기본적 사항이란 ㉠ 민간 사회 복지사업의 순수성·공공성을 높이고, 그 적정하고 확실한 경영을 하기 위하여 사회복지법인을 두는 것, ㉡ 사회복지사 자격 규정을 두고, 사회복지에 관한 전문지식과 기술을 가진 자에게 사회복지사 자격증을 교부하며, 또한 사회복지법이 일정 수 이상의 사회복지사를 채용하도록 한 것, ㉢ 사회복지법인에게 수익사업을 허용하되 한계를 두어서 건전한 운영을 기하도록 한 것 등을 들 수 있다.

또한, 동법에서 사회복지사업이라 함은 국민기초생활보장법, 아동복지법, 노인복지법, 장애인복지법, 한부모가정지원법, 영유아보육법, 성매매방지 및 피해자보호 등에 관한 법률에 의한 보호·선도 또는 복지에 관한 사업과 사회복지 상담·재가복지·부랑인 선도·직업보도·의료복지·무료숙박·지역사회복지·모부자복지·의료보호·사회복지관 운영·정신질환자 및 나완치자 사회 복귀에 관한 사업 등 각종 복지사업과 복지시설의 운영 및 지원을 목적으로 하는 사업을 말한다.

(2) 아동복지법

아동복지법은 아동이 건전하게 출생하여 행복하고 건강하게 육성되도록 그 복지를 보장함을 목적으로 한다. 이 법은 아동이 보호자로부터 유실, 유기 또는 이탈할 경우 보호자가 아동을 육성하기에 부적당하거나 양육할 수 없는 경우, 아동의 건전한 출생을 기할 수 없는 경우 등 요보호 아동뿐만 아니라 일반 아동의 건전한 육성을 위한 보호 대책을 실시하려는데 그 목적이 있다.

(3) 노인복지법

노인복지법은 노인의 심신의 건강의 유지 및 생활 안정을 위하여 필요한 조치를 강구함으로써 노인의 복지 증진에 기여함을 목적으로 한다. 이 법은 복지의 원리로 ㉠ 노인은 후손의 양육과 국가 및 사회의 발전에 기여하여 온 자로서 존경받으며, 건전하고 안정된 상황을 보장받는다. ㉡ 노인은 그 능력에 따라 적당한 일에 종사하고 사회적 활동에 참여할 기회를 보장받는다. ㉢ 노인은 노령에 따르는 심신의 변화를 지각하여 항상 심신의 건강을 유지하고, 그 지식과 경험을 활용하여 사회의 발전에 기여하도록 노력하여야 한다는 것 등이다.

(4) 장애인복지법

장애인복지법은 장애인 대책에 관한 국가, 지방자치단체 등의 책무를 명백히 하고 장애 발생의 예방과 장애인의 의료, 훈련, 보호, 교육, 고용의 증진, 수당의 지급 중 장애인복지대책의 기본이 되는 사업을 정함으로써 장애인복지대책의 종합적 추진을 도모하며, 장애인의 자립 및 보호에 관하여 중요한 사항을 정함으로써 장애인의 생활 안정에 기여하는 등 장애인의 복지 증진에 기여함을 목적으로 한다. 즉 장애의 예방, 치료, 재활 등 장애인의 보호와 생활 안정을 주목적으로 하는 법이다.

(5) 한부모가족지원법

한부모가족지원법은 한 부모 가족이 건강하고 문화적인 생활을 영위할 수 있도록 함으로써 한 부모 가족의 생활 안정과 복지 증진에 이바지함을 목적으로 제정한다.

(6) 영유아복지법

영유아보육법은 영유아를 보호하고 있는 자(친권자, 후견인 또는 기타 사실상의 보호자)가 근로 또는 질병 기타의 사정으로 인하여 보호하기 어려운 영아 및 유아의 심신의 보호와 건전한 교육을 통하여 건강한 사회 성원으로 육성함과 아울러 보호자의 경제적, 사회적 활동을 원활하게 함으로써 가정복지 증진에 기여함을 목적으로 제정된 법이다.

(7) 정신보건법

정신보건법은 정신질환의 예방과 정신질환자의 의료 및 사회 복귀에 관하여 필요한 사항을 규정함으로써 국민의 정신건강 증진에 이바지하여 정신질환의 예방과

치료를 중요한 목적으로 하고 있다.

5) 사회복지관련법

사회복지관련법으로는 최저임금법을 비롯하여 근로기준법, 주택법, 국가유공자 등 예우 및 지원에 관한 법률 등이 있다.

이중 사회보장기본법에도 규정되어 있는 최저임금에 관한 법률인 최저임금법은 근로자에 대하여 임금의 최저 수준을 보장하여 근로자의 생활 안정과 노동력의 질적 향상을 기함으로써 국민경제의 건정한 발전에 이바지하게 함을 목적으로 한다. 여기에서 최저임금액은 시간·일·주·월을 단위로 정하며 '최저임금심의위원회'가 심의·의결한다.

사용자는 최저임금의 적용을 받는 근로자에 대하여 최저임금액 이상의 임금을 지급하여야 하고 종전의 임금 수준을 저하시켜서는 안 되며, 근로자와 사용자 사이에 최저임금액에 미달하는 임금을 정한 근로계약은 무효이다.

s · o · c · i · a · l w · e · l · f · a · r · e

10 공공부조와 자활사업

1. 공공부조의 개념과 원칙

1) 공공부조의 의의와 유형

(1) 개념과 의의

사회보장제도는 사회보험, 공공부조, 사회서비스로 크게 대별된다. 사회보험이 노동자의 갹출에 근거하여 기여 수준에 일정 정도 비례하여 지급됨에 반해, 공공부조는 해당 국가의 시민권자에게는 누구나 인간다운 최저생활을 영위할 수 있도록 본인의 기여 여부에 무관하게 최저생계 수준이 유지되도록 지급될 것을 강조한다.

우리나라의 국민기초생활보장법 제1조에도 "생활유지의 능력이 없거나 생활이 어려운 자에게 필요한 급여를 행하며 이들의 최저생활을 보장하고 자활을 조성하는 것을 목적"으로 하는 것으로 규정되어 있다. 이처럼 국민의 사회권을 강조하는 현대 국가에서는 국가가 빈곤선 이하 빈곤 가구의 생계 책임 및 인간다운 생활을 영위하도록 노력할 것을 국가의 당연한 의무로 개념적 실천적으로 규정하여 보장한다.

(2) 목적

우리나라 공공부조제도인 국민기초생활보장법 제1조의 규정에 따라 다음과 같은 두 가지 공공부조의 목적이 파생된다. 첫째, 직접 소득 지원 방식인 생활이 곤란한 국민의 최저생활을 보장한다. 둘째, 간접 소득 지원 방식인 생활이 곤란한 자의 자활을 조성할 것을 강조한다.

① 최저생활보장의 목적

공공부조제도는 생활이 곤란한 자의 최후의 안전망(2차 안전망)으로서 최저수준을 보장하는데 일차적인 목적이 있다. 여기서 최저생활이란 헌법에 의하면 "인간다운 생활"(헌법 34조), 국민기초생활보장법에 따르면 "건강하고 문화적인 최저생활"(국기법 4조)을 보장하는 것으로 보다 구체화된다.

② 자활 조성의 목적

공공부조제도는 단순히 생활이 곤란한 자에게 소득 부조만을 지원하는 것을 의미하지 않는다. 국민기초생활보장법 제1조에 규정된 자활 조성이란 공적 사적 보호를 받지 않고 자력으로 정상 생활을 할 수 있게 원조하는 것을 의미한다. 국민기초생활보장법 제15조에 규정된 7가지 급여 중 '자활급여'가 자활 조성을 위한 급여에 해당한다.[1] 자활 조성에는 경제적 자활 외에도 인격적 자활도 포함되며 이를 위해 사회복지전문가로부터 사례관리를 통한 다양한 사회서비스의 제공이 동반될 것을 강조한다.

(3) 공공부조의 유형

공공부조제도는 재정 책임과 행정 책임을 중앙정부와 지방정부 중 누가 주로 담당하는가에 따라 중앙형 공공부조, 지방분담형 공공부조, 지방형 공공부조로 나뉜다(이인재 외, 2013).

① 중앙형 공공부조

공공부조의 책임 유형에서 중앙형으로 분류되는 국가는 주로 영국과 영연방 국가들에서 발견된다. 영국·아일랜드·오스트레일리아·뉴질랜드 등을 들 수 있다. 그리고 초기부터 중앙집권적 국가 체계를 발전시켜온 프랑스·벨기에·네덜란드·

1) 국민기초생활보장법에 언급된 7가지 급여로는 ① 생계급여, ② 의료급여, ③ 자활급여, ④ 교육급여, ⑤ 해산급여, ⑥ 장제급여, ⑦ 긴급급여가 있다.

룩셈부르크 등을 들 수 있다.

중앙형 공공부조의 대표적 프로그램으로는 영국의 소득 부조(income support)가 있다. 1945년 국민부조법(The National Assistance Act)이 그 원형이며, 350년간 지속된 구빈법(poor law)을 철폐하였다. 공공부조에 필요한 재원을 구빈법의 지방세 방식에서 국세로 전환할 것을 규정함으로써 대표적 중앙형 공공부조 프로그램이 되었다.

② 지방분담형 공공부조

지방분담형 공공부조는 프로그램 시행에서 행정 책임은 지방정부가 부담하고 재정 책임을 중앙정부와 지방정부가 분담하는 형태이다. 미국·캐나다·일본·덴마크·핀란드가 여기에 속한다. 지방분담형 대표적 프로그램으로는 미국의 AFDC(Aid to Families with Dependancy children)를 들 수 있다. 본 프로그램은 공공부조 수혜자의 복지병을 조장한다는 이유로 1996년 수혜 기간을 제한하는 TANF(Temporary Assistance for Needy Families)[2] 프로그램으로 대체되었다. 본 프로그램들은 지방정부에게 시행에 관한 규칙을 상당 부분 위임하였다. 우리나라의 국민기초생활보장제도 역시 대표적 지방분담형 공공부조이지만 미국과 달리 중앙정부가 재정 책임과 행정적 시행 지침을 주로 담당하고 시행은 지방정부에 주로 위임한 형태로 운영된다.

③ 지방형 공공부조

오로지 지방정부에서 행정적 책임과 재정 책임을 전담하는 지방분권화 유형으로는 전형적인 지방자치제인 독일을 위시하여 오스트리아·이탈리아·스페인·스웨덴·노르웨이 등을 들 수 있다.

---

2) 미국 부양 아동이 있는 편부모 가족에 대해 급여를 제공하던 AFDC를 대체한 제도이다. TANF의 시행으로 인해 기존의 AFDC를 수급하는 부모에게 교육과 직업훈련을 제공하던 JOBS(Job Opportunities and Basic Skills Training)과 요보호가족에 대한 긴급부조제도 EA(Emergency Assisstance)가 통합 운영되었다. 이 수정 공공부조제도는 전 생애에서 60개월(5년)로 부조를 제한하고 노동활동을 요구하며 법적 이주자들이 식량배급표(Food Stamps)와 사회보장보험(Social Security Insurance, SSI)을 받는 것을 제한한다. 또한, 십대 부모들(teens parents)은 부모와 함께 거주하거나 성인의 통제를 받아야 하고 '일할 능력이 있지만' 실업 상태인 독신 성인은 매 36개월마다 3개월로 식량배급표가 제한된다.

2) 공공부조 기본 원리

우리나라 국민기초생활보장제도를 위시한 각국의 공공부조제도를 지도하는 기본 원리는 통상 생존권보장, 공공 책임, 최저생활보장, 보충성, 타법 우선, 자립 조장, 무차별평등 등의 원리가 적용된다(강희갑 외, 2013: 이인재 외, 2013).

(1) 생존권 보장의 원리

국민기초생활보장법 제1조의 규정과 같이 공공부조제도는 국민의 생존권 보장을 위한 최후의 안전망이라는 제도적 의의를 가진다. 즉 생활유지 능력이 없거나 어려운 자에게 최저생활을 보장하고 자활을 조성할 것을 강조하는 원리이다.

이처럼 공공부조제도로서의 국민기초생활보장법은 헌법의 생존권보장의 이념을 현실화하고 구체화하는 기능을 한다. 나아가 생존권 보장의 이념과 원리는 국민기초생활보장법의 전체 규정 및 해석의 지도 이념으로의 위상을 명백히 한다.

(2) 공공책임의 원리

공공책임의 원리는 생활이 곤란한 국민에 대한 생존권 보장은 국가의 책무임을 강조하는 원리이다. 국민기초생활보장법은 국민에게 생존권을 책임지는 의무를 가진 '보장기관'을 지방자치단체장(특별시장, 광역시장, 도지사·특별자치도지사)과 시장·군수·구청장으로 규정하여 공공책임의 원리를 명시하고 있다.

(3) 최저생활보장의 원리

국민기초생활보장법 제4조 1항에 의거하여, 실시되는 급여는 건강하고 문화적인 최저생활을 유지할 수 있는 수준이어야 한다.[3] 즉 국민 각자는 소득의 고저, 직업의 차이, 가족의 대소 등 차이가 있지만 모든 국민은 최소한도의 생활이 객관적으로 보장되도록 그리고 이러한 보장을 위협하는 원인을 배제하는 조치를 취할 것을 강조하는 원리이다(신섭중, 1979).

---

3) 이 문화적이고 인간다운 생활을 할 권리로서의 최저생활 보장 원리와 관련하여 1957년 유명한 일본의 '아사히 소송'이 있다(현외성, 1989). 이와 유사한 우리나라의 헌법소원으로 1994년 노부부의 헌법소원이 있다. 생활보호대상자인 노부부가 생활보호사업지침에 따라 제공되는 생계급여의 수준이 헌법상 인간다운 생활을 할 권리를 침해하는 것으로 위험임을 확인해 달라는 헌법소원을 헌법재판소에 제기하였다. 이것은 우리나라 사회복지 분야에서의 소송이었다(윤찬영, 1998).

(4) 보충성의 원리

국민기초생활보장법 제3조 1항에 따르면 국민기초생활보장법에 의한 급여는 "수급자가 자신의 생활 유지·향상을 위하여 그 소득·재산·근로 능력을 활용하여 최대한 노력하는 것을 전제로 이를 보충 발전시키는 것"을 기본 원리로 규정하고 있다. 즉 급여를 받으려는 자는 그 전제 조건으로서 개인적으로 가능한 모든 자원을 동원하여 생활유지에 최대한 노력할 것을 강조한다. 이러한 노력에도 불구하고 생활상의 부족분이 발생할 경우 그 부족분을 보충하자는 원리이다.

(5) 타법 우선의 원리

국민기초생활보장법 제3조 2항에 의하면 부양 의무자의 부양과 다른 법령에 의한 보호는 동법에 의한 급여에 우선하여 행하여지는 것을 원칙으로 규정하고 있다. 즉 타법에서의 지원 조항을 우선 적용한다는 원리이다(제3조 2항). 이는 상기 '보충성의 원리'와도 밀접한 관계가 있다(제3조 1항).

즉 타법에 의한 지원을 우선하고 그 부족분을 보충한다는 원리이다. 하지만 다른 법령에 의한 보호 수준이 국민기초생활보장법에서 정하는 수준에 이르지 아니하는 경우에는 나머지 부분에 관하여 동법에 따른 급여 권리를 잃지 않는다고 규정한다(국민기초생활보장법 제3조 제2항 단서).

(6) 자립 조장의 원리

국민기초생활보장법 제1조에서 자활 조성이 동법의 근본 목적임을 천명한다. 이에 근거하여 동법 제9조 5항에서는 자활에 참여할 것을 조건으로 생계급여를 지급할 것을 조건 부과하고 있다. 동법 제15조에는 다양한 급여 중의 하나로 자활급여를 제공할 것을 명시하고 있다. 이처럼 공공부조제도는 생활이 곤란한 자의 자활자립의 우선을 강조하며, 이는 타법 우선의 원리와 마찬가지로 자립 조장의 원리가 보충성의 원리에 기초하고 있기 때문이다.

(7) 무차별 평등의 원리

나태 등 생활상의 빈곤 발생의 주관적인 원인에 무관하게 생활 유지가 어려운 상태라는 객관적인 요건만 성립하면 급여가 무차별적으로 지급될 것을 강조하는 원리이다. 하지만 급여를 제공하는 급여의 정도 및 기준은 수급권자의 여건을 고려하여 급여 종류가 결정되고 소득 인정액 수준을 감안하여 생계비는 차등 지급될 수 있다(국민기초생활보장법 제4조 2항, 제9조 4항).

3) 공공부조 실시 원칙

공공부조는 통상 수급자 신청을 시작으로 대상자에 관한 조사 과정을 거쳐 구체적 실시에 이른다. 이러한 일련의 절차 과정에 대한 실시 기관의 준거 원칙은 다음과 같다(이인재 외, 2013).

(1) 신청 : 신청 및 직권급여 원칙

급여의 개시를 신청권자의 신청에 의거하는 것을 신청급여주의라고 한다. 국민기초생활보장급여는 신청주의를 원칙으로 한다. 수급권자와 그 친족, 그 밖의 관계인은 관할 특별자치도지사·시장·군수·구청장에게 수급권자에 대한 급여를 신청할 수 있다(동법 제21조 1항)고 규정한다. 본 신청급여제의 안정적인 정착을 위해서는 동 사업의 인지 부족을 해소하기 위한 대국민 홍보 활동 강화가 요청된다.

한편, 실시 기관의 직권에 근거하는 것을 직권급여주의라고 한다. 국민기초생활보장제도는 신청주의와 직권주의를 모두 채택하고 있다. 즉 사회복지 전담 공무원은 이 법에 따른 급여를 필요로 하는 사람이 누락되지 아니하도록 하기 위하여 관할지역 내에 거주하는 수급권자에 대한 급여를 직권으로 신청할 수 있다(동법 제21조 2항).

다만, 이 경우 수급권자의 동의를 구하여야 하며 이를 수급권자의 신청으로 간주할 수도 있다. 이럴 경우 수권급자의 신청주의 우선 원칙에 직권주의가 보충적으로 적용되는 것으로

(2) 조사

급여의 신청이 있을 경우에 급여기관은 신청자가 급여의 요건을 충족하고 있는가의 여부를 명확히 해야 한다. 이를 위하여 급여 대상자 또는 피급여자의 자산 상

황, 건강 상황 또는 부양 관계 등에 대하여 조사를 행한다. 이때 필요한 경우 급여 대상자 또는 피급여자에게 급여기관이 지정하는 의료기관에서 검진을 받게 할 수 있다(국민기초생활보장법 제22조 1항). 조사를 하는 관계공무원은 그 권한을 표시하는 증표를 휴대하고 이를 관계인에게 제시하여야 한다(국민기초생활보장법 제22조 5항).

(3) 결정

① 기준 및 정도의 원칙

급여 기준에 관한 급여 실시상의 원칙이 '기준 및 정도의 원칙'이다. 먼저 '기준의 원칙'이란 수요측정의 원칙을 말한다. 국민기초생활보장제도에 의해 보장되는 최저한도의 생활은 보건복지부장관이 정한 기준에 의하여 각 급여 대상자에 대해 구체적으로 확정되어야 한다는 것이다. 다음으로 '정도의 원칙'이란 급여의 정도를 급여 기준에 의하여 측정된 급여 대상자의 수요와 그 재력을 대비하고 급여 대상자가 자력으로 충족할 수 없는 부족분을 보충하는 정도로 행한다는 것을 의미한다. 이 원칙의 적용을 위해 각 수급 신청자에 대해 '자산조사(means test)'가 실시된다.

② 결정 절차

보장기관은 이상의 신청조사의 절차를 거쳐 급여 실시 여부와 급여 내용에 대해 신청인 또는 수급권자에게 서면으로 통지하여야 한다(국민기초생활보장법 제26조 3항). 이 결정 통지서에는 결정 이유를 신청자가 충분히 납득할 수 있을 정도로 충분하게 기재되어야 한다.

결정은 신속하게 하여야 하며, 결정 통지를 신청일로부터 14일 이내에 하여야 한다. 다만, 부양 의무자의 자산 상황 등의 조사에 시일을 요하는 특별한 사유가 있는 경우에는 신청일로부터 30일 이내에 통지할 수 있으며, 이 경우에는 통지서에 그 사유를 명시하여야 한다(국민기초생활보장법 제26조 4항).

신청에 근거한 급여 실시 결정의 경우에 급여가 언제부터 실시되어야 하는가가 문제된다. 급여를 받는 것은 권리이므로 신청일을 급여 실시일로 하여야 한다는 견해도 있지만, 급여 여부에 관한 급여 당국이 결정을 거쳐야 하므로 급여 실시 시기는 신청일 이후에 요급여 상태에 있다고 결정한 날로 하여야 할 것이다.

③ 세대(가구) 단위 원칙

급여의 실시는 개별 세대(가구)단위로 행하되 특별히 인정되는 경우에는 개인단위로 할 수 있다(국민기초생활보장법 제4조 3항). 즉 급여 청구권의 권리 주체는 세대나 가구가 아닌 개인이다. 하지만 국민기초생활보장법은 급여의 여부와 정도를 결정할 경우 세대(가구)[4]를 단위로 하도록 규정하고 있다. 이를 통상 세대단위의 원칙이라고 한다.

2. 빈곤선 결정 방식

공공부조에서 기준 및 정도의 원칙을 실행하기 위해 이루어지는 객관적 최저생활수준(최저생계비)의 결정 방법을 의미한다. 여기에는 절대적 빈곤선 측정 방법과 상대적 빈곤선 측정 방법의 두 가지로 대별된다.

1) 절대적 빈곤과 최저생계비의 결정

(1) 절대적 빈곤

빈곤의 사전적 의미는 '살림살이가 넉넉하지 못해서 몸과 마음이 괴로운 상태'이다. '몸과 마음이 괴로운' 까닭은 '생활에 필요한 최소한의 재화조차 갖지 못해서', '기본적인 욕구 충족이 안 되기 때문'이다(신명호, 2014).

이론적 의미로는 절대적 빈곤이란 인간의 생존에 필요한 최저한의 물자조차 부족한 극도의 빈곤을 말한다. 즉 최저생활을 유지하는 데 필요한 소득이 결여된 상

4) 세대는 일상적인 거주와 생계가 동일한 생활 공동의 사실을 본래적 요건으로 하여 성립된 사실적 개념이다. 그래서 세대 구성원 간에 가족법적 신분 관계가 본래적으로 존재할 필요는 없다. 또한, 세대를 동일시함으로써 필연적으로 새로운 법적 관계인 권리의무관계가 성립되는 것도 아니다. 그러나 현실적으로는 세대 구성원 상호 간에 일종의 부양기대적(扶養期待的)인 준권리의무적(準權利義務的) 관계의식이 발생할 경우가 적지 않다. 세대가 갖는 이와 같은 일종의 가족법적 관계 형성 작용에 착안하여 이것을 입법상 정착시켰다. 따라서 세대 개념은 세대를 동일시하게 된 성원을 일률적으로 부양 법적관계에 있는 가족원의 지위에 근접 내지 동화시키는 기능이 부여된다. 결국, 동일 세대 내에서는 급여 대상자의 생활부조 의무는 물론이고 비가족까지도 생활유지 의무자와 동등한 부양을 사실상 강제한다는 결과를 초래하게 된 것이다. 이제까지 우리나라 생활급여행정의 실태를 보면 이상과 같은 기능을 부과하기 위하여 세대 개념을 이용해 왔다고 할 수 있다(이인재 외, 2013).

태를 빈곤으로 보고, 이를 구체적이고 조작적으로 측정하여 계량화한 것이 빈곤선(poverty line)이다. 결국, 최저생활 수준이라는 객관적인 빈곤선을 설정하여 이 선에 미달하는 소득수준을 절대적 빈곤으로 규정한다(박석돈, 2012).

(2) 빈곤선(최저생활수준) 측정 방법

절대적 빈곤의 개념을 바탕으로 빈곤선을 측정하는 방법은 여러 가지가 있다. 여기서는 기본적 욕구 방법(basic ratio approach)과 음식비 비율 방법(food ratio method)만을 다룬다(김태성 외, 2002).

① 기본적 욕구 방법

이 방법은 빈곤을 '기본적 욕구' 통상 의식주를 해결하지 못하는 상태로 본다. 빈곤선은 이러한 욕구를 해결하는데 소요되는 비용으로 결정된다. 역사적으로 가장 오래된 방법으로 1899년 런던 지역을 조사한 C. Booth와 요크시를 조사한 S. Rowntree가 사용하였다. 미국에서는 1965년 Orshansky에 의해 개발되어 오늘날 공식적으로 광범위하게 사용되고 있다. 미국 빈곤선은 이 방식에 의해 빈곤선이 산출된다. 이러한 기본적 욕구 방법을 통한 빈곤선 산출은 아래와 같은 방식으로 진행된다.

- '기본 욕구'와 다른 욕구의 구분

무엇을 기본 욕구로 판단하느냐가 가장 난제이다. 이러한 기본 욕구에 해당하는 항목은 시대와 사회에 따라 가변적이기 때문이다. 또한, 이러한 항목은 무수히 많을 수 있다. 그럼에도 불구하고 특정 시기 특정 사회에서 생존에 필요한 최소한의 '기본 욕구'가 무엇인가에 대해서는 많은 사람이 동의하는 음식, 주거, 의복에의 기본적 욕구들이다. 이 중에서 특히 음식에의 욕구를 가장 기본으로 삼는 경향이 있다. 하지만 음식에의 욕구를 해결하는 방법에는 비용이 얼마인지를 산출하는 방법에서 많은 논란이 제기된다.

- 음식비의 산출

음식비 산출은 무엇보다 먼저 '육체적인 효율성(physical efficiency)'을 유지하는데 필요한 칼로리 산출에 의존한다. Rowntree는 이 방법을 통해 '일차적 빈곤(primary poverty)'과 '이차적 빈곤(secondary poverty)'을 구분하였다.

일차적 빈곤이란 처음부터 영양학적 욕구를 충족할 수 없는 상태를 의미한다. 이차적 빈곤이란 욕구를 충족할 수 있는 자원은 있지만 영양학자가 충족한 방법으로 사용을 못해서 빈곤한 상태를 말한다. 미국에서는 이러한 문제를 해결하기 위해 소비자 조사를 실시한다. 이를 통해 관행적인 소비 행태를 파악하고 참고한다.

• 산출된 음식비를 빈곤선으로 환원하는 방법

일단 영양을 유지하는데 필요한 음식비 비용이 산출되면 이를 바탕으로 빈곤선을 결정하게 된다. 여기에는 다음과 같이 세 가지 빈곤선 산출 방법이 있다.

- 음식비 이외 다른 기본 욕구를 별도 계산하는 방법

Rowntree가 사용한 방법이다. 기본 욕구로 의식주에 소요되는 비용을 산출한다. 음식비는 영양을 유지할 수 있는 칼로리라는 과학적인 기준이 있다. 반면 기타 기본 욕구 비용의 산출은 그 근거가 불명확하여 많은 논란이 제기되기도 한다. 그래서 실용적으로 사용하기 어려운 한계가 있다.

- 음식비에 평균 엥겔계수의 역을 곱하는 방법

엥겔계수의 역에다가 영양 유지를 위한 최소한의 음식비를 곱하여 빈곤선을 산출하는 방법이다. 이는 미국의 빈곤선을 측정하기 위하여 Orshansky가 사용한 방법이다. 1961년 미 상무성 소비자 조사결과 평균적으로 미국인이 음식비에 가구소득의 1/3을 사용한다는 것을 바탕으로 최소 음식비에 3을 곱하여 빈곤선을 산출하였다.

이 방법의 장단점은 다음과 같다. 빈곤선이 엥겔계수의 수치 변동에 따라 너무 가변적이라는 단점이 있다. 평균 엥겔계수의 역을 곱하는 방법에서 부각되는 가장 큰 장점은 생활 수준의 변화에 따라 엥겔계수의 역이 커지면 빈곤선이 그만큼 동반 상승하는 데 있다.

- 음식비에 빈곤층 엥겔계수 역을 곱하는 방법

통상 빈곤층은 엥겔계수가 높다. 음식비에 그들의 소득 대다수를 소비한다. 그래서 빈곤선 책정에서 전체 평균이 아닌 빈곤층만의 엥겔계수를 사용하는 것이 합리적이라는 입장이다. 이를 적용하면 빈곤선은 크게 하락하는 문제가 있다. 이 방법으로 빈곤선을 산출하면 Orshansky의 빈곤선이 약 55%로 감소한다. 결국, 가난한 사람들의 엥겔계수가 높은 이유는 가난하기 때문인데 이를 다시 빈곤선 산출에 적용하여 빈곤선을 줄이는 것은 순환 논리의 오류에 빠지는 한계가 있다.

② 음식비 비율 방법

음식비가 소득에서 차지하는 일정한 비율(예를 들면 1/3)이 빈곤선이 된다. 따라서 이 비율보다 높은 음식비를 사용하는 가구는 빈곤 가구가 된다. 이 방법의 단점은 음식비를 절감하는 빈곤 가구는 빈곤선 위에 놓이게 되고, 음식비에 가구소득 비중을 많이 두는 비빈곤 가구는 빈곤선 아래에 놓일 가능성이 크다는 데 있다.

③ 우리나라 빈곤선 산출 방법

우리나라는 생활보호법 이래로 국민기초생활보장법에서 중위 소득을 적용하기 시작한 2015년 7월 이전까지는 중앙생활보장위원회에서 Rowntree가 사용한 방식으로 빈곤선을 측정했다. 통상 이를 '전물량 방식(market basket)'이라고 한다. 모든 필수품들의 종류와 최소 필요량을 정하고 그것을 가격으로 환산하여 합산하는 방식을 의미한다. 즉 한 가구가 생계를 유지하는데 반드시 필요하다고 여겨지는 최소한의 재화와 서비스 품목을 정하고 각각의 내구연수와 수량 및 단가를 정하여, 이를 구매하는데 드는 총비용을 합산한 금액이다.

[표 10-1] 2012년 빈곤선 산출

2012년 전물량 방식 빈곤선 산출
우리나라 빈곤선(최저생계비) 선정 방식을 2012년도를 예로 든다면, 먼저 4인 가족 기준으로 1개월에 라면은 15개를 먹는다고 봐서 9,540원이 들고, 배추는 얼마가 들며 ……이런 식으로 계산해서 총식료품비는 56만 4,330원으로 책정된다. 이렇게 해서 식료품비·주거비·교육비 등 모두 11개 항목 361개 품목을 산정하여 빈곤선인 최저생계비는 2012년 기준 4인 가구 최저생계비 총액은 월 149만 5,550원으로 책정하였다(신명호, 2014).

2) 상대적 빈곤과 최저생계비의 결정

어떤 사회에서 최소한의 삶이란 그저 간신히 목숨만 부지하고 살아가는 것이 아니라 그 사회의 구성원으로서 최소한의 도리를 하면서 살아가는 삶이다. P. Townsend는 "어떤 사람이 속한 사회의 통상적인 생활양식 가운데 어떤 요소가 부족해 박탈감을 느끼며, 소득이 낮으면서 동시에 그 박탈의 정도가 심한 경우 그는 빈곤한 상태에 있다."라고 규정하였다. 즉 빈곤의 기준은 영양학적 관점에서 최소 생필품의 절대량을 계산하는 방식으로 설정할 것이 아니라, 그 사회의 중간층이 누리는 표준적인 생활 수준으로부터 상대적 거리가 얼마만큼 떨어져 있는가로 정해야 한다는 것이다(신명호, 2014). 이러한 상대적 빈곤을 측정하는 방법에는 순수 상대 빈곤과 유사 상대 빈곤의 두 가지 방식이 있다(박석돈, 2012).

(1) 순수상대적빈곤(pure-relative poverty)

전 계층을 전체 사회의 소득 순위대로 늘어놓을 때 하위 일정 비율(예로 하위 20% 혹은 40%)을 빈곤층으로 보는 것이다. 이 방법은 해당 사회의 불평등 정도를 반영하게 되는 되는 장점이 있다. 즉 동일한 비율의 빈곤선을 적용하더라도 그 사회의 불평등 정도가 낮으면 빈곤선에 해당하는 소득액은 높아지고 반대로 소득불평등 정도가 높으면 빈곤선의 소득액은 낮아진다.

(2) 유사상대적빈곤(quasi-relative poverty)

전체 사회의 평균소득(또는 중위소득)의 일정 소득수준에 미치지 못하는 사람을 빈곤층으로 보는 것이다. 그 구체적인 수준은 다음 [표 10-2]와 같다.

[표 10-2] 유사상대빈곤 기준

Townsend	평균소득의 80% 이하(빈곤층) : 50% 이하(극빈층)
OECD	중위 소득의 40%, 50%, 60%
World Bank	개발도상국 평균소득 1/3 이하, 선진국 평균소득 1/2 이하
Fuchs & Lansley	중위 소득의 1/2 이하
H. Chenery et al.	소득 순위에 따라 최저 40% 혹은 20% 이하
영국	평균소득의 50%
프랑스	중위 소득의 50%
일본	평균 소비자 지출의 68%

(3) 우리나라 상대적 빈곤선의 측정

우리나라 국민기초생활보장제도는 2015년 7월부터 소위 '맞춤형 복지'라는 명목으로 이전의 전물량 방식 절대적 빈곤선 선정 방법을 폐기하고 우리나라만의 독특한 방식으로 유사 상대적 빈곤선을 책정하여 시행하고 있다. 2015년 7월을 기준으로 이전의 선정 방식은 최저생계비를 계측하고 중앙생활보장위원회의 심의·의결을 거친 후 고시하는 것이었다. 7월 개정 이후에는 중위 소득을 결정하고 중앙생활보장위원회의 심의·의결을 거친 후 고시하는 것으로 변경되었다. 또한, 기존의 통합 급여제 방식에서 개별 급여제로 급여 방식을 변경하였다. 이에 따라 급여 유형별로 수급권자 범위를 별도 규정하고 있다.[5)]

이렇게 수급권자 선정 기준이 급여별 특성에 따라 개별적으로 정해져 수급권자의 범위에 관한 총괄 규정(최저생계비 이하)은 삭제하였고, 생계·의료·주거급여 등 급여별로 수급권자 범위를 별도 규정하였다(개정 국민기초생활보장법 제8조 제2항, 제12조 제2항, 주거급여법 제5조 등). 각각의 수급권자 선정 기준은 급여의 종류별로 '소관 중앙행정기관의 장이 정하는 기준 이하인 사람'으로 규정되었다. 급여 체계 개편에 따른 대상자 선정과 각각의 급여별 선정 기준은 다음 [그림 10-1]과 같다.

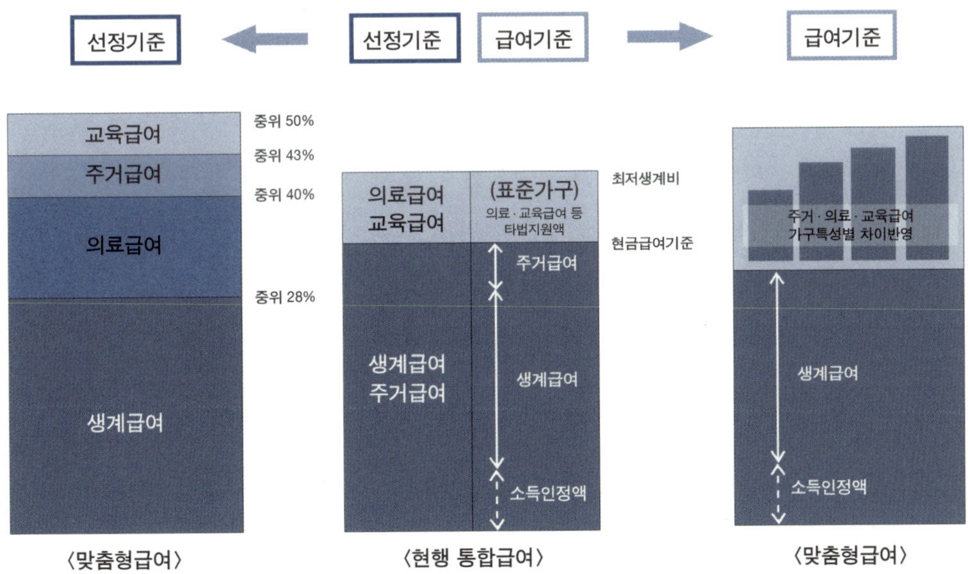

[그림 10-1] 급여 체계 개편과 선정 및 급여 기준 변화

---

5) 2015년 1월 1일자로 보건복지부장관이 국민기초생활보장 법령 개정 입법예고에서 개정 이유를 다음과 같이 밝힌다. 대상자 선정 기준을 급여의 종류별로 다층화하려는 맞춤형 급여 체계를 도입하여 지원 대상 확대 및 일을 할수록 유리한 급여 체계를 마련하기 위해 규정상 미비점을 개선 보완하려는 입장이라고 한다. 하지만 기초생활보장 실무현장에서는 2015년 10월 현재, 기존 방식에서 책정된 변동 없는 동일한 예산 규모로 개별 급여 도입으로 선정자 기준만 다양화하였고 전체 업무량만 증가하였다고 푸념한다. 유사하게 정책적 관점에서 기존 통합 급여 방식과 최저생계비 선정 방식을 지지하는 시민사회단체들에서는 맨 밑돌(생계급여 예산)을 빼 위에 얹는(기타 개별 급여에 보충) 얄팍한 꼼수에 불과다고 비판한다.

3. 국민기초생활보장제도와 자활사업의 관계

1) 자활사업의 의의

국민기초생활보장법 제1조는 헌법 제34조에 근거하여 국가와 지방자치단체가 생활이 어려운 자에게 빈곤한 자에게 빈곤의 정도에 따라 필요한 급여를 행하여 법에서 정한 최저생계비 수준 이상의 생활을 보장하고 자활을 조성할 것을 목적으로 제시한다. 여기에서 자활 조성이라는 목적을 구체화하고 실현하는 방법으로 자활사업이 제시된다. 즉 생활보호법에서 자활보호대상자를 중심으로 취로사업에 머물렀던 자활사업을, 2000년 국민기초생활보장법이 도입된 이후에는 '자활급여'를 신설하고 본격적으로 자활사업을 위한 별도 예산 마련과 함께 전 시·군·구에 걸쳐 지역자활센터라는 전달체계를 마련하였다.

자활사업은 시범사업 단계였던 1996년 출발 시점부터 '생산·나눔·협동'이라는 공동체적 이념을 전면적으로 지향했다. 2000년 제도화된 이후 우리 사회에 다양한 사회서비스와 노인일자리뿐만 아니라 사회적기업과 사회적 협동조합을 배출하면서 신자유주의에서 파생되는 병리적 사회문제의 해결을 지향하는 사회적 경제(social economy) 구축을 위한 토대를 다지는 중요한 역할과 기능을 수행하는데 그 존재의 의의를 찾을 수 있다(이문국 외, 2014: 이문국 외, 2010)

[그림 10-2]와 같이 자활사업은 아래에서 논의할 주민운동에서 시범사업을 거쳐 제도화에 이르는 역사적 전개 과정 및 주요 프로그램 구조와 사회적 경제와의 관계를 통합적으로 제시하고 있다.

2) 우리나라 자활사업의 역사적 전개 과정

(1) 시범 자활사업 이전 단계 : 1995년 이전 주민(생산 공동체)운동 시기

1996년부터 시범 자활사업이 시작되었다. 하지만 이러한 시작은 가시적인 계기일 뿐 국가 시범사업의 형태로 체제 내로 제도화되기 이전부터 자활사업은 긴 호흡을 가지며 존재해 왔었다. 1990년대 초 제도화 이전 자활사업은 70~80년대 민주화운동을 수행했던 도시재개발 지역의 민중교회가 거점이 되어 빈민 지역운동의 연

출처: 노대명 외(2010). 자활정책에 대한 평가 및 발전방안. 한국보건사회연구원 연구 보고서 2010-15, p. 24

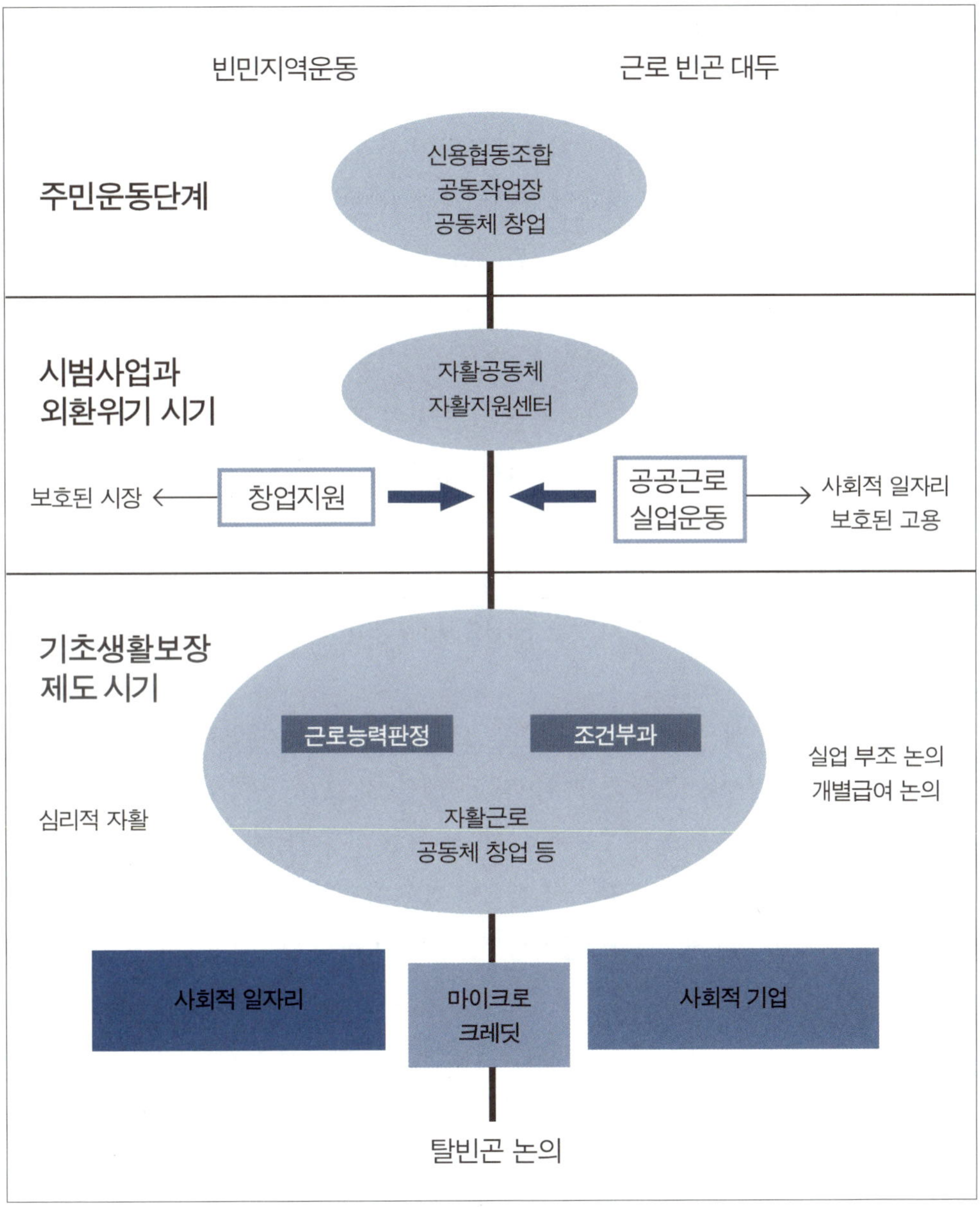

[그림 10-2] 자활사업 전개 과정 흐름도

장선에서 진행되었다. 당시에는 자활사업이라고 불리지 않고 여러 다양한 빈민 지역운동 중에서 '생산 공동체운동'이라고 불렀다. 빈곤 지역에서 가난한 사람들과 함께 거주했던 주민활동가들은 지역주민들이 겪는 열악한 노동조건과 불합리한 하청구조에서 오는 경제적 불이익을 극복하고자 고민했다. 동시에 민주적인 의식과 공동체적 품성을 발전시켜 나갈 수 있는 대안적 틀로서 서구에서 노동자협동조합으로 소개된 생산 공동체 모델에 적극 주목하기 시작했다.

도시 생산 공동체 운동의 시원적 형태로 평가받는 지역사회 주민 조직체는 1990년에 출범한 '건설일꾼 두레'였다. 건설일꾼 두레는 1974년부터 강북 산동네인 하월곡동에 민중교회를 세우고 빈민운동을 전개한 H목사가 해당 지역 건설일용직 노동자들을 모아서 만든 건설 생산 공동체였다.

두레라는 단순한 하층노동자 지역 모임 수준의 생산 공동체 방식에서 법인격이 부여된 본격적인 생산 조직체(productive organization)로의 틀을 갖추게 되는 계기는 스페인 몬드라곤의 협동조합 복합체가 알려지면서부터다. 1992년 이후 빈민운동 진영에 생산자협동조합의 변혁적 가능성이라는 일치된 강력한 담론이 형성되면서 생산 공동체운동은 빈곤 지역을 중심으로 다양한 실험적 확산이 동시다발적으로 진행되었다.

우리 사회에 두레 공동체의 단순 주민 모임 차원과 노동자협동조합이라는 공식경제 조직체의 형성에 중간 가교 역할을 수행한 것은 1991년 '월곡여성생산 공동체'였다. 이후 본격적인 노동자협동조합의 결성기로 접어들게 되었다. 1992년 대한성공회 나눔의 집(Sharing House)의 진보적 젊은 사제들이 중심이 되어 봉제노동자협동조합인 '실과 바늘', 건설노동자협동조합인 '나섬건설'을 조직하였다. 1992년에는 도시 건설 노동자들이 자발적으로 설립한 '마포건설'이 발족했다. 1994년에는 각기 따로 설립했던 건설일꾼 두레와 '나섬건설'이 발전적 해체를 거쳐 하나의 건설노동자협동조합인 '나레건설'을 설립했다.[6] 1995년 여성노동자회의 출자로 설립된 인천 봉제노동자협동조합인 '옷누리'와 구로 지역에서 노동운동을 수행했던 여성봉제노동자들이 봉제노동자협동조합인 '한백'을 구로공단 지역에서 출범했다. 재개발 지역에서 주민 주체적 역량으로 탄생한 새로운 도시 재개발 모델인 행당동

---

6) 나섬건설의 '나'와 건설일꾼 두레의 '레'를 각각 따서 '나레'리고 명명하였다.

가이주 단지인 철거주민 마을공동체 내에 '논골의류협동조합'이 생겨났다. 이처럼 90년대 초에 나타난 진보적 사제 중심의 노동자 공동체나 노동자 협동조합이 90년대 중반으로 접어들면서 다양한 인적자원과 지역사회로 급속히 전파되어 갔다.

(2) 시범 자활사업 단계 : 1996~1999년

1996년 자활사업은 마침내 시범사업으로 출범한다. 불과 5개의 지역자활센터가 법적 근거도 갖지 않은 채 시범적으로 운영되는 것이었지만, 매우 중요한 역사적 사건이었다. 이후 자활사업의 역사는 근로 연계 복지의 역사가 되었고, 사회적 경제의 물적 토대를 닦은 역사가 되었다. 특히 동아시아 복지국가가 갖는 특수한 사례로서 해외의 관심을 끌기도 한다. 게다가 자활사업은 적대적 관계였던 정부와 민간 NGO 부문이 국가 정책의 영역에서 조직적으로 파트너십을 형성한 최초 사례이기도 했다.

자활사업은 1996년에서 1999년까지는 시범사업의 형태로 진행되었다. 이 시기 지역자활센터의 실무자들은 자신들의 활동을 '자활운동'이라고 표현했다. 또한, 스스로에게 '자활활동가'라는 정체성을 부여했으며, 단순한 탈빈곤 활동이 아니라 주민 중심 협동조합을 조직하는 활동으로 자신들을 규정했다.

열악한 사업 환경과 경험 부족으로 인해 당시 고전을 면치 못하고 있던 초기 시범 지역자활센터들은 특별취로사업의 도입으로 자활사업이 보다 활성화되는 일대 전기를 맞았다. 특별취로사업을 활용하여 생산 공동체로 발전할 수 있는 준비를 할 수 있었으며, 시장 영역(제1섹터)뿐만 아니라 새로운 영역(제3섹터)에서 유용한 일자리를 창출할 수 있는 계기와 다양한 사업 아이템 들이 발굴되었기 때문이다.

자활 프로그램 측면에서 볼 때 특별취로사업은 기초생활보장제도에서 자활근로사업과 자활 공동체로 발전되었다. 구체적으로는 영리형 사업들이 시장형 자활근로·자활 공동체·노동통합 사회적기업의 모델이 되었으며, 비영리 공익 추구형 사업들은 사회서비스 일자리 자활근로·사회서비스 사회적기업, 최근에는 사회적 협동조합의 형태로 발전할 수 있는 계기가 되었다.

1999년까지 시범 지역자활센터는 20개소로 확대되었다. 1997년 IMF 경제위기를 계기로 당시 공공부조제도인 생활보호법의 전면적 손질에 관한 주장과 전국적인 움직임이 활성화되었고 마침내 국민기초생활보장제도가 도입됨으로써 자활 급여의 주요 전달 체계로서 본격적인 제도화의 국면에 이른다.

(3) 자활사업 제도화 이후 단계: 2000~2015년 현재

근로 능력 있는 조건부 수급자 문제를 해소하고자 2000년 국민기초생활보장제도의 도입과 함께 시범사업의 꼬리표를 떼고 자활사업은 공공부조제도의 전면에 나선다. 전달 체계로서 제도화 직전 시범사업 단계에서 20개소에 불과했던 지역자활센터는 전국 대다수 시·군·구에 적어도 1개소 이상 설치되어 254개소에 이른다.[7] 또한, 2004년 이후 광역 단위인 광역자활센터와 2008년 중앙 단위인 중앙자활센터 등 자활 전달 체계가 구비되어 갔다. 2015년엔 자활 현장의 오랜 숙원이던 자활연수원이 설치되었다.

제도화 단계의 자활사업은 근로연계 복지의 성장과 관련해서 우리 사회에 중요한 함의를 갖게 된다. 그것은 독특한 한국판 근로연계 복지제도를 특징짓는 계기로 작용했기 때문이다. 즉 미국처럼 기초생활보장제도 수급자 중 근로 능력자에게 근로의무를 조건으로 부과하였지만, 동시에 유럽과 같은 적극적 노동시장정책을 보다 강화하고 제도 내면에 사회적 경제의 요소를 다분히 내포하고 있었다. 앞서 살펴본 바와 같이, 자활사업이 처음부터 근로연계 복지제도의 성격을 가졌던 것은 아니다. 오히려 그것은 노동자협동조합 또는 생산 공동체 이념에 기반하고 있었다.

그럼에도 자활사업의 제도화는 분명 근로연계 복지제도를 강하게 지향하고 있었으며, 기존 자활사업의 수행 방식을 변화시키는데 결정적인 영향을 미쳤다. 이전의 지역자활센터가 도시의 저소득층 밀집 지역을 중심으로 미취업 도시 빈민의 자발적인 참여를 유인하고 생산 공동체를 설립하는데 초점을 두는 방식이었다면, 제도화 이후의 자활사업은 기초생활보장제도 수급자 중 미취업 근로 능력자를 대상으로 취·창업을 촉진하는 방식을 의미했다. 여기서 중요한 차이점은 참여의 자율성과 프로그램의 성격에서 찾을 수 있다. 제도화 이전의 자활사업은 자율성과 사회적 경제로의 지향성이 강했지만, 제도화 이후의 자활사업은 타율성과 근로연계 복지로의 지향성이 보다 강하게 나타나게 되었다.

---

7) 관악구, 노원구 등 수급권자 밀집지역에는 기초지자체에 2개소 이상 설치되었다

3) 자활 프로그램 현황

자활사업은 국민기초생활법에 근거하여 근로 능력이 있는 저소득층에게 근로 능력 배양과 일자리 지원을 통해 탈빈곤을 도모하는 프로그램이다. 중앙자활센터, 광역자활센터, 지역자활센터를 민간 부문의 인프라로 두고 있다. 자활사업의 세부 프로그램은 게이트웨이, 자활근로, 자활기업 및 창업지원, 취업지원, 자활 촉진 프로그램 등이 있다. 이 프로그램을 운영하는 지역자활센터는 국가로 부터 정액보조금(block grants)을 교부받는다(김정원 외, 2015).

(1) 게이트웨이(Gate-Way)

게이트웨이(GateWay)는 자활사업의 초기 과정으로 '자활사업 참여자의 욕구, 적성, 능력, 여건에 따라 개인별 맞춤형 자립계획 및 경로 제공과 적절한 자활 프로그램 연계로 효과적인 자립을 지원하는 경로 설정 프로그램'이다(보건복지부, 2014). 자활사업에 의뢰되는 신 규참여자는 2개월 동안(1개월 연장 가능) 개별면접 과정을 거쳐 개인별 자립계획(Individual Action Plan : IAP)을 수립하게 된다. 지역자활센터에 소속된 게이트웨이 사례 관리자는 참여자가 작성한 개인별 자립경로(IAP)를 토대로 개인별 자활지원계획(Individual Service Plan : ISP)을 수립한다. 개인별 자활지원계획(ISP)은 참여자의 자활지원을 위한 기관의 서비스 계획을 담고 있다. 개인별 자활지원계획(ISP)의 실행은 '자활근로 참여', 취업알선 등 '취업지원', '개인창업 지원', '직업훈련 지원' 등 4가지 자활 경로를 포함한다. 참여자는 이 4가지 선택지(option) 중에서 하나의 자활 프로그램에 참여하게 된다. 한편, 일부 지역자활센터에서는 자활 참여자의 자활 지원계획 이행 및 서비스 전 과정의 체계적인 점검 및 사후평가를 위해 자활사례관리팀을 운영하고 있다.

자료 : 보건복지부(2014 : 46)

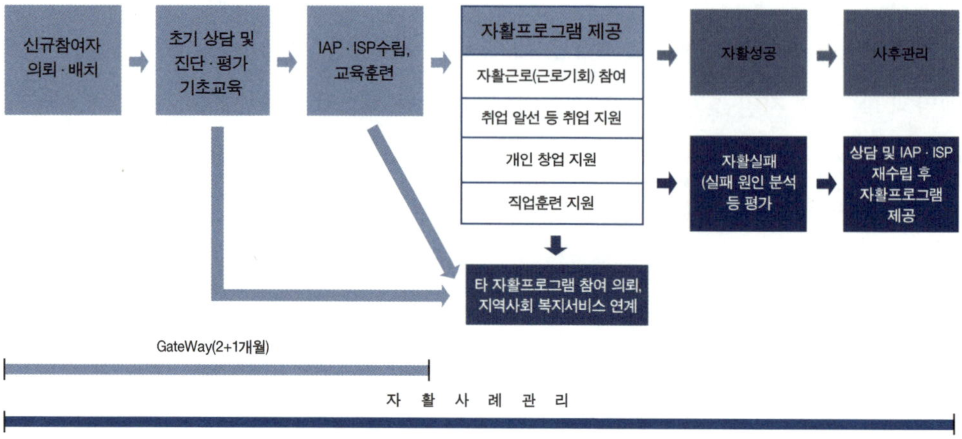

[그림 10-3] 자활 사례관리 · Gate-Way 업무 흐름도

(2) 자활근로

자활근로는 '국민기초생활보장법에 의한 저소득층에게 자활을 위한 근로의 기회를 제공하여 자활 기반을 조성하는 사업'으로 정의되는데, 2014년 기준 자활사업 예산의 총 94.5%(약 4,000억 원)를 차지하는 핵심 프로그램이다(보건복지부, 2014).

자활근로는 근로 시간이 정해져 있고 인건비가 지급되는데다 참여자가 정해져 있기 때문에 일종의 보호된 노동시장으로서의 성격을 갖는다. 이런 탓에 자활근로 참여자 중 상당수는 자활근로 참여 그 자체를 취업으로 인식하는 경향이 있고 또한 노동시장 진입이 사실상 불가능한 중고령자 중에는 참여 연령 제한 시기까지 계속 참여할 수 있기를 희망하기도 한다. 자활근로 참여 가능 연령은 18~64세이다. 그러나 최근 정부는 자활근로의 참여 기간에 제한을 두어 최대 참여기간은 3년(36개월), 다른 유형 전환 시에는 최대 5년(60개월)까지 참여할 수 있도록 하였다.

네 유형 중 핵심은 시장진입형과 사회서비스형으로 주로 지역자활센터가 운영한다.[8] 이들은 정부로부터 사업비와 인건비가 지급되는 사업단 방식으로 운영되고 운

8) 아직까지는 지역자활센터가 주로 담당하나 정부는 향후 시장진입과 사회서비스형 자활근로의 운영기관을 좀 더 개방적으로 운영할 생각을 가지고 있다.

영되는 기간 동안에 매출을 발생시켜 향후 자활기업 창업의 종잣돈을 확보할 수 있는 기회를 갖기도 한다. 지역자활센터는 이 사업단들을 자활기업으로 창업시켜야 하는 과제가 부여된다.

[표 10-3] 유형별 자활근로사업 내용

	정의	수행 주체	추진기간
시장진입형	투입 예산의 20% 이상 매출액이 발생하고 일정 기간 내에 자활 공동체 창업을 통한 시장진입을 지향하는 사업	지역자활센터 민간기관 지자체 자활사업 유경험 개인	사업단 구성으로부터 2년 내 자활기업 창업 (기초지자체장 인정 시 3년까지)
인턴형	일반 기업체에서 자활사업 대상자가 자활인턴사원으로 근로하면서 취업을 통한 자활을 도모하는 취업유도형 사업	지자체에서 기업체와 수요 조정해 직접 시행	
사회 서비스형	수익성은 떨어지나 사회적으로 유용한 일자리 제공으로 자활능력 개발과 의지 고취 후 시장진입을 준비하는 사업	시장진입형과 동일	사회서비스 일자리를 제공하는 사업 제외하고 사업단 구성으로부터 2년 내 시장진입형 전환 또는 자활기업 창업
근로유지형	현재의 근로능력 및 자활 의지를 유지하면서 향후 상위 자활사업 참여를 준비하는 사업	지자체 직접 수행이 원칙이나 기초지자체장 인정 시 민간위탁	

자료 : 보건복지부(2014) 참조 구성.

(3) 자활기업

자활기업은 수급자 및 차상위자가 상호 협력하여, 조합 또는 부가가치세법상의 사업자의 형태로 설립 운영되는 업체로 국민기초생활보장법에 의한 요건을 갖춰 정부 및 지자체로부터 인정받는 기업이다. 오랫동안 자활 공동체로 불리웠으나 2012년부터 국민기초생활보장법 개정과 함께 자활기업으로 명칭이 바뀌었다. 자활기업은 시장진입형 자활근로사업단을 기반으로 창업을 하는 관계로 보통 '자활'하는 단계로 인식되고 있다. 복지부가 인정하는 전국 자활기업, 광역지자체가 인정하는 광역 자활기업, 기초지자체가 인정하는 자활기업으로 구분되는데, 주로 기초지자체 수준에서 창업이 이뤄진다. 2012년 말 기준으로 1,330여 개에 8,862명이 참여하는 것으로 알려져 있으나 자활기업 종사자의 평균임금이 대략 90만 원 선에 불과한 실정이다(김정원, 2014). 이처럼 경제적 성취가 크지 않은데다 자활근로에서 독립했기 때문에 참여자 스스로가 기업을 책임지고 운영해야 하는 관계로 자활근로 참여자들의 대부분은 자활기업 창업을 꺼리는 실정이다.

(4) 희망 리본

희망 리본은 2009년 시범사업으로 시작되어 2013년에 본사업으로 전환하였다. 프로그램의 성격은 빈곤층의 취·창업을 지원하는 것이나, 창업보다는 취업에 방점이 찍혀 있다. 취업 지원을 강화하려는 목표와 성과지표에 따른 참여 기관 보상 체계를 채택하고 있다는 점에서 취업 성공 패키지와 유사한 정책이기도 하다. 하지만 참여대상이 조건부 수급자와 차상위 계층으로 한정되고, 서비스계약은 취업 성공 패키지보다 더 넓은 '광역' 단위이며, 서비스 운영에 대한 책임이 민간조직에게 완전히 위탁되었다는 점 등은 취업 성공 패키지와 다른 점이다. 희망 리본의 수행 기관은 광역지자체 차원의 입찰 과정을 통해 선정되며, 비영리기관뿐만 아니라 영리기관의 참여도 가능하다. 한편, 정부는 2015년부터 고용복지부 취업 성공 패키지에 희망 리본을 편입하였다.

취업 우선(Work First) 전략의 서구 사례 : 영국의 고용복지정책

자유주의 복지 체제의 대표 국가인 영국의 고용복지정책은 최단시간에 취업을 촉진하는데 주력하는 취업 우선 전략을 핵심 기조로 채택하고 있다(김종일, 2006). 이런 정책 기조는 근로 연령대 사회부조 수급자에 대한 'Gateway(사전단계)' 과정 도입(1998년), 고용-복지 전달 체계 통합(2002년)과 같은 전달 체계 개편을 통해 이루어졌다. 이에 따라 고용-복지통합기관인 고용센터플러스(Jobcentre Plus)에 소속된 상담가(adviser)는 Gateway(사전단계) 과정에서 복지급여 수급자에 대한 구직 중점 상담(Work Focused Interview)을 통해 수급자의 빠른 취업 달성을 유도하고 지원하는 핵심적인 역할을 담당하였다. 구직 중점 상담 출석에 대한 의무는 초기엔 조건부 급여 대상자인 청년, 장기실업자에게 한정되었지만, 점차 한 부모, 장애인 등 전 근로 연령대(working age) 복지급여 수급자에게로 확대되었다.

영국은 이런 취업우선전략의 기조 아래, 근로세액공제(Working Tax Credit)나 자녀 장려세제(Child Tax Credit)와 같은 근로 보상을 강화하면서 수급자에 대한 취업을 유도하는 정책을 펼쳤다. 이는 노동시간에 따른 금전적 보상(일명 '당근')을 제공함으로써 복지 수급보다 근로에 종사하는 것이 더 매력적으로 만들기 위함이다. 물론 강력한 복지급여 조건부 레짐(conditionality regime)에 따른 제재 수단(일명 '채찍')이 이를 뒷받침하였다.

한편, 최근 들어 영국은 일련의 복지 개혁을 통해 장애인 및 한 부모과 같은 비경제 활동인구에 대한 자활 참여 조건 부과가 확대되면서 비경제 활동인구의 근로 활성화(activation)가 점차 강화되는 추세를 보이고 있다. 장애인에 대한 근로능력평가가 강화되고 있으며, 한 부모에 대한 조건 부과는 가장 어린 자녀 연령이 16세에서 5세 이하로 대폭 낮아졌다(2008~2013년). 또한, 조건 불이행에 대한 제재도 강화되었는데, 자활 및 구직 의무를 성실히 수행하지 않을 시 복지급여에 대한 박탈은 최장 3년까지 부과할 수 있도록 하였다(Dann, 2011).

취업 우선 전략의 기조에 바탕을 둔 영국의 고용복지정책은 상당한 취업 성과가 있었던 것으로 평가받고 있다. 영국의 대표적인 고용복지정책인 청년 뉴딜과 장기 실업자 뉴딜 프로그램의 경우 종료 인원 대비 취업률이 각각 69%, 59%으로 상당히 높은 성과를 보였기 때문이다. 하지만 비판자들은 취업에 성공한 일자리의 대부분은 저임금, 임시직 일자리라고 지적한다. 또한, 이런 성취도 영국의 경제 호황이라는 경제적 변수의 영향에 기인한 결과이며, 빈약한 성과가 주로 낡은 산업도시와 같은 박탈된 지역에서 두드러지고 있다는 비판도 있다(Sunley and Martin, 2005 : Dann, 2011에서 재인용). 이런 맥락에서 2008년 불황 이후, 박탈된 집단(장애인 등 고용 취약계층)이 많이 거주하는 곳, 낡은 산업도시에서 실업률이 여타의 지역보다 가파르게 증가한다는 점에 근거하여, 낮은 성과의 공공고용서비스를 보완하기 위해서라도 일자리 창출과 같은 수요 지향적 정책을 강구해야 한다는 주장이 제기되고 있다(Sissons, 2009 : 177-179 : Newman, 2011: 104-105).

자료 : 김정원(2015)에서 재인용

참고문헌

강희갑 외, 《사회보장론》, 양서원, 2013
김정원 외, 《나도 일하고 싶다》, 아르케, 2015
김태성 외, 《빈곤과 사회복지정책》, 청목, 2002
노대명, 《자활정책에 대한 평가 및 발전방안》, 한국보건사회연구원, 2010
박석돈, 《사회보장론》, 양서원, 2012
보건복지부, 《자활사업안내》, 2014
보건복지부, 《자활사업안내》, 2015
신명호, 《빈곤을 보는 눈》, 개마고원, 2014
신섭중, "생존권의 보장과 공적부조", 부산대 《법학연구》 제21권 제1호, 1979
윤찬영, 《사회복지법제론》, 나남, 1998
이문국 외, 《사회적경제의 이해와 전망》, 아르케, 2014
이문국 외, 《자활사업의 역사와 철학》, 지역자활센터협회, 2010
이인재 외, 《사회보장론》, 나남, 2013

s · o · c · i · a · l w · e · l · f · a · r · e

11 사회서비스정책

1. 사회보장정책 환경 변화와 사회서비스정책 의의

1) 신사회 위기와 사회서비스정책

미래 사회에 대한 불안이 점차 높아지고 있다. 10여 년 전부터 예측해 왔던 저출산 고령사회의 여파는 부문별 위기를 넘어 사회 전체 시스템의 위기로 확대되고 있다. 4인 가족을 기준으로, 완전 고용을 전제로 충분한 생산 가능 인구와 적절 수준의 부양 인구를 기준으로 구상되었던 현재의 사회보장 시스템은 더 이상 작동하기 어려운 상태로 진입하고 있다. 그럼에도 변화하는 생태계에 조응하는 새로운 사회보장 시스템은 아직 정립되지 못하고 있다. 복지 선진국과 마찬가지로 우리나라도 5대 사회보험과 공공부조 그리고 사회서비스 제도를 기본으로 사회보장 체계를 갖추고 있다. 개별 제도 차원에서 보면, 대상자의 확대, 급여 수준의 개선 등 점진적 개혁을 통해 과거보다 개선된 제도의 틀을 갖추고 있다. 그럼에도 인구 구조와 산업 구조 변화는 더 이상 복지국가 시대를 가능하게 했던 현재 사회보장제도의 작동을 어렵게 하고 있다.

사회보험제도는 안정적 고용을 전제로 한 완전 고용 시대의 산물이다. 따라서 고용의 안정성을 보장할 수 없는 현실에서는 제도의 정상 작동을 기대할 수 없다. 국민연금은 물론이고 공무원연금 등 특수직 연금의 지속 가능성이 문제가 되고 있는 현실이 이를 잘 보여주는 증표이다. 건강보험제도에 대한 지속 가능성 연구 결과를 보면, 날로 증가하는 고령층 의료 비용으로 인해 제도에 대한 근본적 개혁이 필수적이다. 고령층 고용이 확대되는 현실에 정규직 고용과 50대 중후반 정년을 근거로 만들어진 고용보장제도 역시 비정규직의 확산과 65세 이상 고령층 고용이 확대되는 추세를 반영하지 못하고 있다. 새로운 사회적 위기를 해결할 제도적 장치로 사회서비스정책이 사회보장제도의 중요한 영역으로 대두되었다. 우리나라도 2012년 12월 사회보장기본법 전면 개정을 통해 사회보장제도를 소득 보장 중심에서 소득 보장과 사회서비스 보장의 양대 축으로 개편하였다. 그럼에도 사회서비스정책은 여전히 기존의 사회복지서비스의 잔여적 특성을 벗어나지 못하고 있다(이석원 외, 2014).

2) 사회서비스 특성 및 범주

사회보장기본법 개정(2012)에 따라 사회서비스 범주가 대폭 확대되었다. 사회서비스는 인간다운 생활 보장과 국민의 삶의 질 향상을 지원하는 제도를 포괄하는 개념으로 복지, 보건의료, 교육, 고용, 주거, 문화, 환경 등 7개 분야를 포괄하고 있다. 사회서비스 기능으로 돌봄, 정보 제공, 역량 개발, 사회 참여 지원을 포함하고 있다. 사회서비스의 특성으로 첫째, 광의의 의미로 '사회서비스'는 경제서비스와 대비되는 개념으로 사용된다. 경제서비스가 기업 활동을 지원하는 서비스인 반면, 사회서비스는 사람들의 활동을 지원하는 서비스라 할 수 있다. 사회서비스 광의의 범주에는 공공행정부터 국방, 의료서비스, 교육서비스, 사회복지서비스 등이 포함되는 반면, 협의의 범주로는 사회적 보호, 장애, 질병 등 사회적 약자를 지원하는 사회복지서비스를 의미한다. 둘째, 사회서비스 특성으로는 이윤 추구를 일차적 목적으로 하지 않으면서 사회적 욕구 충족에 초점을 두는 집합적이고 관계 지향적인 활동을 통해 제공되는 서비스로서, 물질적이고 사회심리적인 서비스가 대표적인 영역이다. 셋째, 사회서비스는 대인서비스 성격을 내포하고 있으며, 서비스 전달 체계가 사회서비스 내용을 규정하는 경우가 많다. 넷째. 사회서비스는 공공성과 개별성이 혼재되어 있으며, 대상이 '사회적 욕구'이며 제공 주체가 집합적 특성을 보여주고 있다.

사회서비스를 특성별로 주요 범주를 살펴보면 다음과 같다(이인재 외, 2006). 첫째, 돌봄 분야가 대표적이다. 저출산 고령화 사회 변화 추세에 맞추어 출산지원-보육-아동 보호-노인 돌봄까지 생애주기별 돌봄서비스가 대상이 된다. 돌봄 분야와 관련된 정부정책으로 산모 신생아 도우미사업, 보육서비스사업, 아이돌보미사업, 가사 및 간병사업 등이 있다. 둘째, 미래 인적자원 개발과 관련된 분야가 있다. 사회서비스정책의 주요 지향은 미래 시장 친화적 인력 양성에 있다. 지식기반 사회에서 새로운 지식과 정보를 획득할 기회를 제공함으로써 경제적 경쟁력을 갖출 수 있도록 하는 것이다. 아동과 청소년 대상 사회 투자는 시장 친화적 능력을 개발하는 것이다. 인적개발 투자는 동시에 청년들의 일자리 창출에도 일조할 수 있다. 학교 상담도우미, 특수교육지원서비스, 깨끗한 학교만들기(학교 청소), 방과후학교사업 등이 이 분야에 속한다. 셋째, 안전하고 환경 친화적 생활환경 제공과 관련된 서비스 분야가 있다. 미래의 인력이 생산적인 활동에 전념하기 위해서는 안전한 생활 환경과 지속 가능한 자연환경 유지는 필수적 전제가 된다. 이 분야 역시 청년들의 일자리 창출에 기여할 것이다. 이 분야 사업실례로 소방보조서비스, 군부대 상담서비스는 안전한 생활환경 유지에 기여하며, 숲가꾸기사업은 지속 가능한 환경을 제공한다. 넷째, 육체적, 정신적 건강을 위한 공공보건의료 분야가 있다. 출생부터 사망까지 전 생애 건강관리와 사회적 질병관리를 위한 공공보건의료 분야 서비스를 의미한다. 국민들의 기본적 보건의료 수준 유지를 위한 예방사업, 만성질환관리서비스, 방문보건사업, 한방건강증진사업, 심뇌혈관질환예방관리사업, 정신보건사업, 알코올상담, 금연서비스 등이 실례가 된다.

2. 우리나라 사회서비스정책과 지역사회서비스 투자사업

1) 우리나라 사회서비스정책과 바우처제도

한국의 사회서비스에 대한 논의는 대통령자문위원회와 기획예산처, 보건복지부를 중심으로 2006년부터 추진되었다. 사회서비스 제공의 목적은 새로운 사회 위험에 대처하고, 사회 위험을 방지하고 예방하여 모든 국민의 삶의 질을 개선하고 향상하는 것으로, 이러한 목적을 달성하고 서비스의 대상을 확대하고자 2007년부터 11개 부처에서 합동으로 시범사업을 실시하였다. 한국의 사회서비스 전자바우처사업은 2007년 보건복지부 소관 3개 사업에서 출발하여, 5년간 8개 사업으로 확대·발전되어 왔고 2015

년 현재 8개 사업이 유지되고 있다. 2007년도에 사회서비스 전자바우처 사업이 처음 소개된 이후 노인장기요양보험이나 무상보육 실시 등 돌봄서비스 부문에 대한 제도화가 진척되면서 사회서비스 전자바우처 사업은 정책적으로 전 국민의 서비스 욕구범위를 보장하고, 서비스를 크게 확대하는 계기를 가져왔다. 참여정부에 의해 추진된 일자리 정책은 11개 부처가 참여하여 여성, 노인, 장애인, 자활, 보건의료, 문화관광, 산림환경에 이르는 분야를 망라하여 진행되었다. 특히 돌봄을 필요로 하는 수요자들의 욕구가 증가하면서 사회서비스 전자바우처 사업은 예산과 이용자 규모가 크게 증가하였고, 사회서비스 이용자, 제공기관, 일자리 확대에 크게 기여하였다. 위와 같은 발전 과정을 통해 한국의 사회서비스는 오늘날의 모습을 갖추게 되었다(윤성원, 2015).

2007년 보건복지부는 새로운 사업 방식으로 사회서비스정책을 도입한다. 새로운 방식이란 전통적 사회복지서비스 제공 방식인 공급자 지원이 아니라, 수요자 지원으로, 서비스 수요자에게 일정 정도의 자부담을 포함하여 바우처(서비스 이용권)를 제공하는 것이다. 정부가 바우처 방식을 선택한 의미는 복지 제공에서 민간부문의 역할 강화와 공급자 간 경쟁을 통한 복지 재정 효율화에 있다. 또 하나의 정책적 맥락은 간병, 보육 등 그 동안 가족과 비공식 부문이 부담하고 있던 사회서비스 욕구를 사회적으로 대처해야 한다는 의미이다.

정부의 사회서비스정책 중 대표적인 제도가 2007년 도입된 '지방정부 기획, 중앙정부 지원' 방식의 지역사회서비스 혁신 사업(현행 지역사회서비스 투자사업)이다. 2008년에는 '사회서비스시장'을 형성하기 위해 민간기업의 혁신성을 기반으로 사회서비스 선도사업을 추진한 바 있다. 바우처 방식의 사회서비스제도는 최초 노인돌보미서비스, 중증장애인 활동보조 서비스, 산모신생아도우미 서비스, 지역사회서비스 투자사업 등 4대 사업으로 시작되어, 2015년 현재 가사간병 방문도우미사업, 장애인 아동가족지원사업 등 8대 사업으로 확대되었다. 특히 지역사회서비스 투자사업은 서비스 대상과 형식 면에서 기존 사업과는 전혀 다른 방식을 채택하고 있다. 우선 서비스 대상을 기초법 수급자 대상에서 대폭 확대하여 가구 평균소득 이하인 가구를 정책 대상으로 하고 있다. 서비스 제공 형식도 지방정부가 사업의 주체로 기획과 집행을 담당하며, 중앙정부는 사업지원 역할을 담당하고 있다.

사회서비스정책에서 바우처 방식의 채택은 사회복지실천 현장에 상당한 변화를 초래하고 있다. 기존의 공급자 계약 방식과 비교할 때 바우처 방식의 장점으로는 사회서비스 소비자의 입장에서 보면 사회서비스 선택권을 보장받는다는 점이다. 자신의 선호에 따라 다양한 공급기관 중 하나를 선정할 수 있는 것이다. 서비스 소비자에 의해 서비스 품질에 대한 평가와 선택이 이루어지는 것이다. 사회서비스 공급자의 입장에서는 소비자의 만족도를 높여야 하기 때문에 공급자간 경쟁을 촉진시켜 서비스 향상을 가져올 수 있다. 정책적으로 보면, 정부가 바우처를 통해 정책 대상자를 정확하게 선정할 수 있으며, 경쟁을 통해 관련 산업의 발전을 촉진시킬 수도 있다. 그러나 바우처 제도가 장점만 있는 것은 아니다. 바우처는 수요자의 선택권을 보장하는 현금의 장점과 필요한 서비스만 제공하는 현물의 장점을 결합한 프로그램이다. 그러나 현실에서는 현금과 현물의 단점만 부각될 수도 있다. 그것은 바우처 제도가 개인주의, 시장중심주의를 강조하고 있다는 사실에 기인한다. 특히 이윤 추구를 목적으로 하는 영리기업이 공급자로 진입할 경우 서비스 소비자의 만족도를 우선적으로 고려하지 않을 것이다. 오히려 공적으로 제공하는 바우처의 비용이 저렴할 경우, 추가적인 고비용의 서비스를 개발하거나 서비스를 제공하는 노동자의 임금을 낮출 수밖에 없다. 바우처 제도의 도입을 비판적으로 바라보는 입장은 국가가 설정한 바우처 비용, 우리나라 서비스 제공기관 수준 등을 보면 아직 소비자 선택, 경쟁을 통한 고품질 서비스 제공이라는 바우처 제도의 장점이 나타나기 어렵다는 것이다. 오히려 열악한 수준의 사회복지서비스 수급 과정에 혼선을 가져올 가능성이 크다. 예를 들어 민간 영리기업의 합류는 비영리 복지서비스 기관들의 생존에도 문제를 초래할 수 있다고 본다.

2) 사회서비스 혁신으로서 지역사회서비스 투자사업

지역사회서비스 투자사업은 2007년도에 시작되었던 보건복지부의 4대 사회서비스 전자바우처 사업 가운데 예산 규모가 가장 큰 국고보조사업이다. 시설과 공급자 지원 중심의 전통적인 사회복지 전달체계의 대안을 모색하면서 추진되었으며 지방자치단체별로 다양하게 운영되고 있다. 수요자 중심 가치와 재정 투명성을 강조하는 전자바우처의 기본 특성 이외에 지역사회서비스 투자사업에서는 '보편적' 사회서비스 공급과 사회서비스 '산업화'의 담론이 포함되어 있다. 전자는 신사회 위기 극복을 위한 사회 기반 투자에 관한 것이고 후자는 제조업의 빈자리를 채울 수 있는 대안으로 부각되었던 사회서비스 일자리 확충에 대한 것이다(윤영진 외, 2011). 지역사회서비스 투자사업의 특성과 정책 구조는 [표 11-1]과 [그림 11-1]에 정리되어 있다.

[표 11-1] 지역사회서비스 투자사업의 특성

구분	기존 서비스	지역사회서비스 투자사업
수요·욕구	기초적 욕구, 절대적 빈곤 (빈곤질병관련 사회안전망 구축)	상대적 욕구, 상대적 빈곤 (인적자산 및 사회기반 투자)
대응방식	국가 최저기준 설정, 특정된 서비스, 소수의 전문복지기관 중심	보편적이며, 지역·계층별 서비스, 다양한 제공기관 참여
개발·운영	중앙정부 중심	중앙과 지방정부의 협력 중심

자료: 윤영진 외, 2011

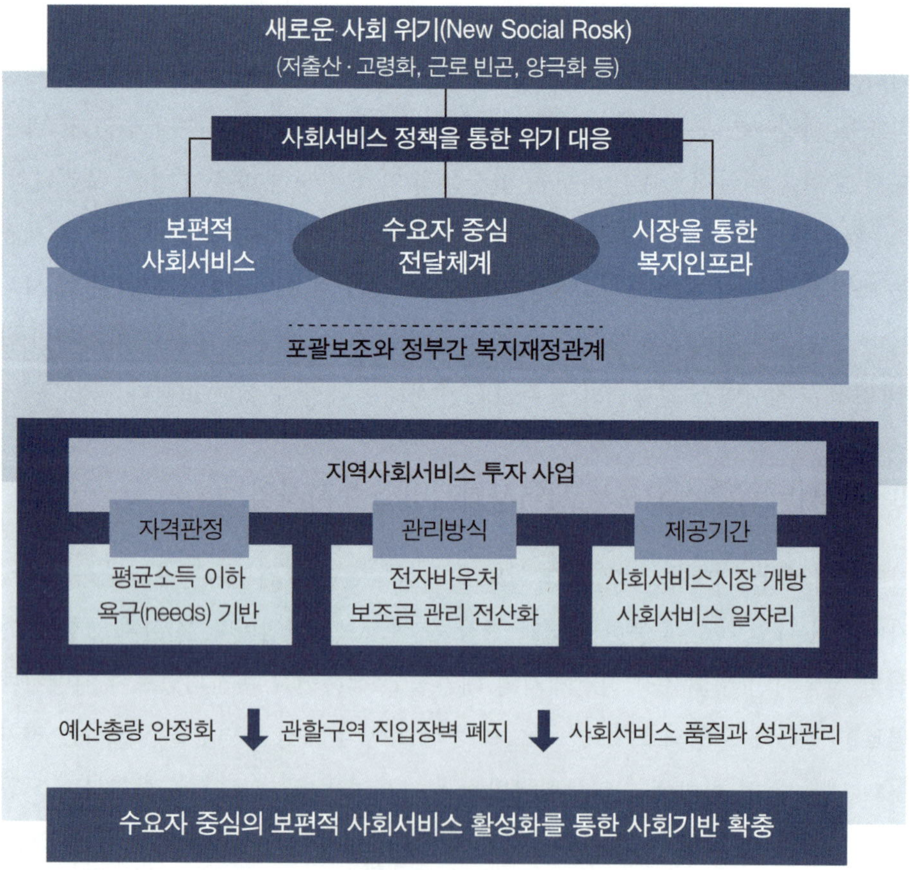

자료: 윤영진 외, 2011

[그림 11-1] 지역사회서비스 투자사업 정책의 접근 구도

지역사회서비스 투자사업은 특정 사회 분야의 단일한 복지서비스를 공급하기 위한 것이 아니다. 지방자치단체에서 자율적으로 사업을 설계하고 보건복지부에서 승인하는 포괄보조 혹은 공모형 사업의 특성을 가지고 있다. 이에 따라 해당 사업의 내용과 목적에 대해 국회의 예산심의 단계에서부터 쟁점이 많았다. 정부는 2000년대 중반부터 신사회 위기 상황을 우려하였고 정책 대응을 위해 사회 기반 투자와 일자리 확충을 위해 예산 재원을 우선적으로 배분하였다. '사회서비스'의 담론을 '대통령자문 사람입국 · 일자리위원회'와 기획예산처가 주도하는 과정에서 사회서비스 확충보다는 일자리에 상대적으로 많은 정책적 고려가 있었다. 그러한 정책환경 속에서 지역사회서비스 투자사업이 추진되었고 이 사업의 일차적 목적은 일자리 창출로 설정되었다. 사회서비스를 통한 일자리 창출을 위해 수요자 중심의 새로운 프로그램을 구상하였던 사업 방식에 대해 당시 예산 국회에서 비판이 상당하였다. 특히 사회복지서비스를 대폭 확충하려는 정부 정책에 대한 야당의 비판이 많았다. 이에 대해 사업의 '혁신'적 가치를 강조하면서 새로운 방식의 필요성, 즉 전통적인 사회복지정책과는 다른 방식과 다른 가치를 실천한다는 것이 강조되었다. 당시 보건복지부가 지향하였던 새로운 복지정책 가치인 보편성, 소비자 중심, 포괄 보조와 신분권, 시장화와 산업화 등은 표준적 및 잔여적, 공급자 중심, 사회적 소비와 사회안전망, 집권과 수직적 관리통제, 배타적 복지 업무 등에 기초한 전통적인 사회복지서비스 전달체계와 명확히 구분되는 정책 개념이다(이재원, 2009).

지역사회서비스 투자사업에서는 두 가지의 의미 있는 실험적인 프로그램들이 있었다. 하나는 2008년도에 실시하였던 지역사회서비스 선도 사업이며 다른 하나는 지역의 대학교에서 사회서비스를 공급할 수 있게 허용한 청년사업단 프로그램이었다. 선도 사업의 경우, 민간기업들이 사업비의 30%를 투자하면 국비 70%를 정부가 민간경상보조로 기업에 직접 지원하는 방식으로 운영하였는데, 지자체에 재원을 지원하는 국고보조 방식이 아닌 민간기업에 예산을 지원하여 전국적으로 서비스를 공급하도록 하는 사업이었다. 재정 사정이 열악한 지자체는 복지시설이나 관련 기관이 없어 정부가 복지사업 및 재정을 확충해도 계속 사회서비스 사각지대로 남게 된다. 이러한 사각지대 문제를 해소하고 민간의 사회서비스 공급 역량과 시설을 활용하기 위해 지자체를 통하지 않고 중앙정부에서 기업에 직접 사회서비스 예산을 지원하는 재정관리 방식을 도입했다. 이를 통해 민간부문의 사회서비스 기업 육성 효과도 기대하였다. 이외에도 사회서비스 프랜차이즈 사업 지원들도 선도 사업 프로그램을 통해 추진하였다. 아이시터, 도우누리, 한신플러스케어 등을 포함하여 13개의 사회서비스 프로그램이 있었는데, 계속 지속되지 못하고 2011년부터 지역개발형 사업으로 통합되었다. 2009년도에는 지역의 대학교를 사회서비스 공급기관으로 활용하는 지역사회서비스 청년사업단 사업을 실시한 바 있다. 당시 보건복지부에서는 총사업비 557억 원(국고 370억 원)의 재원으로 전국에 걸쳐 219개 사업단(참가자 7,290명)을 선정한 바 있다(윤영진 외, 2011).

3. 사회서비스정책 현황과 평가

1) 사회서비스정책 현황

사회서비스 이용 대상은 주로 연령, 가구 형태, 장애 여부 등과 같이 인구학적 기준을 가지고 있다. 동시에 서비스를 이용하기 위해서는 선정기준을 충족시켜야 하는데, 인구학적 기준을 충족시키더라도 일정 소득 이상에 해당하는 사람은 서비스를 이용할 수 없다. 발전 과정과 현황에서 나타난 것처럼 한국의 사회서비스는 길지 않은 시간 동안 양적 성장과 동시에 질적 도약을 이루어냈다. 하지만 그럼에도 불구하고 사회서비스 사업의 대상이 사실상 빈곤층으로 한정되어 있다는 점과 사회서비스의 범위가 주로 '돌봄'이라는 단순한 서비스에 국한되어 있다는 점은 한계로 지적된다

2014년 시점에서 사회서비스정책은 [표 11-2]와 같이 보건복지부를 비롯한 7개 중앙부처에서 53개의 사업, 총 예산 3조 4,637억 원 사업을 전개하고 있다. 그중 보건복지부가 33개 단위 사업, 총 예산 3조 214억 원 사업을 담당하고 있어, 사회서비스정책의 상당 부분을 책임지고 있다는 것을 알 수 있다.

[표 11-2] 부처별 사회서비스사업 현황 (단위 : 개, 억 원)

부처	구분	종류	사 업 명	회계	’12	’13	’14
합 계(53개)					25,496	30,010	34,637
복지부	소 계 (33개)				23,079	27,020	30,214
	제공 서비스	노인	노인 보호 전문기관	일반	52	39	58
			독거노인 보호지원(독거노인사랑잇기)	일반	9	12	13
			노인돌봄서비스(지자체 보조)	일반	982	1,298	1,433
			노인일자리 운영	일반	1,854	2,442	3,052
			노인장기요양보험사업 운영	일반	4,878	5,404	5,849
			독거노인 응급안전돌보미	응급의료	0.2	0.2	0.7
		자활	자활사업(지역자활센터, 희망리본)	일반	4,430	4,033	4,124
			자활지원센터운영지원사업	일반	49	132	529
			노숙인 등 복지지원사업	일반	297	330	315
		아동	요보호아동 자립지원	일반	10	10	10
			지역아동센터 지원사업(방과후 돌봄서비스)	일반	1,109	1,284	1,320
			취약계층 아동 등 사례관리(드림스타트)	일반	462	576	632
			보육돌봄서비스	일반	4,232	4,445	4,671
			시간차등형 보육지원	일반	-	3	38
			육아종합지원서비스 제공	일반	70	196	57
		장애	장애인활동지원사업	일반	2,286	3,628	4,285
			장애인아동가족 지원(장애아돌보미)	일반	642	737	725
			장애인일자리 지원	일반	295	495	604
			중증장애인 직업재활 지원	일반	167	172	176
	전달체계 운영 · 지원	일반	사회복지사 관리	일반	9	9	9
			복지소외계층 발굴 및 민간자원 연계 지원사업(좋은이웃들)	일반	6	8	12
			민간사회복지자원 육성 지원	일반	75	53	68
			사회복지시설 평가 및 인센티브	일반	10	10	12
			사회복지통합정보망 구축 및 운영사업	일반	178	230	268
			공공사회복지 전달체계 개선사업	일반	269	594	967
			한국보건복지정보개발원 운영	일반	253	265	288
			한국보건복지정보개발원 운영(정보화)	일반	149	158	176
			지역복지사업평가	일반	5	5	5
			한국사회복지협의회 운영지원	일반	17	20	22
		자활	근로능력 심사 및 평가운영	일반	30	86	95
		장애	장애등급 심사제도 운영사업	일반	163	199	235
		아동	보육전자바우처 운영사업	일반	30	73	69
			어린이집 평가인증 운영	일반	60	67	86

출처: 이석원 외, 2014

여가부	소 계 (10개)				1,137	1,521	1,612
	서비스	아동	아동양육 지원(아이돌봄/공동육아나눔터)	일반	438	715	799
		가족	가족역량 강화 지원	일반	35	38	38
			지방건강가정지원센터 운영 지원	일반	78	79	79
			한부모가족복지시설 지원	여발기금	32	37	35
			여성장애인 사회참여 확대 지원 (여성장애인 어울림센터)	여발기금	13	13	13
		청소년	청소년 방과 후(아카데미) 활동지원	일반	155	161	161
			한국청소년상담복지개발원 운영지원	일반	65	69	68
			청소년사회안전망 구축	청육기금	210	255	262
			청소년쉼터 운영 지원	청육기금	69	81	85
	지원	가족	중앙건강가정지원센터 운영 지원	일반	15	15	15
고용부	소 계 (3개)				566	640	866
	서비스	장애	장애인고용관리 지원(근로지원인)	장애기금	37	59	61
			장애인취업 지원(직무지도원)	장애기금	51	83	84
		아동	직장어린이집 지원	고보기금	478	498	722
농식품부	소 계 (2개)				338	399	490
	서비스	가족	취약농가인력지원 사업(농가도우미)	농특	63	71	126
		아동	농촌 보육여건 개선 사업(아이돌봄센터)	농특	275	327	364
교육부	서비스	아동	초등학교 방과후 돌봄기능 강화	일반	-	-	1,008
보훈처	소 계 (2개)				262	315	330
	서비스	노인	국가유공자 등 노후복지 지원	보훈기금	187	225	242
	지원	일반	복지시설 운영 및 이용 지원	보훈기금	75	90	88
중기청	소 계 (2개)				114	115	117
	서비스	가족	여성기업 육성(여성기업종합지원센터)	일반	55	53	55
		장애	장애인기업 육성(장애인기업종합지원센터)	일반	59	62	62

2) 사회서비스정책 평가

2007년 사회서비스 바우처 제도는 수요자 선택권을 보장한 시장 방식으로 도입되어 기존의 공급자 중심의 사회복지서비스 제공 방식과는 차별성을 보여주고 있다. 이용자 중심은 기존의 관료주의와 전문가 주의를 극복하려는 서비스 수급 과정의 패러다임 변화로 이용자의 권리 보장을 강화한 것이다. 그럼에도 사회서비스는 각 영역이나 분야별로 분절적으로 발전하고 있다. 그 결과 다양한 사회서비스 도입에도 불구하고 서비스 신청 시 개별적으로 자격 여부를 판정받고 있다. 대부분의 서비스의 신청을 받고 있는 지자체에는 이러한 욕구를 진단할 수 있는 주체가 없다. 건강보험공단이나 연금공단 등 외부에 판정을 의뢰하거나, 공공부조와 마찬가지로 사회서비스도 결국 욕구가 아닌 소득에 의해 우선순위를 부여하는 한계를 가지고 있다. 바우처 제공 과정에서 이용자 선택권의 명목적인 활용 문제와 일부 지역에서는 비도덕적 공급자의 횡포 부작용과 동시에 바우처 사용자의 월권 문제가 나타나고 있다. 그럼에도 바우처 제도 도입 이후 새로운 경향도 확인된다. 예를 들어 아동심리지원 서비스의 경우 경쟁을 통해 민간 공급기관의 서비스 품질이 향상되고 이용자 만족도도 높은 것으로 나타나고 있다(이인재, 2011).

사회서비스정책은 여전히 일관된 정책적 지향을 보여주지 못하고 있다. 첫째, 유사한 복지사업을 다 부처, 다 제공 기관에서 서로 다른 방식으로 제공하는 양상을 보인다. 이에 정부는 중앙정부 차원은 물론 지방정부 차원까지 유사 중복사업 정리를 사회보장 정책의 중요한 정책적 과제로 선정하고 있다. 둘째, 사회서비스정책에서 지방자치와 중앙 통제(규제, 통제)의 혼선이 일어나고 있다. 지역사회서비스 투자사업은 지방정부 중심의 사회서비스정책의 대표적 사업으로 지역 중심이라는 사회서비스정책의 중요한 정책적 상징이다. 그럼에도 최근까지 보건복지부의 정책 규제와 통제하에 지역사회서비스 투자사업 집행이 이루어져 정책적 혼선이 계속되었다. 2015년부터 지역사회서비스 투자사업 예산이 지역발전특별회계로 이관되어 지역 중심성이 강화되고 있다. 셋째, 사회서비스 사업의 시장화(산업화) 지향과 지속적 관료 규제 사이의 혼선이 있다. 수요자 중심과 사회서비스 산업 육성이라는 시장 지향적 정책은 정부의 규제 강화와는 일치하지 않는 정책 지향이다. 넷째, 사회서비스정책 집행 과정에서 공적 사례 관리와 민간 자율관리 역할의 혼선이 일어나고 있다. 대상자 선정부터 사업 평가까지 여전히 공적 사례 관리의 틀에서 지역사회서비스 투자사업 관리가 이루어지는 것은 시장, 산업, 민간 자율 관리와는 상반된 정책 지향이다.

4. 사회서비스정책 과제

우리나라 사회서비스 주요 정책 과제는 5가지로 정리할 수 있다.

1) 사회서비스 투자 확대와 일자리 창출

정부는 사회서비스정책을 통해 사회서비스 일자리 창출을 기대하고 있다(이재원, 2011). 사회서비스 산업의 취업유발계수는 27.6명으로 제조업(12.1명)과 전산업(16.9명)보다 월등히 높다. 유사 소득 수준에서 OECD 주요 국가들의 고용 구조를 비교할 때 사회서비스 분야에서 새로운 일자리를 창출할 잠재력은 상당히 높은 것으로 나타나고 있다. 사회서비스는 주로 정부 재정에 의존하는 일자리 특성이 있다. 2003년도 기준으로 OECD 국가의 GDP 대비 사회서비스 지출은 평균 24.5% 수준이지만 우리나라는 OECD 평균의 약 1/3 수준인 8.1%에 불과하였다. 사회경제 구조의 변화 추세가 당분간 지속될 가능성이 높다는 점을 고려하면 사회서비스 분야에서 정부의 정책 개입과 재정 지출이 확대될 것으로 예상된다.

2) 사회서비스투자계획 수립

사회서비스 투자 확대의 효과를 기대하기 위해서는 체계적인 사회서비스 투자계획이 필요하다. 사회보장기본법 개정에 부응하는 사회서비스 투자계획이 필요한 이유로는 무엇보다 저출산 고령화, 청년 실업, 소득 양극화 가족과 지역공동체 해체 등에서 발생하는 사회 위험 현상들은 전통적인 사회복지와 경제 정책에서는 대응하기 힘든 구조적인 문제이기 때문이다. 따라서 새로운 문제를 극복하기 위해서는 새로운 정책 패러다임으로 '보편적 사회서비스 사회투자정책' 수립이 필요하다. 현재 사회서비스는 단편적, 지엽적 수준에서 벗어나지 못하고 있다.

사회서비스 투자계획의 기본 원칙으로는 첫째, 취약 계층 일부 돌봄에서 국민 전체를 위한 보편적 돌봄으로 확대되어야 한다. 보편적 돌봄은 소득 자산 기준보다는 수요 기준으로 서비스가 필요한 모든 국민이 된다. 둘째, 일반 돌봄에서 목표 지향적인 전략 돌봄으로 전환되어야 한다. 예를 들면 화이트칼라에게는 생활보장을, 제조업 노동자에게는 근로복지서비스를, 농어민에게도 특화된 생활 돌봄을, 그 외 맞벌이 가정 특화 돌봄서비스가 마련되어야 한다. 셋째, 정부 예산 중심의 복지 지출에서 다양한 사회서비스 투자 재원의 유치 및 연계가 필요하다. 사회 중심의 공동체 문제 해결형 재원 동원과 기업 사회책임투자 등이 활용되어야 한다. 넷째, 정부 중심에서 모든 부문의 지역사회가 참여하는 사회서비스 거버넌스를 형성해야 한다. 사회서비스 거버넌스 구축에는 사회, 문화, 교육, 경제 등 관련 분야에서 폭넓은 참여가 요청된다. 다섯째, 기초단위 생활권인 시·군·구 중심에서 전국을 대상으로하는 사회서비스(돌봄) 지리를 확대해야 한다. 지방의 물리적 공간을 넘어 전국 어디나 국민이 있는 곳에는 지역의 사회서비스 공급이 가능하다는 발상의 전환이 필요하다.

3) 사회서비스 거버넌스 구축과 수급체계 조정

사회서비스정책의 전략적 거버넌스 구축과 수요공급체계 구조화가 필요하다. 먼저, 공적 책임을 증가시키면서 효과적인 개입 전략과 지역사회 수준에서 협력적이고 융합적인 접근을 통해 문제를 해소하는 전략적 거버넌스 차원의 접근이 필요하다. 이용자 측면에서 욕구를 종합적으로 진단하고, 서비스 수급자격을 고려하여 적합한 급여와 서비스, 지역사회 자원를 통합적으로 연계해줄 수 있는 공적 시스템의 도입을 적극적으로 모색해야 한다.

사회서비스 수급체계 관련해서 첫째, 사회서비스 수요 구조를 조정해야 한다. 사회서비스의 제도적 보장성과 이용자의 권리성을 확대시키면서 제한된 시장 방식의 한계를 극복하는 발전 방안이 필요하다. 이용자를 중심으로 서비스의 욕구가 종합적으로 진단되고 일정한 수준의 욕구가 보장되는 통합적인 서비스 이용 권한이 부여될 수 있도록 해야 한다. 둘째, 사회서비스 공급 구조 역시 조정이 필요하다. 공급 구조 측면에서는 경쟁이 매우 제한적이고, 서비스 품질이 문제가 될 수 있는 현행 시장 방식에 대한 보완이 필요하다. 현재 공급기관 등록제는 적절한 통제수단이 없어 별도의 서비스 계약이나 인증 방식 등 다른 통제 방식을 적극적으로 고려해야 한다. 셋째, 사회적 경제 정책 확대에 맞추어 사회복지 관련 협동조합이나 사회적기업과 같은 사회적 경제조직 공급자를 육성하거나 장애인 등의 당사자 조직 활용 방안을 적극적으로 모색해야 한다.

4) 사회서비스 공급체계 다양화

공공조직, 비영리기관, 영리기관을 포함한 사회서비스 공급체계는 개별 국가의 정치경제, 사회문화적 특성(제3섹터의 발전 정도, 사회자본 특성, 집합주의적 가치 지향 등)에 따라 다양한 유형을 보여주고 있다. 사회서비스 공급주체 간의 비중은 각 국가의 사회·정치·문화적 배경에 따라 다르다. 예를 들면 독일은 민간 비영리 조직이 사회서비스의 주된 공급자이며, 보충성 원리에 입각하여 민간기관이 서비스를 제공하지 못할 때 지방정부가 사회서비스를 제공하고 있다. 이에 비해 그리스는 가족이 사회적 보호의 중요한 제공자이며, 종교기관(그리스 정교회)와 협력하여 공공조직이 복지서비스 제공을 주도하고 있다. 민간은 공공이 담당하지 못하고 있는 특정 서비스를 제공하는 역할을 수행하고 있다.

우리나라에서 공급주체의 육성 문제는 우리나라 사회·정치·문화적 특성에 부합하는 정책 대안을 마련해야 한다. 예를 들어 사회서비스 공급에 영리 조직이 참여하는 문제에 대해서는 찬반 다양한 견해가 있다. 대체로 비영리 조직이 서비스 공급에서 일정한 주도권을 가지면서 일정 비율의 영리 조직이 경쟁하는 구도를 현실적인 대안으로 받아들이고 있다. 그럼에도 구체적 서비스 종류와 서비스 이용자의 특성에 따라 비영리 조직이 전적으로 공급을 담당하는 것이 더 적절한 경우가 있다. 이에 비해 특정 서비스는 영리 조직의 진입을 적극적으로 허용해야 하는 경우도 있을 것이다.

5) 사회서비스 이용자 참여 확대

이용자 중심 서비스는 사회서비스 제공 과정에서 서비스 이용자의 관점이 어떻게 반영될 수 있을 것인가의 문제이다. 사회서비스 수급체계 면에서 사회서비스는 사회적 약자들을 대상으로 제공되는 사회복지서비스와는 상당한 차이를 보인다. 사회복지서비스를 주로 무상으로 제공받던 수혜자에 비해, 사회서비스 이용자는 서비스 소비자에 머무르는 것이 아니라, 공동 생산자 역할을 기대 받고 있다. 서비스 생산 과정에서 전문가와 이용자는 공동으로 문제를 규정하며, 해결책을 모색해야 하며, 궁극적으로 생산적 협력관계를 구축해야 한다. 여기서 양자 간의 생산적 협력관계를 위한 여건을 조성하는 것은 정부의 몫이다. 이용자가 사회서비스 제공의 공동 주체가 되기 위해서는 그들에게 조직 참여의 경험을 갖도록 해야 한다. 이를 위한 하나의 방안으로 이해관계자들의 참여를 조직의 중요한 근거(다중 이해관계자 모형)로 하는 사회적기업과 같은 사회적 경제조직의 성공 사례 등 주민 참여에 근거한 다양한 실천적 경험을 정책에 반영해야 한다.

사회서비스 이용자는 수동적 수혜자가 아니라 서비스 생산-분배-소비 과정에 공동 참여하는 적극적 행위자로 역할 변화가 기대되고 있다. 교육서비스, 보건의료서비스 등 사회서비스의 효과를 극대화하기 위해서는 이용자의 적극적 참여가 필수적이다. 예를 들어 교육서비스에서 학생들의 적극적 호응이 없다면 교육의 효과는 낮을 수밖에 없다. 보건의료서비스 역시 환자가 의사의 지시를 적극적으로 수행해야 치료 효과가 높게 나타날 것이다. 실업자 특히 장기실업자 대상 서비스의 경우 그들의 적극적 동참이 없다면 고용서비스의 효과를 기대하기 어려울 것이다. 서비스 공동 생산은 적어도 일정 정도는 자발적이며, 의도했던 그렇지 않던 공적 혹은 사적 가치를 창출하는 행위를 의미한다.

이용자가 서비스 과정에서 적극적인 역할을 수행하기 위해서는 먼저 자발적 참여가 필요하다. 즉 이용자의 적극적 참여를 위한 동기부여 방안이 고려되어야 한다. 이용자의 참여 동기로는 물질적 보상, 내적 동기, 사회적 동기 그리고 규범적 동기가 있다. 이용자의 의지(동기) 외에 능력(교육과 정보)도 중요한 변수라 할 수 있다. 이기적인 이용자에 대한 제재는 사회서비스 오남용 방지를 위해 반드시 필요하다. 이용자들의 동기부여 방안 및 능력 부여 방안을 살펴보면, 첫째, 경제적, 물질적 보상을 고려할 수 있다. 즉 서비스 과정에 적극 참여하는 것이 경제적으로 도움이 되거나, 참여하지 않을 경우 경제적으로 손해가 되는 옵션을 갖출 필요가 있다. 경제적 보상은 공동생산 과정이 명확하거나 가시적일 때 효과적이다. 서비스 이용자들이 제공 기관과 제공 인력에 대한 평가에 참여할 경우, 서비스 우선 이용권을 부여하는 등의 방안을 생각할 수 있다. 둘째, 사회적 차원의 보상, 즉 연대적 동기와 규범적 동기 역시 중요한 수단이 될 수 있다. 사회서비스는 자원 투입에 따른 결과(output)보다는 그로 인한 성과(outcome)를 더 중요시한다. 이는 사회서비스 양적 확대를 통해 궁극적으로 서비스 이용자들의 삶의 질이 향상되고, 서비스 과정에의 참여를 통해 성찰적 개인으로 변화함으로서 지역사회 발전에 적극적 행위자로 활동하는 것을 의미한다. 즉, 서비스 이용자는 서비스 제공 과정에 적극적으로 참여함으로써 수동적 수혜자로부터 적극적 행위자로 역할이 바뀔 수 있는 가능성이 늘어나며, 궁극적으로 성찰적 존재로 변화될 수 있다. 이 경우 보다 공정한 지역사회 건설에 일조할 수 있을 것이다. 셋째, 이용자들의 동기부여 못지않게 정보 활용 등 능력 부여 방안도 고려되어야 한다. 우리나라에서도 이용자들에게 서비스 이용에 필수적인 정보 제공의 중요성을 강조한다. 사회서비스 제도와 구체적 프로그램 정보를 이해하지 못하면 이용자들의 참여는 형식적 차원에 머물게 된다. 따라서 서비스 이용자들을 대상으로 한 정기적 교육훈련을 실시해야 한다. 결론적으로 보면, 사회서비스 제공 과정에 서비스 이용자들의 참여를 격려하기 위해서는 경제적, 사회적 보상 차원에서의 동기 부여 방안의 모색과 지속적 교육훈련을 통해 사회서비스 정보와 지식을 제공하는 것이 필요하다는 것을 알 수 있다(이인재, 2011).

5. 사회서비스정책 쟁점

1) 사회서비스 제공과 사회적 경제

유럽 각국에서 사회서비스 영역에서 사회적기업의 필요성에 대한 일정한 인정과 합의가 이루어지고 있다. 사회서비스 제공은 사회적기업의 중요한 목적의 하나이다. 개인과 가족 그리고 비공식 차원에서 제공되던 사회서비스는 서비스 욕구의 증대, 가족 구성의 변화를 겪으면서 공적 차원에서 해결책을 모색하기 시작하였다. 동시에 사회서비스의 사회적 대처에 따라 사회서비스 분야의 일자리 제공 가능성이 확대되면서 사회서비스 제공 사회적기업에 대한 관심도 늘어났다. 그것은 사회서비스 제공에 시장 방식의 도입과도 관련된다. 전통적으로 공공조직과 비영리 민간조직은 사회적 가치 지향 조직으로 간주된다. 그러나 복지국가 위기론 이후 공공서비스 분야에서 정부 조직과 비정부 조직, 영리 조직과 비영리 조직 간의 경계가 점차 허물어지고 있다. 대표적 공공서비스인 고용서비스와 사회서비스 분야에서도 과거 비영리 기관, 비정부 조직 중심의 서비스 제공 방식에 변화가 생겨 영리 기업의 참여 확대와 사회적기업의 활용 등 점차 '효율성'을 중시하는 '새로운' 시장화 방식이 도입되었다.

사회서비스 제공 사회적기업의 활동 성과를 보면, 이탈리아의 사회서비스 제공형인 'A 타입' 사회적 협동조합은 'B 타입'(취약 계층 고용형)보다 더 많은 고용 효과를 창출하고 있는 것으로 나타났다. 건강 보호, 심리학, 정신 건강 등의 분야에서 수천 명의 전문가를 고용하여 관련 서비스를 제공하고 있다. 이탈리아의 2005년 조사 결과에 따르면 330만 명의 서비스 이용자들이 사회적 협동조합에 일반 학생과 장애인들을 위한 교육서비스(A 유형 사회적 협동조합이 전체 활동의 45% 담당), 노령 인구를 위한 재가서비스와 시설서비스(A유형의 사회적 협동조합이 각각 37%와 36% 공급), 여가 및 오락서비스(32%), 유치원 교육(22%), 의료서비스(23%)를 요청했다. 이에 A 유형 사회적 협동조합 서비스 이용자들의 대부분이 18세 이하(아동 및 십대 포함) (28.8%)이었으며, 특정 문제를 겪고 있지 않은 수요층(26.8%)과 노령인구(21.8%)도 있었다. B 유형의 사회적 협동조합이 고용한 장애인들의 대부분이 장애인(46.3%), 정신과 환자(15.0%), 약물 중독자(16.0%)였다(보르자가, 2012). 벨기에의 경우도 2004년 가사서비스에 바우처시스템을 도입하여 2008년 시점에서 75만 명의 서비스 이용자, 2,000개 제공기관, 100만 명의 제공 인력이 활동하고 있는데, 제공 기관의 10%가 사회적기업 조직형태로 활동하고 있다(Nassaut & Nyssens, 2010).

우리나라의 사회서비스 제공 사회적기업은 사회서비스 일자리사업의 연장선상에 있다. 사회서비스 분야의 일자리 제공 가능성이 확대되면서 사회서비스 제공 사회적기업에 대한 관심도 늘어나고 있다. 2007년 사회적기업 육성법과 2011년 부처형 예비사회적기업 지정, 2012년 12월 협동조합법의 시행 등 사회적 경제활동 지원, 마을기업, 지역공동체 일자리사업, 농어촌공동체회사 등 커뮤니티 비즈니스에 대한 관심이 대폭 증가하였고 이에 대한 중앙정부 및 지방정부 차원의 지원도 늘어나는 추세에 있다. 현재 사회서비스 제공 사회적기업은 일부 돌봄서비스 영역 등에 제한적으로만 나타나고 있다. 사회서비스의 제공 범위를 기존의 돌봄서비스 이외에 보건, 교육, 고용,

여타 복지서비스 등으로 확대하여 다양한 사회서비스 분야에서 사회적기업 활동이 활성화되도록 지원해야 한다. 또한, 지방자치단체의 복지, 문화, 교육 등의 시설에 대한 민간 위탁 시 사회적기업 활용 방안을 모색할 수 있을 것이다. 동시에 사회서비스 제공 기관이 사회적기업으로 성장할 수 있도록 제도적 지원 방안을 모색해야 한다. 예를 들면 우수한 사회서비스 제공 사회적기업의 R&D사업 지원, peer 컨설팅, 교육훈련 등 맞춤형 지원, 우수 사회적기업 발굴을 위한 시범사업 등이 고려될 수 있다.

사회적 경제조직의 사회서비스 제공에의 참여 확대는 정부의 사회복지서비스 제공 방식의 변화를 가져올 것으로 생각된다. 현재 주류 재정 지원 방식인 서비스 공급기관에 보조금을 지급하는 위탁 방식이 아니라 서비스 성과 계약 방식으로의 전환에 촉매제 역할을 할 것으로 예측된다. 현행 서비스 공급기관 보조금 방식은 서비스 이용자의 욕구보다 재정을 지원하는 (지방)정부 공무원의 요구에 민감하게 반응하는 시스템이다. 그리고 보조금 방식하에서는 정부의 재정 지원 책임성을 서비스 제공의 성과에서 찾기보다는 지급된 보조금의 예산 항목별 사용 적절성 감사에 치중되어 있다. 서비스 성과 측면보다는 재정의 투명성과 관리·감독에 큰 비중을 두고 있는 것이다. 정부는 사회복지서비스 제공 계획과 부합하는 재정 지원 방식 도입을 추진하고 있다. 재정 지원 방식은 업무 표준화 및 성과와 재정의 지출을 연동할 수 있는 구매계약 방식을 검토하고 있으며, 서비스 성과와 연동된 재정 지원 방식을 고려하고 있다(정홍원 외, 2014).

2) 사회서비스 산업 육성

보편적 사회서비스를 중심으로한 신사회정책에서는 정부의 재정사업에 전적으로 의존하는 복지국가 정책과는 달리 시장과 산업의 정책 수단을 적극 활용해야 한다. 사회서비스 분야는 고용 유발 효과 등을 고려할 때 제조업의 빈자리를 대체할 수 있는 잠재력 높은 일자리 창출 원천으로 인식되고 있다. 특히 인문사회 및 예체능 계열 대학 졸업자들의 벤처 창업과 취업 잠재력도 상당하다. 하지만 현재까지 사회서비스 일자리는 저임금의 정부 공공일자리 수준에 그치고 있다. 현재 상태를 넘어 적절한 일자리로서 담론이 형성되기 위해서는 사회서비스 기업과 직업, 그리고 사회서비스 산업을 직접 연결시키는 대안적인 연구개발 노력이 필요하다(윤영진 외, 2011).

2007년도 사회서비스 전자바우처 사업을 수요자 중심 방식으로 도입하고 바우처 사용자가 서비스 제공기관을 선택하도록 허용하면서 사회서비스 분야의 정부 시장이 형성되었다. 사업 초기에는 자원 배분 수단으로서 시장의 효율성 장점을 활용하기 위한 것이었는데, 이후 정책 논의와 현장 변화 속에서 사회서비스 기업과 산업이 형성되고 있다. 새로운 산업부문으로서 사회서비스 산업이 활성화되기 위한 조건들을 찾아야 한다. 이를 위해 우선 사회서비스 기업과 산업 동향 분석, 고부가가치의 사회서비스 프로그램 개발 및 적용, 사회서비스기업의 경영 및 마케팅 지원, 사회서비스 품질관리, 사회서비스 연구개발, 그리고 사회서비스 창업 지원 등과 같은 쟁점들이 다루어져야 한다.

사회서비스 산업 육성 과제로는 첫째, 사회서비스 시장 및 산업 동향 분석이 필요하다. 사회서비스 산업 가치에 대한 중요성이 강조되고 있지만 이를 실증하는 작업은 용이하지 않다. 산업 분류 기준에서 사회서비스의 영역이 명확하게 설정되어 있지 않다. 따라서 사회서비스 산업 분류에서 시작하여 실질적인 산업 잠재력을 검증해야 하며, 사회서비스 기업들을 지원할 수 있는 정책 수단들을 갖추어야 한다.

둘째, 사회서비스 프로그램 개발 및 품질관리가 필요하다. 사회서비스 산업 활성화의 핵심 가운데 하나는 부가가치 높은 상품을 개발하여 시장성을 인정받는 것이다. 정부가 표준적으로 생산·공급하는 사회복지서비스는 열등 처우 원칙의 잔여적 특성이 있어서 일반 민간 시장의 상품으로서 기능을 수행하는 데 한계가 있다. 보편적 상품으로서 사회서비스 프로그램의 가능성을 확인하고 활성화시킬 수 있는 조건을 찾아야 한다. 이를 위해 고부가가치의 프로그램 개발과 품질관리 체계를 구축하는 방안을 모색해야 한다. 기업과 상품 그리고 소비자 중심의 '품질'에 대한 연구가 필요하다.

셋째, 사회서비스 수요 활성화와 마케팅 지원이 필요하다. 사회서비스 산업은 관련 기업의 연합으로 형성된다. 따라서 산업 활성화를 위해서는 개별 기업들의 경영이 핵심 영역이 되는데 이와 관련하여 수요 활성화와 마케팅 지원 수단들이 중요하다. 사회서비스는 시장 수요가 활성화되기 쉽지 않은 특성이 있다. 또한, 소규모 영세 기업들은 전략적인 마케팅 활동을 수행하는 것이 현실적으로 용이하지 않을 수 있다. 따라서 시장 중심의 사회서비스 영역에 대해서 잠재적 수요를 확충하고 개별 기업들의 전략 경영으로서 마케팅이 가능할 수 있는 방안들이 모색되어야 한다.

넷째, 사회서비스 연구개발이 필요하다. 사회서비스 발전 과정에서 가족과 공동체의 비공식적인 역할을 대체하는 부분에서 사회서비스 영역이 부각되었고, 국가의 직접 공급 역할과 병행하여 민간의 시장 창출에 대한 기대가 있었다. 시장 활성화를 위해서는 부가가치 높은 사회서비스를 개발하거나 기존 서비스의 부가가치를 높일 수 있는 연구개발 활동이 전개되어야 한다. 보건복지부에서는 2012년도부터 사회서비스 연구개발 프로그램을 운영하고 있다. 이를 통해 인문사회 예체능 계열을 중심으로 한 사회서비스 창업과 지역 경제의 일자리 창출 역량을 지원할 수 있을 것으로 기대된다.

참고문헌

윤성원, 〈소득계층별 사회서비스이용에 영향을 미치는 요인-사회서비스 욕구를 중심으로-〉, 숭실대학교 박사학위논문, 2015

이석원 · 김미곤 · 문진영 · 변재관 · 임재영 · 이인재, 《장기적 관점의 사회보장정책 개편방안 마련》, 서울대학교 산학협력단, 2014

이인재 외, 〈사회적 일자리 재정사업 평가와 개선방향〉, 기획예산처 사회적일자리 지원사업 점검평가단, 2006

이인재, 〈사회서비스 수급체계와 관련주체 역할 변화〉, 《동향과 전망 82호》, 한국사회과학연구회, 2011

이재원 외, 〈지역사회서비스 투자사업의 운영체계 진단과 개선방안〉. 한국사회서비스 관리원 · 한국지방재정학회, 2009

이재원, 〈사회서비스 산업 육성을 위한 법적 기반 확충 과제- '사회서비스 산업진흥법' 제정의 필요성과 과제-〉, 〈사회서비스 세미나 자료집〉, 사회서비스학회 · 국회사회서비스포럼, 2011

윤영진 · 양기용 · 이인재 · 이재원, 《사회서비스정책론》, 나눔의집, 2011

정홍원 · 강은나 · 정해식 · 김정은 · 김보영 · 염태영 · 이인재 · 박세경 · 박수지 · 박계림 · 안효금, 〈복지전달체계 효율성 및 효과성 제고방안 : 민간 사회복지시설을 중심으로〉, 경제인문사회연구회 정책보고서, 2014

카를로 보르자가(Carlo Borzaga), 〈사회적 협동조합의 등장과 발전, 그리고 특징 : 국제적 관점에서 본 이탈리아의 경험〉, 경기복지재단 국제학술대회 자료집, 2012

Nassaut, S. & Nyssens, M. "Civicness and service governance : the case of the Belgian quasi-market in the field of proximity services", Brandsen, T., Dekker, P. Evers, A.(eds.), Civicness in the Governance and Delivery of Social Services, Nomos, 2010

s · o · c · i · a · l w · e · l · f · a · r · e

12 아동·청소년복지론

이 장에서는 사회복지실천의 대상 가운데 아동과 청소년에 초점을 맞춘 사회복지실천 분야를 다룬다. 법령상 아동과 청소년은 연령별로 중복되는 측면이 있는데, 먼저 아동복지법에서는 '18세 미만인 사람'을 아동이라고 정의하고 있다(아동복지법 제3조 제1호). 한편, 청소년기본법에서는 '9세 이상 24세 이하인 사람'을 청소년으로 정의하고 있다(청소년기본법 제3조 제1호). 그렇지만 발달심리학에서는 신생아, 영아, 유아, 아동, 청소년 등으로 구분하고 있고 실제 사회복지실천 현장에서 아동복지와 청소년복지가 별도의 분야로 자리매김하고 있다. 이와 같은 법령상의 중복과 현실적인 차별성을 감안하여 아동·청소년복지론을 하나의 장으로 서술하되 절로 구분하여 아동복지와 청소년복지를 각각 살펴보고자 한다.

1. 아동복지

1) 아동복지의 이해

(1) 아동복지의 개념

아동복지의 개념을 이해하는 방법으로는 크게 두 가지가 가능하다. 첫째는 아동의 특징과 개념을 파악하고 이로부터 아동복지를 이해하는 것이고, 둘째는 아동복지에 대한 기존의 정의와 설명들을 토대로 아동복지의 개념을 종합적으로 이해하는 것이다. 이 책은 사회복지에 대한 개론적 내용을 다루기 때문에 두 번째 방법에 의해 아동복지를 이해하는 것이 적절해 보인다.

아동복지에 대한 가장 대표적인 정의는 카두신(Kadushin, A)에게서 찾을 수 있다. 카두신은 부모의 물리적 처벌과 아동 학대 사이의 차별점에 대해 논의한 초기 학자 중 한 명이며, 역사적으로 1950년대에서 1970년대는 아동복지 시스템이 성립되었고 이에 따라 아동복지서비스 및 제도에 대한 실증적 지식을 토대로 사회복지 실천을 평가할 수 있었던 시기였다. 요컨대 카두신은 아동복지와 관련하여 실증적 연구결과들을 종합하여 이론적 틀을 형성하는 등 아동복지 분야에서 백과사전과 같은 연구 지식을 발전시킨 학자라 할 수 있다(Nagi, 1977). 그의 대표 저서 가운데 하나가 《아동복지서비스》(Child Welfare Service)인데 이 책에서는 "넓은 의미의 아동복지는 모든 아동들의 행복 및 사회 적응을 위해 심리적·생물적 잠재력을 개발시켜 주기 위한 각종의 방법이며, 좁은 의미의 아동복지는 특수한 문제를 가진 아동과 그 가정을 대상으로 전문적인 기관에서 행하는 특수한 서비스"라고 정의하고 있다(Kadushin, 1974).

그 후 카두신과 마틴(Martine)은 개정판을 통해 위의 정의를 조금 수정하였다. 즉, 넓은 의미에서는 모든 아동의 행복을 위하여 그들의 신체적·심리적·사회적 발달을 보호하고 촉진하기 위한 모든 대책을 말하고 좁은 의미에서는 특수한 욕구를 가진 아동과 가족을 대상으로 아동복지 관련 기관에서 제공되는 서비스를 말하는 것으로 정의하였다(Kadushin & Martine, 1988). 미국의 사회사업연감(Social Work Year Book, 1960)에는 아동들이 행복하게 살고, 잠재능력을 최대한도로 발휘할 수 있는 건강하고 건전한 개인들로 성장·발달할 수 있도록 하고 또한 가정생활을 유지·강화하면서 건전한 아동 발달을 가져오도록 지역사회 생활을 영위하도록 하는 데 목적이 있다고 정의하고 있다(배기효 외, 2010, 재인용).

이상의 정의들은 사회복지를 잔여적 개념과 제도적 개념으로 구분해 볼 때 잔여적 개념에 가깝다고 할 수 있다. 잔여적 개념은 복지에 대한 개인과 가족의 책임을 강조하는 미국 사회의 특징이 반영된 것으로 "아동복지는 부모가 아동 양육의 책임을 충족시킬 수 없거나 또는 그 지역사회가 아동과 가족이 요구하는 보호와 자원을 제공할 수 없을 때, 아동이나 청소년에 대하여 제공되는 사회적 서비스와 관련되어 있다."라는 카두신의 언급을 통해 확인할 수 있다(Kadushin, 1974).

한편, 다음의 정의들은 제도적 개념에 가깝다. 먼저 메이어(Meyer, 1985)는 "아동복지는 지속적인 사회 체계의 하나로 아동의 복지를 증진시키기 위한 사회제도이며 하나의 전문직으로서 사회사업의 한 분야이다."라고 정의했다. 그리고 미국의 《사회사업사전》에는 아동복지가 ① 아동의 건전한 발달과 보호를 향한 이념(ideology) ② 아동들에게 혜택을 주기 위한 사회복지 프로그램(program) ③ 아동들을 위하여 제공되는 인간서비스(human service)의 한 부분을 의미한다고 되어 있다. 즉, 아동복지란 아동들의 복지라는 이념을 함축하고, 아동을 위한 프로그램 또는 서비스의 실천적 활동까지 포함하는 개념이 된다(Barker, 1987: 24. 오정수·정익중, 2010 : 31. 재인용).

장인협과 오정수(2001)는 아동복지를 사회 구성원으로서 아동의 기본적인 욕구를 충족시키고 건전한 성장과 발달을 도모하기 위해 여러 가지 활동을 가능하게 하는 공식적인 방법과 절차라고 하였다. 여기서 공식적인 방법과 절차란 아동복지와 관련된 법령, 공공과 민간의 조직, 사회복지 전문직과 같이 제도화된 실천 방법들을 의미한다. 요컨대 아동복지의 상위 개념인 사회복지의 개념이 고정적인 것이 아니라 시대적 상황에 따라 변해온 것처럼 아동복지에 대한 정의 역시 잔여적 의미에서 제도적 의미로 발전해 온 것을 알 수 있고, 이러한 발전은 사회복지 개념의 발전과도 일치한다고 할 수 있다.

(2) 아동복지 관련 개념

아동복지를 이해함에 있어 다음과 같은 관련 개념을 살펴보는 것이 도움이 된다.

개념	내용
아동복지서비스 (child service)	아동의 복지를 증진시키기 위한 다양한 서비스를 포함하는 용어로 아동복지 전문가에 의한 개입과 대면적 접촉이 이뤄지는 인간 서비스로서의 특성을 갖는다. 예를 들어 학대아동보호서비스, 방과후서비스, 위탁보호서비스, 입양서비스, 시설보호서비스 등이 있다.
아동 지원 (child support)	아동 양육 지원으로도 번역이 되며 아동의 양육을 위하여 지원되는 현금 소득의 이전을 의미한다. 현금 형태의 소득 이전이기 때문에 인간 서비스인 아동복지서비스와 달리 대면 접촉 등의 특징이 없다.
아동 보호 (child care)	아동의 발달과 생명을 유지하기 위하여 필요한 일상적인 욕구를 충족시키는 돌봄 형태의 양육과 관리를 의미한다.

출처: 오정수·정익중 (2010). pp. 32~33의 내용을 저자가 요약 및 정리

2) 아동복지의 실천 원리와 기능

(1) 아동복지의 기본 전제

아동복지를 실현하기 위해 기본이 되는 전제 조건으로 학자들마다 다양한 의견을 제시하고 있다. 이 책에서는 우리나라의 실정에 맞춰 장인협과 오정수(2000)가 제시한 기본 전제를 기초로 삼고 정리하고자 한다. 구체적으로 아동복지의 기본 전제는 안정된 가정생활, 경제적 안정, 보건과 의료 보호, 교육, 유해 노동과 환경으로부터 보호, 건전한 놀이 등이다.

첫째, 안정된 가정환경은 아동의 복지를 위한 최우선의 기본 전제이다. 아동복지법에도 "아동은 완전하고 조화로운 인격 발달을 위하여 안정된 가정환경에서 행복하게 자라나야 한다."(제2조 기본 이념)고 명시되어 있다. 가정은 사회 구성의 기본 단위로 아동의 건전한 성장, 발달의 기본 토대를 형성하기 때문에 아동들의 가정생활의 안정이나 가족 기능의 강화가 아동복지에 있어 기본이 되는 것이다. 그러므로 가정에서 부모나 보호자가 영유아의 영양, 수면 등 적절하고 안정된 보육 환경을 제공해야 한다. 다만, 과잉 보호나 방임·무관심은 경계해야 하며 자녀가 창조적이고 독립적인 인간으로 성장할 수 있는 길을 열어 줘야 한다. 설령 가족의 위기와 해체

현상이 발생한다 할지라도 불가피한 경우를 제외하고는 아동을 부모로부터 이탈시켜서는 안 되며 가정환경을 통하여 성장하고 발달할 수 있도록 해야 한다.

둘째, 경제적 안정을 위해서는 일정한 소득과 주거생활의 보장이 요구된다. 이는 가정생활에 필요한 최소한의 물질적 욕구를 충족시켜 줄 수 있고 이러한 의식주의 해결은 아동의 신체적, 정신적 발달의 필수 요소가 된다. 빈곤 가정의 아동은 아동 양육 환경상의 박탈이나 결함을 경험하게 되며 이것은 심지어 아동 학대나 방임, 비행 등의 사회 문제와 행동 문제를 초래하기도 한다. 아동 양육 환경상의 박탈이나 결함을 구체적으로 살펴보면 신체적으로는 영양의 부족 상태가 발생하고 이로 인해 건강 상태가 좋지 않다. 정서적인 측면에서는 심리적 박탈과 불안감을 갖고 대인관계와 인격 형성에 부정적인 영향을 미친다. 빈곤으로 인한 교육 기회와 문화적 경험의 기회 박탈은 아동의 인지 능력과 학습 능력의 발달에 좋지 않은 영향을 미친다.

셋째, 보건과 의료 보호는 유엔아동권리협약 제24조에서 아동이 최상의 건강 수준을 향유하고 질병의 치료와 건강의 회복을 위한 시설을 사용할 수 있는 권리를 인정하고 있는 것과 맥을 같이 한다. 우리나라 아동복지법에도 아동의 건강과 안전을 위한 보호자의 책임, 국가의 책임을 규정하고 있다. 아동에 대한 건강 투자는 아동기의 건강을 향상시킴으로써 아동복지의 기본 전제를 달성하는 계기를 제공해준다는 점에서 의의를 갖는다.

넷째, 교육은 아동에게 적절하게 제공됨으로써 아동이 자기 완성과 가치를 실현할 수 있게 한다. 반대로 이러한 교육 기회가 박탈되거나 거절된다면 아동이 욕구좌절을 경험하게 되고 나중에 부모나 사회가 많은 부담을 안게 된다. 헌법 제27조에도 모든 국민은 능력에 따라 균등하게 교육을 받을 권리를 가진다고 되어 있다. 최근에는 교육의 중요성이 강조되어 유아 교육을 포함한 조기 교육으로까지 관심이 확대되고 있다. 왜냐하면, 빈곤하거나 불우한 환경에서 교육의 기회를 누리지 못하고 성인이 되면 빈곤에서 탈피하지 못하는 악순환이 발생할 수 있기 때문이다.

다섯째, 유해 노동과 환경으로부터 아동을 보호하는 것이 필요하다. 산업혁명 이래 아동은 임금이 낮고 어른에 비해 복종적이기 때문에 자본가들이 아동을 고용하고픈 유혹이 있어 왔다. 그러나 이러한 아동의 노동은 아동의 발달을 저해하며 건강을 해치고 지능 발달과 장애를 초래할 수 있다. 따라서 우리나라도 근로기준법에

15세 미만자는 근로자로 사용하지 못하게 하고 있다. 노동뿐만 아니라 유해한 환경에 대해서도 법률로 보호를 하고 있는데, 아동복지법 제17조에는 음란한 행위를 시키거나 일을 매개하는 행위, 장애를 가진 아동을 공중에 관람시키는 행위, 아동에게 구걸을 시키거나 아동을 이용하여 구걸하는 행위, 안전에 유해한 곡예를 시키는 행위 등을 금지하고 있다.

여섯째, 건전한 놀이는 아동의 성장에 도움이 된다. 아동은 놀이를 통하여 사회화 과정을 경험하고 대인관계의 기술을 습득한다. 또한, 놀이는 욕구나 감정 발산을 충족시키며 신체적, 정신적으로 건전하게 성장할 수 있는 촉진제가 되는 것이다. 따라서 아동에게는 가족 구성원 이외에도 또래 집단 아동과 놀이 활동을 할 수 있도록 기회가 제공되어야 한다.

(2) 아동복지의 원칙

[표 12-1] 아동복지의 원칙과 범위

원칙	지향점	관점	사회와의 관계	목표
권리와 책임	아동, 부모, 사회의 상호 권리와 책임성	아동	사회책임성	아동의 복리
보편성과 선별성	전체 아동의 기회 균등과 특수 아동의 보충적 서비스 제공	아동	사회 기여	서비스 대상의 확대
개발성	사회 개발에 참여할 수 있도록 기회 제공	사회	사회의 일원	능동적 참여
포괄성	가정, 경제, 교육, 건강, 보호 등 포괄적이고 통합적 서비스 제공	사회	사회 통합	전인적 인격 양성
전문성	아동 복지 전문 인력의 양성과 활용	아동	사회 통합	전문적 서비스 제공

출처: 윤철수 외(2008).

아동복지의 기본 전제를 바탕으로 아동복지서비스를 수행하면서 지켜야 할 원칙으로는 장인협과 오정수(2000)가 제시한 다섯 가지 원칙이 있다. 이를 정리하면 다음과 같다.([표 12-1] 참조)

첫째, 아동과 부모 및 사회 여러 주체 간 권리와 책임을 두고 있어야 한다는 원칙이다. 아동복지의 책임은 부모와 가정뿐 아니라 국가와 사회도 갖고 있어야 하며, 아동은 복지의 대상일 뿐만 아니라 동시에 권리를 갖는 주체로서 인식되어야 한다는 점이다. 즉, 아동의 권리와 책임, 부모의 권리와 책임, 사회의 권리와 책임을 각각 구분하고 이를 실천할 때 아동복지서비스가 적절히 제공될 수 있다는 것이다.

둘째, 보편성과 선별성의 적용을 잘해야 한다는 원칙이다. 선별성이 아동에 대한 보완적 사회복지 지원을 의미하고 아동복지의 대상을 일정 부분 정하여 사업을 시행하는 것이라면, 보편성은 가족수당이나 무상 의무교육 등과 같이 아동을 건강하게 육성하고자 하는 목표를 갖고 차별 없이 서비스를 제공하는 것이다. 이러한 원칙을 잘 적용해야 아동복지서비스가 성공적이 될 것이다.

셋째, 아동의 사회적 자립과 함께 사회적 기여의 창출이라는 관점을 내포하고 경제적 이익과도 관련이 되어야 한다는 개발성의 원칙이다. 사후적으로 고아나 기아 등 보호를 필요로 하는 아동들에게 서비스를 제공하는 것은 국가 발전이나 경제 개발의 역기능 현상으로 나타나는 부정적 요소에 대처할 수 없기 때문에 아동복지서비스를 제공할 때 개발성의 원칙이 필요한 것이다. 이처럼 아동복지서비스를 통해 아동이 국가 발전에 능동적으로 참여하는 기회를 제공하는 것은 저출산으로 인력 공급이 부족한 시대적 변화에 따라 그 중요성이 더욱 커진 원칙이라 하겠다.

넷째, 아동들에게 제공되는 프로그램이나 서비스가 포괄적이고 통합적으로 제공되어야 한다는 포괄성의 원칙이다. 이때 프로그램이나 서비스가 복수의 것이어야 한다는 것을 의미하는 것이 아니라 내용적으로 아동복지의 기본 전제(앞서 살펴본 6가지)를 포괄적으로 충족할 수 있어야 한다는 것을 뜻한다. 아동복지의 기본 전제를 다시 정리하면 안정된 가정생활, 경제적 안정, 보건과 의료 보호, 교육, 유해 노동과 환경으로부터 보호, 건전한 놀이 등이다.

다섯째, 날로 복잡해지는 아동의 욕구를 충족할 수 있는 전문적인 지식과 기술이 있어야 하는 전문성의 원칙이다. 따라서 아동복지사업 분야에 잘 훈련된 전문인력을 양성하고 이들을 배치함으로써 아동복지서비스의 질적인 제고를 도모할 수 있을 것이다.

(3) 아동복지의 기능

카두신은 아동복지서비스의 기능을 3가지로 유형화하였다. 이들 3가지의 기능의 앞 글자가 모두 'S'여서 3S 모델이라고도 한다(Kadushin, 1974).

첫째, 지지적 서비스(supportive service)는 아동이 속한 가정의 지지와 지원을 통해 가정의 기능을 강화하고 아동과 관련된 문제를 예방하는 기능을 하는 것이다. 아동상담소, 아동학대예방센터, 한 부모를 위한 서비스 등의 아동복지서비스가 여기에 해당하며 이들은 가정의 역할을 지원하되 원 가정의 구조를 침해하지 않으면서 가정의 기능이 원활하게 수행되도록 해준다. 이 기능은 가정 밖에서 서비스를 지원하는 것이라 할 수 있다.

둘째, 보충적 서비스(supplementary service)는 아동이 속한 가정의 어려움을 부분적으로 보조하거나 보완하는 기능을 하는 것이다. 보육서비스, 소득보충 프로그램, 아동수당 등이 여기에 해당하며 이들은 부모의 사망, 유기, 이혼, 재혼, 질병 등으로 부모로서의 역할을 제대로 수행할 수 없는 상황에서 일부 기능을 보충하여 준다. 가정 내에서 서비스를 지원하는 특징이 있다.

셋째, 대리적 서비스(substitutive service)는 가정이 해체되거나 기능을 상실하여 부모가 역할을 수행할 수 없을 때 아동을 다른 가정이나 시설에서 보호하는 기능을 하는 것이다. 입양, 아동양육시설, 가정위탁서비스 등을 통해 제3자가 대리하는 서비스이다. 원 가정이 아닌 제3의 가정을 조성하여 서비스를 지원하는 특징이 있다.

3) 아동복지의 대상 및 아동의 욕구

(1) 아동복지의 대상

사회복지 현장이나 일부 서적에서 아동복지의 대상을 일반 아동과 요보호 아동으로 구분하는 것을 볼 수 있다. 그런데 요보호 아동(要保護兒童)은 1961년 아동복리법이 제정되면서 사용한 한자식 표기로 '보호를 필요로 하는 아동'으로 순화할 수 있다. 실제 법률(2000년 1월 12일 개정)도 '요보호 아동'에서 '보호를 필요로 하는 아동'으로 바뀌었고 2011년 8월 4일 개정한 이후로는 '보호를 필요로 하는 아동'이라는 표현을 삭제하고 '보호대상 아동'과 '지원대상 아동'으로 구분하고 있다. 보호대상 아동이란 "보호자가 없거나 보호자로부터 이탈된 아동 또는 보호자가 아동을 학대하는 경우 등 그 보호자가 아동을 양육하기에 적당하지 아니하거나 양육할 능력이 없는 경우의 아동을 말한다."(아동복지법 제3조제4호). 한편, 지원대상 아동이란 "아동이 조화롭고 건강하게 성장하는 데에 필요한 기초적인 조건이 갖추어지지 아니하여 사회적·경제적·정서적 지원이 필요한 아동을 말한다."(아동복지법 제3조제5호).

과거 요보호 아동(보호를 필요로 하는 아동)에 대한 정의가 현재의 보호대상 아동의 정의와 거의 비슷하였는데, 이러한 점은 아동복지의 대상이 법적으로 볼 때 선별성에 입각하여 요보호 아동을 대상으로 제한적으로 운영하던 것에서 이제는 모든 아동을 대상으로 하고 보편적인 아동복지를 추구하는 방향으로 변화한 것을 보여준다고 할 것이다. 이러한 변화는 박차상 외(2006)가 정리한 다음의 그림을 통해 쉽게 이해할 수 있다.

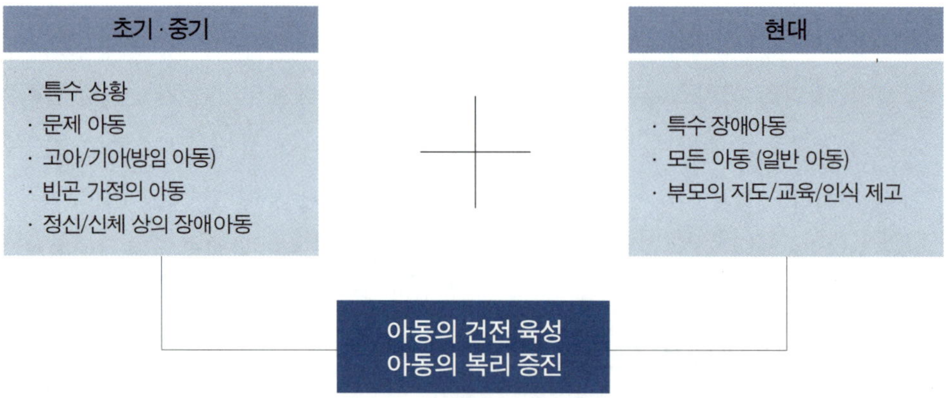

[그림 12-1] 아동복지의 대상 변화

위와 같이 아동복지가 모든 아동을 대상으로 하고 있고 앞으로는 모든 아동의 행복한 삶을 보장하는 보편적 아동복지가 더욱 강화되겠지만, 일반 아동과 보호를 필요로 하는 아동으로 구분하는 것은 아동복지서비스를 개발하고 개입하는 데 여전히 유용하고 편리한 작업이 될 수 있고 실제 사회복지 현장에서도 발견할 수 있다.

(2) 아동의 욕구

앞서 본 것처럼 아동복지의 대상이 보호를 필요로 하는 아동(요보호 아동)에서 모든 아동으로 확대되었다는 점은 아동복지실천을 위해 일반적인 아동의 욕구를 올바르게 이해해야 할 것을 요구한다. 왜냐하면, 유아기로부터 사춘기에 이르는 아동발달 단계의 독특한 욕구를 이해해야 비로소 그에 상응하는 서비스와 프로그램을 제공할 수 있기 때문이다. 즉, 발달 단계별 발달 과업이 성공적으로 수행될 때 아동복지의 적정한 결과가 성취될 수 있다. 아동 발달의 주요 과업으로는 정서 및 행동발달, 보건, 교육, 자아정체감, 가족 및 사회적 관계, 사회적 표현, 자기돌봄 기술 등이 있다. 아동 발달 단계의 욕구를 정리하면 다음의 표와 같다.

[표 12-2] 아동 발달 단계의 욕구

발달 단계	욕구
유아기	• 보호자에 대한 애착 • 언어 • 환경으로부터 자아의 분리 • 자아 통제와 순응
아동 중기	• 학교 적응(출결, 적절한 행동) • 학업성취(읽기, 쓰기, 수학) • 또래 집단과의 관계 • 규칙에 따른 행동
사춘기	• 제2학령기로 성공적 전환 • 학업 성취(교육적 성취를 위한 기술적 학습) • 과외활동에의 참여 • 동성 및 이성 간 친구관계의 형성 • 자아정체감의 형성

출처: Horwath, J. (2001).

다만, 아동의 욕구를 정확히 사정하기 위해서는 발달 단계상의 욕구만이 아니라 가족 및 환경 요소, 부모의 양육 능력 등도 동시에 고려해야 한다. 가족 및 환경 요소에는 가족력과 가족의 기능, 확대 가족의 범위, 주거 및 소득 상태, 가족의 통합성, 지역사회 자원 등이 포함된다. 부모의 양육 능력은 기본적 돌봄, 안전의 보장, 정서적 따뜻함, 자극, 지도, 안정성 등의 기준을 바탕으로 아동의 욕구에 반응하는 정도를 평가해야 한다.

4) 아동복지의 실제

(1) 아동복지법과 아동복지 관련법

아동복지의 현황을 이해하기 위해 관련법을 살펴보기로 하자. 법은 사회 질서를 유지하고 사회 구성원의 권리를 보장하며 이해관계의 갈등을 해결하는 수단이 되는데, 사회복지 측면에서 보면 아동 관련법은 아동의 욕구와 권리 및 문제를 해결할 수 있는 가장 기초적인 것이기에 아동복지의 현황을 파악하는 데 도움이 된다.

관련법 가운데 아동복지법은 아동복지와 관련된 가장 주요한 법이다. 원래 1961년 아동복리법으로 제정되었다가 1981년에 아동복지법으로 법명이 변경되었다. 아동복지법의 전문 개정 사유는 "종전의 아동복리법은 구호적 성격의 복지 제공에 중점을 두고 있어 그동안의 경제 · 사회의 발전에 따라 발생한 사회적 복지 요구에 부응하지 못하고 있으므로 요보호 아동뿐만 아니라 일반 아동을 포함한 전체 아동의 복지를 보장하고 특히 유아기에 있어서의 기본적 인격·특성과 능력 개발을 조장하기 위한 여건을 조성할 수 있도록 하려는 것임."으로 되어 있다.

그 후로도 두 차례 더 전부 개정이 있었는데, 2000년의 전부 개정 사유는 "우리 사회의 아동복지 수요에 능동적으로 대응하고 최근 심각한 사회 문제로 지적된 바 있는 학대 아동에 대한 보호 및 아동 안전에 대한 제도적 지원을 공고히 하기 위하여 아동복지 지도원을 별정직공무원에서 사회복지 전담공무원으로 그 신분을 변경하고, 아동 학대에 대한 정의와 금지 유형을 명확히 규정하며, 아동 학대에 대한 신고를 의무화하는 등 기타 현행 규정의 운영상 나타난 일부 미비점을 개선·보완하려는 것임."이었다. 2012년에 있었던 전부 개정 사유는 "아동종합실태조사를 시행하여 그 결과를 바탕으로 아동정책 기본계획을 수립·시행하고, 아동 학대의 예방과 방지, 아동학대 행위자의 계도를 위한 교육 등에 관한 홍보 영상을 방송할 수 있도록 하며, 아동복지서비스의 안정적 추진을 위한 근거와 아동 정책을 효과적으로 수행하기 위한 정책적 기반을 마련함으로써, 아동의 복지 증진을 통해 아동이 건강하고 행복하게 자랄 수 있도록 하려는 것임."이었다.

한편, 아동복지 관련법은 사회복지 관련법 중에서 아동의 복지와 지위에 관한 법의 총체 또는 아동의 복지에 직·간접적인 관련을 지닌 법으로 정의할 수 있는데, 아동이 직접적인 대상이 되는 법은 개별법이고 간접적인 대상이 되는 법은 공통의 관계법이 된다(이소희, 2005). 대상별로 아동복지 관련법을 요보호 아동과 일반 아동으로 구분하여 정리하면 다음의 표와 같다.

[표 12-3] 대상별 아동복지 관련법의 유형

구분	요보호 아동	일반 아동 (요보호 아동 포함)
아동을 1차 대상으로 하는 법률	• 입양 촉진 및 절차에 관한 특례법 • 소년법 • 보호소년 등의 처우에 관한 법률 • 장애인 등에 대한 특수교육법 • 실종 아동 등의 보호 및 지원에 관한 법률 • 보호시설에 있는 미성년자와 후견직무에 관한 법률 • 산업체의 근로청소년의 교육을 위한 특별학급 등의 설치기준령	• 아동복지법 • 영유아보육법 • 청소년보호법 • 청소년기본법 • 아동·청소년 성보호에 관한 법률 • 유아교육법 • 초·중등교육법 • 학교보건법 • 학교폭력예방 및 대책에 관한 법률
아동을 2차 대상으로 하는 법률-가족 및 모성을 1차 대상으로 하는 법률	• 한부모가족지원법 • 다문화가족지원법 • 가정폭력방지 및 피해자보호 등에 관한 법률	• 모자건강법 • 건강가정지원법 • 저출산·고령사회기본법 • 남녀고용평등과 일·가정 양립 지원에 관한 법률
기타 아동복지 관련 법률	• 국민기초생활보장법 • 장애인복지법 • 산업재해보험법 • 장애인고용촉진 및 직업재활법 • 정신보건법 • 의료급여법	• 사회보장기본법 • 사회복지사업법 • 국민연금법 • 국민건강보험법 • 근로기준법 • 민법

출처 : 한성심, 송주미(2009). 재구성.

(2) 아동복지사업의 기능별 분류

국내에서 제공되는 아동복지사업들을 카두신이 제시한 아동복지의 세 가지 기능인 지지적 서비스, 보충적 서비스, 대리적 서비스로 구분하여 개념 위주로 살펴보고자 한다.

먼저 지지적 서비스에 해당하는 아동복지사업에는 가족복지사업, 학교사회사업,

근로아동복지사업, 상담사업, 미혼부모 복지사업 등이 있다. 이들 사업들은 모두 아동이 자신의 가정에 머물러 생활하면서 받을 수 있는 서비스로 가족의 구조를 침해하지 않으면서 외부에서 가족 내부의 역할 기능이 제대로 수행될 수 있도록 원조하는 역할을 한다.

보충적 서비스에 해당하는 아동복지사업에는 아동수당, 빈곤 가정을 지원하는 생활보호, 보육사업, 소득보완사업, 비행아동복지사업, 가사조력사업(home make service), 장애아동복지사업, 보호사업 등이 있다. 이들 사업들은 가정 내에서 이루어지는 서비스이며 부모가 해야 할 역할의 일부를 대행해 주기 때문에 지지적 서비스와 상호 중복되는 측면이 있다. 하지만 부족하거나 부적절한 부모의 역할을 보충해준다는 점에서 차이가 있다. 보충적 서비스에 해당하는 아동복지사업을 통해 부모는 다른 역할을 더 충실하게 수행할 수 있으므로 부모의 역할이 일시적으로 충족되지 못할 때 보충적 서비스를 제공하면 효과적이다.

대리적 서비스에 해당하는 아동복지사업에는 가정위탁보호사업, 입양사업, 시설보호사업, 아동보호치료시설 등이 있다. 이들 사업들에서는 부모가 아닌 제3자가 부모의 역할을 떠맡기 때문에 아동은 자신의 가정을 완전히 떠나서 다른 가족이나 양육자에 의하여 보호를 받게 된다. 가정위탁보호사업의 종류에는 유료위탁, 장기위탁, 전문위탁, 무료위탁, 고용위탁, 집단위탁, 입양위탁보호 등이 있다.

2. 청소년복지

1) 청소년복지의 이해

(1) 청소년의 개념

청소년복지를 간략히 정의하면 청소년을 대상으로 하는 사회복지의 한 분야라고 할 수 있다. 그러므로 청소년의 개념을 명확히 설정해야 청소년복지에 대한 이해도 뒤따를 수 있다. 일반적으로 청소년은 청소년기에 있는 사람을 뜻하는데, 청소년기란 아동기에서 성인기 사이의 시기이다. 아동은 부모의 보호와 의존이 절대적으로 필요한 존재이고 반면에 성인은 자립적인 생활을 하는 존재이다. 어원상으로도 청소년기(adolescence)는 성숙을 향한 성정이란 라틴어 'adolescere'에서 나왔다.

청소년기는 사람이 살아가는 동안 경험하는 일반적 시기를 지칭하는 문화적 개념이기 때문에(이종복·전남련, 2007), 청소년기의 시작과 끝의 정확한 시점은 없다. 그렇기 때문에 청소년기에 관한 법규를 살펴보면 그 범위가 서로 상이하다. 아동이 아닌 청소년이라는 명칭을 사용한 법령을 정리하면 아래의 표와 같다. 만약 이 표에다가 아동을 추가하면 연령 구분은 더욱 복잡해진다. 예를 들어 아동복지법의 경우 아동을 18세 미만으로 규정하고 있는데, 이는 청소년을 포함하는 시기이기도하기 때문이다. 이와 같은 상황에서 청소년복지의 기초가 되는 청소년기본법상의 연령인 '9세 이상 24세 이하의 자'라는 연령 기준을 존중하면서도 아동복지와의 구분을 위해서는 현실적으로 대부분이 학생인 우리나라의 경우 중·고등학교 학령기인 '13세에서 18세까지'를 청소년기로 보는 것이 사회복지 현장과 부합할 것이다.

[표 12-4] 각 법령이 정하는 청소년의 범위

법령명	명칭	범위
청소년기본법	청소년	9~24세 이하
청소년보호법	청소년	만 19세 미만
청소년복지지원법	청소년	9~24세 이하
청소년 성보호에 관한 법	청소년	만 19세 미만
청소년활동지원법	청소년	9~24세 이하
근로기준법	근로청소년	15~18세 미만

청소년의 주요 특성을 살펴보면 다음과 같다. 먼저 신체적으로는 이전기보다 성장이 빨라져 해마다 신장이 증가하고 성적 기관이 발달한다. 청소년 중기인 15세부터 17세까지의 시기에서 변화가 확연하게 나타난다. 청소년 후기인 18세부터 23세까지의 시기에는 성적 기능이 성숙된다. 최근에는 풍족한 식생활과 환경의 변화로 몽정과 생리의 시기가 앞당겨지는 등 연령의 구분이 과거와 달라진 양태를 보인다. 다음으로 심리적 측면에서는 청소년 전기에 외향적 심리가 발달하고 청소년 중

기에는 내향적이고 관념적인 심리로 이상주의를 추구하며 청소년 후기에는 사회적인 이해와 현실적인 감각을 느끼는 특성을 보이는 것으로 알려져 있다(고명석 외, 2010). 마지막으로 사회적으로는 자기 자신과 공동체와의 관계 또는 개인과의 상호작용 등 사회적 차원에서의 원리와 관계성을 인식하게 된다. 즉, 자신의 존재 가치를 사회적 관계로 확대하여 인식하고 그 속에서 협력체적 공동체를 구성해야 하는 현실을 지각하는 시기다.

(2) 청소년복지 관련 법규

① 청소년기본법

이 법은 청소년의 권리 및 책임과 가정·사회·국가·지방자치단체의 청소년에 대한 책임을 정하고 청소년정책에 관한 기본적인 사항을 규정함을 목적으로 한다(청소년기본법 제1조). 그리고 청소년이 사회 구성원으로서 정당한 대우와 권익을 보장받음과 아울러 스스로 생각하고 자유롭게 활동할 수 있도록 하며 보다 나은 삶을 누리고 유해한 환경으로부터 보호될 수 있도록 함으로써 국가와 사회가 필요로 하는 건전한 민주시민으로 자랄 수 있도록 하는 것을 기본 이념으로 한다(동법 제2조). 주요 내용으로는 청소년의 개념 정의, 청소년의 참여 및 권리 보장, 청소년 육성정책의 총괄·조정, 청소년 시설의 설치 및 운영, 청소년지도사 및 청소년상담사의 자격 및 채용, 청소년 단체의 역할과 지원, 한국청소년진흥센터의 설치, 청소년활동 및 복지, 청소년육성기금 등에 관한 것들을 포함한다.

② 청소년복지지원법

이 법은 청소년기본법 제49조 제4항에 따라 청소년복지 향상에 관한 사항을 규정함을 목적으로 한다(청소년복지지원법, 제1조). 이 법을 계기로 기존에 보호와 수련활동 위주로 진행되던 청소년 정책에 복지 차원의 접근이 도입되었다. 청소년의 인권 보장, 청소년의 자치권 확대, 청소년의 우대, 청소년증에 관해 규정하고 있고 건강함 심신의 보존과 체력 검사와 건강 진단 등에 관한 내용, 특별지원 청소년에 대한 지원과 청소년쉼터의 설치·운영에 관한 사항, 선도후견인에 관한 규정 등이 담겨 있다.

③ 청소년활동진흥법

이 법은 청소년기본법 제47조 제2항에 따라 다양한 청소년 활동을 적극적으로 진흥하기 위하여 필요한 사항을 정함을 목적으로 한다(청소년활동진흥법, 제1조). 이 법을 기초로 주입식 교육의 환경 속에서 인성교육을 장려하고 능동적으로 적응하는 청소년 활동을 확산하는 계기가 되었다. 청소년 활동의 보장, 청소년 활동시설, 청소년 수련활동 지원, 청소년 교류활동 지원, 청소년 문화활동 지원 등에 관한 규정을 포함한다.

④ 청소년 보호법

이 법은 청소년에게 유해한 매체물과 약물 등이 청소년에게 유통되는 것과 청소년이 유해한 업소에 출입하는 것 등을 규제하고 청소년을 유해한 환경으로부터 보호·구제함으로써 청소년이 건전한 인격체로 성장할 수 있도록 함을 목적으로 한다(청소년보호법, 제1조). 이 법에서는 청소년 유해 매체물의 청소년 대상 유통 규제, 청소년 유해업소, 청소년 유해 약물 및 청소년 유해 행위 등의 규제, 청소년보호위원회 설치 등을 주요 내용으로 한다.

⑤ 아동 · 청소년의 성보호에 관한 법률

이 법은 아동·청소년 대상 성범죄의 처벌과 절차에 관한 특례를 규정하고 피해아동·청소년을 위한 구제 및 지원 절차를 마련하며 아동·청소년 대상 성범죄자를 체계적으로 관리함으로써 아동·청소년을 성범죄로부터 보호하고 아동·청소년이 건강한 사회 구성원으로 성장할 수 있도록 함을 목적으로 한다(아동·청소년의 성보호에 관한 법률, 제1조). 이 법은 청소년의 성을 사는 행위 등의 처벌에 관한 내용, 대상 청소년의 선도 보호와 관련하여 성매매와 성폭력의 대상인 청소년을 보호하는 방안 등에 관한 규정 등을 다룬다.

그 밖에도 청소년을 직접 대상으로 하거나 청소년 관련 별도 규정이 있는 법률을 정리하면, 아동복지법, 한부모가족지원법(구 모·부자복지법), 국민건강증진법, 근로기준법, 병역법, 국민기초생활보장법, 정신보건법, 장애인복지법, 보호시설에 있는 고아 후견 직무에 관한 법률, 입양 촉진 및 절차에 관한 특례법 등이 있다(홍봉선·남미애, 2005).

2) 청소년복지의 원칙

청소년의 특징과 사회적 환경을 기초로 노혁(2007)이 청소년복지의 4가지 원칙을 제시하였는데, 이를 정리하면 다음과 같다.

첫째, 보호의 원칙이다. 청소년은 성숙 단계에 있으므로 가정과 사회 등으로부터 안전한 환경을 제공받아서 기본적인 성장의 기반을 확보해야 한다. 특히 빈곤과 장애 등으로 인해 불평등한 조건을 지닌 청소년에 대한 보호는 지속적이고 체계적으로 이뤄져야 한다. 아울러 사회가 가족의 기능을 강화하고 지지함으로써 가정에 있는 청소년의 보호를 위해 노력해야 한다.

둘째, 참여와 책임의 원칙이다. 참여란 자신의 삶에 영향을 주는 사안에 대해 의견을 표현할 수 있는 자유를 말하므로, 청소년이 자기 삶에 영향을 주는 의사결정에 참여하게 해줘야 한다. 이때 청소년의 참여는 성인과의 동반자 관계를 형성해야 한다. 다만, 이러한 참여에는 책임이 뒤따른다는 점을 청소년이 인식할 수 있어야 한다. 청소년에게 성숙을 위한 다양한 사회적 기회를 제공하되, 이에 대한 청소년의 사회책임의식을 고양해야 할 것이다.

셋째, 자립의 원칙이다. 청소년이 신체적, 정신적, 사회적 발달을 위하여 필요한 생활수준을 확보하여 자신의 삶을 주체적으로 계획하고 통제하며 살아가는 것을 자립이라 할 수 있다. 청소년복지의 수립과 실행 과정에서 이러한 자립의 원칙을 지켜서 청소년이 성인이 되어서도 스스로 사회 기능을 수행하고 생활 능력을 향상시켜 자기만족을 하는 사회 구성원이 되도록 해야 한다.

넷째, 연대의 원칙이다. 연대는 사회 구성원이 상호 간에 상호의존 의식을 갖게 해준다. 청소년도 사회 구성원으로서 역할을 수행하고 기여함으로써 궁극적으로 다른 사람과 더불어 행복을 느끼고 살아갈 수 있도록 연대의 원칙하에 청소년복지를 구성하여야 할 것이다.

3) 청소년복지의 대상과 청소년 문제

아동복지의 대상이 보호가 필요로 하는 아동에서 모든 아동으로 확대된 것처럼, 청소년복지의 대상도 비행, 가출, 빈곤, 약물 중독 등 사회적 문제와 관련한 청소년에서 확대되어 지금은 일반 청소년을 모두 아우르는 것으로 인식되고 있다. 따라서 일반 청소년을 포함하여 세부 대상별(가출 청소년, 범죄 청소년, 자살 위기 청소년, 학교 밖 청소년)로 사회복지실천 내용을 살펴보고자 한다.

(1) 일반 청소년

일반 청소년을 위한 청소년복지의 실천 분야로는 상담, 자원봉사활동, 수련활동 등이 있다. 이 가운데 상담과 자원봉사활동을 주로 실천하는 곳은 지방자치단체에서 운영하는 청소년상담지원센터와 청소년자원봉사센터이다. 그리고 수련활동은 청소년활동진흥법이 규정하는 수련활동시설에서 운영한다. 청소년활동진흥법(제10조)에 있는 수련활동시설을 정리하면 표와 같다.

[표 12-5] 청소년활동진흥법에 있는 청소년 수련활동시설

구분	시설종류	내용
청소년 수련시설	청소년 수련관	다양한 청소년 수련거리를 실시할 수 있는 각종 시설 및 설비를 갖춘 종합 수련 시설
	청소년 수련원	숙박 기능을 갖춘 생활관과 다양한 청소년 수련거리를 실시할 수 있는 각종 시설과 설비를 갖춘 종합 수련 시설
	청소년 문화의 집	간단한 청소년 수련 활동을 실시할 수 있는 시설 및 설비를 갖춘 정보·문화·예술 중심의 수련 시설
	청소년 특화 시설	청소년의 직업 체험, 문화예술, 과학정보, 환경 등 특정 목적의 청소년 활동을 전문적으로 실시할 수 있는 시설과 설비를 갖춘 수련 시설
	청소년 야영장	야영에 적합한 시설 및 설비를 갖추고, 청소년 수련거리 또는 야영 편의를 제공하는 수련 시설
	유스호스텔	청소년의 숙박 및 체류에 적합한 시설·설비와 부대·편익 시설을 갖추고, 숙식 편의 제공, 여행 청소년의 활동 지원(청소년 수련 활동 지원은 제11조에 따라 허가된 시설·설비의 범위에 한정한다)을 기능으로 하는 시설
청소년 이용시설	-	수련 시설이 아닌 시설로서 그 설치 목적의 범위에서 청소년 활동의 실시와 청소년의 건전한 이용 등에 제공할 수 있는 시설

(2) 가출 청소년

청소년복지의 대상 가운데 가출은 청소년이 갖고 있는 많은 문제의 출발점이라는 점에서 중요하게 다뤄야 한다. 가출 청소년에 대한 이론적 관점으로는 청소년 발달 관점, 생태학적 발달 관점이 있고 부가적으로 가출 및 홈리스 청소년의 경로를 설명하는 위험증폭모델(risk amplification model)과 생활주기모델(life cycle model)이 있다. 이들 관점들은 청소년의 사회적 발달, 청소년과 가족·동료·환경과의 역동적인 상호작용에 초점을 두며 가출 및 홈리스 청소년의 특성에다 청소년 발달, 청소년 위험과 반사회적 행동, 가족 역동의 영향과 빈곤 등을 통합한 것이다(남미애·홍봉선, 2007).

가출 청소년을 위한 보호 시설로는 청소년쉼터가 있는데, 현재 전국에 약 100여 곳이 한국청소년쉼터협의회에 가입하고 있다. 청소년쉼터 중 일시쉼터는 가출 및 위기 청소년의 일시 보호를 위한 곳으로 청소년상담센터에서 운영한다. 단기쉼터는 3개월간(1회 연장 가능) 무료 숙식 및 의료 서비스를 제공하고 가출 청소년을 위한 상담 및 심리검사도 진행한다. 중·장기 쉼터는 2년 까지 가능하며 단기쉼터에서 제공하는 서비스에 추가하여 청소년의 자립생활지원서비스를 한다. 가출 청소년에 대한 공식적인 통계 자료가 없는 상황에서 청소년쉼터 이용 청소년에 관한 자료는 기본적인 정보를 제공해 준다.프로그램별 욕구는 5점 척도를 바탕으로 조사했으며, 그 결과는 [표 12-6]과 같다.

[표 12-6] 일시쉼터 이용 청소년 프로그램별 평균 욕구

항목	평균	항목	평균
상담	3.8	타 기관에 의뢰	3.1
먹거리 제공	4.2	컴퓨터 서적 이용	3.9
샤워	3.8	비디오 감상	3.7
응급잠	3.9	청소년 관련 정보	3.5
세탁	3.8	학원 및 진로 정보	3.6
의료	4.0	일자리 정보	3.9
차비 등 위기 시 필요한 물품 제공	3.2	의료 및 건강 정보	3.7
		문화행사 정보	3.3

출처: 한국청소년쉼터협의회(www.jikimi.or.kr)

[표 12-7] 단기·중장기 쉼터 입소 청소년 프로그램별 평균 욕구

항목	평균	항목	평균
학업 향상을 위한 교육 프로그램	3.6	자원봉사 프로그램	3.2
가족 문제 해결을 위한 프로그램	3.4	성교육 프로그램	3.2
성격심리상담 프로그램	3.6	금연, 금주 약물중독 예방 프로그램	3.2
취업대비 기술 프로그램	3.9	사회성 향상 프로그램	3.5

출처: 한국청소년쉼터협의회(www.jikimi.or.kr)

(3) 범죄 청소년

우리나라는 범죄 청소년에 대하여 소년보호주의의 이념에 근거하여 처리하고 있다. 소년보호주의란 범죄 소년(14세 이상 19세 미만의 형법에 위반하는 범죄 행위자)을 처벌의 대상이 아니라 보호의 대상으로 보고, 형사 처분을 부과하는 경우에도 성인과 다른 배려, 즉 보호를 통한 건전한 육성을 추구하는 입장을 말한다. 소년보호주의에서는 인격주의, 예방주의, 개별주의, 과학주의, 교육주의, 협력주의 등의 원칙을 중시한다(배종대, 2008). 먼저 인격주의란 소년을 보호하기 위하여 소년의 행위·태도에서 나타난 개성과 환경을 중시하는 것을 말한다. 예방주의는 범죄 소년에 대하여 처벌이 아니라 범죄 예방에 중점을 두는 것이고 개별주의는 범죄 소년에 대한 처분을 결정 및 집행할 때 개개인을 1건의 독립된 사건으로 취급하는 것을 의미한다. 이와 같은 예방주의와 개별주의를 추구하기 위해서는 소년의 범죄 환경에 대한 연구와 어떤 종류의 형벌을 어느 정도 부과하는 적당한가에 대한 연구가 뒷받침 되어야 하는 데 이때 과학주의가 필요하다. 교육주의는 보호 처분을 통해 소년의 건전한 육성을 위해 노력하고 형사 처분의 경우에도 교육적인 특별한 조치가 수반되어야 함을 뜻한다. 협력주의에서는 국가는 물론이고 소년의 보호자를 비롯한 민간단체 등이 서로 협력해야 함을 강조한다.

개념적으로 볼 때 소년 범죄는 소년 비행과는 구별이 되는데, 소년 비행을 넓게 이해하는 견해에 의하면 소년 범죄는 소년법 제4조에 규정된 범죄 소년과 촉법 소

년만을 의미하며, 소년 비행은 소년 범죄에 우범 행위를 포함한 개념으로 이해한다(박상기 외, 2009). 한편, 소년 범죄를 소년 비행보다 넓게 이해하여 소년 범죄는 소년법에 규정된 범죄 소년 및 촉법 소년과 우범 소년 모두를 포함하는 개념으로 이해하기도 한다(배종대, 2008).

소년 범죄를 유형별로 보면, 2013년의 경우 재산범이 45,735명(49.9%)으로 가장 많았고, 다음으로 폭력범, 교통사범, 강력범, 저작권법 위반사범의 순이었다. 2009년부터 2013년 사이에 소년 범죄가 감소했음에도 불구하고 재산범은 2009년에 45,774명(40.5%)에서 2013년에 45,735명(49.9%)으로 인원이 거의 줄지 않았고 오히려 비율은 증가하는 특징을 보였다. 이로 보아 생계형 소년 범죄에 대한 대책이 필요함을 알 수 있다.

(단위 : 명)

[표 12-8] 소년 범죄의 유형별 현황(2009~2013)

구분 \ 연도		2009	2010	2011	2012	2013
계		113,022	89,776	83,068	107,490	91,633
강력범	소계	3,182	3,106	3,289	2,790	2,521
	흉악범(살인,강도, 방화)	1,608	999	1,268	1,104	786
	성폭력	1,574	2,107	2,021	1,686	1,735
폭력범	소계	29,488	23,276	22,233	32,774	22,119
	공갈	1,495	1,422	1,509	2,827	1,127
	폭행 · 상해 등	27,993	21,854	20,724	29,947	20,992
재산범	소계	45,774	40,478	37,978	47,605	45,735
	절도	38,494	33,534	31,380	37,256	33,029
	횡령 등	1,664	1,483	1,528	2,448	2,549
	장물	820	722	454	1,200	1,498
	사기	4,796	4,739	4,616	6,701	8,600
교통사범		18,138	13,842	11,523	12,103	9,845
저작권법 위반		7,720	275	318	759	446
기타		8,720	8,799	7,727	11,459	10,967

자료 : 2014《청소년백서》

소년 범죄의 재범율 증가 역시 주목해야 할 특징이다. 최근 5년간 재범률은 계속 증가하는 추세에 있는데, 2013년도에는 전과가 없는 소년 범죄자 비율이 48.6%인데 비해 전과가 있는 소년 범죄자(재범) 비율은 51.4%로 더 컸고 전년도에 비해서도 9.8%가 증가했다. 특히 [표 12-9]에서 보듯이 4범 이상의 비율은 2009년 8.9%에서 2013년 15.6%로 지속적으로 증가하고 있음이 확인된다. 따라서 소년 형벌에 있어 예방의 목적이 강조되어야 하며, 범죄 소년에 대한 제재의 목적과 내용 그리고 기간은 가능한 한 일반 형법보다 훨씬 강하게 교육과 선도를 추구해야 한다(정희철, 2004).

[표 12-9] 소년 범죄의 유형별 현황(2009~2013)

연도	계	전과 없음	1범	2범	3범	4범 이상
2009	102,573 (100)	65,990 (64.3)	15,103 (14.7)	7,637 (7.4)	4,799 (4.7)	9,044 (8.9)
2010	82,368 (100)	50,830 (61.7)	12,091 (14.7)	6,546 (8.0)	4,070 (4.9)	8,831 (10.7)
2011	75,666 (100)	45,047 (59.5)	11,391 (15.1)	6,254 (8.3)	3,900 (5.1)	9,074 (12.0)
2012	96,728 (100)	56,527 (58.4)	14,403 (14.9)	7,669 (7.9)	5,001 (5.2)	13,128 (13.6)
2013	91,633 (100)	44,502 (48.6)	12,388 (13.5)	6,782 (7.4)	4,552 (5.0)	14,324 (15.6)

(단위 : 명, %)

자료 : 2014 《청소년백서》

(4) 자살위기청소년

자살은 '자발적으로 그리고 의도적으로 자신의 생명을 끊거나 끊으려고 시도하는 행동 또는 그러한 경향'이라고 정의할 수 있다(한국청소년상담원, 2007). 자살 행동은 일반적으로 자살 생각, 자살 시도, 자살 완료의 세 가지로 구분이 된다. 자살 생각은 무심코 죽고 싶다고 생각하는 것부터 죽어야겠다는 계획을 구체적으로 세우는 것까지 포함한다. 자살 시도는 유서 등 구체적인 행동으로 죽음이 표현되었으나 죽음으로 끝나지 않은 자해 행동을 뜻한다. 자살 완료는 자살 시도나 자살 행동의 결과가 죽음으로 나타나는 것이다(이윤주, 2008).

통계청의 〈2014년 사망원인통계 결과〉에 따르면 10대 청소년 사망자 중 자살자는 총 274명이다. 이를 인구 10만 명당으로 환산하면 4.5명에 해당한다. 청소년 자살은 15세 전후로 크게 증가하여 23~25세에 절정에 이르는 것으로 알려져 있다. 이는 10대 청소년들이 청소년 중기와 후기를 거치면서 자살의 여러 위험 요인에 노출되기 때문이다(송동호 외, 1996). 이와 관련 청소년의 다양한 자살 심리를 살펴보면 아래의 표와 같다.

[표 12-10] 청소년의 다양한 자살 심리

도피성 자살	불량 친구의 협박이 두렵고 등교 거부를 하자니 부모님이 무서운 상황으로, 어려운 상황을 죽음으로 도피하려 한다. 주로 수동적이며 타인과의 의사소통이 단절된 청소년들에게서 발견된다.
보복성 자살	부모나 선생님의 꾸중에 대한 반발, 억울한 누명에 대한 결백을 증명하기 위해 자살을 선택하는 경우, 부모나 교사에 대한 복수심이 깔려 있다.
자기 처벌적 자살	성취욕은 높은데 현실이 자신의 기대수준에 못미칠 때 죄책감으로 '못난 자신'을 응징하는 방법으로 자살을 택한다. 입시 경쟁의 도태, 우울증, 독립성 부족 등의 요인들로 비현실적 자아상을 가진 청소년에게 나타난다.
욕구 좌절에 의한 자살	'휴대폰을 안 사줘서', '명품 운동화를 안 사줘서' 등의 대수롭지 않은 이유로 자살을 하는 경우로, 아동기적 의존 욕구가 남아있어 자기중심적이며 인내심이 부족한 청소년에게 나타난다.
죽은 이와 재결합을 소망하는 자살	현실이 고달프고 불행할 때 사별한 가족이나 친구를 따라 세상을 등지고 그들과 저 세상에서 재결합하고자 하는 의도로 자살을 한다.

자료 : 이흥식 외 (2008). 자살의 이해와 예방.

우리나라 청소년의 자살률을 OECD국가들과 비교하면 매우 높은 수준이라고는 할 수 없다. 하지만 [그림 12-2]에서 보이듯이 자살위기 청소년에 대한 적극적 개입으로 OECD 평균이 감소하고 있는 것과 상반되게 우리나라에서는 증가하고 있는 현상을 볼 수 있다.

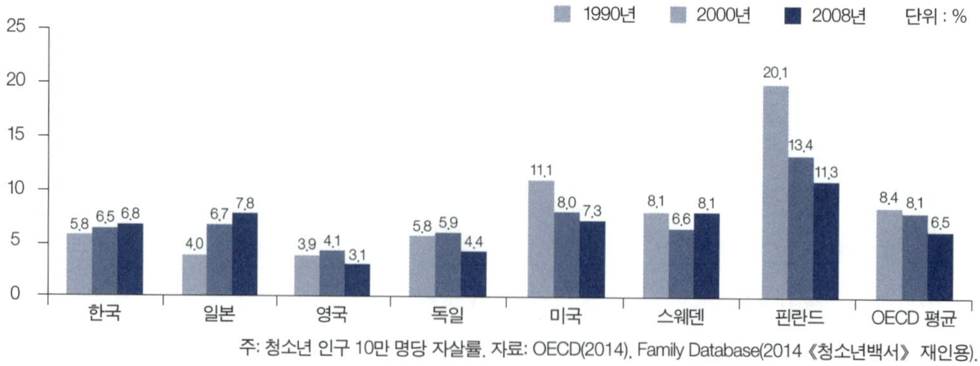

주: 청소년 인구 10만 명당 자살률. 자료: OECD(2014). Family Database(2014 《청소년백서》 재인용).

[그림12-2] 청소년(15-19세) 자살률 비교

(5) 학교 밖 청소년

학교 밖 청소년은 학업을 중퇴하는 청소년으로 개인, 가정, 사회의 측면에서 이중적으로 곤란을 겪는다. 이중적이란 것은 첫째 청소년은 곧 학생이라는 사회적 인식에서 벗어나 있어서 겪게 되는 낙오자로서의 곤란이고, 둘째는 이러한 곤란에도 불구하고 이들의 지적·정서적·문화적 교육을 위한 공간, 시설, 자원이 부족하여 겪는 실질적 곤란을 뜻한다.

학교 밖 청소년을 학업 의욕 상실자로 보아서 형식적인 차원에서 학교에 가는 학생들도 포함해야 한다는 지적도 있지만, 일반적으로는 학업을 중퇴하는 학생을 말한다. 이들의 유형에 대해 학자마다 다소 차이가 있는데, 한준상(1998)은 학교생활에 정서적으로나 지적으로 부적절한 학생, 학교를 다녀야 할 이유가 전혀 없다고 생각하는 학생, 학교 교육을 받는 도중 학교생활에 적응할 수 없게 된 학생의 세 가지 유형을 제시했다. 한편, 노혁(2010)은 학업 중퇴 청소년의 유형을 크게 자발형과 비자발형으로 나누고 이에 대한 세부 유형을 탈학교형, 초학업형, 개인부적응형, 환경불가피형으로 구분하였다.

[표 12-11] 학업 중퇴 청소년 유형

유형	세부유형	특징
자발형	탈학교형	원천적으로 학교 제도 자체가 맞지 않아서 중퇴하는 청소년
	초학업형	학업 성취 기대수준이 학교에서의 학업수준보다 높아서 새로운 진로를 모색하는 중퇴 청소년
비자발형	개인부적응형	학업, 비행, 심리, 정서, 교우 및 교사와의 관계 등의 문제 때문에 학교정책과 학업에 적응하지 못해 중퇴하는 청소년
	환경불가피형	가정의 경제적 곤란과 부정적인 사회환경에 영향을 받아 중퇴하는 청소년

자료 : 홍봉 외. (2010). p. 266.

학교 밖 청소년은 2014년 기준 연간 6만여 명 수준이다. 재학생 대비 학업 중단 청소년의 비율은 초등학교 0.6%, 중학교 0.8%인데 고등학교는 1.6%로 크게 증가한다. 이러한 비율을 국제적으로 비교해 보면 벨기에·스위스·스웨덴보다는 낮지만 이탈리아나 프랑스보다는 높은 수준이다([그림12-3] 참조).

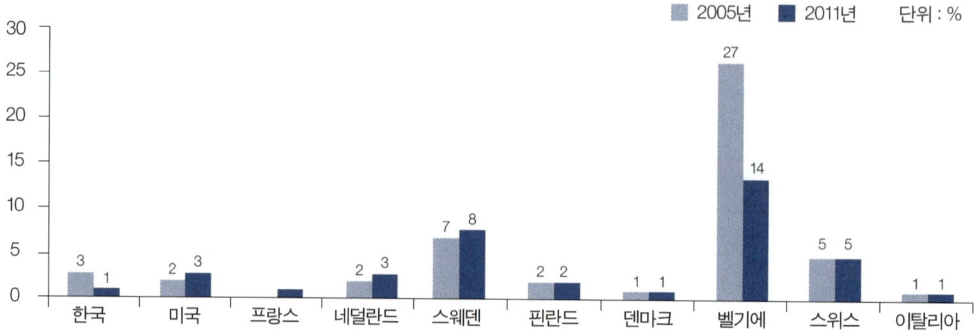

자료 : 미국 국제개발처(USAID), 인구조회국(PRB)(2013). The World's Youth 2013 DATA SHEET. (2014 청소년 백서 재인용)

[그림12-3] 중등교육 학령기의 학교 밖 청소년 비율(2005/2011)

증가하는 학교 밖 청소년에 대응하고자 2014년 5월에는 학교 밖 〈청소년 지원에 관한 법률〉을 제정하여 학교 밖 청소년에 대한 지원 강화의 근거를 마련하였고 2015년 5월부터 시행되었다. 그리고 학교 밖 청소년 지원 지역 단위 허브 기관인 학교 밖 청소년지원센터를 지정하여 운영하고 있다. 2014년에는 시·도 센터 중심 '기숙형 대안캠프'를 시범 운영하고 54개 학교 밖 청소년 통합 프로그램 지원기관을 통해 학업 중단 숙려제를 의무적으로 지원하게 하였다. 2015년부터는 〈학교 밖 청소년 지원에 관한 법률〉에 따라 전국에 '청소년지원센터 꿈드림' 190여 개소를 설치하였고 한국청소년상담복지개발원(www.kyci.or.kr)이 이들 꿈드림센터의 중앙지원기관의 역할을 담당하고 있다.

4) 청소년복지의 과제

청소년복지는 궁극적으로 모든 청소년이 건전하게 육성되도록 돕고 청소년이 차별없이 동등한 권리와 행복을 누릴 수 있도록 하는 데 목적이 있다. 이러한 목적 달성을 위해 현행 문제점을 개선할 필요가 있다. 현재 거론되는 문제점으로는 청소년복지의 정체성 문제, 청소년복지의 방향성의 문제, 청소년복지서비스의 전달 체계의 문제, 청소년복지시설의 전문화의 문제 등이 있다.

이 중 가장 시급하다고 생각되는 두 가지를 정리하면 다음과 같다. 첫째, 거시적 과제로 청소년복지의 정책적 접근이 빈약한 문제이다. 이것은 다른 분야에 비해 청소년복지에 대한 정책적 접근이 소외되어 있다는 점을 의미한다. 일례로 저출산·고령사회에 대한 관심으로 아동과 노인 정책은 확대되고 적극 추진되고 있는 반면에 청소년복지에 대한 논의는 상대적으로 빈약하다고 할 것이다. 앞서 언급하였듯이 현재 청소년쉼터협의회에 가입한 곳은 전국에 100여 곳에 불과하다. 그중에서도 지방자치단체가 운영하는 곳은 전체 240여 지방자치단체 중 20%에도 미치지 못하고 있다.

둘째, 미시적 과제로는 청소년복지 분야 사회복지사의 전문성 강화를 꼽을 수 있다. 현재 청소년복지를 담당하고 있는 사회복지사나 청소년지도자의 전문화된 교육이 이뤄지지 않고 있다. 일부 대학에 청소년복지학과가 개설되어 있으나 그 양과 질에서 부족한 실정이다. 그리고 청소년복지 분야에서 사회복지사가 전문성을 발휘하기 위해서는 프로그램을 다양화하고 전문화를 해야 한다.

참고문헌

고명석, 승금희, 최성균, 최우진, 《사회복지개론》, 대왕사, 2010

남미애, 홍봉선, 〈가출 청소년 및 청소년쉼터 실태조사〉, 국가청소년위원회. (사) 한국청소년쉼터협의회, 2007

노혁, 《청소년복지론》, 교육과학사, 2007

박상기, 손동권, 이순래, 《형사정책》, 한국형사정책연구원, 2009

박차상 외, 《사회복지개론》, 학현사, 2006

배기효, 이해영, 문혜숙, 이연복, 이채식, 이형열, 박영, 박영국, 이남순, 최순옥, 《사회복지개론》, 창지사, 2010

배종대, 《형사정책》, 제6전정판, 홍문사, 2008

송동호, 이흥식, 전여숙, 정유숙, 《청소년 자살기도자의 정신의학적 분석》, 신경정신의학, 35(6), 1366-1373, 1996

여성가족부, 2014 《청소년백서》, 2014

윤철수 외, 《사회복지개론》, 학지사, 2008

이소희, 《아동복지론》, 학현사, 2005

이윤주, 《청소년 자살상담》, 학지사, 2008

이종복, 전남련, 《인간행동과 사회환경》, 학현사, 2007

정희철, 〈소년형벌에서 형벌목적론〉, 비교형사법연구, 6(2), 29-57, 2004

한국사회복지협의회, 《사회복지사전》, 1993

한국청소년상담원, 〈청소년자살예방체제 구축방안 연구〉, 2007

한성심, 송주미, 《아동복지론》, 창지사, 2009

한준상, 《청소년학연구》, 연세대학교출판부, 1998

홍봉선, 남미애, 《청소년복지론》, 양서원, 2005

홍봉선, 남미애, 원혜욱, 아양아, 전영주, 박명숙, 김민, 노혁, 오승환, 이용교, 《청소년 문제론: 위기청소년의 이해와 지원방안》, 공동체, 2010

Kadushin, A., Child Welfare Service, New York: Macmillan, 1974

Kadushin, A., & Martine, J. A., Child Welfare Service(4th Ed.), New York: Macmillan Publishing Co, 1988

Horwath, J., The Child's World, Department of Health, London, UK: JKP, 2001

Nagi, S. Z., Child Maltreatment in the United States: A Challenge to Social Institutions. New York: Columbia University Press, 1977

s · o · c · i · a · l w · e · l · f · a · r · e

13 장애 이념과 장애인정책

1. 장애 개념과 이념의 변화

1) 장애의 의미와 사회의 반응

우리나라에서는 장애를 지칭하는 용어는 1981년 심신장애자 복지법에서는 '심신장애자'라는 용어를 사용하다, 1989년 장애인복지법에서 '장애인(障碍人)'으로 용어를 변경하였다. '障'은 세상으로부터 막힌다는 의미이고, '碍'는 세상으로부터 도피하거나 거리낀다는 의미이다. 자구대로 해석한다면 장애인은 '세상으로부터 막히고, 그래서 세상으로부터 벗어나 있는 사람'이라는 의미이다(김용득, 2012a). 중국에서는 잔질인(殘疾人)이라는 용어를 사용하는데, 이는 질병이 치료되지 않고 남아 있는 상태에 있는 사람이라는 의미이다. 일본에서는 장해인(障害人)이라는 용어를 사용하는데, 이는 불편하고 해로움을 입은 사람이라는 의미이다. 서양에서는 과거에는 장애인을 지칭하는 용어로 'the disabled'를 많이 사용하였다. 그러나 최근에는 'disabled people'이라는 용어를 더 선호하는 경향이다. 그리고 다른 한편에서는 장애를 지칭하는 용어가 부정적이라는 문제를 제기하면서 'differently abled people'이라는 용어를 사용하는 사람들도 있다. 이처럼 장애를 지칭하는 용어는 다양하며, 다양한 용어는 다른 개념을 반영한다(김용득, 2012a).

장애라는 용어는 일상에서 자주 사용되고 있지만, 이 개념은 모호하고 논쟁의 여지가 많다. 국제기구에 의한 장애에 대한 공식적인 정의는 1980년 세계보건기구에서 채택한 바 있다. 이 정의에 의하면 장애(disability)는 의학적 손상(impairment)의 직접적인 결과로서 발생하는 것이며, 손상된 능력이 장애를 구성한다고 본다(WHO, 1980). 그러나 최근 들어 환경의 영향을 강조하는 추세이며, 장애는 신체적 요소와 환경적 요소와의 상호작용을 통하여 사회생활 참여를 제한하는 상태에 주목하고 있다(WHO, 2001). 우리나라 장애인복지법에서는 '장애인은 신체적·정신적 장애로 인하여 장기간에 걸쳐 일상생활 또는 사회생활에 상당한 제약을 받는 자'로 정의하고 있다. 따라서 장애의 정의에는 신체적 또는 정신적 장애라는 의학적 원인이 존재하며, 이러한 원인에 의하여 일상생활이나 사회생활에 상당한 제약을 받고 있는 상태라는 두 가지의 조건에 의하여 규정된다고 할 수 있다.

장애를 정의하는 이유는 그 사회가 사회정책을 통하여 어떤 사람들에게 어떤 서비스를 제공할 것인가에 대한 기준을 마련하려는 것이다. 따라서 사회적 약자에 대한 적극적인 옹호와 지원을 강조하는 사회에서는 장애를 넓게 정의하고, 사회적 약자에 대한 지원에 소극적인 사회에서는 장애를 좁게 규정한다. 장애 개념에 대한 탐색과 장애를 정의하려는 노력은 장애인이라는 사회적 소수자에 대하여 국가나 사회가 어떠한 관점에서 인식할 것인가, 그리고 사회적 소수자로서의 장애인에 대하여 국가와 사회는 어떤 정책적 수단을 강구할 것인가, 그리고 장애인에게 제공되는 서비스의 맥락은 어떠해야 하는가 등과 관련이 있다.

2) 장애 이념의 변화

장애에 대한 사회의 반응은 장애의 원인 및 장애와 관련이 있는 것으로 인식되는 위협 요소들에 대한 사회적 인식에 의하여 결정된다고 할 수 있다(김용득, 2012a). 장애 원인에 대한 사회 인식은 시대마다 달랐다. 근대 이전에 장애는 영적 또는 종교적 차원으로 해석되었다. 장애는 신의 징벌의 결과이며, 장애를 가진 사람들은 접촉을 기피하는 대상으로 인식하였다. 다른 한편에서는 장애는 신이 존재하는 증거이며, 장애를 가진 사람은 신의 축복을 받은 것으로 이해되기도 했다(김용득, 2012a). 18세기 후반을 거치면서 장애의 원인은 유전적인 요소로 보았으며, 이 당시에는 정신적 또는 정서적 장애를 가진 사람들에게 결혼을 금지하거나, 불임시술을 하도록 하는 법이 전 세계의 절반의 국가들에서 입법되었다(Williamson, 2001). 19세기에 접어들면서 장애는 의학적 원인에 기인한다는 인식이 일반화되기 시작하였으며, 따라서 의학적 개입이 주류를 이루기 시작했다. 20세기에 들어서 장애 원인을 사회적인 측면에서 이해하게 되면서, 장애 문제에 대하여 사회가 그 해결책을 제시해야 한다는 목소리가 강하게 제기되기 시작했다. 이런 목소리는 전쟁 부상 장애인을 중심으로 제기되기 시작했는데, 이는 전쟁 부상 장애인들에 대한 사회적 책임에 쉽게 공감할 수 있었기 때문이다.

장애에 대한 사회적 책임론이 발전해 가는 과정에서도 구체적인 장애 내용에 따라 사회적 인식과 대처는 상이하게 나타났다. 지적장애와 같이 대체로 유아기나 아동기에 시작되는 장애에 대해서는 장애인 본인의 책임을 강조하지 않았으며, 이들에 대한 사회적 서비스 제공에 대한 거부감도 높지 않았다. 반면에 정신질환이나 약물중독과 같은 장애는 여전히 많은 사람으로부터 당사자의 인격적 결함이 원인으로 인식되었으며, 따라서 사회적인 서비스의 관심에서 배제되어 왔다(Williamson, 2001).

장애에 대한 지배적 신념에 대항하는 저항적인 이념의 출발은 두 차례에 걸친 세계대전 및 급속한 산업화와 관련이 있다. 두 차례에 걸친 전쟁을 통해 많은 전쟁 장애인들이 속출하였으며, 국가공로자인 이들에 대해 일정 수준의 예우가 필요하다는 논의가 활발히 제기되었다. 그리고 급속한 산업화는 부정적 산물로 각종 산업재해와 질병을 야기하게 되었다. 이 과정에서 장애를 입은 사람들은 '산업역군'으로 묘사되었으며, 이들에 대해서 국가가 일정한 책임을 져야 한다는 주장이 정당성을 얻게 되었다. 장애는 물리적, 심리적, 사회적 장벽의 해소를 통해서 해결되어야 한다는 저항 담론의 본격적인 형성은 전쟁과 산업화 과정을 통해서 제기된 '사회적 책임론'에 기초한 장애인 운동에 의해 주도되었다(김용득·이동석, 2012). 서구 사회에서 산업혁명 이후에 전개된 장애 이념들 가운데 가장 대표적인 것으로 볼 수 있는 것들은 분리와 통합, 개별적 책임과 사회적 책임, 전문가 주도와 장애 당사자 주도 등으로 요약할 수 있다(김용득·이동석, 2012).

(1) 분리 대 정상화 이념

19세기 말부터 20세기 초반 동안에 장애인은 사회적 질환의 주요 원천으로 간주되었으며, 이런 관점은 당시를 지배했던 사회 진화론과 관련이 있다. 장애인을 원조하는 사람들은 우생학을 교육받았고, 장애인들을 영원히 격리시키는 것이 인정되었다. 당시의 상식은 장애인은 부도덕하고 사회로부터 격리되어야 하는 사람들로 묘사하였다. 강요된 불임은 일반적인 것이고 시설 수용이 강제되었으며 정신지체 여성들은 성병의 주요 전달자로 인식되었다. 산업화 이후 생산력이 낮은 장애인은 다른 사람들의 생산에 방해되기 때문에 시설 또는 의료 기관에 분리되어 보호, 치료를 받아야 하는 존재가 되었다. 보호시설의 형태는 대규모의 혼합 수용 방식이었으며, 장애인을 통제하고 기득권층의 안정을 위하여 수용·격리하였다. 또한, 치료 서비스가 제공되는 경우에도 장애인은 병자 역할을 하게 되는데, 질병의 특성과 장애 정도에 따라 정상적인 사회활동과 책임을 박탈당하였다. 장애는 비정상적이고 바람직하지 못한 상태이며, 장애인은 영구적으로 다른 사람에게 의존해야 하는 존재로 규정되었다. 이런 의존적 상황의 지속은 장애인 스스로 자신의 문제에 자주적으로 대처하는 능력을 약화시켰고, 사회적 책임 주체에서 제외되게 함으로써 장애인은 사회와 분리되었다. 더구나 역할의 손상이 지속됨에 따라 장애인은 나태한 존재로 평가되었고, 그 결과 장애인들은 일종의 하급 시민으로 인식되었으며, 어떤 역할도 할 수 없는 아이와 같은 지위를 부여받았다.

1960년대 이후 북유럽을 중심으로 정상화 이념이 제기되었다. 정상화 이념은 시설 보호에 반대하며, 정상적인 생활 리듬을 갖는 생활을 해야 한다고 강조한다. 이러한 이념적인 지향은 이후에 북미에서도 유행하여 울펜스버거 등에 의해 1970년대와 1980년대 초반을 거치면서 장애인 교육, 복지 등에서 중요한 실천방향으로 자리 잡게 되었다. 한편, 1970년대를 거치면서 시설에서 인권 문제가 발생하고 시설 수의 증가와 함께 보호 비용이 증가함에 따라 미국을 중심으로 탈시설화 논의가 제기되었다. 그러나 지역사회에서의 물리적 환경의 변화와 지역주민의 의식의 변화가 없는 가운데 탈시설화 정책은 지역사회에 방치되는 부작용을 유발하였다.

정상화는 지역사회로의 이전이라는 현상적인 면에서는 탈시설화와 동일하지만 근본적인 지향은 다르다고 할 수 있다(김용득·이동석, 2012). 탈시설화는 시설 수용의 비인도주의적인 측면에서 출발하였지만, 시설 유지에 따른 비합리적인 재정 투입에 반대하여 복지 예산 삭감의 논거를 제공하였다. 반면, 정상화는 재정 투입의 대폭적인 증대를 통한 서비스 질의 향상을 주장하며 시설 수용의 경우보다 훨씬 많은 예산이 투입되어야 함을 강조한다는 면에서 탈시설화와 다소 다른 입장이라고 할 수 있다. 정상화 이념은 장애인 권리와 함께 장애인의 사회 통합 이념을 발전시켰다. 장애인의 완전한 통합은 사회로부터 장애인을 구분할 수 없는 상태이며,

장애인복지의 기초 가치로 발전하였다.

(2) 개별적 모델 대 사회적 모델

장애를 설명하는 또 하나의 대립적 신념은 개별적 모델과 사회적 모델이다. 개별적 모델은 장애를 개인이 가진 의학적·기능적 문제라고 보는 시각이며, 치료모델 또는 개인 중심의 모델이라고 할 수 있다. 반면에 사회적 모델은 장애인이 살고 있는 사회 환경의 문제를 중요하게 인식하는 시각이며, 사회행동모델 또는 환경중심의 모델이라고 할 수 있다. 사회적 모델은 영국을 중심으로 1980년대를 거치면서 구체화된 이념이다.

장애라는 현상을 질병, 종양 및 건강 조건 등에 의해서 직접적으로 야기된 '개인'의 문제로 간주하는 개별적 모델은 개인의 장애 '문제'에 그 핵심을 두며, 장애로 인한 기능 제약 또는 심리적인 상실로 문제가 발생한다고 본다. 이러한 관점은 장애의 개인적 비극 이론을 구성하는 것으로서 장애는 불행한 개인에게 발생하는 끔찍한 사건이라는 것이다(Oliver, 1996). 이 관점은 '의료 전문가에 의한 개별적 치료'를 해결책으로 제시하며 장애 관리의 초점을 개인의 보다 나은 적응과 행위의 변화에 둔다.

장애라는 현상을 '사회적인' 문제로 간주하는 사회적 모델은 장애가 개인에게 귀속된 것이 아니라 사회 환경에 의해 창조된 조건들의 집합체로 본다. 장애는 사회 내에 존재하는 것으로서, 장애인 개인에 내재하는 개별적인 제한이 아니라 장애인의 욕구를 사회에서 수용하고 이에 적합한 서비스를 제공하는 데 실패한 결과라는 것이다. 이러한 사회의 실패 결과는 단순하게 개인에게 영향을 미치는 것이 아니라 이러한 실패로 인해 부정적인 경험을 하게 되는 집단으로서의 장애인들에게 제도적 차별이라는 형식으로 전달된다고 본다. 이 모델에서는 장애 문제를 관리, 해결하기 위해서는 '사회행동'을 필요로 한다. 그리고 장애인이 전 영역의 사회생활에 완전히 참여할 수 있도록 환경의 개조가 필수 요건이며 이를 실천하는 것은 사회의 집합적인 책임이라는 것이다. 이 모델에서는 이데올로기적인 측면에서의 사회 변화를 강조하며, 정치적으로는 인권의 개념을 중요하게 다룬다. 따라서 장애 문제 해결을 위한 모든 의도와 목적은 정치적이어야 하며, 주요 과제는 장애인들이 직면하고 있는 편견과 차별의 해결에 있다고 본다(김용득·이동석, 2012).

(3) 재활모델 대 자립생활모델

1980년대까지 미국 사회의 장애정책을 지배해온 이념은 재활모델이었다. 재활모델에 의하면 장애인은 일상적 활동을 부적절하게 수행하여 자신의 능력을 적절히 발휘할 수 없거나 직업을 갖기 위한 준비가 안 되어 있어서 유급 취업에 부적절한 사람으로 정의되어 왔다. 이 경우 모두 문제는 개인에게 있는 것이 된다. 변화가 필요한 쪽은 장애인 개인이다. 장애인들은 자신들의 문제를 극복하기 위하여 의사, 물리치료사, 작업치료사, 직업재활 상담가 등의 지도에 따라야 한다. 여기서 장애인 개인은 '환자'나 '클라이언트'의 역할을 하도록 기대될 뿐이다. 신체적 기능의 회복이나 직업을 얻는 것이 재활의 목적이므로, 재활의 성공은 환자나 클라이언트가 이미 규정된 치료 체계에 얼마나 잘 순응하느냐에 달려 있는 것이다.

그런데 이러한 재활 패러다임으로는 설명할 수 없는 증거들이 나타났다. 장애 정도가 너무 심해서 재활서비스를 통해서는 특별한 성과를 기대하기 어려울 것으로 생각되었던 중증장애인들이 적절한 지원 서비스를 통해 지역에서 자립생활이 가능하다는 것을 보여 주었다. 이러한 사실이 특수한 것이 아니라는 생각이 퍼져나가면서 대부분의 장애인, 그중에서도 중증장애인들은 재활모델을 부정하고 새로운 담론으로 자립생활모델을 지지하게 되었다(Dejong, 1981). 자립생활모델에 의하면, 문제는 개인에게 있는 것이 아니며 오히려 재활모델에 의해 주어진 해결 방안에 있다. 재활모델의 해결책은 의사와 환자 혹은 전문가와 클라이언트로 규정되어지는 관계의 의존으로 묘사된다. 전문가들에 의해 주도되는 재활 과정은 해결 방안이기보다는 그 자체가 문제의 일부로 여겨진다. 문제가 장애인 개인에게 있는 것이 아니라 재활 과정 혹은 물리적인 환경과 사회 통제 기제를 포함하는 환경에 있다는 것이다. 이들 장애물에 대처하기 위해서, 장애인은 환자 혹은 클라이언트 역할을 벗고 소비자 역할을 수행해야 한다. 권익 옹호, 동료 상담, 자조, 자기관리, 소비자 주권 회복, 사회적 장애의 제거가 실천 방안이 된다.

자립생활모델은 장애인 문제를 장애인 당사자가 가장 잘 이해하고 있으므로, 장애인이 삶을 영위하는 데 있어 스스로의 '선택권'과 '자기결정권'을 신장하고, 서비스 제공에 있어서는 장애인의 '주도적인 참여'가 보장되어야 한다는 이념에 기초한다. 또한, 장애인의 문제는 장애인이 가지고 있는 신체적 문제보다는 그러한 요소를 문제로 만드는 사회 환경에서 비롯되므로, 자립생활은 물리적·심리적 환경 개선에 관심을 두는 강력한 권익 옹호 지향성을 담고 있다(Dejong, 1981). 여기서 자립이란 자신의 생활 전반을 조정하고 관리하는 것이며, 자신의 모든 과업을 수행하는 것을 의미하는 것은 아니다. 장애인들은 자기 주도적으로 필요한 지원을 다양한 지원체계를 통해 제공받음으로써 자립생활을 할 수 있게 된다는 것이다. 결국 '자립생활'은 장애인이 의존성에서 벗어나 스스로의 선택과 결정, 그리고 주도적인 역할을 바탕으로 지역사회에서 통합되어 살아가는 것을 목표로 한다(김용득·이동석, 2012).

2. 장애인정책의 동향

장애인정책에서 다루어야 하는 주제의 범위는 계속해서 확장되어 이제는 차별, 고용, 소득 보장, 의료, 복지서비스, 주택, 건축, 교통 등을 포괄 하며, 동시에 아동, 청소년, 성인, 노인 등의 전체 연령층에 관련된다. 그리고 장애 범주가 단계적으로 확대되면서[1] 장애 인구도 꾸준히 증가하고 있다.

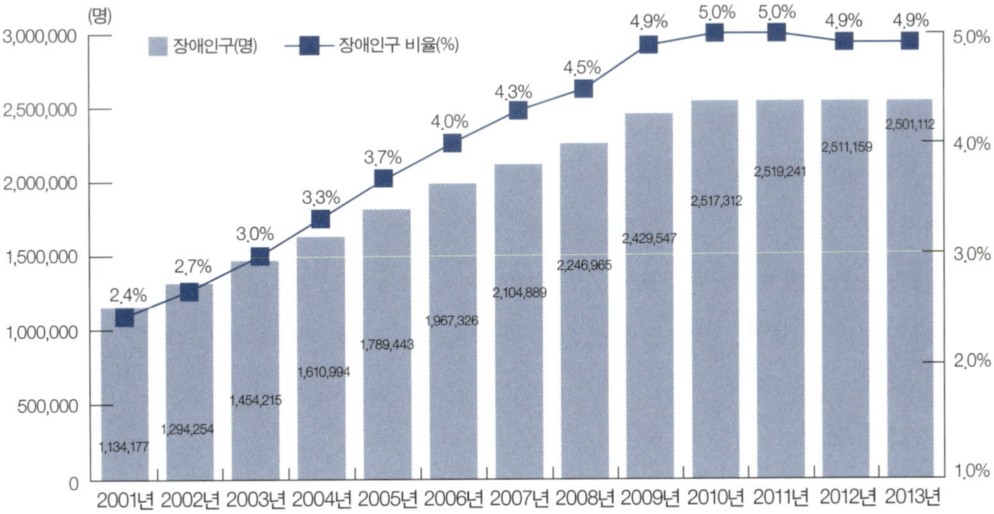

출처 : 고용노동부·장애인 고용공단 고용개발원, 2014

[그림 13-1] 장애인구 수 및 비율[2]의 변화

우리나라에서 장애인정책은 1970년대 후반까지는 개별적인 자선에 의존하는 수준이었다. 현대적 장애인정책의 개념은 1976년 UN의 '1981년 세계 장애인의 해' 선포에

1) 장애유형 확대는 2000년 1월부터 10개 유형으로, 2003년 7월부터 15개 유형으로 확대되었다.

2) 장애인구비율(%) = (등록 장애인 수/주민등록인구 수)×100

이어서 정부가 1977년에 '특수교육법'을 제정하고 1981년에 '심신장애자복지법'을 제정함으로서 만들어지기 시작했다. 1980년대 후반 장애계의 생존권보장 요구에 의해 1990년 제정된 '장애인 고용촉진 등에 관한 법률'과 1989년에 개정된 '장애인복지법'은 장애운동의 영향을 받았다는 점에서 의의가 있다. 1997년 제정된 '장애인·노인·임산부 등의 편의증진보장에 관한 법률', 1999년 개정된 '장애인복지법' 등은 제도적 차원에서 장애인에 대한 사회복지정책의 기본적인 틀을 마련하고, 사회적 환경의 개선을 시도하고 있다는 점에서 큰 의미를 부여할 수 있을 것이다(김용득, 2012b).

이후 '장애인 차별금지 및 권리구제 등에 관한 법률'이 2007년 4월에 제정되었고, 2008년 4월부터 시행되었다. 그리고 '장애인 등에 대한 특수교육법'이 2007년 5월에 이전의 특수교육진흥법을 대체하여 제정되었고, 2008년 5월부터 시행되었다. 그리고 장애인의 소득 보장을 위하여 '장애인 연금법'이 2010년 3월에 제정되었으며, 동년 7월부터 장애인 연금이 지급되기 시작했다. 또한, '장애아동복지지원법'이 2013년 12월, '발달장애인 권리보장 및 지원에 관한 법률'이 2015년 11월에 시행되었다. 이런 변화는 장애인의 차별 금지와 권리 확보라는 관점에 입각한 중요한 전환으로 이해될 수 있으며, 이들 법의 제정 과정에서 장애인운동의 요구가 중요하게 영향을 미쳤으며, 제정 과정에서 국민 대중들이 장애 문제를 중요한 사회적 대처가 필요한 영역임을 인식하는데 크게 기여하였다는 점도 중요하다(김용득, 2012b).

최근 장애인정책은 장애인 패러다임의 변화와 관련하여 과거의 협소하고 잔여적인 차원의 접근에서 복지, 교육, 고용, 문화, 사회 참여 등의 복합적 영역에 대한 보편적 대처를 필요로 한다. 이런 관점에서 본 절에서는 장애인정책의 대표적 분야인 소득 보장, 복지서비스, 교육, 고용 등의 분야를 중심으로 동향을 살펴보고자 한다.

1) 소득 보장

장애인 가구는 비장애인 가구에 비해 소득은 낮은 반면 장애로 인한 추가 비용으로 인해 빈곤에 빠질 가능성이 매우 높다. 특히, 가구주가 장애인인 경우에는 근로활동에 제약을 받게 되어 소득이 낮게 될 가능성이 매우 높다. 이에 따라 장애인은 전통적으로 사회복지정책의 주 대상으로 여겨져 왔으며, 소득 보장 지원은 이들에게 가장 중요한 영역이다(이선우, 2013).

2011년 장애인실태조사 자료를 분석한 보고서(고용노동부·장애인 고용공단고용개발원, 2014)에 의하면 2011년 장애인 가구의 월평균 소득은 1,982천 원으로 전국 월평균 가구소득(3,713천 원)의 53.4% 수준이며, 월평균 지출은 1,618천 원으로 전국 월평균 가구지출(3,004천 원)의 53.9% 수준으로 나타났다.

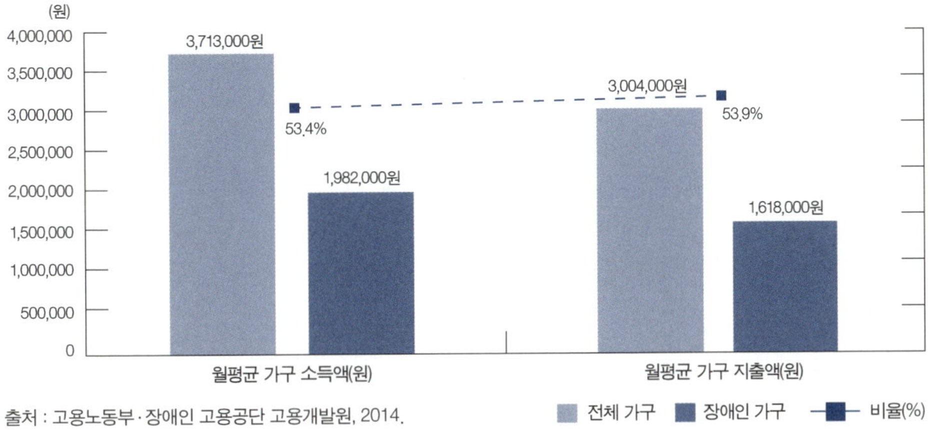

출처 : 고용노동부·장애인 고용공단 고용개발원, 2014.

[그림 13-2] 전체 가구와 장애인 가구의 월평균 소득 및 지출액

그리고 전체 장애인가구의 절반 이상이 월 150만 원 미만의 소득을 벌고 있는 것으로 나타났으며, 2011년 기준 월 평균 지출의 분포는 50만 원 미만이 10.3%, 50~99만 원이 20.7%, 100~149만 원이 15.2%로 나타났다.

(단위 : %, 만 원)

[표 13-1] 장애인 가구의 월평균 소득 및 지출액

구분	2000년		2005년		2008년		2011년	
	소득	지출	소득	지출	소득	지출	소득	지출
전체	100.0	100.0	100.0	100.0	100.0	100.0	100.0	100.0
50만 원 미만	25.3	20.7	16.2	13.4	12.3	11.7	10.3	9.0
50~99만 원	27.2	33.3	22.8	25.8	24.8	25.2	20.7	23.9
100~149만 원	19.4	23.2	17.3	20.6	16.3	18.6	15.2	18.0
150~199만 원	12.1	12.3	13.5	15.5	11.3	13.8	12.7	15.2
200~249만 원	6.6	6.1	10.2	12.1	10.4	11.7	11.7	13.0
250~299만 원	3.0	2.0	5.9	4.5	5.9	6.8	6.9	6.5
300~349만 원			5.9	4.7	6.3	5.1	7.8	6.6
350~399만 원			2.1	1.1	4.1	2.4	3.9	2.5
400~449만 원	6.2	2.4	1.9	1.3	4.1[1]	2.7[2]	3.4	2.6
450~499만 원			0.9	0.1			4.6	0.8
500만 원 이상			3.4	1.0	4.4	2.0	5.7	2.0
평균금액	108.2	98.9	157.2	134.5	181.7	155.5	198.2	161.8

출처 : 고용노동부·장애인 고용공단 고용개발원, 2014.

주 1) 2000년의 경우 300만 원 이상(300~349만 원/350~399만 원/400~449만 원/450~499만 원/500만 원 이상) 비율임
2) 2008년의 경우 400~499만 원(400~449만 원/450~499만 원) 비율임

장애로 인한 월평균 추가 비용을 살펴보면, 2000년 15만 8,000원, 2005년 15만 5,000원, 2008년 15만 9,000원, 2011년 16만 1,000원이며, 주로 의료비, 보조기구 구입·유지비, 교통비 등으로 지출하는 것으로 나타났다.

[표 13-2] 장애로 인한 추가 소요 비용 (단위 : 천원)

구분	2000년	2005년	2008년	2011년
전체	157.9	155.4	158.7	160.7
교통비	29.1	22.9	17.8	22.8
의료비	83.3	90.2	57.3	56.8
보육·교육비	7.5	6.1	6.2	6.0
보호·간병인	9.6	11.8	9.9	14.1
재활기관 이용료	-	2.1	2.0	1.9
통신비	-	1.2	1.4	9.6
장애인 보조기구 구입·유지비	15.6	6.4	36.8	91.7
부모사후 대비비	-	8.8	6.2	5.4
기타	4.2	6.0	21.2	12.3

출처 : 고용노동부·장애인 고용공단 고용개발원, 2014.

장애인 소득 보장을 지원하는 정책을 논의하기 위해서는 장애인 연금이나 장애수당과 같이 장애에 국한된 제도뿐만 아니라 전 국민의 소득 지원 프로그램인 국민연금과 국민기초생활보장제도에 대해서도 함께 다루어야 한다(김용득, 2012b). 그러나 이런 전반적인 소득지원 프로그램은 범위가 넓기 때문에 여기서는 장애인에게 국한된 소득지원 정책인 장애인 연금과 장애수당 제도를 중심으로 살펴보기로 한다.

장애인복지법에 의한 장애인 소득 지원은 1990년부터 저소득 중증장애인에게 '생계보조수당'을 지급하면서 시작되었다. 그 이후로 철도 및 지하철 요금 할인, LPG 연료 사용 허용, 자립자금 대여, 지하철 무료 이용, 영구임대주택 입주 시 가산점 부여, 국내선 항공료 할인, 승용차 특별소비세 면제, 전화요금 할인 등의 간접 지원 제도를 확대하였다. 1999년에는 장애인복지법을 전면 개정하면서 생계보조수당 제도를 폐지하고 장애수당(성인 장애인의 소득 지원) , 장애 아동수당(장애 아동 양육에 소요되는 추가 비용 지원), 보호 수당(성인 장애인 보호에 소요되는 추가 비용 지원) 제도를 규정하였다.

그러나 실제로는 과거의 장애인 생계보조수당과 동일한 내용에 장애수당이라는 용어만 변경하여 지급하였다(김용득, 2012b). 2002년에는 장애 아동 가구를 대상으로 장애 아동수당이 도입되었다. 그러다가 2007년 장애인의 이동을 지원하는 대표적인 제도였던 LPG 연료 지원 제도가 폐지되면서 장애수당과 장애 아동수당의 지급 대상을 확대하고 급여 수준도 높아졌다. 이 시기에 장애인 소득 지원의 대상을 대폭 확대하고 급여 수준도 장애로 인한 소득 기회의 상실을 실질적으로 보전할 수 있는 수준으로 인상해야 하며, 이를 위해서 장애인 연금제도 도입 필요성이 논의되기 시작했다. 2010년 7월부터 장애인 연금제도가 도입됨으로써 장애인 소득지원제도는 18세 이상의 중증장애인을 대상으로 하는 장애인 연금, 장애인 연금 지급 대상에서 제외된 과거의 장애수당 지급 대상이었던 18세 이상의 경증장애인에게 지급되는 장애수당, 18세 미만의 장애 아동을 대상으로 하는 장애 아동수당 제도 등으로 구성되게 되었다.

장애인 연금제도란 일을 하기 어려운 중증장애인의 생활 안정을 위하여 매월 일정 금액을 연금으로 지급하는 사회보장제도이다. 장애인 연금을 지급받는 대상은 18세 이상의 중증장애인 중 본인과 배우자의 소득과 재산을 합산한 금액(소득 인정액)이 선정기준액 이하인 사람이다. 여기서 중증장애인은 장애등급 1급, 2급, 3급 중복 장애를 가진 장애인을 말한다. 3급 중복 장애란 3급의 장애인으로서 3급에 해당하는 장애유형 외에 다른 유형의 장애가 하나 이상 있는 사람을 말한다.

그리고 본인과 배우자의 소득과 재산을 합산한 금액(소득 인정액)이 선정기준액 이하여야 한다. 소득 인정액은 월 소득평가액[3]과 재산의 월 소득환산액[4]을 합산한 금액이다. 2015년 현재 선정기준액은 배우자가 없는 장애인은 월 930,000원, 배우자가 있는 경우는 월 1,488,000원이다(보건복지부, 2015).

장애인 연금은 기초급여와 부가급여로 구성된다. 기초급여는 근로 능력의 상실 또는 현저한 감소로 인하여 줄어드는 소득을 보전해 주기 위하여 지급하는 급여로 소득보장 성격의 연금이다. 국민연금 가입자 최근 3년간 월 평균소득(A값)의 5%로, 2015년 4월부터 2016년 3월까지의 경우 202,600원(감액이 없는 경우)을 기본급여로 지급한다. 단, 기초노령연금을 받는 65세 이상은 기초급여를 지급하지 않는다. 부가급여는 장애로 인하여 추가로 드는 비용의 전부 또는 일부를 보전해주기 위하여 지급하는 급여로 추가 지출 보전 성격의 연금이다. 부가급여는 65세 이상의 노인에게도 지급된다.

3) 월 소득평가액 = (근로소득, 사업소득, 재산소득, 이전소득 등의 합계) - (상시 근로소득 공제) 이다. 이전소득은 정기적으로 지급되는 각종 급여, 수당, 연금 및 고소득가구 중증장애인의 경제적 수준을 평가하기 위해 세대별 주민등록표를 같이 하는 부모, 자녀와 그 배우자의 주택 및 건강보험료를 조회하여 추정하는 소득을 말한다. 상시 근로소득 공제는 1인당 월 43만 원(본인과 배우자 각각 적용)을 적용한다.

4) 재산의 월소득환산액=〈[(일반재산-기본재산공제)+(금융재산-금융재산공제)-부채]×재산의 소득환산율(연5%)÷12개월〉+(고급자동차, 고가회원권의 재산가액) 이다. 기본재산공제 기준액은 대도시 1억 3,500만 원, 중소도시 8,500만 원, 농어촌 7,250만 원이다. 금융재산공제는 가구별 2,000만 원(인별 적용은 아님)을 적용한다.

65세 미만의 경우에 기초생활수급자는 매월 8만 원, 차상위계층은 매월 7만 원, 차상위를 초과한 경우에는 2만 원을 추가 지급한다. 65세 이상의 경우는 기초생활수급자 28만 원[5], 차상위계층 7만 원, 차상위를 초과한 경우에는 4만 원을 지급한다. 장애인 연금액은 기초급여와 부가급여 공히 기초생활보장제도의 소득 산정에서 제외된다.

장애인 연금은 '장애인 연금법'을 근거로 18세 이상 중증장애인 중 일정 소득 이하인 자를 대상으로 지급하고, 장애수당은 '장애인복지법' 제49조에 따라 지급하고 있는 제도이다. (경증)장애수당과 장애인 연금 대상자는 18세 이상이며, 장애 아동수당 대상자는 18세 미만이다.

경증장애수당은 18세 이상의 등록한 장애인 중 3~6급의 장애등급을 가진 사람으로 국민기초생활수급자 및 차상위 계층을 대상으로 한다(3급의 중복 장애인은 중증장애인이므로 제외됨). 지급 금액은 2015년 기준으로 기초수급 및 차상위 경증장애인 1인당 월 4만 원, 보장시설 입소 경증장애인 1인당 월 2만 원을 지급한다.

장애 아동수당은 국민기초생활보장법에 의한 수급자 및 차상위 계층의 18세 미만 등록 장애 아동을 대상으로 지급한다. 지급금액은 기초수급 중증장애 아동 1인당 월 20만 원, 기초수급 경증장애 아동 1인당 월 10만 원, 차상위 중증장애 아동 1인당 월 15만 원, 차상위 경증장애 아동 1인당 월 10만 원, 보장시설 입소 중증장애 아동 1인당 월 7만 원, 보장시설 입소 경증장애 아동 1인당 월 2만 원을 지급한다.

2) 복지서비스

장애인의 장애 정도와 연령 등에 따라 다양한 복지서비스가 필요하다. 장애인 서비스가 장애인에게 전달되는 방법에는 크게 기관 지원 방식과 이용자 지원 방식이 있다. 기관 지원 방식은 복지시설의 운영 경비를 국가가 지원하고, 복지 기관이 이용자에게 서비스를 제공하는 형식이다. 반면에 이용자 지원 방식은 바우처카드를 이용자에게 지급하고, 이용자가 제공 기관을 선택해서 이용하고, 그 비용을 바우처카드로 지불하는 방법이다. 또한, 서비스 운영의 책임을 지방에 맡겨두느냐 아니면 중앙정부가 공동 책임을 가지느냐에 따라 지방이양사업과 국고보조사업으로 분류된다. 이를 기준으로

5) 65세 이상 중증장애인이 국민기초생활보장수급자인 경우, 기초연금액이 생계급여에서 차감됨에 따라 소득 감소를 막기 위해 부가급여 28만 원을 지급한다.

주요 사업들을 살펴보면 [표 13-3]과 같다.

[표 13-3] 장애인복지서비스 이용 자격과 서비스 유형

구분	서비스 이용 자격 기준		서비스 제공 유형	
	장애 기준	소득기준	기관지원/ 이용자지원	국고보조/ 지방이양
활동 지원 서비스	1, 2, 3급 등록장애	없음	이용자지원	국고보조
장애 아동 발달 재활 서비스	등록 아동 및 일부 미등록 아동	전국가구 평균소득의 150% 이하	이용자지원	국고보조
장애인 거주 시설 (유형별, 중증요양)	등록장애인 전체	국민 기초 생활 수급자, 무연고자 (일부 실비입소 가능)	기관지원	국고보조 (2015년부터)
장애인 단기 거주 시설	등록장애인 전체	없음 (수급자 및 차상위 이용료 감면)	기관지원	지방이양
장애인 공동 생활 가정	등록장애인 전체	없음 (수급자 및 차상위 이용료 감면)	기관지원	지방이양
장애인 복지관	등록 또는 미등록	없음	기관지원	지방이양
장애인 주간 보호 시설	등록장애인 전체	없음 (수급자 및 차상위 이용료 감면)	기관지원	지방이양

(1) 활동 지원 서비스

활동 지원 서비스는 혼자서 일상생활과 사회생활이 어려운 만 6~64세의 1~3급 장애인 중 활동 지원 인정조사 결과 220점 이상인 사람에게 제공된다. 활동 보조(신체, 가사, 사회활동 지원), 방문 간호, 방문 목욕 등을 이용할 수 있는 이용권(바우처)이 지급된다. 급여량은 활동 지원 등급에 따라 결정되며, 개별적 상황에 따라 추가 급여가 산정될 수 있다.

[표 13-4] 활동 지원 등급별 급여 구성

활동 지원등급	인정점수	기본급여	추가급여
1등급	380~470점	101만 원(약 118시간)	독거, 취업·취학 여부, 출산 여부 등 생활환경에 따라 8만 6천 원~234만 원 1천 원 추가 지급
2등급	320~379점	81만 원(약 94시간	
3등급	260~319점	61만 원(약 71시간)	
4등급	220~259점	41만 원(약 47시간)	

출처 : 보건복지부, 2014.

2014년 기준 활동 지원 전체 예산은 5,873억 원이며, 이 중 정부 지원액은 95.7%인 5,623억 원이며, 이용자 부담금 총액은 4.3%인 250억 원이다. 매년 활동 지원 이용자 수는 가파르게 증가하고 있으며, 2014년 기준 이용자 수는 6만 4,906명에 이르고 있다. [그림 13-3]은 이를 잘 보여준다.

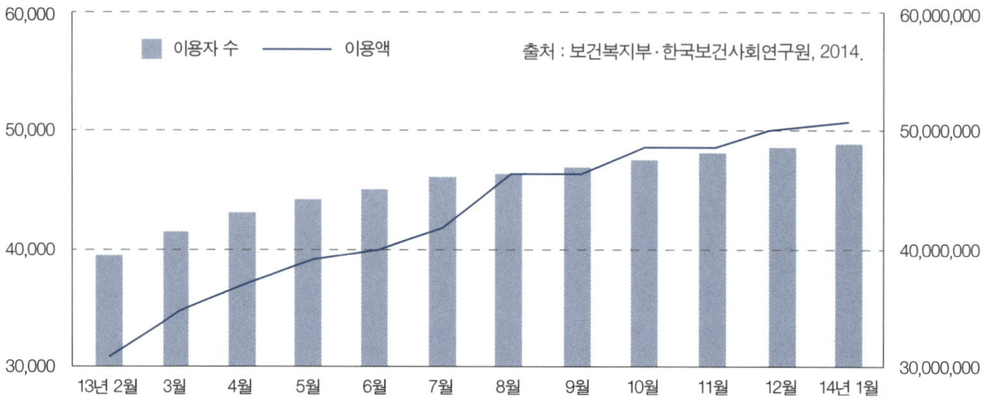

[그림 13-3] 활동 지원 이용자 수 및 이용액의 변화

(2) 발달재활서비스

발달재활서비스는 성장기의 정신적·감각적 장애 아동의 기능 향상과 행동발달을 위한 적절한 재활치료서비스를 지원하여 장애 아동 양육 가족의 높은 재활치료 비용으로 인한 경제적 부담을 경감하는 목적으로 운영되며, 소득이 전국 가구 평균 소득 150% 이하 가구의 만 18세 미만의 뇌병변, 지적, 자폐성, 언어, 청각, 시각장애 아동을 대상으로 한다. 월 이용금액을 22만 원으로 하고, 소득에 따라 이용자 부담금은 면제에서부터 8만 원까지이다. 2013년 2월부터 2014년 1월까지 이용한 이력이 있는 이용자 수는 5만 5,600명이며, 정부 지원금은 900백억 원 가량이었다.

[표 13-5] 발달재활서비스 주요 현황

서비스 이용자 현황	정부 지원금 예탁 및 지급 현황		제공 인력 현황	제공 기관 현황
	예탁금	지급액		
556백 명	94,105백만 원	91,548백만 원	51백 명	1,408개소

1) 해당 사업연도 : 2013.02.01~2014.01.31 출처 : 김정희 외, 2014
2) 이용자 수 : 해당 사업연도 내 1회 이상 바우처 서비스 결제 이력이 있는 자
3) 정부 지원금 : 국비+지방비
4) 제공 인력 수 : 2014.1월 한달 간 바우처 서비스 결제 이력이 있거나 급여 등록된 제공 인력 수
5) 제공 기관 수 : 2014.1월 말 기준 시스템 상 등록되어 있는 제공 기관 수

발달재활서비스의 최근 월단위의 이용자 수는 다음의 그림과 같다.

출처 : 보건복지부·한국보건사회연구원, 2014.

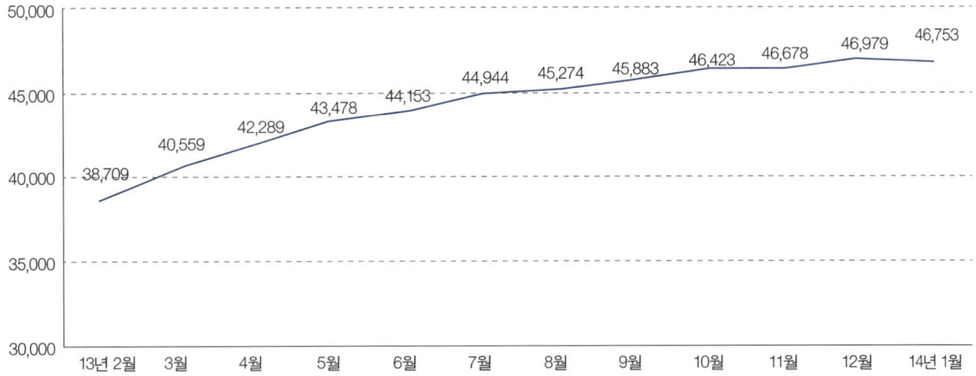

[그림 13-4] 발달재활서비스 월별 이용자 수

(3) 장애인 거주시설

장애인 거주시설은 자신의 가정에서 생활하기 어려운 장애인에게 일정 기간 동안 거주·요양·지원 등의 서비스를 제공하는 동시에 지역사회에서의 활동을 지원하는 시설이다. 장애 유형별 거주시설(지체장애인, 시각장애인, 청각장애인, 지적장애인 등), 중증 요양 거주시설, 장애 영유아 거주시설, 단기 거주시설, 공동생활가정 등으로 구분된다. 2013년 현재 장애인 거주시설은 모두 1,397개소가 있으며, 이 중 59.4%인 795개소가 단기보호시설과 공동생활 가정이다. 이와 관련된 구체적인 현황은 다음의 그림 및 표와 같다.

출처 : 보건복지부·한국보건사회연구원, 2014.

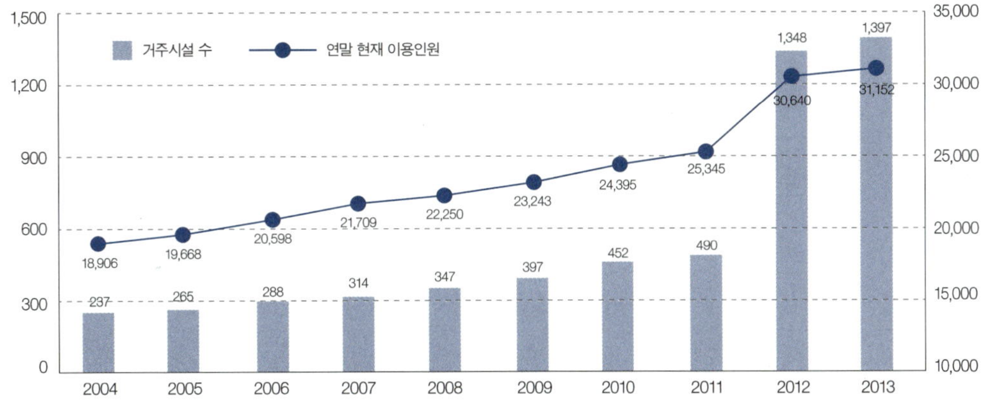

[그림 13-5] 연도별 장애인 거주시설 수와 이용자 수

[표 13-6] 연도별 장애인 거주시설 유형별 시설 수와 이용자 수

출처 : 보건복지부·한국보건사회연구원, 2014.

구분	소계[1]		장애유형별 거주시설										중증장애인 요양거주시설		장애영유아 거주시설		단기보호시설		공동생활 가정	
			유형별 시설 소계		지체장애인		시각장애인		청각언어 장애인		지적장애인									
	시설 수	인원	시설 수	인원	시설 수	인원	시설 수	인원	시설 수	인원	시설 수	인원	시설 수	인원	시설 수	인원	시설 수	인원	시설 수	인원
2001	203	17,720	130	11,607	34	2,710	10	623	11	784	75	7,490	73	6,113	-	-	-	-	-	-
2002	213	17,959	142	11,351	32	2,355	11	708	13	776	86	7,512	71	6,608	-	-	15	-	63	-
2003	225	18,432	147	11,545	32	2,374	12	708	13	778	90	7,685	74	6,558	4	264	25	-	100	-
2004	237	18,906	150	11,498	31	2,357	12	717	11	674	96	7,750	82	7,117	5	291	30	-	152	-
2005	265	19,668	166	11,714	31	2,332	13	632	12	735	110	8,015	93	7,657	6	297	61	-	331	-
2006	288	20,598	179	12,241	30	2,281	15	824	12	728	122	8,408	102	8,038	7	319	69	-	358	-
2007	314	21,709	189	12,921	33	2,283	14	792	11	521	131	9,325	116	8,345	9	443	76	-	400	-
2008	347	22,250	202	12,814	33	2,292	14	784	11	546	144	9,192	136	8,981	9	455	84	-	450	-
2009	397	23,243	235	13,048	38	2,230	14	760	11	519	172	9,539	153	9,728	9	467	91	-	531	-
2010	452	24,395	260	19,270	40	3,673	14	873	10	386	196	14,338	182	4,813	10	312	103	-	589	-
2011	490	25,345	289	14,038	39	2,102	15	787	9	361	226	10,788	191	10,798	10	509	119	-	637	-
2012	1,348	30,640	342	14,926	40	2,057	16	786	8	335	278	11,748	201	11,006	10	510	128	1,438	667	2,760
2013	1,397	31,152	356	15,069	39	1,978	16	770	8	320	293	12,001	216	11,412	9	473	131	1,432	685	2,766

주 1) 2011년까지의 소계는 공동생활 가정, 단기보호시설 제외.(2011년 장애인복지법 개정으로 지역사회 재활시설이었던 단기보호시설과 공동생활 가정이 기존 생활시설과 더불어 장애인 거주시설로 재편되어 해당 개소 수 등의 많은 변화가 있음)

(4) 장애인 지역사회 재활시설

장애인 지역사회 재활시설은 장애인에게 상담·치료·훈련 서비스를 제공하거나 장애인의 일상생활, 여가활동, 사회 참여 활동 등을 지원하는 시설을 말한다. 지역사회 재활시설은 장애인복지관, 장애인 주간보호시설, 장애인 체육시설, 장애인 수련시설, 장애인 심부름센터, 수화통역센터, 점자도서관, 점자도서 및 녹음도서 출판시설, 장애인 재활치료시설 등으로 구분된다. 이들 시설의 연도별 현황은 [표 13-7]과 같다.

[표 13-7] 연도별 지역사회 재활시설 수

구분	계	장애인 복지관	의료 재활 시설	장애인 주간 보호시설	장애인 단기 보호	공동 생활 가정	장애인 체육시설	심부름 센터	수화 통역	점자도서관, 점자도서 및 녹음서 출판 시설
2004	536	121	14	100	30	152	18	51	50	-
2005	1,049	130	14	259	61	331	22	124	108	-
2006	1,125	137	26	274	69	358	25	129	107	-
2007	1,286	157	16	321	76	400	24	149	143	-
2008	1,419	171	17	365	84	450	26	152	154	-
2009	1,563	185	18	395	91	531	27	154	162	-
2010	1,701	191	18	443	103	589	27	154	176	-
2011	1,820	199	17	485	119	637	27	156	180	-
2012	1,140	205	-	526	-	-	28	156	191	34
2013	1,184	219	-	558	-	-	29	155	199	24

출처 : 보건복지부·한국보건사회연구원, 2014.

3) 특수교육

우리나라 장애인의 교육 수준은 일반 인구에 비해서 매우 낮은 수준이다. 최근에 장애인 교육에 대한 국가의 개입이 확대되면서 이런 차이가 개선되고 있지만 아직도 차이는 크다. 장애인의 낮은 교육 수준은 직업이나 사회 참여 등의 영역에서 참여하지 못하는 원인으로 작용하기 때문에 시급히 개선해야 할 문제이다. 25세 이상 장애인의 교육 수준을 보면, 고졸 이상의 비율이 2010년 기준으로 37.0%인데, 이는 전체 인구 중 고졸 이상의 비율인 72.7%의 절반 수준이다. 특히, 남성 장애인의 고졸 이상 비율은 47.5%인데 비해 여성 장애인의 고졸 이상의 비율은 22.5%에 불과한 것으로 나타나고 있다.

특수교육은 장애로 인하여 일반교육 과정의 목표를 달성하기 어려운 학생들의 교육적 요구에 대한 특별한 지원을 의미한다.(김용득, 2012b) 특수교육 대상자는 시각장애, 청각장애, 정신지체, 지체장애, 정서·행동장애, 자폐성 장애, 의사소통장애, 학습장애, 건강장애, 발달지체와 그 밖에 대통령령으로 정하는 장애를 가진 사람 중 특수교육을 필요로 하는 사람으로 진단·평가된 사람으로 하고 있다(장애인 등에 대한 특수교육법 제15조). 특수교육 관련 서비스란 특수교육 대상자의 교육을 효율적으로 실시하기 위하여 필요한 인적·물적 자원을 제공하는 서비스로서 상담 지원, 가족 지원, 치료 지원, 보조인력 지원, 보조공학기기 지원, 학습 보조기기 지원, 통학 지원, 정보접근 지원 등을 말한다. 특수교육 대상자의 유치원, 초등학교, 중학교 및 고등학교 전 과정의 교육은 의무교육이며, 특수학교[6], 일반학교 특수학급[7], 일반학급, 순회교육[8] 등이 있다. 최근 10년간의 특수교육 규모의 변화를 보면 [그림 13-6]과 같다. 최근 장애학생의 통합 교육 확산으로 특수학급의 수는 계속 늘어나는 추세이며 2014년 기준으

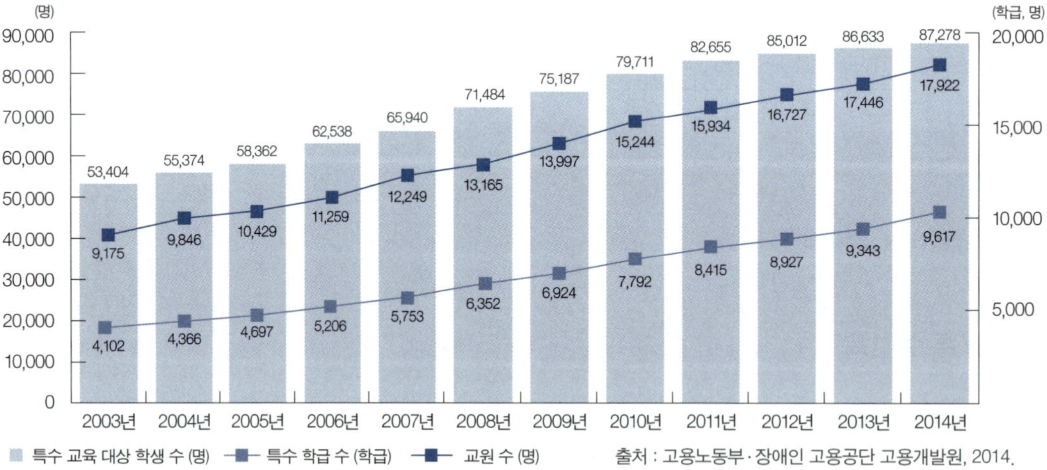

[그림 13-6] 연도별 특수교육 규모의 변화

6) 특수학교는 특수교육 대상자만을 위한 교육과정을 운영하는 독립된 학교를 말한다. 대체로 유치부, 초등부, 중등부, 고등부 등이 하나의 특수학교에 포함되어 있다.
7) 특수교육을 위해 일반학교 내에 설치된 장애학생들로 구성된 학급이다.
8) 특수교육 교원 및 특수교육 관련 서비스 담당 인력이 학교나 의료기관, 가정 및 복지시설 등에 있는 특수교육 대상자를 직접 방문하여 실시하는 교육을 말한다.

로 9,600여 개 학급이 설치되어 있다. 2014년 특수교육 대상 학생은 87,278명으로 전년 대비 645명이 증가하였으며, 최근 특수교육 대상자의 교육 기회 확대 및 지원 서비스 강화로 지속적으로 증가하는 추세이다. 특수교육 담당 교원의 수는 매년 증가하여 2014년 특수교육 담당 교원 수는 17,922명으로, 교원 1인당 학생 수는 4.87명이다. 이는 '장애인 등에 대한 특수교육법'의 기준인 4.0:1을 충족하지 못하는 비율이다.

우리나라 특수교육 예산은 2001년 교육부문 전체 예산의 2.0% 수준이던 것이 2014년에는 4.3%로 증가하였다. 그리고 특수교육 대상자 1인당 특수교육비는 24,670천 원으로 전년도에 비해 1,253천 원 낮아졌다.

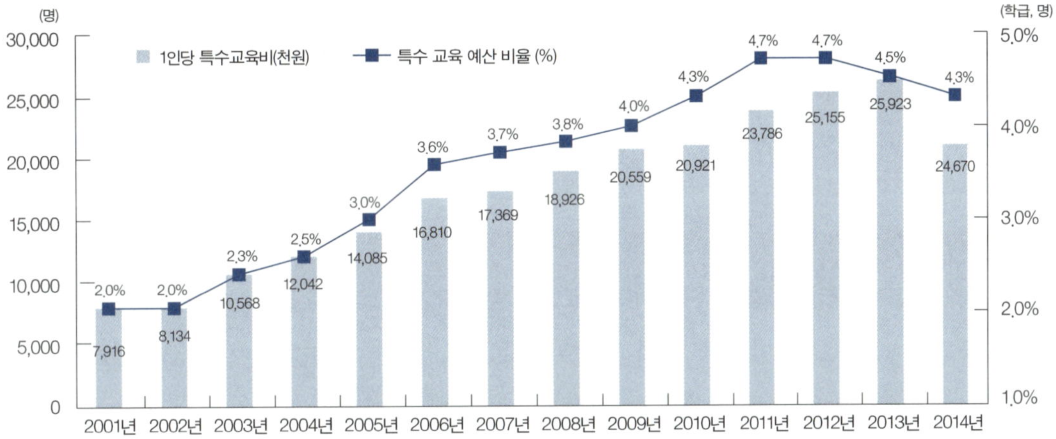

출처 : 고용노동부·장애인 고용공단 고용개발원, 2014.

[그림 13-7] 특수교육 예산의 변화

4) 장애인 고용

2014년 5월 기준 장애 인구의 경제활동 참가율은 39.6%, 고용률은 37.0%, 실업률은 6.6%로 나타난 반면, 전체 인구의 경제활동 참가율, 고용률, 실업률은 각각 63.0%, 60.8%, 3.6%이다. 이를 비교하여 제시하면 [표 13-8]과 같다.

2014년 5월 기준으로, 종사상 지위별 장애인의 취업자 구성비를 살펴보면, 유급 종사자를 두고 있지 않은 자영업자 27.5%, 상용근로자 36.5%, 임시근로자 14.7%, 일용근로자 10.3%, 무급 가족 종사자 5.4% 등의 순으로 나타났다. 이는 전체 인구의 상용근로자 비율이 47.1%인 점과 크게 차이가 난다.

[표 13-8] 장애인과 전체 인구의 고용 관련 지표의 비교

구분	15세 이상 인구	경제활동인구			비경제 활동인구	경제활동 참가율	실업률	고용률
		계	취업자	실업자				
전체 인구	2,449,437	970,600	906,267	64,333	1,478,837	39.6	6.6	37.0
남성	1,420,291	745,663	702,144	43,519	674,628	52.5	5.8	49.4
여성	1,029,146	224,937	204,123	20,814	804,209	21.9	9.3	19.8
전체 인구	42,453	26,762	25,811	951	15,691	63.0	3.6	60.8
남성	20,764	15,445	14,915	530	5,319	74.4	3.4	71.8
여성	21,689	11,317	10,895	422	10,372	52.2	3.7	50.2

출처 : 고용노동부·장애인 고용공단 고용개발원, 2014.

1) OECD 기준, 즉 통계청의 〈경제활동 인구조사〉의 경제활동 판단 기준(실업자 '4주간 구직기간')으로 제시함
2) 전체 인구의 경우 천 명 단위임
3) 경제 활동 참가율(%)=(경제활동 인구/15세 이상 인구)×100
4) 실업률(%)=(실업자/경제활동 인구)×100
5) 고용률(%)=(취업자/15세 이상 인구)×100
6) 가중치 적용 등으로 전체 수치와 표내의 합계가 일치되지 않는 경우가 있을 수 있음

그리고 같은 시기를 기준으로 장애인 취업자의 직업별 분포를 살펴보면 단순노무종사자 25.7%, 농림어업 숙련종사자 18.0%, 장치 기계조작 및 조립 종사자 13.8% 등의 순으로 나타났다. 반면에 전체 인구의 직업별 구성을 보면 전문 및 사무종사자의 비율이 장애 인구에 비해 훨씬 높은 것으로 나타났다.

출처 : 고용노동부·장애인 고용공단 고용개발원, 2014.

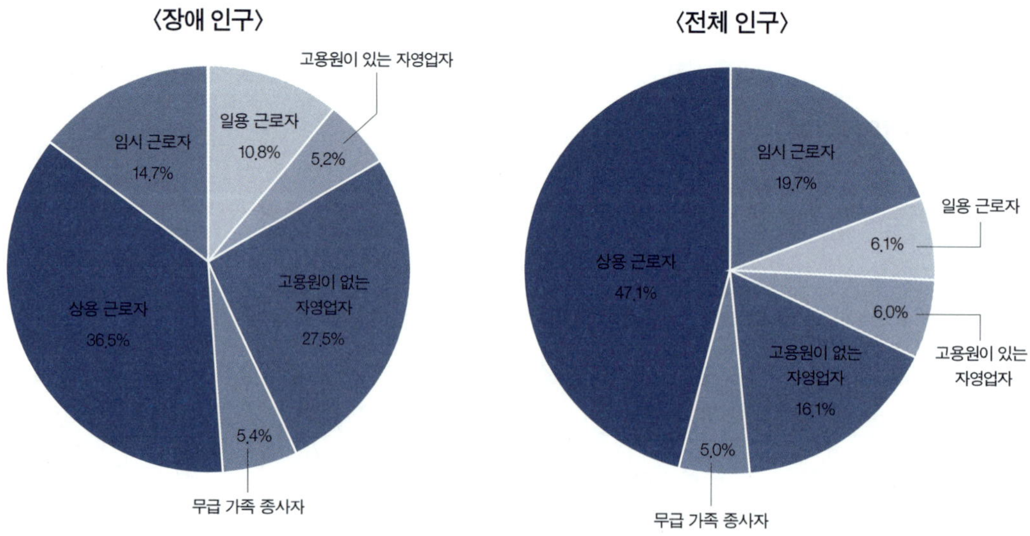

[그림 13-8] 장애인과 전체 인구의 고용 관련 지표의 비교

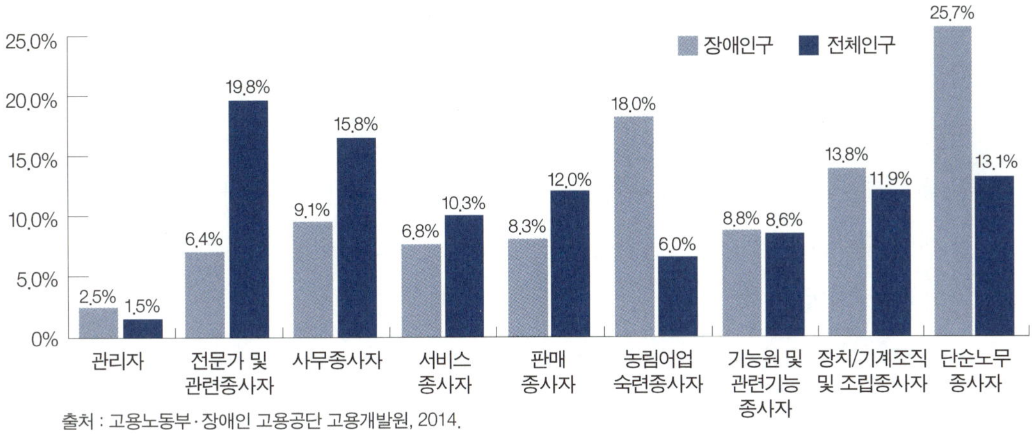

출처 : 고용노동부·장애인 고용공단 고용개발원, 2014.

[그림 13-9] 장애인과 전체 인구의 직업별 구성 비율

전체 인구에 비해 장애인의 낮은 고용률과 낮은 종사상의 지위의 문제는 많은 국가에서 보이는 현상이며, 이 문제를 해결하기 위하여 국가가 개입하게 된다. 장애인의 열악한 고용상의 지위의 원인을 어디에 두느냐에 따라 국가의 개입 방법이 달라진다. 장애인은 장애라는 요인으로 인해 생산성이 저하되고 이로 인해 고실업과 저소득에 직면한다고 보는 경우 국가의 개입은 장애인의 낮은 생산성을 보완해 줄 수 있는 장치를 도입하는 방향으로 모색된다. 반면에 장애인 고용이 어려운 이유가 고용주의 장애인에 대한 편견과 차별 때문이라고 보는 경우 국가의 개입은 차별을 금지하는 제도를 구축하는 방향으로 모색된다. 우리나라는 장애인 고용을 높이기 위하여 의무고용제도와 차별금지제도를 동시에 운영하고 있다.

(1) 장애인 의무고용제도

우리나라 장애인 고용과 관련된 대표적인 제도는 1990년 제정되어 1991년부터 시행된 '장애인 고용촉진 등에 관한 법률'에 의한 의무고용제도이다.[9]

고용 의무 제도란 비장애인에 비해 고용상 취약 계층인 장애인의 고용 기회를 넓히기 위하여 일정 수 이상의 근로자를 고용하는 사업주에게 의무적으로 장애인을 고용하도록 하는 제도이다. 1990년에 제정된 '장애인 고용촉진 등에 관한

9) 의무고용제도의 변천에 대한 설명은 유완식 등(2010)의 장애인 고용정책의 변천과 의무고용제도의 발전 방향에서 제시된 내용을 요약하여 제시한 것이다.

법률'은 국가 및 지방자치단체와 사업주의 장애인 고용에 대한 책임을 명시하였고, 이를 강제하기 위해 상시근로자 300인 이상 사업주에 대해서는 일정 비율 이상의 장애인을 고용하도록 의무화하였다.[10] 그리고 의무고용률에 미달하는 인원에 대해서는 부담금을 납부하도록 하였다. 이 법에 따라 장애인 고용을 전담할 한국장애인 고용촉진공단이 설립되어 장애인 고용이 장애인정책의 중심으로 자리 잡게 되었다.

그러나 의무고용제도의 도입에도 불구하고 사업주가 장애인을 고용하기보다는 부담금을 납부하여 고용 의무를 이행하지 않으려는 경향이 강해 장애인 고용률은 1991년 0.39%에서 1997년 0.46%로 증가하는데 그쳐 의무고용제도에 의한 실질적인 장애인 고용 효과는 크지 않았다. 한편, 의무고용제도의 도입 이후 고용효과가 미진한 가운데 중증장애인을 배제하고 경증장애인의 고용 촉진 및 고용 알선에 초점을 두고 있다는 장애인 단체의 비판이 제기되기 시작하였다. 그러던 중 1997년 말 외환위기 이후로 새로운 장애인 고용정책의 필요성이 대두되었다. 이 과정에서 노동부와 보건복지부에서 서로 다른 형태의 입법안을 주장하였다. 1999년 말 '장애인 고용촉진 및 직업재활법'이 국회에서 통과되어 2000년 개정 공포되었다. 한편, 1999년에는 장애인 기준을 완화하여 국가유공상이자 및 산재장해자를 의무고용 대상에 추가하였다.

'장애인 고용촉진 및 직업재활법' 제정 이후 의무고용 사업체의 장애인 수는 1997년 10,331명에서 2002년 20,709명으로 대폭 증가해 의무고용제도 도입 이후 0.4%대에 머물렀던 장애인 고용률도 0.99%로 두 배 이상 증가했다. 2000년에는 국가 및 지방자치단체에게 이전까지 권장사항이던 장애인 고용을 강제 의무사항으로 적용하였고, 재직 중인 장애인 공무원 수가 1만 명에 이를 때까지 장애인 공무원의 공개 채용 비율을 100분의 5로 상향 조정하였다. 그 결과 2002년 정부부문의 장애인 고용률은 1.66%로 대폭 증가하였다. 2000년대 초 민간부문과 정부부문의 장애인 고용률이 이처럼 빠르게 증가한 사실은 장애 기준의 변화와 관련되어 있다. 1999년 장애 기준을 완화하여 국가유공상이자 및 산재장해자를 의무고용 대상에

10) 의무고용제도는 1991년부터 실시되었고, 의무고용률은 1991년 1%, 1992년 1.6%, 그리고 1993년 2%가 적용되었다.

추가로 포함하였고, 2000년에는 장애인복지법의 장애 범주가 확대되었다.

2004년 장애인 의무고용 적용 대상 사업체를 종전의 상시근로자 300인 이상에서 상시근로자 50인 이상으로 확대하여 2만 개의 의무고용 일자리를 추가로 만들었고, 2006년에는 국가 및 지방자치단체의 적용 제외 직종 축소와 민간부문 의무고용 사업체의 업종별 적용 제외 직종의 단계적인 폐지로 3만 개의 의무고용 일자리를 추가로 확보하였다. 이로써 우리나라 의무고용제도는 원칙적으로 모든 사업체의 모든 직종에 적용되는 종합적인 의무고용제도로의 기반이 구축되었다.

한편, 장애인 고용정책의 주된 재원인 장애인 기금은 1999년 이후 계속 감소를 보여 왔다. 장애인 기금은 의무고용 사업주가 납부하는 부담금으로 조성되어 각종 장애인 고용촉진 및 직업재활 사업, 고용 장려금의 지급 등에 사용되는데, 1990년대말 이후 의무고용 사업체의 장애인 고용률이 높아지면서 장애인 기금의 주 수입원이 되고 있는 부담금 수입보다 고용장려금 지출이 더 빠르게 증가해 기금 수지가 악화되기 시작하였다. 이러한 장애인 기금의 감소에 따른 대응책으로 2004년 고용장려금의 지급 단가를 인하하고, 2005년부터 부담 기초액을 상향 조정하였다.

2009년부터 국가 및 지방자치단체의 의무고용률을 3%로 하였고, 2010년에는 공공기관의 의무고용률을 3%로, 민간부문의 사업주 의무고용률을 2.3%로 정하였다(2012년 2.5%. 2014년 2.7%). 또한, 2010년 중증장애인의 고용을 높이기 위해 의무고용 인원의 산정에서 중증장애인을 2배수로 인정하는 더블카운트 제도를 시행하였다. 그리고 의무고용률을 상회하여 장애인을 고용하는 사업주에게 지급하는 고용장려금은 그동안 일률적으로 적용하던 것을 장애인 근로자에게 지급하는 임금, 고용기간 및 장애 정도 등을 고려하여 차등적으로 지급할 수 있도록 하였다.

정부부문과 민간부문을 포함한 전체 장애인 고용률은 1992년 0.44%에서, 2012년 2.48%로 증가하였다. 정부부문의 장애인 고용률은 1992년 0.71%에서, 2012년 2.85%로 증가하였고, 민간부문의 경우 1992년 0.41%에서, 2012년 2.41%로 증가하였다. 2006년 국가 및 지방자치단체의 장애인 의무고용 적용 직종 확대와 민간부문의 업종별 적용 제외 폐지에 따라 장애인 고용률이 다소 하락하였으나 이후 지속적으로 증가하였다.

출처 : 고용노동부·장애인 고용공단 고용개발원, 2014.

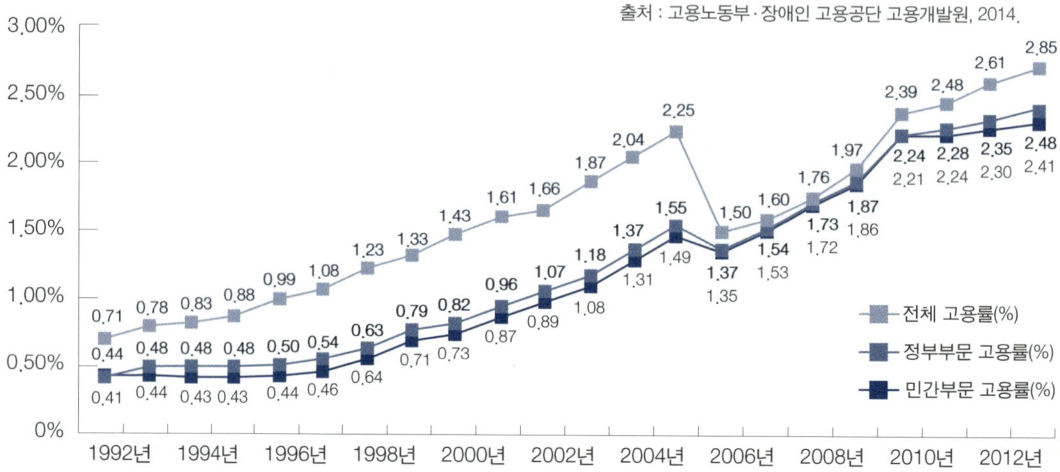

[그림 13-10] 장애인 고용률의 변화[11)]

(2) 장애인 고용촉진 및 직업재활기금

기금은 장애인 고용촉진 및 직업 재활 사업을 수행하기 위해 장애인 고용 부담금을 재원으로 1991년에 설치한 것이며, 장애인 고용장려금 지급, 장애인 취업지원, 표준 사업장 설립 지원, 직업 능력개발 지원 등의 사업을 수행하고 있다. 2015년도 장애인 고용촉진 및 직업 재활기금은 전년 5,288억 원 대비 1,243억 원이 증가한 6,531억 원으로 편성되었다.

(3) 직업재활서비스

중증장애인을 위한 직업재활서비스에서는 장애인복지관, 직업재활시설, 장애인단체 등의 기존 인프라를 활용하고 있다. 2000년부터 장애인 고용촉진기금의 일부를 재원으로 보건복지부가 중증장애인 직업재활서비스를 위한 사업 계획 및 예산안을 수립하여 집행하였으며, 2007년의 경우 장애인복지관, 직업재활시설, 장애인단체 등 162개를 사업 수행기관으로 지정하여 직업재도, 직업적응훈련, 지원고용, 취업 알선 및 취업 후 적응 지도, 직업 능력개발 훈련 등의 직업재활서비스를 제공하였다. 2008년부터는 재원 구조를 기금에서 일반회계로 전환하고 수행 기관을 장

11) 이 그래프는 다음과 같은 점들과 관련이 있다. 장애인 고용의무 대상이 월평균 상시근로자 300명 이상에서 2004년부터는 50명 이상으로 확대, 2006년부터 정부부문 의무고용 적용 직종 확대, 민간부문 업종별 적용 제외 폐지, 2009년부터 국가 및 지방자치단체의 의무고용률이 2%에서 3%로 상향, 2012년부터 민간부문의 의무고용률이 2.3%에서 2.5%로 상향, 2010년부터 중증장애인 2배수 산정제도 적용, 정부 부문 고용률에 공무원이 아닌 근로자도 포함

(단위: 백만 원) [표 13-9] 2015년 장애인 고용촉진 및 직업재활기금 운영계획안

수입					지출				
구분	2014 계획(A)	2015 계획안(B)	증감 (B-A)	%	구분	2014 계획(A)	2015 계획안(B)	증감 (B-A)	%
계	528,843	653,119	124,276	23.5	계	528,843	653,119	124,276	23.5
고용 부담금	280,158	334,136	53,978	19.3	고용 장려금	141,740	141,740	0	0.0
가산금	728	381	-347	-47.7	표준 사업장 지원	14,939	12,664	-2,275	-15.2
기타 경상 이전 수입	5,540	5,426	-114	-2.1	직업 능력 개발	22,401	17,476	-4,925	-22.0
기타 민간 융자금 원금회수	7,134	4,496	-2,638	-37.0	고용 유지	6,573	8,442	1,869	28.4
기타 민간 이자수입	183	59	-124	-67.8	취업지원 등	23,275	24,088	813	3.5
기타 재산 수입	6,703	9,208	2,505	37.4	기금 운영비	48,963	51,009	2,046	4.2
일반회계 전입금	25,000	25,000	0	0.0	정부 내부 지출	22,501	701	-21,800	-96.9
여유 자금 회수	203,397	274,413	71,016	34.9	여유 자금 운용	248,451	396,999	148,548	59.8

출처 : 환경노동위원회, 2014.

애인 고용촉진공단에서 한국장애인개발원으로 수행체계를 개편하였다. 장애인복지법상의 직업재활시설을 보호작업시설과 근로시설이 있다.

2013년 현재 보호작업시설은 447개소가 설치되어 있으며, 12,086명이 이용하고 있다. 그리고 근로시설은 64개소가 있으며, 2,653명이 이용하고 있다.

(단위: 개, 명) [표 13-10] 연도별 직업재활시설 수

구분		2004	2005	2006	2007	2008	2009	2010	2011	2012	2013
보호 작업시설	시설 수	177	240	295	910	333	353	373	403	422	447
	이용인원	-	-	-	-	-	9,624	10,009	10,680	11,374	12,086
근로 시설	시설 수	17	25	24	29	31	33	44	53	56	64
	이용인원	-	-	-	-	-	1,516	1,761	2,190	2,384	2,653
총계	시설 수	194	265	319	993	364	386	417	456	478	511
	이용인원	5,959	7,684	9,481	10,059	10,422	11,048	11,770	12,870	13,758	14,739

출처 : 보건복지부·한국보건사회연구원, 2014.

3. 장애인정책의 전망

1977년 '특수교육법' 제정과 1981년의 '심신장애자복지법' 제정 이후 30여 년 동안에 장애인정책은 양적인 측면과 질적인 측면에서 커다란 변화와 발전이 있었다. 의무고용제도 도입, 장애 범주의 확대, 통합 교육 원칙의 확립, 차별금지법의 제정, 장애인연금제도의 도입, 활동 지원 제도의 확대, 발달장애인법 제정 등이 대표적인 변화의 내용이라고 할 수 있다.

향후 장애인정책의 전망은 크게 세 가지로 설명할 수 있다. 첫째, 세계적인 장애 패러다임의 변화 방향성과 부합하게 장애 지원 정책의 보편적 관점이 한층 더 강조되고 강화될 것이다(김용득, 2012b). 과거의 장애에 대한 접근은 분리 접근이 주도적이었다. 일반교육 기회가 배제되었기 때문에 특수하게 만들어진 학교를 이용하였고, 지역사회의 거주 장소에서 배제되었기 때문에 외딴 지역의 대형 시설에서 모여서 살았고, 장애인이 일반 체육시설의 이용에서 배제되었기 때문에 장애인만을 위한 체육시설을 만들어서 이용했다. 그러나 이런 과거 방식의 접근은 더 이상 적절하지 않다는데 광범위한 합의가 이루어지고 있는 것으로 보인다. 향후 장애인정책의 변화는 일반학교에서 교육받고, 일반 주택에서 거주하고, 일반 직장에서 근무할 수 있도록 하는데 초점이 맞추어지게 될 것이다.

둘째, 장애인 지원 정책의 제도 간 상호 연계성과 통합성의 쟁점이 점차 중요해질 것이다(김용득, 2012b). 지금까지 장애인 지원 정책의 발전은 부분적, 파편적이었다고 할 수 있을 것이다. 정책이 빈약한 수준일 때 제도의 발전은 개별 사안별로 이루어진다. 그리고 사안별로 각개 약진 방식으로 발전하더라도 중요한 문제는 발생하지 않는다. 그러나 현재의 장애인정책의 상황은 이런 단계를 지나고 있는 것으로 보인다. 새로운 제도의 도입은 이제 새로운 제도의 문제만이 아니라 관련 제도들의 조정의 문제가 필수적으로 검토되어야 한다. 장애인연금제도는 기존의 장애인수당제도, 국민연금제도, 국민기초생활보장제도, 노령연금 등과의 제도적 관련성을 검토해야 한다. 각 제도는 독립적인 것이 아니라 긴밀한 상호 유관성을 갖고 있으며, 새로운 제도 설계에서는 과거와는 달리 체계적이고 종합적인 조망이 점차 그 중요성을 더해갈 것으로 전망된다.

셋째, 장애인 지원 정책에서 각종 인적 사회서비스가 확대되면서 이 분야가 일자리 확대 영역으로서의 중요성이 높아질 것이다. 장애인 거주시설, 장애인복지관, 주간 보호센터, 직업재활시설 등이 확대되면서 이 분야에서 일하는 전문 인력의 규모도 크게 확장되었다. 장애인 활동 지원, 발달재활서비스, 특수교육 보조원 등의 사회서비스 일자리 또한 크게 확대되었다. 향후 장애인정책 분야의 서비스 공급은 꾸준히 확대될 것이며, 제공 인력의 훈련과 제공 기관의 관리가 점점 더 중요해질 것이다.

참고문헌

김용득, 《제 2장 장애개념과 범주》, 김용득 편, 〈장애와 사회복지〉, EM커뮤니티, 2012a
김용득, 《제 4장 장애인정책의 현황과 전망》, 김용득 편, 〈장애와 사회복지〉, EM커뮤니티, 2012b
김용득·이동석, 《제 3장 장애담론과 장애인복지의 역사》, 김용득 편, 장애와 사회복지, EM커뮤니티, 2012
김정희·카도타 코지·김병철·쪼우페이·김경란·이율희, 《한·중·일 장애 아동 가족지원정책 비교》, 한국장애인개발원, 2014
보건복지부, 《나에게 힘이되는 복지서비스》, 2014
보건복지부, 《장애인 연금 사업안내》, 2015
보건복지부, 한국보건사회연구원, 〈통계로 보는 사회보장 2014〉, 2014
유완식·장창엽·김용탁·변민수·홍자영·윤형경, 《장애인 고용정책의 변천과 의무고용 제도의 발전 방향》, 장애인 고용공단 고용개발원, 2010
이선우, 〈제 12장 소득 보장〉, 장애인백서, 한국장애인개발원, 2013
고용노동부 · 장애인 고용공단 고용개발원, 〈2014 장애인통계〉, 2014
환경노동위원회, 〈2015년도 고용노동부소관 예산안: 기금운용계획안 검토보고서〉, 2014
DeJong, G., Environmental accessibility and independent living: Directions for disability policy and research, University Center for International Rehabilitation, Michigan State University, 1981
Oliver, M., Understanding disability, St. Martin's Press, 1996
WHO, ICIDH: International classification of impairments, disabilities and handicaps: A manual of classification relating to the consequences of disease, Geneva: Author, 1980
WHO. 2001. ICF: International classification of functioning, disability and health. Geneva: Author.
Williamson, C., "Social work practice with people with disabilities." In Social work: A profession of many faces, edited by Morales, A. T. & Sheafor, B. W. (19 Eds.), MA: Allyn & Bacon, 345~368, 2001

s · o · c · i · a · l w · e · l · f · a · r · e

14 노인복지정책

1. 노인과 노인복지

우리나라의 65세 이상 노인 인구는 2015년 기준, 662만 4,120명으로 전체 인구의 13.09%를 차지한다. 그리고 15년 후 2030년에는 전체 인구 중 노인이 차지하는 비율이 24.3%로, 초고령사회에 진입할 것으로 예상된다.[1] 이와 같은 노인 인구의 급증은 노인복지 영역에 대한 관심의 증대 및 사회적 대책의 필요성을 고조시키는 요인이 되고 있다. 이에 본 장에서는 먼저 노인과 노인복지의 개념을 살펴보고 현대 사회에서 발생하고 있는 노인 문제와 이를 해결하기 위한 노인복지정책과 노인복지서비스를 탐색해봄으로써 노인복지의 발전 과제를 모색해 보도록 하겠다.

1) 노인의 개념과 특성

노인이라는 용어는 일상에서 많이 쓰이는 단어이기는 하나 사회적·경제적·문화적 배경과 사회의 관습 및 규범, 전통과 역사에 따라 각기 다르게 이해되므로 노인의 개념은 다양하게 정의되고 있다.

---

1) UN의 분류에 따르면 전체 인구 중 65세 이상 노인이 7% 이상(7~14% 미만)이면 고령화사회(aging society), 14% 이상(14~20%)이면 고령사회(aged society), 20% 이상이면 초고령사회(super-aged society)라고 한다(윤선오·김우호, 2014).

이를 살펴보면 국제노년학회(1951)에서는 노인이란 인간의 노화 과정에서 나타나는 생리적·심리적·환경적 변화 및 행동적 변화가 복합적으로 상호작용하는 과정에 있는 사람으로 다음과 같은 특성을 지니는 사람으로 정의한다. 첫째, 환경 변화에 적절히 적응할 수 있는 조직 기능이 감퇴되고 있는 사람, 둘째, 생체의 자체 통합 능력이 감퇴되고 있는 사람, 셋째, 인체의 기관, 조직, 기능에 쇠퇴 현상이 일어나는 시기에 있는 사람, 넷째, 생활상의 적응 능력이 결손되어 가고 있는 사람, 다섯째, 조직의 예비 능력이 감퇴되어 적응이 제대로 되지 않는 사람이다(홍숙자 외, 2014).

또한, 노년학자인 브린(Breen, 1960)은 노화의 개념에 생리적·생물학적·심리적 및 사회적 기능 노화의 개념이 포함되어야 한다고 주장하면서 노인을 생리적, 생물학적인 면에서 퇴화기에 있는 사람, 심리적인 면에서 정신 기능과 성격이 변화되고 있는 사람, 사회적인 면에서 지위와 역할이 상실되어 가고 있는 사람으로 정의하였다(윤선오·김우호, 2014).

이와 같은 정의를 종합할 때 노인의 가장 큰 특성은 '노화'로, 노인은 노화 과정에 의해 심신의 기능이 쇠퇴함으로써 생활 기능을 정상적으로 발휘할 수 없는 사람을 지칭하는데(서보준 외, 2013), 여기에서 고려하고 있는 기능연령이 노인을 정의하는 중요한 기준이 된다. 그런데 노화는 개인차가 크기 때문에 이러한 기능연령만으로 노인을 정의하는 것은 다소 모호한 측면이 있다. 따라서 많은 국가에서 역연령(chronological age : 달력상의 연령)에 의해 정의된 노인에 대한 개념을 많이 사용하고 있다. 이와 같은 정의는 노인의 생리적·사회적·심리적인 면의 노화의 특성을 비교적 잘 반영하고 있을 뿐 아니라 활용하기에 용이하고 편리하기 때문이다.

이에 따라 우리나라에서는 만 60세를 환갑(還甲)이라 하여 노인으로 진입하는 시기로 인식하고 있고 '노인복지법'에서는 만 65세 이상을 노인으로 규정하고 있어 노인복지서비스의 대상자는 만 65세 이상의 자로 통칭된다. 한편, 뉴가튼(Neugarten, 1974)은 역연령에 따라 노인기에 대한 조작적 정의를 다음과 같이 3단계로 구분하였다(홍숙자 외, 2014). 첫째, 연소 노인(Young-Old : 55~65세)으로 돈을 받고 고용될 수 있으며 돈 버는 능력이나 사회적인 승인이 최고조에 있는 집단, 둘째, 중고령 노인(Middle-Old : 65~75세)으로, 퇴직자들이 많이 포함되어 있는 집단, 셋째, 고령 노인(Old-Old : 75세 이상)으로 몹시 빈약하거나 병약하여 고립되어 있는 집단이다. 이와 같은 노인

세대의 세밀한 구분은 노화의 개인 차이를 무시한 기능연령의 한계와 일정한 시점을 기준으로 그 이상이 된 사람을 일괄적으로 노인으로 규정하는 역연령에 의한 정의의 한계를 보완할 수 있는 것으로 받아들여지고 있다. 한편, 노화란 보통 생물학적 노화만을 의미하지만 실제로 노인은 다음의 [표 14-1]과 같이 생물학적 노화, 심리적 노화, 사회적 노화의 과정을 경험하게 된다.

[표 14-1] 노화의 유형

생물학적 노화	생물학적 현상으로서 신체적인 면역체계의 약화에는 개인차가 있지만 노화 현상은 누구에게나 공통적으로 일어나는 현상이다. 노화의 주요인은 내적인 것으로, 생물학적 노화는 점진적으로 일어나게 되지만 신체 기능의 약화를 야기하고 결국에는 이러한 생물학적 노화 과정에 끝에서 죽음에 이르게 된다.
심리적 노화	노인은 건강이나 경제적인 불안정 등으로 불안을 경험하게 되고 발달단계의 특성상 우울성이나 경직성, 의존성이 증가한다. 또한, 흥미를 쉽게 잃거나 비활동적으로 변화하면서 사회성이 떨어지게 되고 보수적으로 변해 사회적으로 고립되기도 한다.
사회적 노화	사회적 노화란 노화에 따른 사회적 상황의 변화로, 노인의 사회적 관계, 사회적 역할이 변하는 것을 의미한다. 특히 자녀가 독립하고 배우자가 사망을 하는 등 노인이 속한 체계에 변화가 발생하게 되는 노년기에는 노인의 지위와 역할이 변화하게 되면서 관계상의 변화가 가속화된다. 이러한 이유로 대부분의 사람들은 노인이 되는 것에 대한 막연한 두려움을 갖게 되며 역할 상실은 노년에의 성공적인 적응을 어렵게 만드는 요인이 된다.

2) 노인복지의 개념

사회복지(Social Welfare)란 국민의 생활 안정 및 교육·직업·의료 등의 보장을 포함한 복지를 추구하기 위한 사회적 노력으로, 사회적 안녕 상태를 일컫는 의미와 사회적 안녕 상태를 만들기 위한 총체적 노력을 포함하여 사회적으로 바람직한 상태를 집합적인(collective) 노력의 방식으로 달성하는 것을 의미한다(엄명용 외, 2011). 이러한 관점에서 노인복지는 노인의 안녕 상태를 만들기 위한 체계적이고 조직적인 노력으로 정의할 수 있다.

이를 보다 구체적으로 살펴보자면 노인복지란 노인의 심신 건강 유지와 생활 안정을 위하여 필요한 노인 생활의 전면 보장 및 복지서비스로, 노인이 인간다운 생활을 유지하면서 자기가 속한 가족과 사회에 적응하고 통합될 수 있도록 필요한 자원과 서비스를 제공하는데 관련된 공적 및 사적 차원에서의 조직적 제반 활동이라 할 수 있다(장인협·최성재, 2002). 여기에서 인간다운 생활이란 노인이 속한 국가사회의 발전적 수준에 비추어 의식주의 기본적인 욕구를 충족하고 건강하고 문화를 향유하는 삶을 사는 것을 의미한다. 또한, 가족과 사회에 적응하고 통합되는 것은 노인이 그가 속할 수 있는 사회적 조직망에서 사회적·심리적으로 소외감을 느끼지 않게 되는 것을 의미한다. 그리고 필요한 자원과 서비스를 제공하는 것은 이용 가능한 인적 및 물적 자원을 찾아 연결시켜 주거나 보충하여 줌으로써 사회 적응에서 발생할 수 있는 문제를 해결해주고 나아가 개인의 발전을 위한 욕구 충족에 필요한 서비스까지 제공해주는 것을 의미한다.

이에 우리나라 노인복지법 제1조에서는 "노인의 질환을 사전 예방 또는 조기 발견하고 질환 상태에 따른 적절한 치료·요양으로 심신의 건강을 유지하고 노후의 생활안정을 위하여 필요한 조치를 강구함으로써 노인의 보건복지 증진에 기여함을 목적으로 한다."라고 규정함과 동시에 동법 제2조에서도 "건전하고 안정된 생활 보장", "사회적 활동 참여 기회 보장", "심신의 건강 유지", "사회 발전에 기여하도록 노력"함을 규정하고 있다. 즉 우리나라는 법을 통해 국민의 한 사람으로서 노인의 경제적 보장과 사회적 통합, 성공적인 노년기의 삶을 위한 성장 욕구 충족을 보장받을 권리를 명시하고 있는 것이다.

2. 현대 사회와 노인 문제

오늘날 노인 문제의 양상은 과거 농경사회에서 발생한 바와 매우 다르다. 산업사회에 진입하면서 변화된 사회구조로 인해 핵가족이 양산되었고 가족계획사업과 보건기술의 향상으로 평균 수명이 연장되는 등 삶이 크게 변하고 있기 때문이다. 특히 노인 인구의 비율이 급증하고 있는데, 아래 [표 14-2]에서 보는 바와 같이 노인 인구가 1990년의 219만 5,000명에서 2000년에 339만 5,000명으로 10년 만에 120만여 명이 증가하였고 앞으로 30년 동안 929만 6,000여 명이 더 증가할 것으로 추산된다(박석돈 외, 2013). 이와 같은 노인 인구의 급증은 비생산인구를 증가시켜 젊은 세대로 하여금 부양 책임을 가중시키는 동시에 노동력 부족을 초래하고 있다. 그뿐만 아니라 우리나라의 인구 고령화 속도는 세계에서 가장 빠른데 고령화사회에서 고령사회로 진입하는 데 소요되는 기간은 불과 18년으로, 프랑스 115년, 미국 71년, 독일 40년, 일본 24년보다 훨씬 빠르다. 이와 같은 인구 고령화 현상은 노동생산성 하락으로 인한 경제 성장의 둔화, 세대 간 갈등의 심화, 국가의 사회복지 재정 지출의 증가를 초래하게 된다. 이에 따라 최근 우리나라에서는 노인 문제가 심각한 사회적 관심사로 부상하고 있어 고령사회에 대한 준비가 시급한 실정이다.

[표 14-2] 연도별 노인 인구, 구성비 및 부양지수 (단위 : 천명, %)

구분	총 인구	노인 인구	구성비	노령화지수	노년 부양비	고령자 1명당 생산가능인구
1990	42,869	2,195	5.1	20.0	7.4	13.5
2000	47,008	3,395	7.2	34.4	10.1	9.9
2010	49,410	5,452	11.0	68.4	15.2	6.6
2014	50,424	6,386	12.7	88.7	17.3	5.8
2017	50,977	7,119	14.0	104.1	19.2	5.2
2020	51,435	8,084	15.7	119.1	22.1	4.5
2026	52,042	10,840	20.8	161.9	31.4	3.2
2030	52,160	12,691	24.3	193.0	38.6	2.6
2040	51,091	16,501	32.3	288.6	57.2	1.7
2050	48,121	17,991	37.4	376.1	71.0	1.4
2060	43,959	17,622	40.1	394.0	80.6	1.2

· 출처: 통계청(2014). 고령자 통계 현황
· 1) 노년부양비=(65+인구/15~65세 인구)X100
2) 노령화지수=(65+인구/0~14세 인구)X100
3) 고령자 1명당 생산가능인구=15~64세 인구/65+인구

1) 경제적 문제

우리나라의 인구 고령화 현상은 단순히 노인 인구의 수가 급증하는 것만을 의미하는 것은 아니다. 짧은 기간 안에 농업이 중심이었던 사회에서 도시·상공업·임금노동자 중심인 사회로 바뀌면서 노인의 경제 활동이 크게 위축됨에 따라 상당수의 노인이 경제적 무능력자로 전락하여 노인의 빈곤율이 상승하고 있기 때문이다.

OECD 발표에 따르면 우리나라의 65세 이상 노인의 빈곤율은 2011년 48.6%로 OECD 국가 중 1위를 기록하고 있는데, 2위인 호주(35.5%)와 10% 이상의 차이를 나타

내는 것으로 파악되었다(김명근 외, 2014). 그뿐만 아니라 노인의 상대빈곤율[2] 역시 크게 상승하고 있는 것으로 조사되었다. 통계청에 따르면 2010년 한국 노인의 상대빈곤율은 47.2%인 것으로 조사되었는데, 이는 OECD 평균 노인의 상대빈곤율은 12.8%의 3배를 넘는 수준인 것으로 나타났다. 또한, 2012년의 1인 가구를 포함한 전체 가구의 상대빈곤율은 14.0%인 반면 노인 가구의 상대빈곤율은 49.3%인 것으로 조사되어 노인의 빈곤 상태가 심각함을 알 수 있다.

이에 빈곤을 해결하기 위한 공적 부조인 국민기초 생활보장제도는 전 국민을 대상으로 하기 때문에 노인만을 위한 소득 보장제도로 기능하기 어렵다. 실제로 전체 국민기초 생활수급자 1,237,386가구 중 노인을 포함한 가구는 379,048가구로 전체의 약 30.6%를 차지한다(통계청, 2014).

[표 14-3] 국민기초 생활수급자 현황 (단위 : 명, %)

연도	총수급자	65세 이상 수급자	구성비	남성	여성
2010	1,458,198	391,214	26.8	106,723	284,491
2011	1,379,865	378,411	27.4	104,901	273,510
2012	1,300,499	376,098	28.9	107,156	268,942
2013	1,258,582	376,112	29.9	110,189	265,924
2014	1,237,386	379,048	30.6	114,731	264,317

· 출처: 보건복지부(2015). 국민기초 생활보장 수급자 현황
· 주 1) 구성비=(65세 이상 수급자/총 수급자)X100

그뿐만 아니라 연금보험이 제 역할을 잘 수행하지 못하고 있어, 고령에도 소득 수준이 열악한 일자리에 종사함으로 야기되는 건강의 문제, 자녀 의존에서 야기되는 부양으로 인한 가족 관계의 문제 등 부차적인 어려움이 동시에 발생하고 있다.

2) 의료적 문제

2014년 한국보건사회연구원이 발표한 결과에 따르면 만 65세 이상 노인의 60.5%가

2) 상대빈곤율이란 전체 인구 중 가구 가처분소득이 전체 가구 가처분소득의 중윗값(50%) 미만인 가구의 비율을 의미한다.

3개 이상의 만성 질환을 갖고 있고 만성 질환이 없는 노인은 조사 대상자의 4.7%에 불과한 것으로 조사되었다.[3] 또 다른 조사에 의하면 노인의 사망 원인 1위는 암으로 인구 10만 명 중 852.9%를 차지하는 것으로 나타났고, 그다음으로는 뇌혈관질환(372.9명), 심장질환(367.1명), 폐렴(166.4명) 순으로 나타나 질병으로 인한 사망률이 높음을 알 수 있다(통계청, 2013).

[표 14-4] 노인의 사망 원인 (단위 : 인구 10만 명당 명)

구분	1위	2위	3위	4위	5위
2010	암 (882.4)	뇌혈관질환 (409.4)	심장질환 (344.0)	당뇨병 (153.1)	폐렴 (127.6)
2011	암 (847.8)	뇌혈관질환 (381.1)	심장질환 (361.2)	당뇨병 (155.4)	폐렴 (143.2)
2012	암 (852.9)	뇌혈관질환 (372.9)	심장질환 (367.1)	당뇨병 (166.4)	폐렴 (163.0)

출처 : 통계청(2013). 사망 원인통계

이에 따라 노인들은 가장 큰 문제로 '건강 문제(65.2%)'를 꼽았으며 가장 받고 싶은 복지서비스로 '건강검진(30.2%)', '간병서비스(25.9%)'를 꼽았다(김명근 외, 2014: 박석돈, 2013). 이와 같은 노인들의 만성질환과 같은 건강 문제는 입원 비용 부담 및 의료비 증가를 초래한다. 특히 소득이 발생하는 노동력을 이미 상실한 노인의 경우, 마땅한 소득은 없으나 지출이 증가함으로써 적게 벌고 많이 써야 하는 빈곤과 질병의 모순적인 악순환이 지속된다. 또한, 와병 노인의 경우 약화된 신체 기능을 지원해 줄 보호인력을 필요로 하게 되는데, 우리나라에는 수요에 비해 노인 전문 병원이나 요양시설이 부족하여 노인이 적절하게 간호를 받는데 어려움이 있을 뿐 아니라 대부분 핵가족이기 때문에 자녀 및 가족으로부터의 보호를 기대하기도 힘든 실정이다. 이 때문에 건강하지 못한 노인의 보호 문제는 심각한 사회 문제가 되고 있다.

3) 사회적 문제

산업화 이전에는 경험과 지식, 지혜의 소유자인 노인이 젊은이들에게 전수할 수 있

3) 이 중 가장 많은 만성질환은 고혈압으로 48.8%로 나타났고 위염(38.5%), 만성요통(36.0%), 관절증(25.2%), 알레르기(22.3%), 당뇨병(19.7%)의 순서로 나타났다.

는 많은 것을 가진 가치 있는 존재로 간주되었다. 또한, 가부장적인 가족 구조 역시 가정 내·외에서 노인들이 보호받고 존경받는 위치를 존속시킬 수 있는 요인이 되었다. 그러나 산업사회에 들어서면서 노인에게 우호적이었던 사회 구조가 재편됨에 따라 노인들은 경쟁적인 산업사회에서 살아남을 수 있는 기술력을 갖춘 젊은 세대에게 자리를 내주게 되었다. 또한, 산업 현장에서의 이른 퇴직으로 인해 생산력이 낮은 노인이 자립하기 어려워짐에 따라 핵가족 내에서의 노인 부양 문제도 사회 문제로 대두되고 있다. 2012년과 2013년에 실시된 조사에 따르면 [표 14-6]에 제시된 바와 같이 경제활동에 취업을 원하는 노인의 비율은 59.9%에 육박하나 [표 14-5]에서 보는 것처럼 실제로 근로에 참여하고 있는 노인의 비율은 30.7%에 불과한 것으로 나타나 경제·사회활동이 가능한 기능이 잔존하고 사회적 역할의 회복 욕구가 큼에도 불구하고 충분한 기회가 주어지지 않고 있음을 알 수 있다.

[표 14-5] 경제활동 참가율 및 고용률 (단위 : %)

연도	전체		남자		여자	
	경제활동 참가율	고용률	경제활동 참가율	고용률	경제활동 참가율	고용률
2008	30.6	30.3	41.8	41.4	22.9	22.8
2009	30.1	29.7	41.5	40.8	22.2	22.1
2010	29.4	28.7	40.6	39.5	21.7	21.2
2011	29.5	28.9	40.6	39.6	21.8	21.4
2012	30.7	30.1	41.6	40.7	23.0	22.6

출처 : 통계청(2013). 경제활동인구연보

[표 14-6] 취업 의사 및 취업을 원하는 이유 (단위 : %)

연도	취업을 원함	취업을 원하는 이유					
		일하는 즐거움	생활비 보탬	사회가 필요로 함	건강 유지	무료해서	기타
2009	57.6	33.6	56.6	1.9	2.6	5.0	1.2
2010	60.1	33.5	56.8	2.4	2.2	4.9	0.3
2011	58.5	35.5	54.9	2.4	2.2	4.8	0.3
2012	59.0	36.5	54.4	2.0	2.1	4.8	0.2
2013	59.9	36.9	54.8	1.9	1.7	4.5	0.2

출처 : 통계청(2013). 경제활동인구연보

그리고 이러한 현상은 노인이 사회의 중심부에서 주변으로 밀려나면서 역할과 지위 상실로 인한 사회적 관계의 문제, 사회 적응상의 곤란이 증폭되는 주요인이 되고 있다.

4) 심리적 문제

대다수의 노인들은 사회·심리적 갈등으로 인한 고독과 소외의 문제를 겪고 있다. 즉 세대 간 교육 수준 및 가치관의 차이, 가족 내 노인의 지위 저하에 의해 고독감과 소외감을 경험하게 되는 것인데, 노인들의 이러한 심리적 문제는 우울증이나 자살 충동을 야기하기도 한다.

2011년 기준, 우리나라 65세 이상 노인의 자살률은 인구 10만 명당 79.7명으로, OECD 국가 중 1위를 기록할 만큼 심각한 수준이다(김명근 외, 2014). 이를 세부적으로 살펴보면 연령별로는 70대 노인의 자살률이 가장 높았으며, 배우자가 없는 노인의 자살률(13.9%)이 배우자가 있는 노인의 자살률(9.9%)보다 높은 것으로 나타났다. 또한, 신체적 기능의 제한이 있는 경우의 자살 시도 비율(19.0%)이 그렇지 않은 경우의 자살 시도 비율(9.9%)보다 높게 나타나 신체 기능에 문제가 있고 혼자 사는 70대 노인의 자살 가능성이 가장 높음을 알 수 있다.

또한, 노인의 심리적 문제에는 노인 학대도 많은 영향을 끼치는 것으로 알려져 있다. 노인 학대란 노인에게 신체적·경제적·정신적·정서적·성적 폭력 및 경제적 착취 또는 가혹 행위를 하거나 유기 또는 방임을 하는 것을 의미한다.[4] 이러한 노인 학대는 노인 자신의 특성, 학대 가해자의 특성, 관계적 특성, 가정환경적 특성, 사회구조적 특성과 관련해 발생한다고 알려져 있는데 노인 학대 신고 건수는 해마다 증가하고 있으

4) • 신체적 학대 : 신체의 상처, 손상, 고통, 장애를 유발할 수 있는 물리적 힘에 의한 폭력적 행위
• 정서적 학대 : 정신적 또는 정서적 고통을 주는 것
• 언어적 학대 : 언어로 정신적인 고통을 주는 것(정서적 학대에 포함)
• 성적 학대 : 노인의 동의가 없는 모든 형태의 성적 접촉 또는 강제적 성행위를 하는 것
• 재정적 학대 : 자금, 재산, 자원의 불법적 사용 또는 부당한 착취, 오용 및 필요한 생활비를 주지 않는 것
• 적극적 방임 : 의도적으로 서비스나 수발을 제공하지 않는 것, 또는 보호의무의 거부, 불이행
• 소극적 방임 : 비의도적으로 서비스나 수발을 제공하지 않는 것, 또는 보호의무의 거부, 불이행
• 적극적 자기방임 : 본래 자기가 해야 할 신변의 청결, 건강관리, 가사 등을 본인이 할 수 있는 능력이 있어도 스스로 포기하여 하지 않는 결과 심신의 건강상 문제가 생기는 것
• 소극적 자기방임 : 기본적인 일상생활을 본인의 체력 · 지식 · 기능 부족 또는 어떤 사정으로 인해 본인도 모르는 사이에 못하게 된 결과 신체 및 심리적 기능에 문제가 발생하는 것
• 유기 : 비독립적 노인을 격리하거나 방치하는 행위
• 기본인권침해 : 노인의 기본적 인권을 침해하는 모든 행위

며 가해자는 아들이 가장 높은 비율을 차지하는 것으로 조사되었다.

[표 14-7] 노인 학대 신고접수 현황 (단위 : 건)

구분	2008년	2009년	2010년	2011년	2012년
건수	2,369	2,674	3,068	3,441	3,424

출처 : 중앙노인보호전문기관(2012). 노인 학대 신고접수 현황

[표 14-8] 노인 학대 유형별 학대 행위자와 피해 노인과의 관계 (단위 : 건)

관계별	2011							
	계	신체 학대	정서적 학대	성적 학대	재정적 학대	방임	자기 방임	유기
계	4,835	1,248	2,016	34	507	924	25	81
배우자	842	322	394	21	43	53	1	8
아들	2,786	673	1,131	6	318	593	17	48
며느리	348	77	170	2	27	66	-	6
딸	708	124	253	2	99	206	7	17
손자녀	151	52	68	3	20	6	-	2

*참고 : [표 14-7]과 [표 14-8]은 자료조사주관기관이 달라 합계 건수가 상이함.

출처 : 통계청(2011). 노인 학대현황

그런데 노인 문제 중 경제적 문제나 의료적 문제 등에는 많은 관심이 집중되어 왔음에도 불구하고 노인의 고독과 소외 등 심리적 문제는 상대적으로 간과되어 왔다(박차상 외, 2013). 하지만 위에서 살펴본 바와 같이 노인의 심리적 문제가 자살 등과 관련되어 있음을 고려할 때 노인의 고독과 소외로 인한 문제 역시 비중 있게 다루어야 할 필요가 있는 것이다.

3. 노인복지정책과 노인복지서비스

1) 노인복지정책

(1) 소득 보장정책

노인의 경제적 문제를 예방·해결하는 사회적 노력으로서 일반적으로 사회보험, 기초연금, 공공부조 및 주택연금제도 등의 직접적 소득 보장정책과 취업 지원, 세

제혜택 등으로 소득을 보전하도록 돕는 간접적 소득 보장정책으로 구분된다.

[표 14-9] 노인 소득 보장체계의 구성

직접적 소득 보장			간접적 소득 보장		
구분	프로그램	실시연도	구분	프로그램	실시연도
사회보험	공무원 연금	1960	경로우대	공영시설 및 이용료 할인	1980
	군인 연금	1963			
	사립학교 교직원연금	1975		버스승차권 지급	1990
	국민연금	1998		현금지급으로 개정	1996
공공부조	생활보호(2000, 폐지)	1961	취업	노인 인력 은행	1981
	노령수당(1997, 폐지)	1989		노인 공동 작업장	1986
	노인결연사업	1991			
	경로연금(2007, 폐지)	1998		고령자취업 알선센터	1992
	국민기초 생활보장	2000			
사회수당	기초연금	2008	세제혜택	상속세 공제	1986
				소득공제	1986

① 직접적 소득 보장

- 사회보험

65세 이상 노인이 받을 수 있는 공적 연금은 국민연금, 공무원연금, 군인연금, 사립학교교직원연금 등이 있는데, 그중에서도 가장 대표적인 적은 국민연금제도이다. 국민연금은 국민이 노령, 폐질 또는 사망 등 사회적 위험이 발생한 경우에 가입자의 갹출금은 주된 재원으로 하여 연금급여를 지급함으로써 국민의 생활 안정과 복지를 증진하고자 하는 제도이다. 즉 국민연금은 소득 능력을 상실하였을 때에도 기본 생활을 보장하는 것이다.

1988년에 시행되기 시작하여 혜택 대상을 단계적으로 확대시켜 1999년 4월부터는 전 국민이 국민연금의 적용 대상이 되었다. 2015년 현재는 만 60세 되기 직전까지 납부하고 만 60세부터 연금을 수령할 수 있으며[5] 본인의 국민연금 가입 기간과 가입 중 평균소득액에 따라 연금 수령액이 달라지나 2014년 기준으로 20년 가입자

5) 1953년생 이후부터는 출생연도별로 61~65세부터 수령하게 된다.

들의 평균수령액은 월 79만 원 정도이다. 그런데 이러한 연금 설계에 따르면 2042년경이 되면 연금 재정이 파탄에 이를 것이라는 계산에 따라 2007년 국민연금법을 개정하였다. 개정 국민연금법에 의하면 2008년부터 매년 0.5%씩 소득대체율을 감소함으로써 2028년 이후에는 소득대체율 40%까지 감소시켜 연금 재정의 고갈 예상 연도를 지연시킬 예정이다.

• 공공부조

저소득 노인의 기초 생활을 보장하기 위한 정책으로, 공공부조를 통해 소득을 보장하는 정책으로 정책의 일환인 국민기초 생활보장제도는 1961년부터 시행되어 오던 생활보호제도가 폐지되고 2000년 10월부터 시행된 제도이다. 국민기초 생활보장제도에서는 최저 생활에 대한 국민의 권리를 인정하는 의미로 '수급권'이라는 용어를 사용하고 있으며 수급권자에게는 생계급여, 주거급여, 의료급여, 교육급여, 해산급여(解産給與), 장제급여(葬祭給與), 자활급여의 전부 또는 일부를 제공한다. 이러한 수급권자는 자산 수준이 최저생계비 이하이고 부양 의무자가 있어도 부양능력이 없거나 부양받을 수 없는 모든 국민이 그 대상이 된다.

(단위 : 천원)

[표 14-10] 최저생계비

	2010	2011	2012	2013	2014	2015
1인가구	504	532	553	572	603	617
2인가구	858	906	942	974	1,027	1,051
3인가구	1,110	1,173	1,218	1,260	1,329	1,360
4인가구	1,363	1,439	1,495	1,546	1,630	1,668
5인가구	1,615	1,705	1,772	1,832	1,932	1,977
6인가구	1,867	1,971	2,048	2,118	2,234	2,286

출처 : 통계청(2015). 최저생계비

• 사회수당

우리나라에는 노후 소득 문제를 해결하기 위한 사회수당 제도로 노인복지법에 의한 노령수당제도가 있었다. 이에 따라 1991년부터 70세 이상 거택 보호 가구주에게 월 1만 원의 노령수당을 지급하다가 1997년 노인복지법이 전면 개정되면서 무갹출 노령연금을 지급하기로 하고 기존의 노령수당제도를 폐지하였다.

그리고 이러한 노령연금의 지급액은 국민연금법상 특례노령연금의 최저 지급액을 감안하여 예산의 범위 내에서 매년 보건복지부 장관이 결정했는데, 해당 액수만으로는 노인이 정상적인 생활을 영위할 수 없다는 비판이 잦아 2007년 4월에 기초연금법이 제정, 2008년부터 시행되었다. 그러나 이러한 노력에도 불구하고 우리나라 노인의 빈곤율은 OECD 국가 중 최하위를 차지할 정도로 열악한 실정이다. 이에 2012년, 당시 대통령 후보였던 박근혜 대통령이 공약 중 하나를 기초연금법 개정을 약속하였고 2014년 5월 국회 본회의를 통과하여 2014년 7월부터 시행되었다.

[표 14-11] 기초연금액 산정

대상	- 국민연금을 받지 않고 계신 분(무연금자) - 국민연금 월 급여액이 기준연금액의 150% 이하인 분 - 국민연금의 유족연금이나 장애연금을 받고 계신 분 - 장애인연금을 받고 계신 분 등	
금액	2015년 1월~3월 : 200,000원	2015년 4월~2016년 3월 : 202,600원
비고	공무원연금, 사립학교 교직원 연금, 군인연금, 별정우체국 연금 수급권자로서 기존에 기초연금을 받는 노인들이 기초연금을 받게 되시는 직역연금 특례자인 경우 부가연금액으로 기초 연금액 산정	

② 간접적 소득 보장

• 경로우대제도

경로우대제도는 전체 노인을 대상으로 이용 요금의 면제와 할인혜택을 통해 간접적으로 소득을 보장해 주는 프로그램으로, 다음의 [표 14-12]에 제시된 바와 같이 철도나 전철 등의 교통수단 운임의 할인이나 고궁과 박물관 등의 공공기관 입장료 할인 제도가 있다.

• 취업제도

- 노인일자리사업

노인일자리사업은 1981년 노인인력은행으로 시작되었으나 1997년 1월부터 노인취업알선센터로 확대, 개편되어 노인 취업 상담, 취업 알선을 실시하고 있다. 또한, 노인취업알선센터에서는 취업 노인을 위한 사후 관리도 실시하여 노인들의 여가선용 및 소득 보전을 지원하고 있다. 사단법인 대한노인회가 운영 주체로 시·도 연합

[표 14-12] 경로우대시설의 종류와 할인율

경로우대시설의 종류	할인율
1. 철도	
① KTX	30%(토·일요일 및 공휴일 제외)
② 새마을열차	30%
③ 무궁화호	30%
④ 통근열차	50%
⑤ 수도권전철	100%
2. 도시철도(도시철도 구간 간 국유전기 철도를 포함)	100%
3. 고궁	100%
4. 능원	100%
5. 국공립박물관	100%
6. 국공립공원	100%
7. 국공립미술관	100%
8. 국공립국악원	50% 이상
9. 국가·지방자체단체 또는 국가나 지방자치단체가 출연하거나 경비를 지원하는 법인이 설치·운영을 위탁한 공연장	50% 이상

비고 1: 철도 및 도시철도의 경우에는 운임에 한한다.
2: 공연장의 경우에는 그 공연장의 운영자가 자체기획한 공연의 관람료에 한한다.
3: KTX는 한국철도공사 내규로 시행한다.

회 및 시·군·구지회에 설치되어 운영되고 있다. 노인일자리사업의 수행 기관은 지방자치단체, 시니어클럽, 노인복지관, 대한노인회, 노인복지센터, 종합사회복지관 등이 있다.

- 고령자취업알선센터

고령자취업알선센터는 고령자를 위한 고용촉진사업의 일환으로 노인 인력을 필요로 하는 해당 지역 기업체에 장·단기 취업을 알선하는 역할을 하고 있다. 보건복지부가 지원하고 대한노인회 산하 각 시·도연합회 및 지회에서 운영하다. 정부는 운영의 내실화를 위해 각 기관에 실비를 지원하고 있지만 실제로 담당자가 구인처를 개발하고 노인 취업을 활성화하기에는 부족한 실정이다. 그뿐만 아니라 구인처의 적절성, 취업 직종의 편중, 취업 교육의 내실성 부족 등의 문제가 지적되고 있다.

- 노인공동작업장

노인공동작업장은 노인의 적성과 능력에 맞은 일거리를 마련하여 여가를 선용하고 소득을 보전할 수 있는 기회를 제공함으로써 노인의 안정된 노후 생활을 보장하기 위해 1986년에 시작되었다. 이는 작업장 설치가 가능한 공업단지나 경로당, 또는 노인복지시설을 활용하여 지역적 특성 및 노인의 적성과 능력에 적합한 직종을 선정하여 발생한 이익금을 노인에게 배당하는 제도이다.[6] 하지만 생산업체와의 지속적인 연계 및 일감 확보가 어렵고 작업장을 통해 얻은 수익이 적어 노인들에게 실질적인 도움은 되지 못하고 있다는 지적이 있다.

③ 세제 혜택

각종 세제 혜택에는 상속세법, 소득세법 등에 의한 상속세 공제, 소득세 공제, 양도소득세 면제, 생계형 저축 비과세 제도 등이 있다. 상속세 또는 증여세의 경우 3대 이상 대물림한 주택이나 5년 이상 부모와 동거하며 부양한 사람은 1억 원 한도 내에서 주택 가격의 90%를 공제해준다. 또한, 소득공제제도로는 부양가족 공제 100만 원에 추가하여 경로우대공제 100만 원(65세 이상) 또는 150만 원(70세 이상)의 공제를 받을 수 있다(박석돈 외, 2013)

(2) 의료보장제도

① 국민건강보험제도

우리나라에는 노인만을 위한 건강보험제도는 없고 노인들은 일반 국민들과 동일하게 건강보험제도에 의해 보호를 받고 있다. 국민건강보험제도란 2000년 7월부터 실시된 제도로 1963년 의료보험법이 제정된 이후 1977년 500인 이상 사업장 근로자를 대상으로 처음 실시되었다가 1989년부터 도시지역의료보험의 실시로 전 국민 의료보험 시대를 맞이하였다. 이 제도에 의하면 소득이 있는 국내 거주자는 국민건강보험 가입자가 될 수 있고, 수입이 없는 자는 국민건강보험 가입자의 피부양자로

6) 노인적성 공동 작업장 직종에는 액세서리 만들기, 포장상자 접기, 제품 포장 정리, 봉제 완구 제작, 봉투 제작, 옷감 정리(실밥 따기), 상여품 제작, 원예, 버섯 재배, 마늘까기 등 단순 가공, 어패류 양식 및 농작물 제배 등이 있다.

서 보험의 혜택을 받을 수 있다. 급여는 현물급여, 현금급여 2가지가 있는데 우리나라는 의료기관에서 의료 서비스를 제공하는 현물급여를 원칙으로 하고 있다.

현재 건강보험에서 지급하는 급여 수준은 입원비·종합병원 외래진료비·병원진료비·의원진료비의 일정 부분만 지급해주고 있고 나머지는 본인 부담으로 되어 있어 질병이 많은 노인의 경우 의료비 조달 자체가 심각한 재정 문제로 연결된다. 또한, 병원에 입원을 할 경우, 각종 검사비, 식대, 상급 병실 사용에 따른 차액 등을 모두 본인이 부담해야 하기 때문에 본인 부담금의 비율은 훨씬 높은 실정이다.

② 노인장기요양보험

우리나라에서는 2008년 7월부터 노인장기요양보험법에 따라 치매, 중풍, 노화 및 노인성 질환 등으로 혼자 힘으로 일상생활을 하기 어려운 대상자에게 요양 시설 및 재가 장기 요양기관을 통해 신체 활동 또는 가사 지원 등의 노인장기요양보호서비스를 제공하게 되었다. 이 제도의 목적은 노인의 간병·장기 요양 문제를 사회적 연대 원리에 따라 정부와 사회가 공동으로 해결하려는 것으로 노인의 노후 생활의 안정을 도모하고 그 가족의 부양 부담을 덜어줌으로써 국민의 삶의 질을 향상하려는 것이다. 국민건강보험은 질환의 진단, 입원 및 외래 치료, 재활 등을 목적으로 주로 병·의원 및 약국에서 제공하는 서비스를 급여 대상으로 하는 반면, 노인장기요양보험제도는 고령이나 노인성 질병 등으로 인하여 혼자의 힘으로 일상생활을 영위하기 어려운 대상자에게 요양시설이나 재가 기관을 통해 신체 활동 또는 가사 지원 등의 서비스를 제공하는 제도라는 점에서 노인에게 특화된 의료보장제도라 할 수 있다. 또한, 기존 노인복지법상의 노인 요양은 주로 국민기초생활보장수급자 등 특정 저소득층을 대상으로 국가나 지방자치단체가 공적부조 방식으로 제공하는 서비스 위주로 운영되어 왔으나, 노인장기요양보험법상 서비스는 소득에 관계없이 심신기능 상태를 고려한 요양 필요도에 따라 장기 요양 인정을 받은 자에게 서비스가 제공되는 보다 보편적인 체계로 운영되고 있다는 점에서는 기존 노인복지 서비스 체계와도 구별된다.

그리고 급여 종류에는 방문 요양, 방문 목욕, 방문 간호, 주·야간 보호, 단기보호 서비스와 시설 급여 등이 있다.

[표 14-13] 노인장기요양보험 제도와 기존 노인복지서비스 체계 비교표

구 분	노인장기요양보험 제도	기존 노인복지서비스 체계
관련법	노인장기요양보험법	노인복지법
서비스 대상	- 보편적 제도 - 장기요양이 필요한 65세 이상 노인 및 치매 등 노인성질병을 가진 65세 미만자	- 특정대상 한정(선택적) - 국민 기초 생활 보장 수급자를 포함한 저소득층 위주
서비스 선택	수급자 및 부양가족의 선택에 의한 서비스 제공	지방자치단체장의 판단(공급자 위주)
재 원	장기요양보험료+국가 및 지방자치단체 부담+이용자 본인부담	정부 및 지방자치단체의 부담

③ 의료급여

의료급여는 건강보험을 적용받을 수 없는 저소득층을 위한 의료비 보조제도로, 생활이 빈곤해질 수 있다는 측면과 빈곤한 자가 일반적으로 건강하지 못해 의료비 지출로 인해 빈곤이 가중된다는 측면을 해결하기 위한 대책이다. 이 제도의 수급권자는 1. 국민기초생활수급자, 2. 재해 이재민, 3. 의상자 및 의사자의 유족, 4. 국내에 입양된 18세 미만의 아동, 5. 국가유공자와 그 가족, 6. 중요무형문화재의 보유자(명예 보유자 포함) 및 그 가족, 7. 북한 이탈 주민과 그 가족, 8. 광주민주화운동 관련자와 그 가족, 9. 그 밖에 생활 유지 능력이 없거나 생활이 어려운 자로서 대통령이 정하는 자이다.

의료급여의 수급권은 1종과 2종으로 구분되며 1종 수급권자는 외래나 입원진료가 모두 무료이고, 2종 수급권자는 1차 기관 외래진료비가 일부 본인 부담이며 입원 시 총 진료비의 20%만 부담하게 된다.

④ 노인건강검진제도

노인건강검진제도는 1981년 노인복지법에 근거해 기획되었고 1983년부터 저소득층 노인들을 대상으로 실시되었다. 이 제도는 질병의 조기 발견 및 조기 치료로 건강의 유지·증진을 도모하고 노인 건강 수준 향상으로 건강하고 활기찬 노후 생활의 보장을 목적으로 하고 있다. 적용 대상은 시·군·구 관할 구역에 거주하는 65세 이상 국민기초 생활수급권자 및 차상위 노인 중 노인 건강진단 희망자를 대상으로

격년제로 혜택받을 수 있다. 건강검진의 내용은 기본 진찰, 체능 검사, 혈액 검사, 소변 검사, X선 촬영 등의 1차 검진과 정밀 진단이 포함되는 2차 검진으로 구성된다.

⑤ 치매관리사업

치매관리사업이란 노후에도 안정적인 삶을 누릴 수 있도록 치매를 조기에 치료하고 지속적으로 관리하여 증상을 호전시키거나 심화를 예방하기 위해 1997년부터 실시되어 오다가 2011년 치매관리법 제정으로 노인복지법에서 치매관리사업이 별도로 독립되어 운영되고 있다. 이에 치매관리법이란 2012년부터 시행된 법으로, 치매의 예방, 치매 환자의 진료·요양 및 치매 퇴치를 위한 연구 등에 관한 정책을 종합적으로 수립·시행함으로써 치매로 인한 개인적 고통과 피해 및 사회적 부담을 줄이고 국민 건강 증진에 이바지함을 목적으로 한다. 그리고 그 법에 의해 시행되고 있는 치매관리사업의 대상자는 다음의 [표 14-14]에 제시된 기준을 모두 충족하여야 한다.

[표 14-14] 치매관리사업의 선정 기준

연령 기준	만 60세 이상. 초로기 치매 환자도 예외적으로 선정 가능하지만, 이 경우에도 진단 기준과 치료 기준, 소득기준은 반드시 충족할 것
진단 기준	의료기관에서 상병코드 F00~F03, G30 중 하나 이상으로 진단을 받고, 반드시 보건소(치매상담센터)에 치매 환자로 등록할 것
치료 기준	처방전 사본 또는 영수증에 치매치료약이 기재되어 있고, 치매 치료약 복용 여부를 확인함
소득 기준	전국 가구 평균 소득의 100% 이하인 경우(4인 기준 : 4,836,000원), 의료급여 수급자는 소득기준을 충족하는 것으로 판정하여 지원하고, 국민건강보험 가입자 중 건강보험료 본인 부담액이 (치매치료 관리비 지원 대상자 소득 판정 기준) 이하인 분을 지원함

출처 : 보건복지부(2015). 치매관리사업의 선정 기준

적용 대상에게는 치매치료 관리비 보험급여분 중 본인 부담금(치매약제비 본인 부담금+약 처방 당일의 진료비 본인 부담금)을 월 30,000원(연 360,000원) 이내에서 실비로 지원하고 치료제는 복용 개월 수에 따라 일괄 지급한다.

2) 노인복지서비스

노인복지서비스란 노인이 가진 심리적·사회적 욕구와 관련된 사회적 서비스를 의미하며 서비스가 제공되는 장소에 따라 가정, 지역사회, 시설 등을 기반으로 노인과 그 가족에게 필요한 자원과 서비스를 제공함으로써 활기차고 건강한 노후를 보낼 수 있도록 지원하는 공적·사적 서비스를 말한다.

이와 같은 노인복지서비스는 주로 노인복지시설을 통해서 이루어지고 있는데, 현행 노인복지법 제31조에서는 이러한 노인복지시설의 종류를 노인주거복지시설, 노인의료복지시설, 노인여가복지시설, 재가노인복지시설, 노인보호전문기관으로 구분하고 있다.

[표 14-15] 노인복지시설의 유형

구분		시설 종류
생활시설	노인주거복지시설	양로시설, 노인 공동생활 가정, 노인복지주택
	노인의료복지시설	노인요양시설, 노인요양공동생활가정
이용시설	노인여가복지시설	노인복지관, 경로당, 노인교실
	재가노인복지시설	방문요양서비스, 주·야간보호서비스, 단기보호서비스, 방문목욕서비스
	노인보호전문기관	중앙노인 보호 전문기관, 지방 노인 보호 전문기관

출처 : 보건복지부(2014). 노인복지시설의 유형

(1) 노인주거복지시설

노인주거복지시설이란 노인이 생활할 수 있도록 주거를 포함한 일체의 생활이 가능하도록 서비스를 제공하는 시설로, 아래와 같이 양로시설, 노인공동생활가정, 노인복지주택으로 구분된다.

① **양로시설** : 노인을 입소시켜 급식 및 기타 일상생활에 필요한 편의를 제공함을 목적으로 하는 시설

② **노인공동생활가정** : 노인에게 가정과 같은 주거 여건과 급식, 그 밖에 일상생활에 필요한 편의를 제공함을 목적으로 하는 시설

③ **노인복지주택** : 노인에게 주거시설을 분양 또는 임대하여 주거의 편의·생활지도

· 상담 및 안전관리 등 일상생활에 필요한 편의를 제공함을 목적으로 하는 시설

[표 14-16] 노인주거복지시설의 현황 (단위 : 개소, 명)

시설별		2013		2014	
		시설수	입소정원	시설수	입소정원
노인주거 복지시설	소계	435	18,592	443	20,110
	양로시설	285	12,782	272	13,903
	노인공동생활가정	125	1,049	142	1,173
	노인복지주택	25	4,761	29	5,034

출처 : 통계청(2015). 노인복지 생활시설 수 및 생활현황에서 재구성

(2) 노인의료복지시설

노인의료복지시설이란 주거생활은 물론 보건의료적 서비스를 제공하는 시설로, 아래와 같이 노인요양시설, 노인요양공동생활가정으로 구분된다.

① **노인요양시설** : 치매·중풍 등 노인성 질환 등으로 심신에 상당한 장애가 발생하여 도움을 필요로 하는 노인을 입소시켜 급식 및 요양, 기타 일상생활에 필요한 편의를 제공함을 목적으로 하는 시설

② **노인요양공동생활 가정** : 치매·중풍 등 노인성 질환 등으로 심신에 상당한 장애가 발생하여 도움을 필요로 하는 노인에게 가정과 같은 주거 여건과 급식·요양, 그 밖에 일상생활에 필요한 편의를 제공함을 목적으로 하는 시설

[표 14-17] 노인의료복지시설의 현황 (단위 : 개소, 명)

시설별		2013		2014	
		시설수	입소정원	시설수	입소정원
노인의료 복지시설	소계	4,585	139,939	4,841	151,200
	노인요양시설	2,497	121,774	2,707	132,387
	노인요양 공동생활 가정	2,088	18,165	2,134	18,813

출처 : 통계청(2015). 노인복지 생활시설 수 및 생활현황에서 재구성

(3) 노인여가복지시설

노인여가복지시설이란 노인이 건강하고 건전한 여가활동을 할 수 있도록 제반 서비스를 제공하는 시설로 노인복지관, 경로당, 노인교실로 구분된다.

① **노인복지관** : 무료 또는 저렴한 요금으로 노인에 대하여 각종 상담에 응하고, 건강의 증진·교양·오락 기타 여가 활동을 할 수 있는 장소를 제공함을 목적으로 하는 시설

② **경로당** : 지역 노인이 자율적으로 친목 도모, 취미 활동, 공동 작업장 운영 및 각종 정보 교환, 기타 여가활동을 할 수 있는 장소를 제공함을 목적으로 하는 시설

③ **노인교실** : 노인에게 사회활동, 참여 욕구를 충족시키기 위하여 건전한 취미 생활, 노인 건강 유지, 소득 보장, 기타 일상생활과 관련된 학습 프로그램을 제공함을 목적으로 하는 시설. 최근 노인대학이라는 명칭으로 운영되고 있으며 도·농 간 프로그램의 차이가 현저함.

[표 14-18] 노인여가복지시설의 현황 (단위 : 개소, 명)

시설별		2013	2014
		시설수	시설수
노인여가 복지시설	소계	64,983	65,665
	노인복지관	319	344
	경로당	63,251	63,960
	노인교실	1,413	1,361
	노인휴양소	-	0

출처 : 통계청(2015). 노인복지 생활시설 수 및 생활현황에서 재구성

(4) 재가노인복지시설

재가노인복지시설이란 노인이 자기가 살고 있는 가정에 거주하면서 필요한 서비스를 제공받을 수 있도록 도움을 제공하는 시설이다. 재가노인복지사업은 1987년 한국노인복지회에서 저소득층 노인을 대상으로 시작했으며 아래와 같이 방문요양서비스, 주·야간보호서비스, 단기보호서비스, 방문목욕서비스, 그 밖의 서비스로 구분된다.

① 방문요양서비스 : 신체적·정신적 장애로 일상생활을 영위하기 곤란한 노인이 있는 가정에 요양보호사를 파견하여 노인의 신체적 서비스와 일상생활에 필요한 각종 편의를 제공하여 지역사회 안에서 건전하고 안정된 노후 생활을 영위하도록 하는 서비스

② 주·야간보호서비스 : 부득이한 사유로 가족의 보호를 받을 수 없는 심신이 허약한 노인과 장애 노인을 주간 또는 야간 동안 보호시설에 입소시켜 필요한 각종 편의를 제공하여 이들의 생활 안정과 심신 기능의 유지·향상을 도모하고 부양가족의 신체적·정신적 부담을 덜어주기 위한 서비스

③ 단기보호서비스 : 부득이한 사유로 가족의 보호를 받을 수 없는 심신이 허약한 노인과 장애 노인을 시설에 단기간 입소시켜 보호함으로써 노인 및 부양가족의 복지 증진을 도모하기 위한 서비스

④ 방문목욕서비스 : 신체적·정신적 장애로 일상생활을 영위하고 곤란한 노인이 있는 가정을 방문하여 요양보호사가 목욕을 제공하는 서비스

⑤ 그 밖의 재가지원서비스 : 재가 노인에게 제공하는 서비스로서 보건복지부령이 정하는 서비스

[표 14-19] 재가노인복지시설의 현황 (단위 : 개소, 명)

시설별		2013		2014	
		시설수	입소정원	시설수	입소정원
재가노인 복지시설	소계	2,832	16,061	2,797	18,852
	방문요양서비스	1,042	-	992	0
	주야간보호서비스	848	14,996	913	18,008
	단기보호서비스	110	1,065	96	844
	방문목욕서비스	603	-	588	0
	재가지원서비스	229	-	208	0

출처 : 통계청(2015). 노인복지 생활시설 수 및 생활현황에서 재구성

(5) 노인보호전문기관

노인보호전문기관이란 학대받는 노인을 위한 전문적 상담과 서비스를 제공·담당하는 기관으로, 아래와 같은 업무를 담당한다.

① 노인 학대의 예방 및 방지를 위한 홍보

② 학대받은 노인의 발견·상담·보호와 의료기관에의 치료 의뢰 및 노인복지시설에의 입소 의뢰

③ 노인 학대 행위자, 노인 학대 행위자로 신고된 자 및 그 가정 또는 업무 · 고용 등의 관계로 사실상 노인을 보호·감독하는 기관이나 시설 등에 대한 조사

④ 노인 학대 행위자에 대한 상담 및 교육

⑤ 그 밖에 학대받은 노인의 보호를 위하여 필요한 사항

[표 14-20] 노인보호전문기관의 현황 (단위 : 개소)

시설별	2013	2014
	시설수	시설수
노인보호전문기관	25	28

출처 : 통계청(2015), 노인복지 생활시설 수 및 생활현황에서 재구성

4. 노인복지의 발전을 위한 과제

우리 사회에는 빈곤의 노인화 및 치매를 포함한 건강 약화 문제, 노인들의 지위 하락, 여가 활동 장소 및 프로그램 부족, 노인의 사회 참여 기회 박탈 등 노인 문제가 심각한 실정이다. 특히 다른 나라에 비해 고령화 속도가 매우 빠르게 진행된 우리나라는 노인 문제에 대한 체계적인 대비 전략을 수립해 놓지 못했을 뿐 아니라 노인 부양비 증가, 기초연금과 같은 사회서비스의 확대에 대한 합의 부족 등으로 노인을 둘러싼 세대 간의 갈등도 발생하고 있다.

그런데 이와 같은 노인 문제는 이미 개인이나 가족의 범위에서 벗어났으므로 국가는 보다 적극적으로 노인 문제를 해결하기 위한 과업을 추진해야 하며 노인의 삶의 질

향상 및 사회 통합을 도모할 수 있도록 다음과 같은 방향에서 지원 정책을 고려해보아야 할 것이다.

첫째, 노인의 소득 보장 지원 체계의 개선 및 내실화가 필요하다. 그리고 이를 위해서는 사회보장의 확대, 공공부조의 내실화가 선결되어야 하며 노인의 소득 문제와 노동력 문제를 해결하기 위한 정년 문제 및 임금제도 개선, 노인일자리 창출 및 유휴 노인인력의 효율적인 활용을 위한 지원이 이루어져야 한다.

둘째, 노인의 건강 보장 지원 체계의 개선 및 내실화가 필요하다. 후기 고령 노인의 의료 문제를 해결하기 위해 노인장기요양보험제도를 실시하고 있으나 급여 대상자의 선정 방식, 본인 부담률, 서비스 종류, 서비스의 양과 질, 높은 민간 시설 의존율, 요양보호사의 무차별적인 양상과 열악한 근로조건 등이 해결되어야 할 문제로 지적되고 있다. 따라서 급여 대상자를 포괄적으로 확대하고 비급여 항목과 본인 부담률의 축소, 서비스의 양과 질의 개선, 공공 시설의 확충 및 민간부문에 대한 관리감독 강화, 요양보호사 교육기관에 대한 규제·감독 및 요양보호사 근로조건 개선 등이 이루어져야 할 것이다(이미진, 2008). 그뿐만 아니라 노인 의료비의 경감을 위해서는 성인기부터 건강증진 및 예방 사업의 강화를 통한 노인기 건강 관리, 노인 환자에 대한 본인부담금 할인제도 도입, 작은 질병에도 입원 치료를 해야 하는 사회적 입원의 억제, 건강보험 비급여 항목의 축소 등과 같은 건강보험 수가 체계의 개선도 함께 이루어져야 할 것이다.

셋째, 그 밖에 재가 노인의 사회 참여 확대를 위한 노인복지관의 확대, 노인복지관 및 경로당의 프로그램 내실화, 독거 노인을 대상으로 효율적인 복지서비스 전달이 가능한 원스톱지원센터 운영 등 노인의 욕구 및 특성에 부합하면서 노인의 위기를 효과적으로 다룰 수 있는 노인복지 관련 기관의 확대 및 연계 체계 구축도 필요하다.

그러나 무엇보다 중요한 것은 산적해 있는 노인 문제 해결에 급급하여 임기응변식으로 노인복지정책을 기획하고 서비스를 확대하는 단기적·실적 지향적 접근 방식을 지양하고 장기적인 관점에서 노인의 사회 통합 및 삶의 질 향상을 위한 근본적인 해결책을 강구하는 것이다. 그리고 이를 위한 국민적 합의를 마련하는 것 역시 우리가 풀어나가야 할 과제에 포함되어야 할 것이다.

참고문헌

김명근 외, 《사회복지개론》, 양서원, 2014
박석돈 외, 《사회복지개론》, 양서원, 2013
박차상 외, 《사회복지개론》, 학현사, 2013-2014
서보준 외, 《사회복지개론》, 공동체, 2013
엄명용·김성천·오혜경·윤혜미, 《사회복지실천의 이해》, 학지사, 2011
윤선오·김우호, 《사회복지개론》, 양서원, 2014
이미진, 〈장기요양보험제도의 문제점 및 개선방향〉, 《복지동향》 11월호, 참여연대 사회복지위원회, 2008
장인협·최성재, 《노인복지론》, 서울대학교 출판부, 2002
홍숙자 외, 《사회복지개론》, 양서원, 2014
중앙노인보호전문기관, 〈노인 학대 신고접수 현황〉, 2012
보건복지부, 〈노인복지시설의 유형〉, 2014
보건복지부, 〈국민기초 생활보장 수급자 현황〉, 2015
보건복지부, 〈치매관리사업의 선정 기준〉, 2015
통계청, 〈노인 학대현황〉, 2011
통계청, 〈사망 원인통계〉, 2013
통계청, 〈경제활동인구연보〉, 2013
통계청, 〈경제활동인구조사 부가조사〉, 2013
통계청, 〈고령자 통계 현황〉, 2014
통계청, 〈최저생계비〉, 2015
통계청, 〈노인복지 생활시설 수 및 생활현황〉, 2015

이문국

현) 신안산대학교 사회복지학과 교수
숭실대학교 사회복지학과 박사
한국자활정책연구소 비상근 연구소장 역임
사단법인 관악사회복지 운영위원장 역임

이선우

현) 인제대학교 사회복지학과 교수
서울대학교 사회복지학과 졸업
UC 버클리 사회복지학 박사
전 중앙자활센터 원장

이인재

현) 한신대학교 휴먼서비스대학 재활학과 교수
서울대학교 사회복지학과 졸업
서울대학교 사회복지학 박사
한국사회서비스학회 회장 역임

남기철

현) 동덕여자대학교 사회복지학과 교수
서울대학교 사회복지학 박사
참여연대 사회복지위원회 실행위원
서울복지시민연대 공동대표

정원오

현) 성공회대학교 사회복지학과 교수
성공회대 사회적기업연구센터 소장 역임
한국홈리스정책연구소장 역임
참여연대 사회복지실행위원

김용득

현) 성공회대학교 시민사회복지대학원장
한국장애인복지학회 회장 역임
한국사회서비스학회 회장
보건복지부 장애인정책조정실무위원

윤정혜

현) 인천재능대학교 사회복지과 교수
서울여자대학교 사회복지학 박사
전) 보건복지부 근무
한국사회복지슈퍼비전학회 회장

신덕상

현) 서정대학교 사회복지행정과 교수
서울대학교 사회복지학과 졸업
중앙대학교 석사, 박사
전) 국민연금공단

손병돈

현) 평택대학교 사회복지학과 교수
중앙생활보장위원회 산하 전문위원회 전문위원
서울대학교 사회복지학 박사
저서 《한국의 가난》(한울, 2009) 외 다수

송인규

현) 법무법인 정원 대표 변호사
서울대학교 외래교수
보건복지부 고문 변호사
기독교대한감리회 고문 변호사

INTRODUCTION TO SOCIAL WELFARE

사회복지개론

2016년 2월 22일 1판 1쇄 인 쇄
2016년 2월 26일 1판 1쇄 발 행

지 은 이 : 이문국 · 이선우 · 이인재 · 남기철 · 정원오
김용득 · 윤정혜 · 신덕상 · 손병돈 · 송인규

펴 낸 이 : 박정태

펴 낸 곳 : **광 문 각**

10881
경기도 파주시 파주출판문화도시 광인사길 161
광문각 B/D 4층
등 록 : 1991. 5. 31 제12 - 484호
전 화(代) : 031-955-8787
팩 스 : 031-955-3730
E - mail : kwangmk7@hanmail.net
홈페이지 : www.kwangmoonkag.co.kr

ISBN : 978-89-7093-791-5 93330

값 : 20,000원